Uni-Taschenbücher 2020

UTB
FÜR WISSEN
SCHAFT

Eine Arbeitsgemeinschaft der Verlage

Wilhelm Fink Verlag München
A. Francke Verlag Tübingen und Basel
Paul Haupt Verlag Bern · Stuttgart · Wien
Hüthig Fachverlage Heidelberg
Verlag Leske + Budrich GmbH Opladen
Lucius & Lucius Verlagsgesellschaft Stuttgart
Mohr Siebeck Tübingen
Quelle & Meyer Verlag Wiesbaden
Ernst Reinhardt Verlag München und Basel
Schäffer-Poeschel Verlag Stuttgart
Ferdinand Schöningh Verlag Paderborn · München · Wien · Zürich
Eugen Ulmer Verlag Stuttgart
Vandenhoeck & Ruprecht in Göttingen und Zürich

Bernhard Irrgang

Praktische Ethik aus hermeneutischer Perspektive

Ferdinand Schöningh

Paderborn · München · Wien · Zürich

Die Deutsche Bibliothek – CIP-Einheitsaufnahme

Irrgang, Bernhard:
Praktische Ethik aus hermeneutischer Perspektive / Bernhard Irrgang. – Paderborn; München; Wien; Zürich: Schöningh, 1998
(UTB für Wissenschaft: Uni-Taschenbücher; 2020)
ISBN 3-506-99500-6 (Schöningh)
ISBN 3-8252-2020-6 (UTB)

Gedruckt auf umweltfreundlichem, chlorfrei gebleichtem und alterungsbeständigem Papier ♾ ISO 9706

(Verlag Ferdinand Schöningh GmbH, Jühenplatz 1, D-33098 Paderborn)
ISBN 3-506-99500-6

Printed in Germany.
Herstellung: Ferdinand Schöningh, Paderborn
Einbandgestaltung: Alfred Krugmann, Freiberg am Neckar

UTB-Bestellnummer: ISBN 3-8252-2020-6

Inhaltsverzeichnis

Vorwort

Praktischer Ethik, im deutschen Sprachraum am besten durch angewandte und anwendungsorientierte Ethik übersetzt, geht es um die Suche nach sittlich richtigen Entscheidungen in einer konkreten Situation. Damit ist sie Ethik im herkömmlichen Sinn als Rechtfertigung der sittlichen Verpflichtungsinstanzen, aber auch Konkretion in der Realisierung der besonderen Handlungssituation. Praktische Ethik verstand sich häufig als utilitaristische Ethik und als Bioethik, insbesondere als medizinische Ethik. In diesem Buch wird eine alternative Methodologie für praktische Ethik erarbeitet, nämlich eine hermeneutisch orientierte anwendungsorientierte Ethik, etwas verkürzend gesprochen, eine hermeneutische Ethik. So läßt sich dieses Werk als Einführung in die praktische Ethik wie in eine hermeneutische Ethik lesen. Dieser geht es insbesondere um das Zusammendenken von Naturwissenschaften, Humanwissenschaften und Gesellschaftswissenschaften, um sich an Lösungsvorschlägen für konkrete sittliche Probleme zu bewähren. Ihr Aufgabengebiet ist praktisch konkret, ihre Lösungsvorschläge sind theoretisch durchdacht.

Anregungen zu dieser Form einer hermeneutischen Ethik verdanke ich meinen Doktorvätern und dem Betreuer meiner Habilitationsschrift, den Herren Prof. Dr. Johannes Gründel (München), Prof. Dr. Alfred Schöpf (Würzburg) und Prof. Dr. Walther Zimmerli (Marburg). Für die Auseinandersetzung mit Kants „Grundlegung zur Metaphysik der Sitten“, die sich wie ein roter Faden durch meine Überlegungen zur praktischen Ethik verfolgen läßt, habe ich viel durch die gemeinsame Interpretationsarbeit mit Freunden gelernt: Dr. Stephan Feldhaus (München), Matthias Kunz (München/Dresden) und Prof. Dr. Christian Schröer (Bamberg).

Für die Manuskripterstellung bin ich Frau Gilda Märcz, für die Durchsicht des Manuskripts und manche Anregung sowie für die Fahnenkorrektur den Herren Gerd Grübler und Matthias Kunz (alle Dresden) wegen der dabei aufgewandten Mühe und Sorgfalt sehr verbunden. Abschließend möchte ich Herrn Dr. Hans J. Jacobs vom Schöningh-Verlag für die kooperative, unkomplizierte Zusammenarbeit sehr herzlich danken.

Dresden, Weihnachten 1997

Bernhard Irrgang

0. Einleitung: Probleme anwendungsorientierter Ethik zwischen Theorie und Praxis

„Practical ethics", also praktische Ethik, so war ein Buch von Peter Singer betitelt, das 1979 in erster Auflage erschien und 1993 in revidierter Fassung erschien. Für Singer war praktische Ethik ein weites Gebiet, das insbesondere Fragen der Bioethik, also Probleme der Umwelt-, Tierschutz und medizinischen Ethik umfaßte. Praktische Ethik ist für Singer dabei nicht ein System von Verpflichtungssätzen, Normen oder Werten. Vielmehr betont er: „Wir fanden, daß wir zugestehen müssen, daß diejenigen, die unkonventionelle moralische Überzeugungen haben, immer noch nach moralischen Maßstäben leben, *sofern sie aus irgendeinem Grunde glauben, es sei richtig, so zu handeln.* [...] Der Begriff des Lebens nach moralischen Maßstäben ist mit dem Begriff des Verteidigens der eigenen Lebensweise oder mit ihrer Rechtfertigung verknüpft" (Singer 1984, 19f).

Praktischer Ethik geht es also gemäß der Definition von Peter Singer um den eigenen Lebensvollzug, um die Rechtfertigung der eigenen Moral und zwar durch Argumentation. Demgegenüber hat sich im deutschen Sprachraum eine eher weitere Fassung des Begriffes praktischer oder anwendungsorientierter Ethik herausgebildet, der praktische Ethik mit allen konkreten Fragen des menschlichen Lebens und Zusammenlebens in Zusammenhang bringt. Es erscheint selbstverständlich für jede Form von Ethik, sich mit konkreten und insbesondere kontrovers beurteilten konkreten moralischen Fragen auseinanderzusetzen. Die Betonung des Praktischen an der Ethik hat ihren besonderen Grund aber darin, daß diese Dimension der Ethik lange Zeit nicht nur in Deutschland zugunsten der Metaethik vernachlässigt wurde, die sich auf die Erörterung der Möglichkeit bzw. Unmöglichkeit einer Ethik überhaupt und eine Herleitung ethischer Prinzipien beschränkte.

Gegenwärtig hat anwendungsorientierte Ethik Konjunktur. Angesichts der vielfältigen Krisen ist Orientierungswissen gefragt. Verstärkt ertönt der Ruf nach konkreten Handlungsanweisungen. Anwendungsorientierte oder praktische Ethik ist gefragt. Andererseits wehren sich viele Betroffene gegen die erhobenen moralischen Ansprüche, moralinsauer und überzogen muten sie ihnen an. Daher wird häufig die Meinung vertreten, zur Entscheidung der Fragen des Alltags genüge der gesunde Menschenverstand und die eigene Erfahrung. Die Hilfsmittel, die eine anwendungsorientierte professionelle Ethik entwickelt habe, seien zu abstrakt und für die alltäglichen Entscheidungen nicht zu gebrauchen. Und zugegebenermaßen bemüht man sich zumindest in Deutschland erst in den letzten Jahren um die Ausbildung einer professionellen praktischen Ethik, nachdem derartige Fragen in den angelsächsischen Ländern schon seit geraumer Zeit – vom Utilitarismus stark beeinflußt – erstaunlich offen diskutiert werden.

Auch wenn man kein Utilitarist ist, ist ethisches Argumentieren in Wert-Konflikten der richtige Weg zu einer angemessenen Lösung. Dies hatte bereits Peter Singer gefordert. In solchen Situationen versagt der gesunde Menschenverstand, vor allem dann, wenn aufgrund von Innovationen Neuland betreten wird und Entscheidungssituationen vorliegen, die sich nicht so leicht mit einer eingebürgerten Praxis vergleichen lassen oder gar eine solche radikal verändern.

0.1 Theoretische und praktische Ethik

Die Unterscheidung von Ethik und Ethos ist nicht neu. Der Begriff *Moral* stammt von dem lateinischen Wort „mos“ (Sitte) ab und bezeichnet die gelebte Überzeugung einer Gesellschaft oder Gemeinschaft, also das, was faktisch als sittlich verpflichtend angesehen wird. Er umfaßt Güter und Pflichten, deren Beachtung das Zusammenleben einer Gemeinschaft ermöglichen. Probleme treten bei Wertkonflikten auf und sind innerhalb der Moral nicht zu lösen. Ethos – abgeleitet vom griechischen Wort „ethos“ (Verhalten, Sitte) – meint eine spezifische sittliche Lebensform, die von Grundhaltungen und einer gewissen praktischen Rationalität geprägt ist. Ethos bezeichnet die sittliche Einstellung eines Menschen, einen Typus von Sittlichkeit oder die Lebensform einer gesellschaftlichen Gruppe oder eines Berufsstandes, wobei eine spezifisch akzentuierte Werthaltung im Mittelpunkt steht (Funke 1972, 812). Es kennzeichnet die besondere Art und Haltung eines Menschen, seine Überzeugungen, Gepflogenheiten und Verhaltensweisen, die in der Naturanlage zu Vernunft und Freiheit begründet sind, aber durch Gewohnheit, Übung und Anpassung gemäß der Tradition ausgebildet und gefestigt werden können.

Von beiden zu unterscheiden ist die *Ethik* als wissenschaftliche Reflexion auf Moral und Ethos mit dem Ziel, Verhaltensvorschriften, sittliche Verpflichtungen und Handlungsregeln für Entscheidungen argumentativ auszuweisen und zu rechtfertigen. Während das Wort „Ethos" der griechischen Alltagssprache entlehnt ist, ist der Begriff Ethik ein Kunstwort, geprägt von Aristoteles. Dieser bezeichnet mit dem Wort „ethische Theorie" (Aristoteles, Anal. post. 89 b 9), kurz mit „Ethik" (Aristoteles, Pol. 1261 a 31) die Wissenschaft, die das Problem reflektiert, welches von Sokrates und Platon in der Auseinandersetzung mit der Sophistik aufgeworfen wurde. Dieses besteht darin, daß die Legitimierung der Sitte und die Rechtfertigung der Institutionen der griechischen Polis durch die Herkunft von den Vätern, also durch Tradition, fragwürdig geworden ist.

Ethik beschäftigt sich daher mit dem Maß sittlicher Normierung, der Normgebung und ihrer Rechtfertigung. Sie zählt nicht Normen und Weisungen auf, sondern versucht, für den Prozeß der Normgebung und -festlegung ihrerseits Kriterien anzugeben. Sittliche Überzeugungen gehören in die Bereiche von Moral und Ethos; Gegenstand der Ethik ist die argumentative Rechtfertigung des Verpflichtungscharakters von Normen und Werten, auch für andere. Sie ist zudem die Lehre von Vernunft und Freiheit, von Norm und Gewissen im Hinblick auf die sittliche Grundhaltung eines Menschen. Ethik kann daher in zwei sehr unterschiedlichen Perspektiven betrieben werden. Sie läßt sich zum einen als Reflexion von Moral und Ethos, zum anderen als systematische Untersuchung ihrer eigenen Voraussetzungen und ihrer Möglichkeit verstehen. Letztere Aufgabe fällt der Metaethik zu. Der engere Begriff von Metaethik beschränkt diese auf die Analyse der moralischen Sprache, insbesondere auf die Trennung von beschreibend-deskriptiven und normativ-vorschreibenden, also verpflichtenden Sätzen. Der weitere Begriff versteht unter Metaethik jede Reflexion über die Methoden der Ethik (Ricken 1983, 15). Sie muß klären, ob normative Ethik überhaupt möglich ist. Hierzu analysiert sie das Hume'sche Gesetz, die grundsätzliche, intuitiv einleuchtende Unterscheidung von Sein und Sollen zumindest unter methodischer Rücksicht sowie den ‚naturalistischen Fehlschluß' von George Edward Moore, der eine Ableitung von normativen aus deskriptiven Sätzen untersagt. Hier zeigt sich eine Schwierigkeit in der Begründung normativer Ethik. Ethikbegründung muß Moralität oder Sittlichkeit bereits voraussetzen.

Moral ist an bestimmte Lebenswelten zurückgebunden, wobei Lebenswelten in der heutigen Industriegesellschaft in andauernden Beschleunigungsprozessen begriffen sind. Wertewandlungsprozesse haben Moralen destabilisiert und erhöhen damit die Bedeutsamkeit einer praktischen Ethik, die sich auf lebensweltliche Moral zurückbezieht. Daher muß praktische Ethik in besonderem Maße der Technisierung der Lebenswelt Rechnung tragen und instrumentelles Verstehen und Wissen nicht von vornherein als Gegensatz zu sittlichem Verstehen interpretieren.

Viele Fragen praktischer Ethik wurden durch die Entwicklung von Wissenschaft und Technik überhaupt erst aufgeworfen oder zumindest verschärft. Sowohl wissenschaftliches wie technisches Wissen ist zunächst pragmatischer Art. In beiden Fällen handelt es sich um ein Umgangswissen, ein Know-How, wie ein gewünschtes Ergebnis zu erzielen ist. Um Erfolg zu haben, muß nicht immer der zugrundeliegende Vorgang in seinem kausalen und strukturalen Zusammenhang im Sinne des Gesetzeswissens bekannt sein. Doch wird häufig genauere Kenntnis der (Natur-) Vorgänge auch zu größerer Effizienz führen. Insofern enthält Technik einen Ansatzpunkt, naturwissenschaftliches Wissen zu integrieren. Ende des 18. und Anfang des 19. Jahrhunderts entsteht ein neues Verständnis von Technik, induziert durch die Industrielle Revolution und durch das naturwissenschaftliche Denken, das sich in der Aufklärung ausbreitete. So bildete sich der Begriff der Technologie heraus. Unter Technologie versteht man allgemein „eine Wissenschaft vom Handeln, die Handlungsmöglichkeiten aufgrund von theoretischem Wissen erschließt" (Huning 1978, 585). Damit genügt ein pragmatisches Umgangswissen im Alltagssinne nicht mehr, technische Verfahren werden wissenschaftlich analysiert, naturwissenschaftliches Gesetzeswissen wird systematisch darauf hin untersucht, ob es sich in technischen Produktionsprozessen verwerten läßt. So kommt es zu der Behauptung, Technik sei angewandte Naturwissenschaft, eine Vorstellung, die sich im 19. Jahrhundert immer mehr durchsetzt.

Fragen der praktischen Ethik hängen mit einer Praxis zusammen, die der Ethiker zur Kenntnis nehmen muß. Häufig ergeben sich hier Konfliktfälle mit den Praktikern, die – meist zu Recht – glauben, ihre Praxis besser zu kennen als der Ethiker. Um dem unbequemen Anspruch des Ethikers aus dem Wege zu gehen und zu vermeiden, die eigene Praxis überdenken, rechtfertigen oder ändern zu müssen, wird dann häufig eine Meinung wie diese vertreten: „Im Gebiet des ethischen Fragens sind wir letztlich alle Laien" (Amelung 1992, 20). Diese Meinung teilt eine anwendungsorientierte Ethik nicht, denn sie bleibt ihrem Anspruch nach theoretisch reflektierte Ethik, spezifisch zugeschnitten in ihren Argumentationen auf konkrete Handlungsbereiche.

Hierin liegt eine Differenz zur praktischen Ethik von Peter Singer. Seine Güterabwägungen in aristotelischer wie utilitaristischer Tradition beziehen sich auf Güter und Übel, Schaden und Nutzen, Lebenswert im subjektiven Sinne und auf Glücksabwägungen. Demgegenüber weiß sich anwendungsorientierte Ethik dem Regel- und Prinzipien-Instrumentarium der neuzeitlichen Ethik verpflichtet, auch wenn manche Praktiker abfällig von diesem Instrumentarium denken und reden. Ohne dieses Regelwerk ist der Ethik ein Wissenschaftscharakter in welcher Form auch immer, nicht zuzusprechen. Andererseits muß sich eine anwendungsorientierte Ethik darum bemühen, die Spannungen zwischen Normen, die sich im Alltag und in der Tradition herausgebildet haben (Amelung 1992, VII), zwischen beruflichem Alltagsverhalten und systematisch-theoretischer Ethik, zwischen den Regeln des Alltags und ethischen Regeln abzubauen.

Anwendungsorientierte Ethik kann als etwas von außen Aufgestülptes konzipiert werden oder aus der Reflexion des Praktikers stammen. Fachleute aus den Geisteswissenschaften können Reflexion über die jeweiligen Erfahrungen unterstützen, aber keineswegs durch Theorie ersetzen (Illhard 1985, 1). Mehr als Hilfestellung wird ein Vertreter anwendungsorientierter Ethik nicht geben wollen und können – und reine Theorie ist sowieso nicht sein Metier. Auch ist der Ansatzpunkt bei der Reflexion der Alltagsroutine mit dem Ziel, diese zu verändern, keineswegs abzulehnen. Doch die Unterstellung, wir alle seien „in ethicis“ Laien und der insgeheime Wunsch, dies auch bleiben zu wollen, verhindert die Ausbildung einer professionellen anwendungsorientierten Ethik. Reflexion des ethischen Alltags ohne methodische Anleitung bleibt dilettantisch und läuft letzten Endes auf die Weigerung hinaus, die eigentliche Dimension anwendungsorientierter Ethik zu erreichen, nämlich ethische Konfliktfälle für andere nachvollziehbar zu entscheiden.

Nicht hilfreich ist auch die Unterstellung, anwendungsorientierte Ethik sei keine richtige Philosophie und ihr fehle das Kennzeichen einer Profession (Höffe 1991, 233). Sie sei zwar philosophisch möglich, aber nicht nötig (Höffe 1991, 237). Nach Höffe – er hat jüngst gewisse Korrekturen an dieser Position selbst vorgenommen – ist es Aufgabe der Forschungsethik als einem der besten Beispiele für anwendungsorientierte Ethik, unparteilich den Streit zwischen Lebensschutz und Wissenschaftsfreiheit oder zwischen Tierschutz und Wirtschaftsfreiheit zu schlichten. Sie gehört daher in die Rechtsethik

(Höffe 1989, 118f). Eine sachgerechte Forschungsethik bietet sich als Sammelname für einzelne Fallstudien an und muß auf den Gestus der „großen Theorie" verzichten (Höffe 1989, 121). Da angesichts der von Aristoteles formulierten Grenzen der Ethik als theoretischer Disziplin (Aristoteles; Ethica Nicomachea 1095 a 10-15) generell bezweifelt werden darf, ob Ethik „große Theorie" sein kann, so mag es für eine Forschungsethik als anwendungsorientierte Ethik ausreichen, kritische Reflexion zu sein.

Ein weiterer Einwand identifiziert Forschungsethiken mit Reparaturethiken (Mittelstraß 1989, 89), mit Krisenethiken (Zimmerli 1987) oder gar mit einem „Kochbuch" (Mittelstraß 1989, 104 und Mittelstraß 1992, 141). Die hier vorgeschlagene Ethik strebt an, diese Mißverständnisse zu vermeiden und zu zeigen, daß eine systematisch begründete und anwendungsorientierte Ethik möglich ist. Dabei ist eine Systematisierung des Umgangswissens sowohl mit technischen Artefakten und zunehmend mit technischen Systemen wie auch mit sittlichen Verpflichtungen ein wesentlicher Bestandteil einer anwendungsorientierten Ethik, wie sie hier entwickelt werden soll.

Eine problem- und anwendungsorientierte Ethik wird daher regel- und kriterienorientiert im Diskurs insbesondere im Hinblick auf mögliche Folgen jedweden praktischen Handelns argumentieren und bewerten. Regeln sind für ein anwendungsorientiertes Entscheiden besonders geeignet. Unser Alltagshandeln folgt zwar eher Grundhaltungen als Regeln, aber eine Standesethik fragt bevorzugt nach der Zurechenbarkeit einer Handlung und eines Eingriffs im Zusammenhang mit Haftungsfragen sowie nach Rollenpflichten und -konflikten. Anwendungsorientierte Ethik bemüht sich jenseits der Grenzen des Standesethos um Lehrbarkeit ethischer Expertise (Sass 1989, 19), die es den in spezifischen Bereichen Handelnden erlaubt, ihr eigenes Handeln kritisch zu überprüfen und gegebenenfalls zu rechtfertigen, denn technologisch-wissenschaftliches Handeln ist vor der Öffentlichkeit zu verantworten (Sass 1989, 28).

0.2 Hermeneutische Ethik

Herkömmliche Ethik ist häufig normativ wie die Kant'sche Ethik, die auf dem Kategorischen Imperativ beruht. Anwendungsorientierte Ethik aber hat nicht die Begründung von Ethik zum Thema, sondern den Umgang mit sittlichen Verpflichtungen in einer konkreten Situation. Daher schlage ich vor, anwendungsorientierte Ethik durch einen hermeneutischen Zugang zu konstituieren und zunächst am Begriff der Interpretation anzusetzen.

Der Begriff der Interpretation stammt aus der geisteswissenschaftlichen Tradition. Dem lateinischen Begriff der Interpretation entspricht der griechische Begriff der Hermeneia, übersetzt mit „Hermeneutik“. Hermeneutik ist ganz allgemein die Kunst des Verkündens, Dolmetschens, Erklärens und Auslegens. Hermes ist der Götterbote, der die Botschaften der Götter den Sterblichen ausrichtet. Sein Verkünden ist kein bloßes Mitteilen, sondern ein Erklären und Auslegen von göttlichen Befehlen. Insbesondere gilt dies für die Übersetzung der Götterworte in die Sprache der Sterblichen und in eine ihnen angemessene Verständlichkeit. Hermeneutik ist als Textinterpretationslehre zu verstehen. Das lateinische Wort „interpretatio“ entstammt der römischen Handels- und Rechtssprache und meint dort Auslegung und Ausdeutung. War im ursprünglichen lateinischen Begriff der Interpretation noch die Ausdeutung von Auguren und Traumdeutern mit impliziert, so läßt sich die spätere Begriffsgeschichte im Sinne von Auslegung und Ausdeutung und zwar als kunstmäßiges Verstehen schriftlich fixierter Lebensäußerungen begreifen. In späteren Zeiten wurde die Hermeneutik als Kunst der Interpretation insbesondere mit der Ausdeutung der biblischen Texte verbunden. Hier wurde es im 18. Jahrhundert Ziel der Hermeneutik, die Übereinstimmung der geoffenbarten Wahrheit mit den Vernunftwahrheiten auszuweisen. Auslegung befragte schriftliche Texte in ihren wesentlichen Punkten auf ihren Vernunftgehalt.

Nietzsches Verwendung der Erkenntnis im Sinne der Interpretation als Ausdruck des Rückgangs hinter das Selbstbewußtsein und Heideggers Analysen der existentialen Struktur des Verstehens, die ausdrücklich unter dem Leitbegriff der Interpretation stehen, haben eine Kritik der traditionellen Hermeneutik als Kunst der Auslegung von Texten möglich gemacht. Diese Kritik zeigte, daß Interpretation ein Vorgang der Deutung ist, dessen hermeneutische und methodische Implikationen die philosophische Hermeneutik erörtert (Anton 1976, 515). Zentrale Erkenntnisse der philosophischen Hermeneutik sind die Einsicht in die Geschichtlichkeit des Verstehens und die Erkenntnis der Zirkelstruktur des Erkennens. Um diese Probleme methodisch bewältigen zu können, entwickelte die Hermeneutik eine Logik von Frage und Antwort, die Geltung im Sinne der Bewährung konzipiert. Damit ist ein Konzept von Wissenschaftlichkeit verbunden, das nicht dem Methodenkonzept der modernen Naturwissenschaft entspricht. Andererseits wurde schon früh versucht, unter der Metapher vom

„Buch der Natur“ eine geisteswissenschaftliche Hermeneutik auch auf die Natur zu übertragen.

Es geht darum, eine philosophische Hermeneutik zu begründen, die Grundlagenwissenschaft für eine anwendungsorientierte Ethik sein kann und die Aufgabe hat, den Hiatus zwischen naturwissenschaftlicher und geisteswissenschaftlicher hermeneutischer Methodologie zu überwinden. Interpretation ist abhängig von der Befolgung bestimmter Regeln. Dies macht die Kunstfertigkeit aus, die Hermeneutik zu sein beansprucht. Es geht jeweils um spezifische methodisch angeleitete Formen des Verstehens von Texten. Abweichende Interpretationen sind möglich. Es scheint also erforderlich zu sein, bestimmte Denktraditionen auszuzeichnen. Im Rahmen einer christlichen Auslegungsgeschichte der biblischen Texte wurde diese Festlegung auf der inhaltlich materialen Ebene vorgenommen, d.h. bestimmte Interpretationen biblischer Texte dogmatisch bevorzugt. Philosophische Hermeneutik ist einen anderen Weg gegangen, und zwar den, Regeln zu entwerfen, bei deren Befolgung eine Interpretation im Rahmen einer Hermeneutik als kunstfertig gilt.

Den Zusammenhang von Auslegung, Ausdeutung, Verstehen und Interpretation einerseits, Rationalität andererseits, machte den Beziehungsrahmen für die Hermeneutik des 17. und 18. Jahrhunderts aus. Dennoch wurde im 18. Jahrhundert insbesondere die Problematik der Psychologie der Ausdeutung und die Affektnähe der Interpretation immer wieder diskutiert und zum Anlaß einer kritischen Analyse genommen. Die Aufklärungshermeneutik konnte auf die Interpretationsprinzipien der protestantischen Bibelauslegung zurückgreifen. Dabei wurde die Methodenlehre der Auslegung in eine allgemeine Perspektive rationaler Grundlagen des Interpretierens eingeordnet. Betont wurde die eigene Einsicht bei der Übernahme von Traditionen. Im Rationalismus versuchte man demonstrativ hergeleitetes Wissen mittels eines logischen Beweisverfahrens zu begründen (Bühler 1994, 14). Die rationalistische Methodenlehre versuchte, historisches Wissen rational zu strukturieren. Dabei wurde auf den Begriff der realen Möglichkeit zurückgegriffen: wahre Erkenntnis ist bezogen auf ein System richtiger Begriffe gemäß dem Gedanken eines Reiches logischer Wahrheiten (Bühler 1994, 19).

Vorsicht ist die Kardinaltugend für das kritische Geschäft einer philosophischen Historie. Bruckers Regeln laufen auf das Postulat der Kohärenzmaximierung hinaus, die an eine Interpretation der Texte anzulegen ist. Auch Übertreibungen eines hermeneutischen Wohlwollens sind zu vermeiden (Bühler 1994, 86). Klugheit im Sinne der deutschen Schulphilosophie des 18. Jahrhunderts dürfte ziemlich genau dem heutigen Wortgebrauch der Zweckrationalität entsprechen. Er war ein Leitbegriff der aufklärerischen Hermeneutik. In den Hermeneutiken des 17. und 18. Jahrhunderts haben moralische Gesichtspunkte bei der Formulierung und Rechtfertigung der Auslegungsregeln eine prominente Rolle gespielt. Der Begriff der Epikeia, der Billigkeit, trat in den Vordergrund (Bühler 1994, 188).

Der methodische Gewinn jeder Hermeneutik liegt in der Etablierung des sogenannten Vorverständnisses. Jede Interpretation ist abhängig von vorausgegangenen Deutungstraditionen und ist damit perspektivisch bestimmt. Hermeneutik faßt die Tätigkeiten des Menschen, nämlich Erkennen und Handeln, unter dem Aspekt der Endlichkeit. Interpretieren als Deuten und damit als Voraussetzung des Handelns ist zeit- und situationsabhängig. Der Ansatz beim Konkreten versetzt Hermeneutik in die Lage, eine anwendungsorientierte Ethik grundzulegen. Dies gelingt nur, wenn Interpretationsansätze und Interpretationsvorgänge vom Ideologieverdacht befreit werden können. Eine solche Hermeneutik muß ihr eigenes Vorgehen ständig selbstkritisch auf ihre Berechtigung hin überprüfen. Interpretation zielt auf Anerkennung ab, Anerkennung wird reklamiert für einen Geltungsanspruch, sei dieser Geltungsanspruch eine deskriptive Aussage oder präskriptive Vorschrift. So hängt die Universalität der Hermeneutik davon ab, wieweit der theoretische, transzendentale Charakter der Hermeneutik auf ihre Geltung innerhalb der Wissenschaft beschränkt ist oder ob sie auf die Prinzipien des Common Sense ausgeweitet werden kann (Gadamer 1974, 1072). Erst eine universal konzipierte Hermeneutik, die Wissenschaft und Common Sense umgreift, ist in der Lage, die Grundlage für eine anwendungsorientierte Ethik abzugeben.

Für eine Hermeneutik stellt sich das Problem, ob sich Interpretation in bestimmte strikt und allgemein zu beachtende Regeln fassen läßt. Zumindest müßten regional anwendbare Regeln aufgestellt werden können, die Deuten und Werten als Grundlage von Verstehen und Handeln grundlegen. Sehr wichtig für die Grundlegung einer solchen allgemeinen Hermeneutik war die Unterscheidung zwischen Erkennen von Sinn und dem Erkennen von wahren Sachverhalten. Das Erkennen von Sinn wurde als Voraussetzung für wertende Prozesse verstanden, das Erkennen von wahren Sachverhalten als Voraussetzung von deutenden Sachverhalten genommen. Entscheidend für die Hermeneutik ist damit die Frage nach Bedingungen der Möglichkeit des Verstehens überhaupt.

Friedrich Nietzsche entdeckte Interpretation als philosophisches Prinzip und begründete eine Philosophie des Perspektivismus. Die Auffassung von der Interpretativität aller Weltkonstitution ist bei Nietzsche pragmatisch eingebettet (Lenk 1993, 77). Allerdings ist dieses Interpretationsprinzip von Nietzsche zunächst vage als ein universell philosophisches oder gar metaphysisches Konzept aufgefaßt worden. Entscheidend ist seine Einsicht, daß Tatsachen Interpretationen sind, daß auch die naturwissenschaftliche Weltsicht eine grundsätzlich überholbare Interpretation darstellt und nicht ein exaktes Abbild der Realität. Für Nietzsche sind es unsere Triebe und Bedürfnisse, die die Welt auslegen und interpretieren. In Nietzsches Interpretation der Interpretation stellt sich diese als ein „Sich-Bemächtigen" dar und ist Ausdruck des Willens zur Macht, vertritt Interessen und versucht, Herrschaft über das Interpretierte zu erlangen.

Hier sind einige Zweifel angebracht: Bei der Textinterpretation handelt es sich nicht immer um ein Herrwerden, um ein sich Bemächtigen (Lenk 1993, 83). Für Nietzsche ist Interpretieren ein fortwährender Prozeß, der auch auf Moral und Ethik übertragen werden muß. Es gibt auf dem Gebiet von Sitte und Moral keine absoluten Sachverhalte, sondern nur Interpretationen. Handeln ist immer abhängig von Perspektiven und von Deutungen. Es geschieht notwendig vom Blickwinkel und Standpunkt des Handelnden aus. Da sind Handeln und Interpretieren nach Nietzsche wechselseitig aufeinander bezogen (Lenk 1993, 84). Bei Nietzsche wird das Interpretieren überdehnt und als ein ontologisches Prinzip zur Erfassung der Gesamtprozessualität verstanden. Es ergibt sich eine perspektivische Welt, die unter dem Gesichtspunkt von Interpretationskonstrukten gesehen wird. Diese Ontologisierung weckt schwerwiegende Bedenken gegenüber Nietzsches Theorie der Interpretation als Ausdruck des Willens zur Macht (Lenk 1993, 89). Der hermeneutische Zirkel muß nicht zu einem ontologischen Zirkel führen. Er kann sich als Zirkel des Verstehens auf methodologisch transzentalphilosophischer Ebene bewegen. Dennoch sollte die Unterscheidung von Theorie und Handeln trotzt ihrer Gemeinsamkeiten im Hinblick auf eine Theorie des Interpretierens gewahrt bleiben. Interpretieren ist ein Schema, welches wir nicht abwerfen können. Nietzsche hingegen verwendet den Ausdruck Interpretation mehrdeutig. Und es liegt nicht zuletzt daran, daß das Interpretieren selbst nur als Interpretationsmodell, d.h. als ein perspektivisches Modell möglich ist.

Andererseits ergeben sich methodische Probleme aus dem Satz: Alles ist perspektivisch. Daher ist eine Abstufung von Perspektiven erforderlich, um einer radikalen Skepsis auf der Basis des Interpretierens zu entgehen. In der Selbstgesetzgebung des souveränen Menschen wird der Perspektivismus Nietzsches praktisch. Hier geht es im wesentlichen um Selbstgestaltung, Selbstdeterminierung, Selbstbestimmung, Selbstinterpretation und Selbstverantwortlichkeit. Doch Nietzsches Philosophie ist nicht ganz konsequent, insofern er die Wertschätzung des Lebens absolut setzt (Lenk, 1993, 95). Nietzsches Interpretation der Interpretation als Ausdruck des Willens zur Macht und damit als Herrschaft über die Natur und den Menschen ist letztlich doch zurückgebunden an ein typisch abendländisches Herrschermotiv.

Diesen Ansatz nimmt Heidegger in seiner Auseinandersetzung mit Nietzsche und Dilthey auf. Seine Analytik des Daseins und Verstehens geht von einem spezifischen Weltverhältnis des Alltags-Menschenverstandes aus. Die innerweltlich begegnenden Dinge stehen für Nietzsche wie für Heidegger unter der Kategorie der Zweckhaftigkeit des Objektiven und des Instrumentellen. Wir haben zu unserer Umgebung kein theoretisches Verhältnis. Die Daseinsanalytik entwickelt den Primat der Praxis. Damit betont Heidegger die pragmatische Bedingtheit der Konstitution von Gegenständen. Die sich in einer Gemeinschaft herauskristallisierende Gemeinsamkeit des Handelns basiert auf einer Art konventioneller Gegenstandsinterpretation. In fundamentalontologischer Hinsicht ist eine analytische systematische Trennung des Begriffs eines handelnden Subjektes vom Begriff der für sein Handeln dienlichen Dinge nicht durchführbar. Handeln und Instrumente des Handelns bedingen sich gegenseitig. In dieser Welt des Instrumentellen wird ein Gegenstand durch einen anderen erschlossen. So entwickelt sich die Bedeutsamkeit durch wechselseitige Erschließung von dinglich Instrumentellem.

Allerdings beschränkt sich das menschliche Dasein nicht nur auf instrumentell-objektive Möglichkeiten des Entwurfs. Auslegung gründet im Verstehen, und Verstehen hat die Struktur der Erschlossenheit eines Woraufhin oder eines Zweckes des Handelns. Andererseits ist die Auslegung gegenüber dem Verstehen ein eigenständiger systematischer Vorgang. Auslegung als eine begrifflich theoretische Rekonstruktion ist daher im Verstehen fundiert, geht aber darüber hinaus. Daher kann Heideggers Philosophie als Transformation der hermeneutischen Philosophie verstanden werden. Problematisch ist allerdings seine Einbettung in eine Ontologie. Letztlich faßt Heidegger Philosophieren als ein Transzendieren auf, als ein systematisches Übersteigen bestimmter Gesichtspunkte und aller Perspektiven, die beschränkt sind.

Hans Georg Gadamer hat im Sinne einer Weiterführung von Heideggers Position versucht, das geisteswissenschaftliche Verstehen neu auszuweisen. Gadamer stellt nicht die Frage nach Regeln einer wissenschaftlich korrekten Vorgehensweise und nach Maßstäben für die Angemessenheit des Verstehens (Lenk 1993, 122). Er fragt nach dem erkenntnistheoretischen Ort geisteswissenschaftlichen Verstehens überhaupt. Dabei betont er die Differenz der Erkenntnisziele in der Naturwissenschaft und Geisteswissenschaft. Verstehen ist nicht restlos methodisierbar. Es ist ein Spiel, wobei das Spiel darauf abzielt, Sinn zu verstehen. Besonders deutlich kann man dies am Kunstwerk und dem Verständnis des Kunstwerkes ablesen. Verstehen ereignet sich als Horizontverschmelzung, als Verschmelzung verschiedener Interpretationshorizonte zu einer neuen Einsicht. Paul Ricoeur geht einen Schritt weiter. Er versteht Handlung nach dem Muster des Textverstehens. Der Text hat in seiner Offenheit Aufforderungscharakter. Handlungen können nur untersucht werden, insofern sie objektiviert werden können. Menschliches Handeln ist jedem zugänglich, der lesen kann. D. h. die Tiefe der semantischen Interpretation von Handlungen geschieht nach Paul Ricoeur nach dem Modell von Texten. Dieses Modell unterstellt, daß menschliches Handeln jedem zugänglich ist, der lesen kann (Lenk 1993, 141). Eine solche Konzeption kann einen Beitrag zur Begründung einer anwendungsorientierten Ethik leisten im Rahmen eines Prozesses, der von Deutungen zu Handlungen voranschreitet und der Handlungen ihrerseits deutet.

Auch in der Theorie der Interpretation der analytischen Philosophie ist Interpretation als ein Verfahren oder ein Prozeß aufzufassen, der immer gewisse konstruktive Momente aufweist, die nicht festgelegt sind. Der Unbestimmtheitsspielraum gehört zu jeder Art von Interpretation (Lenk 1993, 146). Die gemeinsame menschliche Handlungsweise ist das Bezugssystem, mittels dessen wir uns eine fremde Sprache deuten. Radikale Übersetzungen können scheitern. So ist das Ergebnis der Diskussion der analytischen Philosophie, daß jegliche Hoffnung auf eine Universalmethode der Interpretation fallen zu lassen ist. Der Interpret benutzt seinen eigenen Standpunkt, seine eigene Interpretationslogik. Daher kann eine Analyse der Metabedingungen der Interpretation von Interesse sein.

Handlungen sind Interpretationskonstrukte, denn Intentionen sind interpretativ zu erfassen. Auch der Handelnde deutet seine Handlung selbst. Ein Sich-Einfühlen in das Handeln von anderen ist ebenfalls eine Interpretation. Aber eine Handlungsinterpretation reicht weiter als eine Textinterpretation (Lenk 1993, 184). Hier wird ein Sprach- oder Leseparadigma für unser Handeln überdehnt. Die methodologischen Gemeinsamkeiten beim Handlungs- und beim Sprachverstehen sind zwar nicht zu leugnen, aber die Bedeutungen von Handlungen und Aussagen sind letztlich verschieden. Interpretieren ist also ein durch Perspektivität je bestimmtes, durch Bedürfnis-, Handlungs- und Interessenorientierung geladenes, symbolisch durch Zeichen in Kontexte eingebundenes strukturierendes oder formierendes Handeln sowie ein Verwenden von zugeordneten oder zuzuordnenden Schemata und Konstrukten (Lenk 1993, 245).

Hans Lenk bezeichnet seine Position als Interpretationskonstruktivismus. D.h. seine Theorie der Interpretation versteht sich nicht als Ablesen von Strukturen oder als Einfühlen in ein objektive und gegenständlich vorhandene Welt, sondern betont die Leistungen des Subjektes im Sinne einer aktiven Konstruktion oder einer Rekonstruktion. Strukturen unseres Interpretierens und Schematisierens sind zum Teil genetisch angelegt. Sie können durch aktive Stabilisierung und durch positive Rückkopplung verstärkt werden. Bereits Kognition ist konstruktiv. Die Verarbeitung von Wahrnehmungen ist im hohen Maße abhängig von Erwartungen, früheren Erfahrungen, Bevorzugung, Motiven, Emotionen sowie von vielen anderen Bestimmtheiten, die sich nicht unmittelbar nur auf die Reiz-Reaktions-Basis zurückführen lassen (Lenk 1994, 114).

Eine für die Handlungstheorie bedeutsame Weiterentwicklung besteht in Lenks Deutung der Emotionen als Interpretationskonstrukte. Für Lenk gibt es Schwierigkeiten mit einer ungeschichtlichen, nicht kulturell geprägten Theorie der Emotionen (Lenk 1994, 131). Gefühlsregungen sind einzigartige, meist aufgrund von Betroffenheit und zumindest unwillkürlich entstehende, innerhalb zwischenmenschlicher Beziehungen erworbene und bevorzugt über nichtverbale Kanäle vermittelte seelische Zustände, die meist in einem erhöhten Grad von Erregung erlebt werden, in denen sich eine Person eher passiv erlebt, aber Bewußtseinskontinuität und Identität verleihen. Offensichtlich werden emotionale Gestimmtheiten dann aktualisiert, wenn sie Schemata darstellen, die in einer biologischen Anlage vorgeprägt sind. Obwohl die biologisch dynamische Grundlage der Emotionen vorgegeben ist, werden diese erst aufgrund einer bestimmten Deutung unserer entsprechenden Situation spezifisch ausgelöst (Lenk 1994, 140). Emotionskonstrukte können kulturspezifisch voneinander abweichen (Lenk 1994, 147). Gefühle werden erst durch Zeichenverwendung, insbesondere durch Sprache verfeinert und zu Emotionen bzw. different erfaßbaren Emotionen. Im Grunde ist es erst die Sprache, welche unsere innere emotionale Welt konstruiert. So kommt Lenk zu dem Schluß, daß Emotionskonstrukte bedürfnisrelevante Wertaspekte umfassen oder sogar sind (Lenk 1994, 160).

Werte sind spezifischere, praxisnahe Interpretationskonstrukte in normativer Deutung. Früher galt Werterkenntnis bzw. Wertintuition als ein eigenständiges Vermögen. Werterkenntnis galt als eine philosophische, hermeneutische oder phänomenologische Teildisziplin. Aus hermeneutischer Sicht sind Werte aber eher Konventionen. Werte dienen der Rationalisierung von Handlungen und der Erzeugung einer positiven Einstellung zum Gegenstand der Wertungen. Sie können damit ideologische Funktion übernehmen, sie können aber auch für Handlungsrechtfertigungen herangezogen werden (Lenk 1994, 167).

Für eine hermeneutische Ethik sind Werte allerdings Ergebnisse normativer und deskriptiver Interpretationen von Handlungs- und Beurteilungskonzepten. Sie sind projektierte Konstruktionen zur Präferenzbildung (Lenk 1994, 181). Soziale Werte sind sozial entstandene, institutionell normierte und sanktionierte Interpretationskonstrukte zur Präferenzbildung, die über Normen Handeln sozial regeln. Werte können auch zur Handlungserklärung herangezogen werden. Die in sozialen Formen routinisierte oder wenigstens kanalisierte Handlung kann auch von Werten geleitet oder gar gesteuert sein (Lenk 1994, 185). Problematisch ist die undifferenziert normative und deskriptive Verwendung des Wertbegriffes, wobei Pflichtwerte und Selbstentfaltungswerte nicht immer in wünschenswerter Deutlichkeit unterschieden werden.

Angewandte Ethik bzw. praktische Ethik wurde traditionell wie bei R. M. Hare sprachanalytisch oder metatheoretisch oder gemäß dem utilitaristischen Ansatz bei P. Singer konsequentialistisch konzipiert. Als erkenntnistheoretische Voraussetzung dieser praktischen Ethiken läßt sich ein erkenntnistheoretischer Rationalismus dingfest machen. Dieser beurteilt die Möglichkeiten praktisch-sittlicher Vernunft in der Regel sehr positiv und glaubt, daß umfangreiche wissenschaftlich begründete Konzepte der Folgenabschätzung Voraussetzung für sittlich legitime Entscheidungen sind. Der Vorschlag, die hermeneutische Methode für eine anwendungsorientierte Ethik fruchtbar zu machen, beruht auf der Einsicht in die Grenzen mathematisch-statistischer Methoden bei der Entscheidungsfindung, auf einer Konzeption von praktisch-sittlicher Vernunft, die im Rückgriff auf instrumentelles und praktisch-sittliches Verstehen im Sinne eines Umgangswissens und nicht eines bloß theoretischen Verstehens die eigene Basis reflexiv einzuholen versucht, und von der Lebenswelt als dem Horizont der Situation des Handelnden ausgeht.

Eine hermeneutische Erkenntnistheorie wird zugrundegelegt, weil moralischer Konsens in weiten Bereichen moralischer Diskurse kaum zu erzielen und eine anwendungsorientierte Ethik so unter Pluralismusbedingungen gestellt ist. Hier reicht Prinzipienreflexion und die Diskussion der Begründung sittlicher Prinzipien nicht mehr aus. Eine Ethik, beschränkt auf den Bereich des Grundsätzlichen, führt in nicht endende Glaubenskriege. Überzeugungskonflikte sind auf der Prinzipienebene nicht zu lösen, sondern bestenfalls im Hinblick auf konkrete Fragestellungen. Aber auch sittliche Verpflichtungen sind in bestimmten Situationen bisweilen nur schwer plausibel zu machen, insbesondere dann, wenn auch die empirische Sachlage bei Entscheidungssituationen uneindeutig ist. Die Pluralität der Lebensstile und Wertsysteme, der Weltanschauungen und Utopien scheinen dabei auf den Konsensgedanken zu verweisen, wie ihn etwa die Vertragstheorie oder die Diskurstheorie anbietet. Aber moralischer Konsens ist ein Element der Kleingruppenmoral.

Zwei Auswege scheinen sich anzubieten: eine Reduktion von Konsens auf Mehrheit, wenn Konsens nicht mehr zu erzielen ist, also die Ersetzung von Ethik durch Politik, oder die Verlagerung der Frage auf die Verfahrensebene, nämlich die Umwandlung der Ethik in die Frage, wie moralische Diskurse strukturiert sein müssen, damit ein Konsens möglich wird. Dann geht es um die Eruierung und Etablierung des Umgangs mit dieser Vielfalt von Normen und Werten (Bayertz 1996, 17). Auch der Konsens bietet daher keinen archimedischen Punkt, auf den eine Moral begründet werden kann (Bayertz 1996, 27). So wird der Ansatz einer hermeneutischen Ethik plausibel, die von der Überzeugung der Unwahrscheinlichkeit archimedischer Punkte in der Ethik ausgeht.

Konsensbildung setzt moralische Autonomie des betroffenen kompetent entscheidenden Individuums voraus. Unterschiedlichen Deutungen sittlicher Verpflichtungen und divergierenden Interpretationen von Tatsachen muß Rechnung getragen werden. Die drängende Frage nach gemeinsamem Handeln angesichts verschiedenener Interpretation sowohl der Tatsachen wie der für konkrete Situationen geltenden sittlichen Verpflichtungen bedarf einer Antwort, um die sich eine hermeneutische Ethik bemühen muß. Dabei ist das Scheitern eines Rückgriffs auf die sog. „Natürlichkeit“ sittlicher Verpflichtungen in

Gestalt von Normen und Werten der Ausgangspunkt für eine hermeneutisch konstruierende Ethik, die nicht von einem angeblich archimedischen Punkt – etwa einem Kategorischen Imperativ oder einer ganz bestimmten Theorie der Gerechtigkeit – ausgeht, sondern bei Interpretations- und Rekonstruktionversuchen sittlicher Verpflichtungen ansetzt, um diese aus bestimmten konkreten Situationen heraus zu interpretieren.

Einer hermeneutischen Ethik geht es um die Realisierung einer konkreten sittlichen Verpflichtung in einer bestimmten Situation. Damit steht nicht die Autonomie des egoistischen Individuums im Zentrum einer praktischen Ethik wie im Präferenzutilitarismus oder im Emotivismus, sondern der Versuch, die Situation des Menschen zu analysieren, der eine sittliche Verpflichtung realisiert, d.h. gemäß dieser handelt und nicht nur die entsprechende sittliche Verpflichtung erkennt, ohne sie in die Tat umzusetzen. Sie geht nicht von moralischen Heroen aus, die eine sittliche Verpflichtung unabhängig von der Widerständigkeit der Situation realisieren, sondern von der begrenzten Kompetenz des endlichen Menschen zur Realisierung sittlicher Verpflichtung. Die Frage nach Bedingungen der Möglichkeit anwendungsorientierter Ethik führt gemäß dem hier vorgeschlagenen Konzept nicht zur Identifikation der praktischen Ethik mit einem Präferenzutilitarismus, sondern zur Aufklärung der dreifachen hermeneutischen Grundsituation, in der anwendungsorientierte Ethik steht. Diese umfaßt:

(1) die Zirkelstruktur wertender Urteile, in denen sich sittliche Verpflichtungen artikulieren. Sittlich verpflichtende Urteile müssen immer bereits voraussetzen, daß der Adressat Verpflichtungserfahrungen gemacht hat und über ein zumindest implizites Wissen im Umgang mit Verpflichtungen verfügt. Hier liegt eine Grundstruktur vor, die Ähnlichkeiten mit dem hermeneutischen Zirkel des Verstehens aufweist. Bereits Immanuel Kant hat in seiner „Grundlegung zur Metaphysik der Sitten“ darauf hingewiesen, daß der ethische Verpflichtungscharakter ethisch-normativer Urteile nur aus der Struktur sittlicher Verpflichtung selbst hergeleitet werden kann, die Freiheit ermöglicht und umgekehrt. So wird bereits bei Kant ein wesentlicher Ansatzpunkt einer hermeneutischen Ethik offengelegt.

Kant spricht in der „Grundlegung zur Metaphysik der Sitten“ in BA 104 von einer Art von Zirkel, in BA 110 von einem „geheimen Zirkel“ in der Begründung von Ethik, indem der Verpflichtungscharakter sittlicher Sollenssätze und Freiheit durch wechselseitigen Verweis aufeinander begründet werden. Für Kant ist dies jedoch kein wirklicher Zirkel, sondern eher eine Art von wechselseitigem Implikationsverhältnis, jedenfall kein echter methodischer Zirkel, wie er einer rationalistischen, metaphysisch begründeten Vollkommenheitsethik zugrunde liegt. Denn der ontologische Begriff der Vollkommenheit habe einen unvermeidlichen Hang, sich im Zirkel zu drehen, die die Sittlichkeit, die er erklären soll, insgeheim voraussetzen muß (Kant; GMS BA 93). Eine rationalistisch-ontologische These ist gemäß Kant eine zu starke These. Gemäß Kant muß eine Beschränkung vorgenommen werden: Auf transzendentaler Ebene ist die Bedingung der Möglichkeit, Freiheit zu denken, die unumgängliche Annahme sittlicher Verpflichtung, und umgekehrt: Freiheit zu unterstellen ist unumgänglich, um sittliche Verpflichtung denken zu können.

Dieser Zirkel in der Begründung sittlicher Verpflichtung hat nicht nur eine transzendentale Dimension, sondern verweist auf eine hermeneutisch begründete Ethik, denn dieser Zirkel weist eine Strukturähnlichkeit mit dem des hermeneutischen Verstehens auf. Wenn jemand nicht immer schon über ein Umgangswissen mit sittlichen Verpflichtungen verfügt, kann diesem die ethisch-philosophische Reflexion eine solche nicht andemonstrieren. Dieses Umgangswissen hat auch der „Böse", der die sittliche Verpflichtung realisiert, indem er die Verpflichtung übertritt (Kant; GMS BA 113). Dies ist gemäß Kant auch nicht weiter verwunderlich. Die Begründung ethischer Prinzipien aus dem Grundansatz der Heteronomie stellt nach Kant einen Widerspruch in sich selbst dar. Die Begründung der Sittlichkeit auf ein natürliches Gesetz oder auf ein moralisches Gefühl wäre eine Ableitung einer sittlichen Verpflichtung aus etwas Natürlichem und damit der Sittlichkeit Fremdem, ebenso eine Ableitung aus dem Willen Gottes, der anderen Klasse von heteronomen „Ethiken". Die Sittlichkeit kann nur dann in ihrer Dignität angemessen verstanden werden, wenn sie allein aus sich selbst heraus verstanden wird.

Wir sind nur dann moralisch verantwortlich, wenn nicht die Natur oder Gott in uns handelt und wenn es so etwas wie sittlich relevante Verpflichtung gibt. Nur dann macht es überhaupt Sinn, von Moral im Sinne von Verpflichtung und Freiheit zu sprechen. Eine Begründung von sittlicher Verpflichtung im Sinne einer Letztbegründung legt Kant hier nicht vor, er macht allerdings plausibel, warum es nicht sinnvoll ist, Ethik aus der Natur oder aus der Religion abzuleiten. Vielmehr ist bei der Kantischen Letztbegründung von Ethik der Rückgriff auf das Faktum der Erfahrung sittlicher Verpflichtung unumgänglich.

(2) Eine hermeneutische Ethik stellt die Realisierung sittlicher Verpflichtung in den Mittelpunkt einer anwendungsorientierten Ethik. Sie entwickelt damit für das Verhältnis von instrumentellem und ethischem Umgangswissen eine neue Beziehung. Seit Kant werden hypothetische und kategorische Imperative, strategisches Umgangswissen, nämlich wie ein bestimmtes Ergebnis erzielt werden kann, und eigentliche sittliche Verpflichtung als Gegensätze gesehen. Und nur letztere sind für Kant Gegenstand der Ethik. Es ist nicht zu leugnen: Effektivität kann unsittlich sein. Perfekte Kooperation einer mafiösen Organisation ist effizient im Sinne des Gruppenegoismus, keinesfalls darum schon sittlich. Vielleicht gibt es den edlen Räuber wie Robin Hood, aber auch in diesem Falle manifestiert sich Sittlichkeit nicht in der Maximierung des geraubten Gutes, sondern höchstens im Hinblick auf die Verteilung des erbeuteten Gutes an Arme und Ausgebeutete.

Strategisches Verhalten kann unsittlich sein, aber wenn jemand überhaupt nicht versteht, etwas zu erwerben, kann er auch nichts abgeben oder verteilen. Dann ist er auch nicht in der Lage, sittlichen Verpflichtungen nachzukommen. Also ist strategische Vernunft keineswegs irrelevant für die Realisierung sittlicher Verpflichtungen. Koppelt man Realisierungsfragen von Geltungsfragen sittlicher Verpflichtungen vollständig ab, dann ist strategisches Umgangswissen irrelevant für Ethik. Für eine anwendungsorientierte Ethik kann dies aber nicht der Fall sein.

Anwendungsorientierte Ethik ist von Problemen bestimmt, die sich aus der Verschränkung von Technik, empirischen Naturwissenschaften und den Formen menschlichen Zusammenlebens ergeben. Technisches Umgangswissen entspringt spezifischen Formen des Umgangs mit Situationen. Dabei wird „Techne“ zunächst in seinem weiten Sinn als jede menschliche Fertigkeit verstanden, etwas zu bewegen und zu bewirken. Die Zielorientierung des Bewirkenwollens verweist dabei auf Bewertung, auf die Orientierung hypothetischer Imperative hin zu Kategorischen Imperativen. Erst diese antworten auf die eigentliche Frage, warum etwas unbedingt und unter allen Umständen erreicht werden soll.

Praktische Ethik ist die Ethik, deren Probleme sich in zunehmendem Maße aus der Technisierung der Lebenswelt ergeben. Innovationen erschweren den Rückgriff auf eingespielte Bewertungsmuster und Handlungsweisen. Da bei einer vollkommenen Instrumentalisierung des Menschen der Umgang mit Menschen unsittlich würde, ist eine Analyse instrumentellen und strategischen Handelns als Ausgangspunkt einer anwendungsorientierten Ethik unverzichtbar. Deutlich wird dies z.B. bei der Analyse des ökonomischen Handelns. In jeder modernen Gesellschaft ist die Möglichkeit moralischen Handelns durch den Wettbewerb signifikant eingeschränkt (Homann 1994, 3). Auch altruistische Akteure werden vom Markt verdrängt, wenn sie nicht ein bestimmtes Verhalten, nämlich ökonomische Rationalität, an den Tag legen. Andererseits führt ökonomischer Wettbewerb zu Innovation, Kreativität, materiellem Reichtum und Disziplin. Moralisches Handeln ohne Rücksicht auf ökonomische Sachzwänge kann im ökonomischen Wettbewerb selbstmörderisch sein.

Daher wird zumindest in diesem Bereich die Realisierbarbeit von sittlichen Forderungen zu einem wichtigen Kriterium für eine sittliche Verpflichtung. Homann und Pies behaupten sogar, die Geltung einer Norm hänge von ihrer Realisierbarkeit ab. Allerdings wird mit Geltung hier vor allem die soziale Geltung einer Norm gemeint sein. Unter den Bedingungen der Moderne schlägt die Implementierung einer Norm auf ihre Geltung durch (Homann 1994, 5). Die durchaus normativ verstandenen Produktivitäts- und Freiheitspotentiale moderner Gesellschaften lassen sich nur durch strategisches Handeln und durch institutionelle Arrangements so kanalisieren, daß dieses zu allgemein wünschenswerten Ergebnissen führt (Homann 1994, 5). Das Gewissen sei nicht in der Lage, das Versagen der Institutionen zu kompensieren (Homann 1994, 6). Strategische Rationalität stelle das zentrale Problem für jede praktische Ethik dar (Homann 1994, 5). Zwar kann eine ökonomisch diktierte Wirtschaftsethik nicht zum Maßstab von praktischer Ethik schlechthin werden, zu nahe liegt ein naturalistischer Fehlschluß, dennoch sind Realisierungsbedingungen ein zentrales Bestimmungsmoment für die Formulierung sittlicher Verpflichtungen.

Das ökonomische Modell zur Bestimmung der Rahmenbedingungen moralischen Handelns hat eine gewisse Plausibilität, aber auch Grenzen, die im Anschluß an das Gefangenendilemma eigens diskutiert werden. Die Produktivität der gesellschaftlichen Kooperation bietet einen breiten Raum für individuelle Lebensentwürfe bei voller Versorgung. Dabei entsteht die Gefahr der Ausbeutung durch einzelne Akteure (Homann 1994, 7). So ist die Analyse kollektiven Handelns ein zentrales Problem einer anwendungsorientierten Ethik, das im Kapitel 3.4 näher analysiert wird. Angesichts der rapiden Veränderung der Lebenswelt reicht es nicht mehr aus, neue Normen zu formulieren, oft ist es wichtiger, die Situation zu verändern, die zu einem unhaltbaren Zustand geführt hat. Ruinöse Dilemmasituationen sind für den Einzelnen nicht zu lösen. Sie überfordern und zerstören die Grundlagen sittlich zurechenbaren Handelns.

Daher hat Niklas Luhmann nicht ganz Unrecht mit seiner Forderung, die Hauptaufgabe der Ethik bestehe darin, vor der Moral zu warnen (Luhmann 1986, 263). Gemeint sind hier z. B. Gesinnungstäter, die im Namen der Moral höchst unmoralisch handeln bis hin zur Ermordung von Menschen. Die kritische Funktion praktischer Ethik ist damit hervorzukehren. In kritischer Absicht soll daher im Kapitel 2.1 im Anschluß an Martin Heideggers Existential der Sorge instrumentelles Umgangswissen als implizites Wissen und instrumentelles Handeln in seiner Verschränktheit mit sittlichem Umgangswissen analysiert werden. Dieses Wissen um den Umgang mit der Realisierbarkeit von sittlichen Verpflichtungen wird dabei zum Leitfaden bei der Analyse einer anwendungsorientierten Ethik.

(3) Der dritte wesentliche Bereich einer anwendungsorientierten Ethik im hermeneutischen Sinne eruiert das ethische Umgangswissen um Verfahren, sittliche Verpflichtungen in bestimmten Situationen aufzufinden und zu realisieren. Dabei sind spezifische Formen des verstehenden Umgangs mit sittlichen Verpflichtungen herauszuarbeiten. In ethischen Faustregeln bzw. sittlichen Prinzipien mittlerer Reichweite manifestiert sich ein implizites Umgangswissen mit sittlichen Verpflichtungen, dessen verschiedene Formen und Strategien und somit auch Ethiktypen in eine hermeneutische Ethik eingehen. Für diese muß eine hermeneutische Ethik den methodischen Rahmen erarbeiten.

Eine hermeneutische Ethik legitimiert nicht de facto geltende Normen oder spezifische Interpretationen der Lebenswelt, da dies deskriptivistische Fehlschlüsse implizieren würde. Sie geht vielmehr davon aus, daß bereits der Alltagsverstand ein bestimmtes Verfahrenswissen entwickelt hat, wie sittliche Verpflichtungen erkannt und realisiert werden können. Grundlegend für eine hermeneutische Verfahrensweise in der Ethik ist die Hin- und Herbewegung zwischen Einzelfall und faktisch geltenden Normen, die vor dem Hintergrund ethischer Prinzipien einer wechselseitigen Kritik unterworfen werden. Der Einzelfall wird durch Situationsanalyse im Sinne eines Handlungsentwurfes im Möglichkeitsfeld anderer Handlungen und durch Folgenanalyse im Sinne eines Potentialitätsfeldes eruiert und zwar im Hinblick auf ein Handlungsziel, in dem konkret zu Erreichendes mit allgemeinen sittlichen Verpflichtungen in Einklang gebracht werden muß. In den ständig durchzuführenden Prozessen wechselseitiger Kritik der Einzelverfahren manifestiert sich die kritische Funktion einer hermeneutischen Ethik. Diese wird insbesondere bei Interpretationskonflikten ansetzen und legt dabei einen praktisch-normativen hermeneutischen Zirkel zugrunde.

Sittliches Umgangswissen als Verfahrenswissen etabliert eine Konzeption, in der Tatsachenwissen und Verpflichtungswissen ineinandergreifen. Dazu wird im Rahmen einer hermeneutischen Ethik ein Vier-Stufen-Modell anwendungsorientierter Ethik entwickelt, das es erlaubt, empirisches Wissen ohne naturalistische Fehlschlüsse in die Formulierung konkreter sittlicher Verpflichtungen einzubeziehen. Es überwindet die „Zwei Kulturen", führt aber nicht zum Aufweis apodiktisch gültiger Verpflichtungen. Es werden vielmehr Interpretationsvorschläge einer sittlichen Verpflichtung in konkreten Situationen erarbeitet. Durch reflektierte Anwendung sittlichen Umgangswissens werden moralische Vorurteile überwunden und sittlich-normative Prinzipien geklärt. Der Prozeß der Klärung unterscheidet verpflichtende oder verbietende Urteile von weiter zu klärenden Fragen.

Insbesondere bei Verpflichtungen, die weiter zu klären sind, ist ein Diskurs erforderlich, der sich am Leitbild des sokratisch-platonischen Dialogs orientieren kann. Es wird gefragt, bis der Logos des Fragens zum Stillstand, zu einer partiell gültigen Grenze geführt hat. So manifestiert sich auch in Frage und Antwort, im Suchen und Finden Heraklits dialektische Hermeneutik. Entscheidend ist der Zusammenhang oder der Konflikt der Argumente, wobei Kohärenz und Konvergenz der Argumente ebenso eine Rolle spielen wie der Dissens. Hier hat sich insbesondere John Henry Kardinal Newman Verdienste erworben.

Ein Autor, der für die Analyse des methodischen bzw. verfahrensmäßigen Umgangs mit sittlichen Verpflichtungen von außerordentlicher Bedeutung ist, ist Aristoteles. In seiner Explikation des praktischen Wissens, der Phronesis, geht es um die Erfassung und sittliche Bewältigung der konkreten Situation angesichts allgemeinverbindlicher sittlicher Verpflichtung. Phronesis manifestiert sich bei Aristoteles z.B. in der „Subsumption" des Gegebenen der Situation unter ein Allgemeines. Der aristotelische Vorschlag scheint dabei auf ein implizites Umgangswissen zu verweisen. In den explizit gewußten Term der sittlichen Verpflichtung geht implizit das nie vollständig explizierbare Wissen um die konkrete Situation ein und manifestiert sich im Wissen um die Realisierbarkeitsverpflichtung eines bestimmten Sollens. Die Begriffe impliziter und explizierter Term eines Umgangswissens werden im Kapitel 2.1 näher ausgeführt.

Hilfestellung bei der „Subsumption" können dabei sog. „Faustregeln der Verallgemeinerung" liefern, wobei es sich nicht um Verallgemeinerungen im Sinne der Induktion handelt, sondern um die Interpretation des impliziten Anteils am Umgangswissen mit Verpflichtungen in konkreten Situationen. Weitere Hilfestellungen bietet Aristoteles in seiner Konzeption des Sittlichen als Mitte zwischen zwei Extremen an, als Verfahren der Konstruktion und Interpretation der Extremalpunkte und das anschließende Verfahren der Ausmittelung. Dieses Verfahren nicht nur der Abwägung von Extremen, sondern auch von konkurrierenden sittlichen Verpflichtungen gehört zu den wichtigsten Beiträgen von Aristoteles zu einer hermeneutischen Ethik.

Ein bedeutsamer Beitrag zu einer hermeneutisch begründeten praktischen Ethik ist auch das auf Aristoteles zurückgehende Verfahren der Epikie, der zumindest teilweisen Außerkraftsetzung einer allgemeinen sittlichen Verpflichtung in einer ganz bestimmten Situation, um eine konkrete sittliche Verpflichtung begründen zu können. Auch das aristotelische Verfahrenswissen der sog. „zweitbesten Fahrt" ist zentral für eine hermeneutische Ethik, d.h. der Verpflichtung zu folgen, andere nicht zu schädigen, wenn der Ausmittelungsprozeß kein konkretes Ergebnis herbeiführen sollte.

Weitere Formen des impliziten Verfahrenswissen, die sich mathematisch strenger Objektivierung entziehen, die Aristoteles bereits ausgeführt hat, sind Formen der empirischen Verallgemeinerung im Horizont von Folgenabschätzungen, wie sie später vom Utilitarismus propagiert wurden. Dieses Verfahren untersucht, welche Konsequenzen sich ergeben würden, wenn alle Handelnden einer spezifischen Maxime (Handlungsregel) folgen würden. Selbstverständlich erkennt eine hermeneutische Ethik auch den Kategorischen Imperativ als metaethische Regel für die Überprüfung sittlicher Maximen an.

Andererseits bleibt der verstehende Umgang mit sittlichen Verpflichtungen subjektiv-personal eingefärbt. Dies ist aber für eine hermeneutische Ethik im Gegensatz zu Positionen des ethischen Objektivismus nicht negativ zu bewerten, da die Perspektivität und Endlichkeit bei der Realisierung sittlicher Verpflichtungen und der Beurteilung von Handlungsmaximen unvermeidlich erscheint. Und da hermeneutische Ethik nie von einem Nullpunkt oder einer „tabula rasa" ausgehen kann, ergibt sich der Ausgang von einer kurzen Rekonstruktion wichtiger Positionen in der Geschichte der Ethik quasi von selbst.

1. Exemplarische Fallstudien zur Bestimmung des Sittlichen aus der Geschichte der Ethik

Um herauszufinden, welche konstitutiven Momente für Ethik charakteristisch sind, ist ein Blick in die Geschichte der Ethik hilfreich, für eine hermeneutisch begründete Ethik geradezu unverzichtbar. Die meisten Konstituentien werden sich nach entsprechender Analyse aus einer solchen Betrachtung ergeben. Besonderes Augenmerk gilt unserer Untersuchung dabei, ob und inwiefern in der Geschichte der Ethik ihre Anwendbarkeit bzw. ihre Anwendung im Vordergrund stand. Die erste Konzeption einer Ethik zumindest im Ansatz findet sich in der europäischen Philosophiegeschichte bei Platon.

1.1 Der platonisch-sokratische Dialog und Aristoteles' Theorie der Abwägung: Verfahrensethiken und die Idee des sittlich Guten

Im Hinblick auf die Modelle anwendungsorientierter Ethik ist zunächst die Frage an *Platon* zu stellen, wie er versucht, Ethik zu konzipieren. Dabei ist festzuhalten, daß Platon selbst keinen Begriff der Ethik kennt, denn dieser Begriff wird erst von seinem Schüler Aristoteles grundgelegt. Dennoch taucht bei Platon in Auseinandersetzung mit Sokrates in der philosophischen Diskussion zum ersten Mal die Frage auf, was denn das Charakteristische an Moral, Sittlichkeit oder dann später auch an Ethischem sei. Dabei entzündet sich im Dialog „Menon" die Frage nach dem Charakteristikum des Sittlichen an der Frage, ob die Tugend gelehrt werden kann (Platon, Menon, 70 a 2). Platon geht dabei in der für die frühen Dialoge charakteristischen Weise vor. Sokrates versteht sich als elektrisierender Zitterrochen, der durch seine Fragen die anderen Menschen in ihrem Nachdenken in Verwirrung und Verwunderung führt und zwar mit dem erklärten Ziel, seine Dialogpartner zur produktiven Verwunderung darüber zu bewegen, daß sie im eigentlich philosophischen Sinne noch nicht über ein begründetes Wissen verfügen.

Menon antwortet auf die Frage nach der Tugend mit einer Aufzählung der Tugenden des Mannes, des Kriegers, des kleinen Mädchens und anderer. Er führt all das an, was alles zu den Tugenden gezählt werden kann. In Menon 71 c 1 wird aber deutlich, daß dieses Verfahren nicht die Antwort auf die Frage darstellt, um die es Sokrates geht. Denn sein insistierendes Fragen richtet sich auf das, was die Tugenden zu Tugenden macht, also auf das Unterscheidungskriterium des Sittlichen von allem anderen Nicht-Sittlichen. Es geht um den Allgemeinbegriff von Tugend, um das, was Platon Eidos oder Idee nennt. Der zentrale Ansatzpunkt bei Platon ist also die Suche nach dem Spezifikum und nach der spezifischen Differenz des Sittlichen vom Nicht-Sittlichen. Auf diese Art und Weise soll ein Allgemeinbegriff von Sittlichkeit entwickelt werden, der in der späteren Tradition als Wesen der Tugend oder als Wesen der Sittlichkeit bezeichnet wurde. So resümiert Sokrates in 74 a das Scheitern des ersten Definitionsversuches von Menon. Man habe zwar viele Tugenden gefunden, aber nicht die Tugend schlechthin. Und dies ist ein großer Mangel, denn wenn wir nicht wissen, was die Tugend als Tugend oder die Sittlichkeit als Sittlichkeit ist, können wir letztendlich auch nicht entscheiden, ob eine der aufgezählten Tugenden tatsächlich eine Tugend ist oder nicht.

Der erste Definitionsversuch anhand von Tugenden wie Besonnenheit, Gerechtigkeit, Tapferkeit und Mut – Platon formuliert hier bereits den Kerngedanken der Kardinaltugenden, die ins Zentrum des mittelalterlichen Systems der Sittlichkeit rückten – machte aber zugleich deutlich, was an dieser Aufzählung eben philosophischen Ansprüchen nicht genügt. Es bleibt auf diese Art und Weise ungewiß, was Tugend, Moralität, Sittlichkeit von allem anderen unterscheidet. Menon startet daher einen zweiten Definitionsversuch, der nun dem Kriterium der Allgemeinheit offenbar deutlicher Rechnung trägt, als der erste Versuch, bestimmte Eigenschaften von Tugenden oder bestimmte Tugenden aufzuzählen.

Der zweite Definitionsversuch bestimmt Tugend als das Streben nach Schönem, d.h. definiert Tugend durch ein Vermögen des Menschen und durch ein bestimmtes Ziel, wobei das Problem sich allerdings nur verlagert, denn was schön ist, bedarf ebenso eines Kriteriums der Unterscheidung wie das Kriterium der Sittlichkeit. D.h. dieser zweite Definitionsversuch scheitert ebenfalls, wenn kein Allgemeinbegriff von Schönheit angegeben werden kann. Hier liegt auch der entscheidende Mangel im System von Menon, denn auch für Schönes kann Menon nur wiederum Beispiele oder einzelne Bestimmungsmomente angeben, ohne in der Lage zu sein, den gesuchten Allgemeinbegriff von Sittlichkeit etablieren zu können, also den Begriff der Sittlichkeit angeben zu können, der diesen von allen anderen Begriffen unterscheidet.

Sokrates stellt am Ende des zweiten Definitionsversuchs in 79 b und c dann fest, daß auch dieser zweite Definitionsversuch nur Teile der Tugend erklärt hat, nicht aber die Tugend selbst. Sokrates formuliert als abschließendes Ergebnis in 80 a die Aporie. Direkt übersetzt wird A-poros mit „Nicht-Weghaftigkeit" oder „Nicht-Weg" im Sinne der Auswegslosigkeit. Auch Sokrates selbst ist, obwohl er ganz dezidiert die Frage nach dem Allgemeinbegriff von Sittlichkeit stellt, nicht in der Lage, diesen Allgemeinbegriff von Sittlichkeit angeben zu können. Dieser sehr erhebliche Mangel in der Konzeption von Sokrates veranlaßt ihn auch dazu, von sich selbst auszusagen, er wisse nichts, sei aber in der Lage, durch seine gezielte Methode des Fragens und des In-Verwunderung-Setzens bei anderen Wissen hervorzubringen.

Ein solches Wissen wird später in der Platonischen Konzeption unter der Idee des „Agathon" zu einer Konzeption des Guten als etwas, das ein außer-weltliches Wesen, ein Ziel ist, das außerhalb sogar der Seinssphäre angeordnet ist, ausgeweitet (Platon, Politeia 509 b 9). Hier wird ein Ziel unterstellt, das in gewisser Weise transzendent ist und daher aus der Perspektive der Endlichkeit – ich interpretiere Platon hiermit aus der Perspektive der Neuzeit – immer nur in Teilaspekten erkannt werden kann, niemals aber in seiner gesamten Fülle erfaßbar ist. In diesen Ausführungen wird bereits andeutungsweise das Grundproblem einer anwendungsorientierten Ethik deutlich. Um entscheiden zu können, ob etwas sittlich genannt zu werden vermag oder nicht, bedarf es eines Allgemeinbegriffes von Sittlichkeit, eines Definitionskriteriums von Sittlichkeit, eines Bestimmungsmomentes dessen, was Sittlichkeit von allem anderen unterscheidet.

So entsteht also für eine an der Anwendung orientierte ethische Fragestellung das Problem, woher das Unterscheidungskriterium von Sittlichkeit und Nicht-Sittlichkeit zu gewinnen ist, zugleich aber ein Kriterium zu erhalten ist, das es mir erlaubt, Fälle in der Praxis sittlich zu bewerten. Eine direkte Ableitung des Kriteriums der Sittlichkeit aus den Beispielen und den Fällen der Praxis ist, wenn Sokrates recht hat, nicht möglich und würde in einem neuzeitlichen Sinne sich auch als ein sogenannter metaphysischer oder naturalistischer Fehlschluß herausstellen. Andererseits bedarf es für eine anwendungsorientierte Ethik des Rückgriffs auf die Beispiele und die Fälle der Praxis, denn das ethische Kriterium soll ja angewendet werden, um konkrete Entscheidungshilfen für den Alltag zu gewinnen.

Platon selbst gibt in späterer Zeit insbesondere im sechsten Buch der Politea mit der Idee des Guten eine formale Unterscheidungsinstanz an, allerdings mit inhaltlichen materialen Komponenten. Die Zielorientierung von Sittlichkeit wird damit bereits im Ansatz deutlich. Sittlichkeit läßt sich offenbar nicht ohne Rückgriff auf die Struktur menschlichen Handelns bestimmen und erfordert damit handlungstheoretische Analysen. Der Begriff der Sittlichkeit hängt, so wird es bereits im zweiten Definitionsversuch bei Menon deutlich, in irgend einer Form mit menschlichem Streben, mit menschlicher Zielsetzung also mit menschlichen Handlungen zusammen. Platon selbst bietet seine Lösung am Ende des 6. Buches der Politea an in den Kapiteln 508 und 509. Dort parallelisiert er der Struktur „Erkenntnis und Wahrheit" die Struktur „menschliches Handeln durch Sittlichkeit und das Gute". Beide Strukturen werden umgriffen durch das Licht, nämlich durch die Erkenntnis der Wahrheit und die Erkenntnis des Guten. Allerdings besteht ein struktureller Unterschied zwischen der Erkenntnis der Wahrheit, die sich auf das Sein bezieht und der Struktur der Sittlichkeit, die sich auf das Gute bezieht. Das Gute ist etwas, das über das Sein an Würde und Kraft noch hinausreicht (Platon, Politeia 509 b 9). Das liegt an der unterschiedlichen Struktur von Erkennen und Handeln.

Erkennen richtet sich auf das Sein, Handeln aber auf ein Ziel und ein Ziel ist etwas, das über das Sein noch hinausgeht. Zugegebenermaßen muß das Ziel erkannt werden, um richtig handeln zu können. Richtiges Handeln aber erschöpft sich gemäß der Analyse von Platon nicht darin, einfach das Sein oder das Gute zu erkennen, sondern leitet dazu an, die Struktur des Handelns, das Streben zu erfüllen und zu tätigen. Völlig zu Recht billigt Platon daher dem Guten einen Status über bzw. jenseits des Seins zu, und begreift das sittliche Handeln als eine Tätigkeit, die über die Grenzen, über den Horizont des Seins oder des Gegebenen hinausgeht. Dies liegt in der Zielstruktur des Strebenscharakters menschlichen Handelns, die grundlegend unterschieden ist von der Erkennensstruktur menschlicher Erkenntnis. Das Problem allerdings bestand nach wie vor darin, daß zwar mit der Idee des Guten ein formales Instrumentarium angegeben werden konnte, das im Gedanken der Harmonie später des goldenen Schnittes usw. mathematische Proportionalität implizierte, aber damit kein inhaltlich materiales Kriterium gefunden war, nach welchem sich Menschen konkret in ihrer Praxis ausrichten konnten. Zugunsten des Allgemeinbegriffes von Ethik konnte zwar ein Kriterium angegeben werden, das sittlich Gutes von Nicht-Gutem unterschied, allerdings um den Preis, daß der so gewonnene Begriff so abstrakt war, daß er nicht ohne weiteres in den Fällen des Alltages anwendbar war. Die mathematisch schöne Strukturiertheit des menschlichen Handelns im Sinne von Zielstrukturen ist eine zu schmale Basis für die inhaltlich sittliche Bewertung menschlichen Handelns. Der Harmoniegedanke, der leitend geblieben ist für die Ethikdiskussion über Jahrhunderte, wird sich aber als zu unspezifisch erweisen, um eine anwendungsorientierte Ethik grundlegen zu können.

Hätten wir einen solchen inhaltlich bestimmten Allgemeinbegriff von Ethik, dann könnten wir alle Konfliktfälle sauber unterscheiden und eine ethisch vertretbare Lösung von allen anderen ethisch nicht vertretbaren Handlungsvarianten trennen. Dann wäre anwendungsorientierte Ethik in Theorie aufzulösen. Daß dies wünschenswert und auch möglich sei, ist ein Anspruch, der in der Geschichte der Ethik immer wieder erhoben wurde, jedoch – zumindest aus einem eher skeptischen Gesichtswinkel – niemals eingelöst werden konnte. Daher ist es nötig, für eine anwendungsorientierte Ethik nach alternativen Ansätzen zu suchen.

Wichtig für die Konzeption einer hermeneutischen Ethik ist bei Platon nicht nur die Bestimmung des Begriffs der Tugend und die des Guten, sondern auch dessen Methode. Sokrates spricht selbst von seiner Methode als einer Hebammenkunst (Maieutike). Die Mäeutik ist eine Methode des Umgangs mit Nichtwissen im Sinne des noch-nicht-Wissens. Theaitetos geht schwanger mit einem Gedanken, er hat Geburtsschmerzen, in der philosophischen Fachterminologie: Theaitetos steckt in der Aporie. Sokrates als Sohn einer Hebamme übt auch die Kunst einer Hebamme aus. Allerdings geht es nicht um das Gebären von Kindern, sondern um das Hervorbringen von Wissen bzw. von Wahrheit oder von richtigen Begriffen. Diejenigen, die noch überlegen und ein Problem noch nicht gelöst haben, bekommen von Sokrates Unterstützung und zwar, indem er immer wieder fragt, nachfragt und den Betroffenen hilft, die Lösung des Problemes selber zu finden.

Mäeutik doziert daher nicht, sondern versucht im Wechselspiel von Frage und Antwort ein Problem näher und schärfer zu konturieren, um nach dem Durchgang durch die Aporie eine Lösung zu finden. Die Mäeutik (Platon, Theaitetos 149 b 6) verhilft Wahrheitssuchenden zu eigener Einsicht, wobei sich Sokrates als einen hinstellt, der selbst nicht mehr in der Lage ist, philosophische Einsichten zu formulieren, und aus diesem Grunde sich darauf beschränkt, andere bei der Suche nach Einsicht zu unterstützen. Die philosophische Hebamme erkennt, ob ein Schüler mit philosophischen Gedanken schwanger geht oder nicht (Platon, Theaitetos 159 c 5 f). Sie ist in der Lage, mit allerhand Kunstgriffen die Geburt eines Gedankens einzuleiten. Mäeutik stellt sich damit als eine spezifische Technik dar, mit einem Wissen umzugehen, das der Schüler schon hat, aber nur in einer impliziten Form, um die er nicht explizit weiß.

Eine Hebamme ist in der Lage zu unterscheiden, ob wohlgeborene Kinder oder Mißgeburten entstehen (Platon, Theaitetos 150 b 3). Die sokratische Hebammenkunst oder „techne“ der Mäeutik unterscheidet sich von der normalen Hebammenkunst darin, daß sie Geburtshilfe Männern leistet und das Geborene nicht Kinder sind, sondern Weisheit. Die Mäeutik prüft daher, ob die Seele des Jünglings Mißgestaltetes und Falsches zu gebären im Begriff ist oder Gebildetes und Echtes. Sokrates selbst weiß nichts, aber er ist in der Lage bzw. von Gott dazu genötigt, anderen bei der Weisheitssuche zu helfen. Seine Schüler entdecken, ohne jemals etwas von Sokrates selbst gelernt zu haben, in sich und von sich aus viel Schönes und Wahres und sind dann auch in der Lage, dieses festzuhalten im Sinne eines sicheren Wissens.

Wer aber Sokrates zu früh verlassen hat und daher nicht der sokratischen Hebammenkunst in vollem Maße teilhaftig geworden ist, der bringt nur geistige Fehlgeburten hervor. Hebammenkunst zu leisten aber nötigt Sokrates der Gott, das Daimonion (Platon, Theaitetos 151 a 3), die göttliche Stimme im Menschen, die in späterer christlicher Interpretation mit dem Gewissen identifiziert worden ist. Die Mäeutik ist eine Methode, die Suchenden und Zweifelnden zu einem Abschluß ihres Zweifels im entsprechenden Wissen zu führen. Sie greift dabei darauf zurück, daß der Zweifelnde und Suchende bereits eine Art von Wissen um das Gesuchte hat, so daß er in der Lage ist, das Gesuchte auch durch die sokratische Hilfe finden zu können. Dabei versteht sich Mäeutik auch als die Kunst, Zweifel zu erzeugen und damit einen Suchprozeß einzuleiten. Wichtig ist dabei die Bereitschaft des Suchenden und Zweifelnden, das Unechte, Unwahre, die geistigen Mißgeburten – im Text steht Mondkälber – wegzuwerfen, auch wenn die Suchenden zunächst einmal stolz sind auf das, was sie hervorgebracht haben (Platon, Theaitetos 151 c).

Im „Menon“ verwendet Sokrates für seine mäeutische Methode ein anderes Bild, das einen spezifischen Aspekt dieser Methode deutlicher hervorkehrt und die Antwort vorbereitet, die Platon im Hinblick auf diese Methode gibt. Dort verwendet er das Bild des Krampfrochens, der durch seinen Stich das Opfer erstarren läßt (Platon, Menon 84 b 7). Durch seine Fragen bringt Sokrates in diesem Falle Menon in Verlegenheit, so daß er nicht mehr in der Lage ist, die ihm gestellten Fragen zu beantworten. Im Unterschied aber zu dem Schlag des Zitterrochens bedeutet die sokratische Methode, in die Aporie zu führen, keinen Schaden, sondern die Aporie ist die Voraussetzung dafür, daß der Befragte schließlich die Lösung des Problems, hier des mathematischen Problems, selber findet. Auch an dieser Stelle betont Sokrates, daß er immer nur frage und niemals lehre (Platon, Menon 84 d 1f).

Dies führt bei Platon zu seiner sogenannten Anamnesis-Konzeption, die wahres Wissen auf eine Wiedererinnerung an vorgeburtlich geschaute Ideen zurückbindet. So wird nach Platon ein apriorisches Wissen erreicht. Eine hermeneutische Ethik wird die Konzeption der Anamnesis heute nicht mehr nachvollziehen können und daher ein Verständnis von praktisch ethischem Verstehen herausarbeiten, das aus einem Umgangswissen mit sittlichen Verpflichtungen hervorgeht. Die Methode aber des Fragens, die das zweifelnde Suchen analysiert, ist ein wesentlicher Bestandteil einer hermeutisch orientierten Ethik. Es geht dieser darum, demjenigen, der zweifelt und sucht, einen Weg zu eröffnen, von einem vagen Vorbegriff zu einer eigenständigen Einsicht zu kommen. Für die Ethik bedeutet diese Methode, daß nicht die Anwendung vorgegebener Normen und Werte philosophisch ethische Dignität besitzt, sondern die Suche nach der richtigen Entscheidung in einer konkreten Situation im Vordergrund steht. Normen und Werte, die in einer konkreten Situation Anwendung finden sollen, müssen von dem, der entscheiden muß, selbst gefunden werden.

In seinem Dialog „Gorgias" arbeitet Platon einen weiteren wesentlichen Aspekt dieser Methode aus. Hier geht es um die Unterscheidung und Abgrenzung der sokratischen Mäeutik, jetzt neutraler als Gespräch (dialegetai) verstanden, von der Rhetorik. Sophistische Überredungskunst wird abgegrenzt vom erforschenden Gespräch, das auf eine Problemanalyse aus ist (Platon, Gorgias 453 b 1f). Die sophistische Rhetorik geht davon aus, daß ein bestimmtes und spezifisches Wissen vermittelt werden muß, das effektiv etwas bewirken soll. Platon grenzt die Methode des philosophischen Gespräches ab von jener Form rhetorischer Überredung, wie sie an Gerichtsstätten und bei Volksversammlungen vorkommt (Platon, Gorgias 454 b 4f). Das Gespräch aber muß einer bestimmten Ordnung der Rede entsprechen, um zu einem gewünschten Ergebnis und Ziel zu führen (Gorgias 454 c 1f). Nur so läßt sich ein Wissen hervorbringen, das über das bloße Glauben und Meinen hinaus reicht.

Die Rhetorik ist die falsche Methode, denn sie führt zu einer belehrenden Überredung in Bezug auf Gerechtes und Ungerechtes, nicht aber zu einer wahren Überzeugung in Fragen der Moral (Gorgias 455 a 1). Der Rhetoriker braucht von den Sachen selbst nichts zu verstehen. Allein die Kunstgriffe der Überredung sind bei ihm entscheidend, um das Ansehen bei den Nichtwissenden zu gewinnen (Gorgias 459 b/c). Während der Philosoph und der wirklich Wissende sich um die einzelnen Sachgebiete jeweils in spezifischer Form bemühen muß, genügt es bei der Rhetorik, die Kunstgriffe der Redekunst zu beherrschen, um ohne Sachverstand und wirkliches Wissen bei den Vielen zu glänzen. Allerdings ist diese Methode erkünstelt und verbirgt nur den Schein des Nichtwissens. Die Rhetorik muß das eigentliche Wissen um das, was gerecht und ungerecht ist, bereits voraussetzen. Dann allerdings kann sie mit Hilfe ihrer Überredungskünste das Wissen um das Gerechte und Ungerechte in wirkungsvoller Form umsetzen.

Allerdings ist die sophistische Rhetorik nicht in der Lage, zwischen Gerechtem und Ungerechtem zu unterscheiden. Dazu bedarf es der sokratisch platonischen Form des Gespräches. Der neue Gedanke, der sich im „Gorgias" anbahnt, liegt im Gedanken einer Ordnung der Rede, die in der Spätphase der platonischen Philosophie zu einer Neuformulierung der Methodik führt. Nicht mehr das Zweifeln und Suchen, angeregt durch das sokratische Nichtwissen, das über die Aporie letztendlich zu einer spezifischen Lösung führt, die Platon in seiner Anamesiskonzeption dem Sokrates in den Mund legt, steht im Vordergrund. Vielmehr wird eine neue Methode der Begriffsunterscheidung vorbereitet, die Platon dann Dialektik nennen wird. Dialektik meint dabei eine systematisierte Form des Gespräches. Dies impliziert bereits der Name Dialektik, der abgeleitet wird vom Begriff des Sichunterredens, Besprechens, Gesprächs, modern Diskurs genannt.

Im 7. Buch der „Politeia" gibt Platon einen Umriß dieser neuen Methode, der Dialektik. Im Unterschied zur Rhetorik, die einseitig ist und auf Überredung abzielt, ist Dialektik die Methode, Rede und Antwort zu stehen, indem die eigene Position gerechtfertigt wird. Die dialektische Methode zielt auf die Erkenntnis des Wahren und Guten, indem sie für die eigenen Aussagen rechtfertigende Gründe angibt. Begründung kann durch Argumentation oder durch Erklärung geleistet werden (Platon, Politeia 531 e 2). Die dialektische Methode ermöglicht es, aus der Höhle und den Schattenbildern der Dinge zu entfliehen, und zum Licht zu gelangen. Die dialektische Methode führt zu einem Wissen von den Sachen selbst, nicht mehr zu bloßen Abbildern, die ein Meinen begründen. Die dialektische Methode überwindet alle bloßen Hypothesen und Meinungen und erreicht den Ursprung und Anfang (archä) allen philosophischen Wissens (Platon, Politeia 533 c/d). Sie ermöglicht auf diese Art und Weise Wissenschaft (episteme) und Einsicht (dianoia). So unterscheidet Platon vier Stufen der Erkenntnis, nämlich (1) Wahrscheinlichkeit, (2) Glaube, (3) Einsicht (dianoia) und (4) Wissenschaft (empisteme). Die Dialektik ermöglicht eine Erklärung der Idee des Guten, wodurch aller Schein der Meinung überwunden werden kann. Schlechte Dialektik oder Rhetorik aber führen dazu, daß die Auszubildenden im Unwissen und in der falschen Meinung verhaftet bleiben.

Anders als bei Platon und seiner Bestimmung des Sittlichen durch den Allgemeinbegriff des Guten konzipiert *Aristoteles* das Ethische anhand eines Verfahrens. Dieses beschreibt er in der „Nikomachischen Ethik" detailliert. Wenn auch bei Aristoteles das Agathon, das Gute, oder die Eudaimonia, die Vollkommenheit bzw. Glückseligkeit, Ziel des Handelns ist (Aristoteles, Nicomachische Ethik 1097a 34), so ist bei ihm das Agathon nicht die Endbestimmung, das Resultat der Frage nach dem, was das Sittliche als Sittliches auszeichnet, sondern der Ausgangspunkt für die weitere Bestimmung des Ethischen. Aristoteles verlagert den Begriff des Agathon hin zum Begriff der Eudaimonia, Vollkommenheit, die für ihn eine Grundhaltung, eine Tugend (hexis) darstellt. Allerdings stellt sich auch hier die Frage, was eine Tugend als Tugend auszeichnet. Und hierin besteht die eigene und eigentümliche Leistung des Aristoteles, daß er eben nicht anhand eines formalen inhaltlichen Begriffes des Guten in der Definition des Sittlichen stehenbleibt, sondern Ethik als Wissenschaft (Aristoteles, Nicomachische Ethik 1106 b, 16) durch das für Ethik charakteristische Verfahren der Güterabwägung beschreibt.

Für Aristoteles ist Tugend als die richtige Grundhaltung oder das Sittliche die Mitte zwischen einer Übertreibung und einem „Zu-wenig" (Aristoteles, Nicomachische Ethik 1104 a 26). Diese Mitte zwischen einem „Zu-viel" und einem „Zu-wenig", zwischen einer Übertreibung und einem Mangel an Engagement ist ein Relationsbegriff und damit abhängig von allen anderen Beziehungen, die dieser Begriff zu anderen parallel gestalteten Begriffen aufweist. Anders als bei dem Agathon, das bei Platon durch sich selbst bestimmt aus der

Struktur des Handelns selbst abgeleitet wird, besteht der Begriff des Sittlichen bei Aristoteles in einem rationalen Verfahren der Bestimmung der Mitte. Dabei ist vorausgesetzt, daß auch die Extremalpositionen bekannt sind. Die Mitte findet aber nur der Wissende. Daher ist es nicht verwunderlich, daß Aristoteles Ethik als eine Wissenschaft (episteme) von der reinen „sophia", der praktischen Lebensweisheit des Alltagsverstandes, abgrenzt und späterhin die Klugheit noch einmal zur Grundvoraussetzung der Tugend, des Sittlichen überhaupt, macht.

Da es extrem schwer ist, die Mitte zu finden, gilt als die zweitbeste Fahrt, jeweils das kleinste Übel zu wählen (Aristoteles, Nicomachische Ethik 1109 a, 34f). Für den Fall also, daß der Wissenschaftler, der Ethiker mit dem Verfahren der Mittenbestimmung zwischen beiden Extremen an seine Grenzen gerät, gibt Aristoteles eine Verhaltensregel an, eine Dringlichkeitsregel, die ein Verfahren für den Fall vorschreibt, daß die normale Methode – aus welchen Gründen auch immer – nicht befolgt werden kann. Das kleinste Übel jedenfalls scheint einfacher zu bestimmen zu sein als das rechte Maß, und zwar aus dem einfachen Grunde, weil das kleinste Übel isolierter betrachtet werden kann als die Mittenbestimmung, die zur Erkenntnis des rechten Maßes führen soll. Bestimmt wird diese Form der Mittenbestimmung als Suche (Aristoteles, Nicomachische Ethik 1112 b 20), als aktives Streben, als aktives Bemühen um die Findung dessen, was als Maß praktischer Rationalität zu gelten hat. Voraussetzung für eine solche Suche und für die Ethik überhaupt sind Wahlmöglichkeiten, von denen eine frei ergriffen wird. Auch wenn Aristoteles den Begriff der Freiheit im Sinne einer spontanen Fähigkeit des schöpferischen Hervorbringens noch nicht kennt, analysiert er dennoch wichtige Bestandteile des Begriffes der Freiheit, nämlich zum ersten die Alternativenhaftigkeit, also das Vorliegen von bestimmten Wahlmöglichkeiten, und zweitens eine Form der Willkürfreiheit, sich ungezwungen für die eine der Alternativen entscheiden zu können.

Die sorgfältige Analyse des Verfahrens ethischer Urteilsbildung, orientiert an der Suche nach dem richtigen Ausgleich zwischen zwei Extremen, mündet bei Aristoteles in eine Theorie der Gerechtigkeit (Aristoteles, Nicomachische Ethik 1129 a 1), hinter der man ohne jedes Problem die Bestimmung des Sittlichen durch praktische Rationalität erkennen kann. Sittlich ist das, was im Rahmen der Überlegungen praktischer Vernunft in einem Abwägungsprozeß als das Richtige erkannt wird. Orthos logos, die richtige Vernunft (Aristoteles, Nicomachische Ethik 1138 b 28) ist darum das Maß des Sittlichen bei Aristoteles. Nicht eine Induktion, nicht eine Idee, sondern das Vorgehen einer Vernunft, die sich am menschlichen Handeln orientiert, und Ziele für menschliches Handeln als sittlich vertretbar legitimiert, ist Ausfluß jener praktischen Rationalität, die nach Aristoteles das Kennzeichen des Sittlichen darstellt.

Ethik ist daher episteme, Wissenschaft, also mehr als sophia, mehr als Weisheit, mehr auch als sophrosyne oder Klugheit. Sie bestimmt als praktische Vernunft die Ziele für menschliches Handeln. Oberstes Ziel bei Aristoteles ist die eudaimonia, die persönliche Vollkommenheit und Glückseligkeit, die ähnlich wie bei Platon durch das Ideal der Harmonie im individuellen wie auch im sozialen Bereich als realisiert gilt und zwar als Harmonie oder als harmonischer Ausgleich zwischen den einzelnen gesellschaftlichen Kräften. Aber ähnlich wie Platon gerät Aristoteles in die Schwierigkeit, Kriterien dafür angeben zu müssen, wann denn das rechte Maß erreicht ist, wann etwas als Mitte zwischen zwei Extrempositionen gelten darf, wann also eine Urteilsbildung praktischer Rationalität im strengen Sinne sittlicher Natur und nicht bloß praktisch nützlicher Natur ist.

Bei Aristoteles gibt es kaum einen gravierenden Unterschied, jedenfalls keine Entgegensetzung, zwischen praktisch instrumenteller nützlicher Zielsetzung und praktisch kommunikativer, freiheitlicher, humaner Zielbestimmung. Vielmehr geht Aristoteles davon aus, daß die richtige Mitte zwischen praktikablen Lösungen und sittlichen Verpflichtungen gefunden zu werden vermag. Die Kunst ethischer Urteilsbildung ist an die Klugheit zurückgebunden, die den Menschen das rechte Maß für sittliches Verhalten lehrt. Aus diesem Grunde darf die Ethik des Aristoteles als durch praktische Rationalität bestimmt gedacht werden. Ethik ist bei Aristoteles als Klugheit definiert in der Lage, die Sittlichkeit zu klären. Das Ergebnis eines solchen argumentativen Abwägungsprozesses ist eine Handlung, zugleich auch eine praktische Wahrheit.

Aristoteles formuliert daher eine Lehre vom Syllogismus des Praktischen. Dieser Syllogismus meint zunächst nichts anderes als Aufklärung von Dingen, die getan werden können, also die Aufklärung praktischer Fragen. Statt Aufklärung könnte auch erklärende Überlegung oder Folgerung stehen. Allerdings wird Erklärung nicht in einem kausalen Sinne verstanden, sondern im Sinne einer finalursächlichen Erklärung. In diesem Zusammenhang wird der Verstehensbegriff von Aristoteles eingeführt. Dieser Ansatz darf als hermeneutischer bezeichnet werden, da er Erklärung nicht naturwissenschaftlich begreift, sondern handlungsanalytisch ansetzt. Das Resultat eines praktischen Syllogismus ist einerseits ein Wissen, nämlich praktische Wahrheit, andererseits ein Tun, eine richtige oder sittlich zutreffende Handlung.

Auch wenn praktisches Folgern analytischen Charakter hat und damit praktische Rationalität ein bedeutsames Moment in der Bestimmung des Ethischen bei Aristoteles darstellt, ist zu berücksichtigen, daß neben der praktischen Rationalität auch der Wille, das Wollen, das Vorziehen ein wesentlicher Bestandteil des praktischen Syllogismus ist. Im Hinblick auf etwas sittlich Gesolltes, etwas sittlich Verpflichtendes entwerfe ich mein Leben, wodurch sich allmählich eine bestimmte Form von Selbstgestaltung herausbildet. Ethik ist also bei Aristoteles dasjenige Verfahren, das mit praktischer Rationalität zur ethischen Urteilsbildung in einem konkreten Fall der Güterabwägung gelangt. Zentrales Moment ist die Verhältnisbestimmung des sittlich Guten im Sinne des gleichen Abstandes von Extrem-Positionen, so daß sich das Ethische durch einen Prozeß der rationalen Güterabwägung definieren läßt. Aristoteles entwickelt damit ein Modell für eine an konkreten Fragen orientierte anwendungsbezogene Ethik. Die Antwort besteht nicht in einer von vornherein festgelegten Güter- oder Wertehierarchie, sondern wird in die Befähigung (Kompetenz) des Handelnden bzw. des Ethikers verlegt, die Güterabwägung auch adäquat vollziehen zu können. Es handelt sich um eine Fähigkeit, die ausgebildet zu werden vermag.

Aristoteles entwickelt in seiner „Nicomachischen Ethik" im Kapitel VI,8 und VI,9 unter dem Namen der sittlichen Einsicht (phronesis) einen Ansatz, der dem sehr nahe kommt, was in der hier vorgeschlagenen hermeneutischen Ethik sittliches Verstehen genannt und in Kap. 2.1 und in Kap. 2.3 näher analysiert wird. An besagter Stelle führt Aristoteles aus: „Hingegen hat die sittliche Einsicht als Bereich die menschlichen Dinge und das, was ein mit sich zu Rate gehen zuläßt. Denn dies bezeichnen wir vor allem als die Leistung des Einsichtsvollen, daß er klug mit sich zurate geht, niemand aber geht mit sich zurate über das, was keine Entscheidung zuläßt und des echten Ziels entbehrt: Endziel aber bedeutet hier einen Wert, der durch unser Handeln erreicht werden kann. Das Prädikat des klug mit sich zu Rate Gehens aber gebührt ohne Einschränkung dem, der wesenhaft nach dem obersten menschlichen Ziel strebt, das durch Handeln erreicht werden kann, indem er sich eben durch die erwägende Reflexion leiten läßt. Die sittliche Einsicht ist aber nicht allein auf das Allgemeine gerichtet, sie muß auch in den Einzelfällen klar sehen. Denn ihr Wesen ist Handeln, das Handeln aber hat es mit Einzelfällen zu tun. Daher kommt es vor, daß manche, obwohl sie über eine theoretische Fundierung ihres Könnens nicht verfügen, geschickter im Handeln sind als solche, die darüber verfügen – auch auf anderen Gebieten übrigens: Es sind das die Leute mit praktischer Erfahrung."

Aristoteles spricht von Leuten mit praktischer Erfahrung. Im Text steht: „phronesis praktike". Parallelen zu dem Begriff des sittlichen Verstehens, wie er im zweiten Kapitel noch zu entwickeln sein wird, sind offensichtlich. Aristoteles scheint zu implizieren, daß diese Art von Erfahrung und Verstehen im Umgang mit spezifischen Handlungssituationen, aber auch im Umgang mit bestimmten sittlichen Verpflichtungen erworben worden ist. Sittliche Verpflichtungen stellen sich in dem Sinne dar, den Aristoteles das Allgemeine nennt, das aber in der je spezifischen Situation des Handelnden auf die konkrete Situation bezogen werden muß. Phronesis versetzt in die Lage, eine konkrete Situation zu erfassen und sittlich zu bewältigen. Dabei denkt Aristoteles möglicherweise an die Subsumption des Gegebenen unter ein Allgemeines, an eine Unterordnung unter ein Allgemeines. Gemäß der hier vorgeschlagenen Interpretation könnte es sich allerdings auch um die Struktur des Verstehens im Sinne von zwei Termen handeln, nämlich einem expliziten und einem impliziten Term. Auch dieser Punkt wird im Kapitel 2.1 ausgeführt.

Sittliches Verstehen setzt ein explizites Wissen – in diesem Falle um die allgemeine sittliche Norm oder um einen allgemeinen ethischen Wert – voraus und unterscheidet davon ein implizites Wissen, das nicht in jedem Detail explizit gemacht werden kann. Es betrifft die individuelle Situation, die jeweils in ihrer Komplexität durch zu viele Merkmale bestimmt ist, als daß man sie in allen Details explizit machen könnte. Aristoteles entwickelt einen Begriff der praktischen Erfahrung, den er allerdings nicht explizit im Sinne einer Konzeption des praktisch sittlichen Verstehens macht. Er kommt damit der Konzeption des sittlichen Verstehens im Sinne einer hermeneutischen Ethik sehr nahe, indem er die Bestimmung des jeweils konkret Sittlichen in einer spezifischen Situation an bestimmte Verfahrensregeln bindet. Verfahrensregeln wie seine Theorie der Güterabwägung oder seine methodische Bestimmung der zweitbesten Fahrt entfalten ein implizites Umgangswissen mit sittlichen Verpflichtungen in konkreten Situationen, die der Geübte immer schon hat, ohne explizit über diese Methoden reden zu können.

Eine hermeneutische Position versucht zumindest, eine Präzisierung dessen vorzunehmen, was praktische Erfahrung bei Aristoteles meint und in der hermeneutischen Ethik sittliches Verstehen im Sinne eines Umgangswissens mit sittlichen Verpflichtungen heißt. Was Aristoteles hier mit „Verallgemeinerung" bezeichnet, die Zuordnung von individuellen Situationen, die sich nur empirisch beschreiben lassen, zu allgemein gültigen Werturteilen oder zu ethischen Prinzipien, wird sich in einer hermeneutischen Ethik als Suchraster in vier Ebenen ethischen Argumentierens präzisieren lassen und in Kapitel 2.5 eigens thematisiert werden. Diese Form der „Verallgemeinerung" ist damit weder identisch mit Kants nicht-empirischer Version des ethischen Verallgemeinerungsverfahrens noch mit der utilitaristischen Form des empirischen Verallgemeinerungsverfahrens (Näheres hierzu bei Kant und Bentham). Vielmehr ermöglicht die aristotelische Form der Verallgemeinerung eine Plausibilisierungsstrategie für das Vier-Stufen-Schema der Begründung konkreter sittlicher Verpflichtung durch Rückgriff auf sittliches Prinzipienwissen und konkretes Beschreibungswissen um Alltagssituationen. Jedenfalls ist es für meine Überlegungen nicht ohne Bedeutung, daß Aristoteles die Methode der sittlichen Verallgemeinerung in den Kontext eines Umgangswissens mit sittlichen Verpflichtungen stellt, die er praktische Erfahrung nennt, die sich im Umgang mit Handlungssituationen herausgebildet hat.

Dabei bezieht sich praktische Erfahrung für Aristoteles zunächst auf die Erfahrung mit den eigenen persönlichen Dingen. Allerdings – so betont Aristoteles – läßt sich sittliches Verstehen auch auf andere Dinge ausdehnen, insbesondere auf die Fragen des Hauswesens (oekonomia) und auf die Staatsführung (politike). Ethik ist daher bei Aristoteles nicht ein System von Normen und Werten, sondern die theoretische Reflexion dessen, was jeder handelnde Mensch schon kann und weiß, von dem er ein Wissen hat im Umgang mit sittlichen Verpflichtungen in einer konkreten Situation. Aristoteles reflektiert und benennt eine Reihe von Verfahrensweisen, wie mit sittlichen Verpflichtungen umgegangen werden kann, die theoretisch gesehen allgemein verpflichtenden Charakter haben, also den Charakter der Allgemeinheit tragen. Aber um handeln zu können, müssen diese auf eine konkrete Situation angewendet werden. Zu diesen Verfahrensweisen gehört auch die sogenannte Epikie, übersetzt mit Billigkeit, die es erlaubt, das in einer Situation konkret Gerechte herauszufinden, selbst dann wenn das allgemein Gerechte für diese konkrete Situation keine spezifische Anwendungsweise vermittelt.

Epikie wird in der neuen Aristoteles-Übersetzung von Franz Dirlmeier mit „Güte in der Gerechtigkeit" übertragen. Dabei meint das

Gütliche im Gerechten die Berücksichtigung individueller Personen, die durch eine gerechte Forderung und Verpflichtung in arge Bedrängung gebracht werden. Epikie ist eine Möglichkeit des Umgangs mit rechtlichen oder gerechten Forderungen, die es erlaubt, in Einzelfällen nicht alle Details einer gerechten Forderung umsetzen zu müssen. Ausgangspunkt ist hier die konkrete Situation, in der einer bestimmten allgemein verpflichtenden Forderung rechtlicher wie sittlicher Art nicht Folge geleistet werden muß. Artistoteles schreibt: „Das Gerechte und das Gütige ist also identisch: Beides sind wirkliche Werte, nur steht das Gütige im Range höher. In Wirklichkeit entsteht die Problematik dadurch, daß das Gütige zwar ein gerechtes ist, aber nicht im Sinne der durch das Gesetz gewährleisteten Gerechtigkeit, sondern es ist eine Berichtigung der Gesetzes- Gerechtigkeit. Dies hat seinen Grund darin, daß jegliches Gesetz allgemein gefaßt ist. Aber in manchen Einzelfällen ist es nicht möglich, eine allgemeine Bestimmung so zu treffen, daß sie richtig ist. In solchen Fällen nun, wo es notwendig ist, sich allgemein auszudrücken, dies aber doch nicht so geschehen kann, daß alles richtig ist, da versteht das Gesetz die Fälle sozusagen en bloc, ohne allerdings zu übersehen, daß damit eine Fehlerquelle gegeben ist. Und trotzdem ist dieses Verfahren richtig, denn der Fehler liegt nicht im Gesetz und im Gesetzgeber, sondern in der Natur der Sache, denn so ist nun einmal die Fülle dessen, was das Leben bringt“ (Aristoteles, Nicomachische Ethik 1137 b).

Die Allgemeinheit einer sittlichen Verpflichtung im Sinne der Gerechtigkeit oder aber auch des staatlich fixierten Rechtes wird von dieser Methode der Epikie nicht angezweifelt. Allerdings wird deutlich, daß allgemein ethische Verpflichtungen nicht für jede Situation in gleicher Weise gelten können. Daher ist die Epikie eine Form des Umgangswissens mit sittlichen Verpflichtungen in konkreten Situationen, die es manchmal als vertretbar erscheinen lassen, die Güte vor die Realisierung der Gesetzes-Gerechtigkeit zu stellen. Die Berichtigung des Gesetzes in der Epikie ist damit die bessere, weil situationsangemessene Realisierung der sittlichen Verpflichtung, die sich in der Allgemeinheit des Gesetzes ausdrückt.

Aristoteles bietet also eine ganze Reihe von Verfahrensweisen an, die aus einem Umgangswissen mit sittlichen Verpflichtungen zu entstammen scheinen, und damit den Verfahrensweisen einer hermeneutischen Ethik recht nahe kommen. Zudem steht der Zentralbegriff der praktischen Phronesis, übersetzt mit praktischer Erfahrung, dem Begriff des sittlichen Verstehens im Rahmen einer hermeneutischen Ethik sehr nahe. Dies wird im Kapitel 2.1 und 2.3 näher erläutert. Eine hermeneutisch orientierte Ethik kann daher von Aristoteles wesentliche Anregungen für ihre eigene Theorie übernehmen.

1.2 Personalisierung der Ethik: Gewissens-Ethik bei Peter Abaelard und Verantwortungsethik bei Thomas von Aquin

Den Namen *Abaelard* bringt man gemeinhin mit Heloise in Beziehung, denn beide verbindet die berühmteste Liebesgeschichte des Mittelalters. Aber Abaelard war nicht nur ein Liebhaber, der sich nicht an die gängigen Konventionen hielt. Denn ungesetzlich war seine Liebe zu und seine Ehe mit Heloise keinesfalls. Sondern er war vor allem ein bedeutender Philosoph und Theologe, der die Methodenkonzeption der Scholastik nachhaltig prägte. In der Ethik entdeckt Abaelard den individuellen Menschen, sein subjektives moralisches Bewußtsein, sein Handeln und sein Gewissen. Das Motto seiner Ethik, das „Erkenne dich selbst“ verweist auf Sokrates und die Sieben Weisen, doch so individuell wie bei Abaelard wird das „Selbst“ in der griechischen Philosophie kaum gedacht, allenfalls bei Sokrates und einigen Sophisten. Obwohl nicht unerhebliche Teile seiner Ethik dem Alten und Neuen Testament entstammen, sind doch viele seiner Termini und Gedankengänge der alten Philosophie, insbesondere Cicero, entnommen.

Sein Ansatz mutet zunächst traditionell an, da er von einer Tugend-Ethik im aristotelischen Sinne auszugehen scheint. Denn nach Abaelard macht Tugend den Menschen zu guten Taten, das Laster zur Sünde bereit. Dabei beharrt Abaelard darauf, daß nicht die Lust die Sünde ist, sondern die Einwilligung, die Zustimmung (consensus) zur Begierlichkeit. Nicht die natürlichen Freuden sind als Sünde anzurechnen, sondern die Freiwilligkeit der Entscheidung ist das für die sittliche Bewertung wesentliche Merkmal. Taten aus Unwissenheit werden nicht angerechnet. Allein in der Absicht (intentio) liegt für Abaelard die Verdienstlichkeit eines Werkes. Nicht die faktische Handlung und ihre Folgen sind moralisch relevant, sondern allein der Wille, die Zustimmung zu einer Handlung.

Kein körperlicher Akt kann die Seele vergiften. Wir können nicht sündigen, außer wir handeln gegen das Gewissen. Ein Handeln gegen das Gewissen interpretiert Abaelard als Verachtung Gottes. Gott prüft die Herzen, also die Intention. Allein die Güte der Absicht verdient den Namen des Guten und bestimmt die sittliche Qualität einer Handlung. Allerdings berücksichtigt Abaelard auch die Umstände. Denn dieselbe Handlung ist in verschiedenen Situationen und bei verschiedenen Intentionen verschieden zu bewerten.

Für Abaelard besteht die Sünde in der Vernachlässigung des Gewissensurteils. Wer Jesus verfolgte, sündigte, er hätte aber in noch viel größerem Maße gesündigt, wenn er dies gegen sein Gewissen getan hätte. Hier wird deutlich, daß bei Abaelard der Gewissensbegriff eine objektive und keine subjektive Größe darstellt und damit der Tradition verhaftet bleibt. Denn er fragt nicht, ob es Juden gegeben haben könnte, die eine Verfolgung Jesu aus Gewissensgründen für notwendig erachtet haben. Auch moralpsychologisch argumentiert Abaelard. Hier unterscheidet er leichte und schwere Sünden. Dabei ist es für ihn schwieriger, sich vor leichten Sünden zu hüten, aber wichtiger, sich vor den schwerwiegenderen zu hüten. Ganz entscheidend ist in diesem Sinne die Versöhnung. Auf Reue, Bekenntnis und auf Versöhnung müßte das Schwergewicht der christlichen Sündenlehre und der theologischen Ethik liegen, nicht auf der Betonung des Sündenverständnisses.

Abaelard bemüht sich also, das Individuelle und Personale zu denken und gewissermaßen in den Vordergrund zu stellen. Doch darf dies nicht zur Auflösung des Allgemeinen (der Universalien) und des Verbindlichen (das in sich Gute im Gewissensurteil und in der Absicht) führen. Diese doppelte Kampfstellung hat sein Leben und Denken geprägt. Abaelards „Ethica" („Ethik") ist in den Jahren 1138 und 1139 verfaßt und nicht ganz vollendet. Dieses späte Werk trägt als Untertitel die Formel „nosce te ipsum" (Erkenne Dich selbst). Dieser Imperativ verweist auf die „Sieben Weisen" im Rahmen der vorsokratischen Philosophie, auf das Delphische Orakel und auf Sokrates. Abaelard reiht sich in eine Tradition ein, verändert diese aber auch. In den Blick genommen wird jetzt das menschliche Handeln vor dem Hintergrund seines Seins, seines subjektiven moralischen Bewußtseins.

Die Argumentation Abaelards nimmt ihren Ausgangspunkt vom Begriff der Sitten und der Moral und bestimmt die Tugend als eine Grundhaltung, als ein Ethos, als eine Tüchtigkeit des Geistes, die zu sittlichem Handeln geneigt macht. Das Laster hingegen ist eine Haltung, eine Ausrichtung des Charakters, die zu bösen Werken verführt. Die Sitten und die Moral beschäftigen sich nun mit dem Kampf gegen die Verführung zur Einwilligung in Verkehrtes. Sie sind Hilfsmittel. Die eigentliche sittliche Qualität liegt allein in der Zustimmung (consensus), in der Einwilligung. Das Laster hingegen ist das, was zum Sündigen bereit macht.

Das Charakteristische am Menschen ist die Freiheit des Geistes. Daher besteht die Sünde nicht in der Tugend oder im Laster, sondern in der Zustimmung zu Verkehrtem. Sündigen ist andererseits ein Verachten des Schöpfers. Die Sünde ist nicht mit dem Willen zu einer bösen Tat gleichzusetzen. Der Kranke will nicht gebrannt werden, dennoch stimmt er der Behandlung und damit dem Gebranntwerden zu, um geheilt zu werden. Daher ist der böse Wille eine gewisse, zur bösen Tat schon notwendige Schwäche zu nennen, aber nicht die Sünde selbst.

Sünde ist also nicht die Tat des Unrechten, sondern die Einwilligung, etwas zu tun. Die Ausführung der Sünde fügt nach Abaelard der Sünde nichts hinzu. Die Freiwilligkeit ist aber nur dann gegeben, wenn keine Notwendigkeit vorliegt. Freiwilligkeit meint nämlich nicht, daß etwas aus irgendeinem Willen heraus geschehe, sondern impliziert Zustimmung. Die Sünde besteht daher auch nicht in der verwerflichen Tat, sondern in der Einwilligung in Verwerfliches. Im Anschluß an das NT (Mk 7,14-19) stellt Abaelard fest: Nichts befleckt die Seele, was nicht von ihr selbst stammt. Auch der Geschlechtsverkehr und das genußvolle Verzehren einer Mahlzeit sind nichts in sich Schlechtes oder ein Laster, schon gar nicht Sünde. Denn beides ist bereits im Paradies erlaubt gewesen.

Abaelards Konzeption der Zustimmung als das Zentrum seiner Ethik führt ihn konsequent in seine Lehre vom Gewissen. Ist die Absicht gut, richtig in sich, dann ist die Handlung gut. Die gleiche Handlung kann je nach Motiv gut, indifferent oder schlecht sein. Die sittliche Bewertung der Handlung ist aber abhängig von dem handelnden Subjekt. Die Absicht muß nun ihrerseits gut sein und darf nicht bloß so erscheinen. Gut ist die ungetrübte Absicht, wenn also jemand glaubt, Gott zu gefallen und er sich darin nicht täuscht. Sünde heißt die Zustimmung zu einer Sache, wenn man glaubt, ihr nicht zustimmen zu dürfen. Schuld lädt nach Abaelard der auf sich, der gegen sein eigenes Gewissensurteil handelt.

Das sittlich relevante Kriterium für Gut und Böse ist die Zustimmung, die auf dem Gewissensurteil basiert. In ihr artikuliert sich die Absicht des Handelnden. Die eigene Zustimmung, der eigene Vernunftgebrauch ist entscheidend, nicht die Lasterhaftigkeit. Obwohl böse Neigungen eine Rolle spielen, da sie anreizen, sind sie nicht das ausschlaggebende Kriterium für Sittlichkeit. Dies bringt Abaelard in einen gewissen Konflikt mit der Erbsünden-Lehre. Eine Schuld des

Menschen allein aufgrund seiner erbsündlichen Beschaffenheit ohne persönliche Zustimmung zu etwas Verkehrtem muß Abaelard leugnen. Er versteht den Menschen nicht als ein von Grund auf sündiges Wesen. Abaelards intellektualistische Interpretation des Wesens der Sünde läßt ihn das Gewissen und damit das Individuum in der Ethik in den Vordergrund rücken. Abaelard bereitet so in wichtigen Fragestellungen Positionen der Neuzeit vor.

Das entscheidende Merkmal des Sittlichen bei Abaelard ist die Absicht, die letztlich die Zustimmung zu einer Handlung begründet. Überprüft wird diese Zustimmung im Gewissensurteil. Mit der Theorie des Gewissensurteils übernimmt Abaelard die Grundkonzeption des praktischen Syllogismus. Abaelard markiert so einen wichtigen Einschnitt in der Konzeption von Ethik. Das Gewissensurteil ist am Einzelfall und Konkreten interessiert und orientiert. Daher könnte sich Abaelards Modell für eine anwendungsorientierte Ethik durchaus eignen.

Thomas von Aquin geht noch einen Schritt weiter als Abaelard. Er versucht, ein integratives Konzept zu entwickeln, in dem die Ansätze von Abaelard und von Aristoteles zum Tragen kommen. Thomas entwickelt die erste aus heutiger Sicht verantwortungsethisch zu nennende Ethik-Konzeption. Thomas gilt als Naturrechtsethiker, denn in seinem „Lex"-Traktat der „Summa theologiae" entwickelt er die Grundlagen einer traditionellen Naturrechtskonzeption weiter und fundiert diese biblisch. Dieser Teil der Ethik-Konzeption von Thomas ist mehrfach ins Deutsche übersetzt und gut kommentiert. Die ausführliche Darstellung seiner verantwortungsethischen Konzeption in der „Prima Secundae", Kap. 6 bis 21 jedoch ist kaum bekannt, nicht zuletzt deshalb, weil eine vollständige Übersetzung ins Deutsche genausowenig vorliegt wie eine adäquate Kommentierung.

Die verantwortungsethische Konzeption bei Thomas von Aquin setzt im Rahmen einer Klugheitsethik beim instrumentellen Verstehen an. Thomas grenzt im Anschluß an Aristoteles' „Nikomachische Ethik" (Aristoteles; Nicomachische Ethik 1140 b 2 und 1140 b 21)) „prudentia" von „ars" als Sammelbegriff für Kunst und Technik ab (Thomas; Sth I-II,57,3). Ars ist die „richtige Vernunft" (ratio recta) des Machbaren und Herstellbaren, prudentia die richtige Vernunft des Handelns. Machen und Herstellen definiert Thomas als einen menschlichen Akt, der sich wie das Erbauen nach außen richtet. Handeln jedoch verharre ständig im Handelnden (Thomas; Sth I-II,57,4). Die Richtigkeit einer Wahl, einer Entscheidung aber hänge zum einem ab von der Sittlichkeit des Zieles, welches die Tugend bewerte, und von dem, was in geeigneter Weise angeordnet werde, um das geschuldete Ziel zu erreichen (Thomas; Sth I-II,57,5). Um aber eine Entscheidung treffen zu können, bedürfe es dreier Akte der Vernunft. Sie umfassten das sich Beratschlagen, das Urteilen und das Vorschreiben (Thomas; Sth I-II,57,6). Die Anzahl der Akte der Vernunft schwankt zwar bei Thomas je nach dem Zusammenhang, in dem sie diskutiert werden. Quaestio 57 geht jedoch von der Dreizahl aus.

Der unverzichtbare Bezug der Freiheit und der Sittlichkeit zur Vernunft ist so bereits deutlich geworden. Er manifestiert sich zunächst darin, daß die Klugheit die grundlegende Tugend ist. Diese versteht Thomas als praktische Vernunft (ratio practica; Thomas; Sth II-II,47,2). Die Klugheit ist die Anwendung der universellen Prinzipien auf die Einzelhandlungen durch Schlußfolgerungen im Sinne des praktischen Syllogismus (Honnefelder 1987, 147-169; Thomas; Sth II-II,47,6). Dabei ist das Urteil über Sittliches abzugrenzen vom Urteil über Machbares oder Herstellbares. Ein sittliches Urteil liegt erst dann vor, wenn das Urteilen gemäß der Lehre von den drei Akten der praktischen Vernunft bis zum Vorschreiben voranschreitet (Thomas; Sth II-II,47,8).

Die Zurechenbarkeit einer Handlung hängt von ihrer Freiwilligkeit ab. Dem Willen kann keine Gewalt angetan werden. Auch Gott vermag ihn nicht zu zwingen (Thomas; Sth I-II,6,3). Konsequent unterscheidet Thomas den Willen, der sich auf etwas richtet, von der Freiwilligkeit, dem Willen, der sich auf sich selbst bezieht und daher zu wollen anhebt. Die Ebene der naturalen Rekonstruktion einer Handlung ist nicht identisch mit der Reflexionsebene, die erst Sittlichkeit ausweist. Das Wünschen ist auf der Ebene instrumenteller Rationalität, im Bereich des Machens angesiedelt, der Wille, etwas zu wollen, formuliert das Problem im Kontext sittlicher Rationalität (Thomas; Sth I-II,6,6). In diesem Sinne unterscheidet Thomas auch den Zweck (eine instrumentelle Zielbestimmung) vom eigentlichen sittlichen Ziel.

Aufgrund des erreichten Reflexionsstandes kann Thomas das Verhältnis von Nützlichkeit und Moralität genauer bestimmen. Ausführlich diskutiert Thomas die Bedeutung der Umstände für eine Handlung (Gründel 1963). Betrachte man ausschließlich die sittliche Qualität einer Handlung, so könne diese nicht von den Umständen abhängen. Denn sie gehörten nicht zum Wesen der Handlung (Thomas; Sth I-II,7,2) Sie sind die individuierenden Akzidentien in einem Urteil über eine Handlung. Da Handlungen aber Singularia sind, sind die Umstände für ihre Bewertung höchst wesentlich. Daher wendet

Thomas ein, daß die Unkenntnis der Umstände Unfreiwilligkeit und Sünde hervorbringe. So kommt Thomas zu dem Schluß: Die Bestimmung des Handelns zum Ziel geschehe mittels einer Betrachtung der Umstände. Die Berücksichtigung der Umstände sei wichtig, um (1) mittels der Klugheit das Ziel hinsichtlich gut und böse zu bestimmen. Die sittliche Qualität einer Handlung hänge zudem (2) bisweilen von den Umständen ab. Und (3) könne die Verdienstlichkeit einer Handlung, die Verantwortlichkeit eines Tuns nur von den Umständen her richtig beurteilt werden (Thomas; Sth I-II,7,2). Immer jedoch könne die Zweckdienlichkeit und Nützlichkeit einer Handlung aus den Umständen herausgelesen werden (Thomas; Sth I-II,7,2). So bestimmen die Umstände nach Thomas zumindest die Nützlichkeits-Qualität eines Handlungszieles und haben so Hinweischarakter auf Tugend.

Der Umstand lasse sich als das verstehen, was außerhalb der Handlung liege, diese aber berühre. Dennoch gebe es spezielle Umstände oder Folgen, die die Qualität eines Aktes ausmachten. Umstände gehörten faktisch zur Handlung, aber nicht notwendig. Die eigentliche Sittlichkeit erhalte ein Akt vom Ziel her. Bei Thomas ist also für den Handlungsbegriff der Willensbegriff und das Ziel bestimmend. Das Ziel definiere eine Handlung begrifflich, und zwar im Sinne einer praktisch-sittlichen Prädikation (Thomas; Sth I-II,7,4).

Nützliches und Sittliches verhalten sich bei Thomas nicht nach gleicher Weise, gehören aber zur gleichen Potenz (Thomas; Sth I-II,8,2). Sittliches (Ziel) und Nützliches (Mittel) sind bei Thomas zwei verschiedene Artbegriffe des Guten (Thomas; Sth I-II,8,3). Das Ziel wird um seiner selbst willen gewollt, die Mittel jedoch werden immer durch das Ziel qualifiziert. Der praktische Syllogismus stimmt den Schlußfolgerungen wegen der Sittlichkeit der Prinzipien zu, daher sind Nützliches und Sittliches nicht Bestimmungen gleichrangiger Art. Wer das Ziel will, will nicht notwendig ein bestimmtes Mittel. Es ist daher ein eigener Akt, die Mittel zu erwählen. Dennoch sind sie im praktischen Syllogismus aufeinander bezogen (Thomas; Sth I-II,8,3). Die Konklusion muß daher Wirkursache und Zielursache berücksichtigen.

Thomas unterscheidet im Anschluß an Aristoteles (Aristoteles; De Anima, Kap 3) die Motivation des Willens in zweifacher Hinsicht: (1) hinsichtlich der Ausübung des Aktes (die Entscheidung des Subjektes zu handeln oder nicht zu handeln) und (2) hinsichtlich der Bestimmung des Aktes (nach seinem Objekt; die Entscheidung, dies oder das zu tun). Die Tätigkeit eines Subjektes ist durch ein Ziel bestimmt. Dieses muß gewußt werden. Davon zu unterscheiden ist das

Wissen, was zum Ziel führt. Dieses ist Gegenstand des Verstandes. Daß überhaupt eine Handlung anhebt, ist Sache des Willens. Die Spezifikation jedoch der Willensentscheidung, dies oder das zu tun, geht vom Intellekt aus. Denn der Verstand bewegt den Willen durch Aufzeigen des Objektes oder des Zieles. Hinsichtlich der Handlung bewegen Wille und Intellekt sich gegenseitig unter je anderer Rücksicht. Der Wille veranlaßt den Intellekt, das konkrete Ziel zu bestimmen. Das Ziel wiederum veranlaßt den Willen zur konkreten Handlung. Der Intellekt ist als ratio practica und nicht als ratio speculativa zu verstehen.

Das Gute und das Angemessene bewegen den Willen. Dieses wird vom Intellekt bestimmt. Aber die Erkenntnis des Zieles hängt vom Charakter und der Disposition des handelnden Menschen ab. Damit erhalten Affekte einen Einfluß auf die Bestimmung des Handlungszieles. So wird der Wille zuweilen von den Affekten bewegt. Die Ratio zwingt nicht: Zuwiderhandlungen sind möglich (Thomas; Sth I-II,9,2). Der Wille ist Herr seines Aktes. Er bewegt sich selbst dadurch, daß der Wille ein Ziel will. Der Wille veranlaßt sich selbst zum Wollen dessen, was zum Ziele führt. Damit formuliert Thomas eine gewisse Priorität des Willens. Thomas deutet die Selbstgegenwärtigkeit des Willens als Bedingung der Möglichkeit von Freiheit an. Dabei ist das Vermögen zur Selbstaktuierung stets vorhanden, wird aber nicht immer vollzogen (Thomas; Sth I-II,9,3). Freiwilligkeit und Selbstbestimmung des Willens zum Wollen gehören zusammen. Dies schließt eine Anregung von außen nicht aus. Das Wollen-Wollen, der Wille, ist ein Apriori. Nehme ich dieses Apriori nicht an und ersetze es durch eine Determination von außen, so gerate ich in einen unendlichen Regress. Denn wenn ich etwas als Grund einer Handlung betrachte, kann ich wiederum nach der Ursache dieser Ursache fragen. Was ich aber konkret will, wird vom Verstand im praktischen Syllogismus bestimmt. Ist das Wollen-Wollen ausgeschaltet, so liegt Gewalt vor. Aber nicht jede Motivation von außen ist Gewalt (Thomas; Sth I-II,9,4).

Thomas unterscheidet in Bezug auf das Ziel vier Willensakte: Beraten, Wählen, Beschließen, Gebrauchen. Der erste Schritt zur Bestimmung des Ziels ist die Beratung. Die Beratung begründet sich aus der diskursiven Vernunft, denn sie bewegt sich im Raum des Zufälligen und Einzelnen. Hinter dem Prozeß der Zielbestimmung steht das Modell des praktischen Syllogismus, der eher an ein empirisches Urteil erinnert und keine deduktive Schlußfolgerung impliziert. Thomas propagiert keine Deduktionsmoral, auch kein analytisches Vorgehen in Sachen Ethikbegründung. Im praktischen Syllogismus ist viel Unsicheres enthalten. Das Beraten als Akt der Vernunft bezieht sich auf die Mittel, die zu einem Ziel führen. Hilfestellung bietet dabei die Wissenschaft mit ihren Schlußfolgerungen aus der Erörterung der Wirkungen und Ursachen (Thomas; Sth I-II,14,1).

Ohne Ziel gibt es keinen praktischen Diskurs (Thomas; Sth I-II,14,2). Beraten (consilium) kommt vom Zusammensitzen (considium), vom Zusammentragen und setzt ein Vergleichen voraus. Die Umstände sind nicht leicht zu erfassen. Darum ist – modern gesprochen – der Diskurs nützlich, um die Mittel zu erfassen und das Ziel zu erreichen. Denn Handlungen spielen sich im kontingenten Bereich ab (Thomas; Sth I-II,14,3). Man kann sich beraten über alles, was im Zweifel steht. Dabei weisen gewisse Künste sichere Wege des Handelns. Es gibt allerdings auch Handlungen, die so sicher sind, daß es einer Beratung nicht bedarf (Thomas; Sth I-II,14,4). Der Beratungsprozeß vollzieht sich nicht im luftleeren Raum. Er muß zu einem Ziel kommen. Das Unendliche zu durchschreiten ist unmöglich. Wäre aber eine Ratsuche unmöglich, so würde niemand mit der Beratschlagung anfangen. Die Ratsuche ist endlich hinsichtlich des Prinzips und des Endurteils. Daher endet die Beratschlagung mit der letzten Schlußfolgerung (Thomas; Sth I-II,14,6). Thomas entwickelt an dieser Stelle eine Art Diskurslogik, die empirische Aussagen über die Natur des Menschen und der menschlichen Handlungen einschließt. Diese Diskurslogik enthält (1) ein formales Prinzip („Das Gute ist zu tun!“), (2) materiale Voraussetzungen (die Strebungen des Menschen), (3) normative Vorgaben, (4) wissenschaftliche Urteile und (5) faktische Urteile. Der Diskurs ist abschließbar, jedoch nicht mit Gewißheit. Ihn richtig zu beenden ist Sache der Klugheit und Gegenstand der Diskurs-Logik.

Gut und Böse sind nach Thomas wesentliche Differenzen des Willensaktes. Sie werden nach dem Gegenstand des Willens beurteilt (Thomas; Sth I-II,19,1). Das Gute gehöre ursprünglich eher dem Willen zu als der Vernunft (Thomas; Sth I-II,19,2), dennoch sei das Richtmaß des menschlichen Willens die Vernunft. Diese wiederum gründet für den Theologen Thomas im Ewigen Gesetz (Thomas; Sth I-II,19,4). Letztlich sind Sittlichkeit und Vernunft integral eingebettet in die Schöpfungsordnung. Doch im endlichen menschlichen Vollzug sind sie zwei unterschiedliche Aspekte, die im Gewissensurteil als Ausdruck sittlicher Vernunft verknüpft werden: Das Gewissen ist gewissermaßen ein Ausspruch der Vernunft (Thomas; Sth I-II,19,5), so lautet die prägnante Zusammenfassung seiner Lehre von der sittlichen Vernunft. Dies hat zur Konsequenz, daß auch ein irrendes Gewissen verpflichtet (Thomas; Sth I-II,19,5), wenn es auch nicht in allen Fällen entschuldigt (Thomas; Sth I-II,19,6). Nur unverschuldetes Nichtwissen ohne Nachlässigkeit erkennt Thomas an. Das Verdienst einer Handlung hängt letztlich von der Intention, also vom Ziel ab. Indirekt ausgerichtet ist jeder gute Willensakt auf das höchste Gut (summum bonum) als seinem Endziel (finis ultimus), also auf Gott (Thomas; Sth I-II,19,9).

Das Gutsein einer Handlung wird also vom Ziel her bestimmt. Daher hängt die sittliche Gutheit einer Handlung eher vom Willen ab. Andererseits bemißt sich die Gutheit eines äußeren Aktes eher nach den Umständen und damit nach der Vernunft. Die sittliche Qualität der inneren Handlung bestimmt der Wille, der äußeren Handlung die Vernunft. Für Thomas sind Wille und Vernunft gleichberechtigt (Thomas; Sth I-II,20,1), wechselseitig aufeinander bezogen. Denn äußerer und innerer Willensakt sind durch ein und dasselbe Ziel bestimmt (Thomas; Sth I-II,20,3). Einzig ein solcher Wille ist vollkommen, der dann handelt, wenn die Gelegenheit da ist (Thomas; Sth I-II,20,4). Dies bedeutet, daß die Folgen abgeschätzt werden müssen (Honnefelder 1989, 81-98). Sind sie vorhergesehen worden oder waren sie zumindest vorhersehbar, dann sind sie für das sittliche Urteil relevant. Sind sie zufällig oder treten derartige Folgen nur in seltenen Fällen ein, so sind sie für die Sittlichkeit einer Handlung nicht ausschlaggebend. (Thomas; Sth I-II,20,5).

Das Maß einer Handlung besteht gemäß der Konzeption des Thomas von Aquin darin, ob sie sich einem Ziel zuneigt, das gemäß der Natur ist (Thomas; Sth I-II,21,1). Damit wird der Naturbegriff hier handlungstheoretisch ausgedeutet, ähnlich wie bei den „inclinationes naturales“ im Horizont von Thomas Naturrechtslehre im „Lex“-Traktat. Natürliche Tugend verstehe sich als Hinordnung zum Ziel gemäß den natürlichen Hinneigungen (inclinationes naturales; Thomas; Sth I-II,21,1). Das Mittlere zwischen zwei Extremen als die geordnete Hinwendung auf ein Ziel bestimme jedoch die Vernunft. Somit ist bei Thomas wie bei Aristoteles das Maß des Willens die menschliche Vernunft. Letztlich sind Vernunft und Wille hingeordnet auf die höchste Regel, die „lex aeterna“. Im Horizont des thomanischen theologischen Ansatzes werden Vernunft und Natur als Einheit aufgefaßt. Dabei bemessen sich Verdienst und Tadel einer Handlung nach der Gerechtigkeit, vorausgesetzt, die Handlung war zurechenbar (Thomas; Sth I-II,21,3).

Im Rahmen seiner Handlungstheorie, wie sie die Quaestionen 6 bis 21 der Prima Secundae der „Summa theologiae“ entworfen haben, wie in der Tugendethik als Klugheitsethik, die sich in den Quaestiones 47, 57 und 58 der Secunda Secundae finden, erhält die Klugheitslehre, der praktische Syllogismus und die Konzeption des Gewissensurteils einen bevorzugten Platz in der Ethik. Dies ist nicht verwunderlich, denn die Klugheitsethik hat zwei Vorzüge. Zum einen verknüpft die Konzeption des praktischen Syllogismus oder Gewissensurteils größte Nähe zum Einzelfall mit der Bewahrung des Wissenschaftscharakters der Ethik. Diese Klugheitsethik weist in vielfacher Form Parallelen zu einer individuell konzipierten praktischen Ethik aus hermeneutischer Perspektive auf. Zum anderen wird in der thomasischen Ausdeutung der Klugheitsethik als Tugendethik die Bewertung einer Handlung abhängig gemacht von der Verfaßtheit des Handelnden (Kluxen 1980, 218). Des weiteren ist die Konzeption des praktischen Syllogismus als Konkretisierung der Klugheitsethik zwischen Kasuistik und Situationsethik angesiedelt. Allerdings ist die Klugheitsethik um Prinzipien des Handelns gruppiert, nicht um den Grundsatz einer systematischen Ethik. Um eine solche geht es der thomanischen Handlungstheorie als Grundlegung einer Ethik auch nicht.

Der Ethiker muß aus der Perspektive der Gegenwart die metaethische Problematik bei Thomas zuspitzen. Natur und Vernunft sind bei Thomas nicht getrennt, nicht einmal ausreichend unterschieden. Vielmehr erscheint Natur als ein minder selbstbewußter Teil der Vernunft von anderer Ordnungsstruktur. Daher sind die „inclinationes“ mit den Begriffen „Trieb“ oder „Bedürfnis“ nicht exakt wiedergegeben, weil Thomas diese immer als von der Vernunft durchgriffen denkt, zumindest dann, wenn von menschlichen Bedürfnissen und Trieben die Rede ist. Diese Bedeutungsdimension hat der Bedürfnisbegiff heute verloren. Er ist von sich aus nicht mehr normativ. Wir müssen daher die Frage nach den „wahren Bedürfnissen“ stellen. Bei Thomas sind Vernunft und Freiheit „inclinationes naturales“ wie der Selbsterhaltungstrieb oder der Fortpflanzungstrieb. Letztere sind jedoch auch für Thomas auf einer anderen Ebene angesiedelt, weil diese triebhaften „inclinationes“ durch Sittlichkeit erst noch geleitet werden müssen. Für eine neuzeitliche Ethik stellt Triebhaftigkeit darum eher eine Grenze für sittliches Handeln dar, etwa im Sinne des Diktums „ultra posse nemo tenetur“ (über sein Können hinaus ist niemand sittlich zu verpflichten), das in der Realisierbarkeitsregel Berücksichtigung findet (Siehe Kap. 2.3).

Nach der Quaestio 94.2 der Prima Secundae im Lex-Traktat ist das erste Prinzip der Ethik die Differenz von Gutem und Bösem: Das

Gute ist zu tun, das Böse zu lassen. Dies ist als die in allen konkreten praktischen Urteilen enthaltene formale Struktur zu verstehen (Honnefelder 1988, 261). Die Verpflichtungskraft stammt aus der Weisung der Vernunft, nicht aus den „inclinationes naturales", die ein unbeliebig offenes Finalitätssystem darstellen, aber nicht die Quelle der Sittlichkeit sind. Der praktische Syllogismus unterscheidet sich von der theoretischen Schlußfolgerung, weil er es nicht mit unveränderlichen Sachverhalten zu tun hat. Eine streng allgemeingültige und notwendige Erkenntnis gibt es im Bereich des Handelns nur bezüglich der obersten allgemeinen Prinzipien (Honnefelder 1988, 264). Die thomanische Konzeption läuft so auf eine Mehrstufigkeit der Ethik hinaus. Sie umfaßt die Prinzipienebene und ihre Anwendung auf den Einzelfall im sittlichen Urteil.

Der Mehrstufigkeit der praktischen Vernunft korrespondiert die Gewissenskonzeption des Thomas. Die Unterscheidung von Urgewissen (synteresis oder synderesis) und Gewissen (conscientia) findet ihre Parallele in der Zweistufigkeit des praktischen Urteils (Honnefelder 1983, 10). Der Differenz zwischen Urgewissen und Gewissensurteil entspricht die zwischen praktischem Prinzip und partikulärem praktischen Urteil. Das Gewissen ist nicht subjektive Willkür, sondern fordert, dem Urteil der eigenen Vernunft zu folgen.

1.3 Folgenorientierung (Jeremy Bentham) und Konvergenz der Argumentation (John Henry Kardinal Newman)

Mit dem Sprung in die Neuzeit und in die Aufklärungsphilosophie begegnet uns im Utilitarismus eine Form von Ethik, die auf Anwendung abzielt. Nicht zuletzt deshalb wurde immer wieder die Nähe zwischen Utilitarismus und marktwirtschaftlicher Ökonomie betont, wobei letztere von Adam Smith in räumlicher und zeitlicher Nähe zu Bentham formuliert wurde. In seiner Schrift „The Principles of Morals and Legislation", übersetzt „Die Prinzipien der Moral und der Gesetzgebung", in der ersten Fassung von 1781, die nie vollendet wurde, legt Bentham die Grundlage seiner utilitaristischen Ethik. Im Kapitel 1.1 beschreibt Bentham, wie die Natur zwei Meister für den Menschen grundgelegt habe, nämlich Schmerz und Lust. Diese richten das menschliche Handeln aus. Im Zusammenhang mit diesen anthropologischen Grundlagen menschlichen Handelns verpflichtet das Utilitätsprinzip dazu, das Glück der Menschen durch die Mittel der

Vernunft und der Gesetze zu vermehren. Maßstab der Ethik ist die jeweilige Vermehrung bzw. Verminderung des Glücks (Kap. 1.2). Was Glück im einzelnen meint, definiert Bentham nicht weiter. Eine empirisch-anthropologische Größe erhält ethische Dignität, ohne im einzelnen genauer definiert zu werden. Dabei sind jeweils individuelles und gemeinschaftliches Glück zu unterscheiden. Das Glück einer Gemeinschaft besteht aus der Summation des Glücks seiner Einzelmitglieder und kann dadurch auch bestimmt und gemessen werden (Kap. 1.4). Grundlegend für den Utilitarismus ist daher die Aufaddierung der Gesamtsumme des Glücks. Sittlich verpflichtend ist die Vermehrung der Gesamtsumme des Glücks, und die Verminderung der Gesamtsumme des Schmerzes (Kap. 1.5).

Für das Utilitätsprinzip ist kein direkter Beweis möglich (Kap. 1.11). Denn woher sollte sich ein Prinzip deduktiv begründen? Allerdings müsse, wer das Utilitätsprinzip zu widerlegen versuche, dieses bei seiner Widerlegung bereits selbst benutzen (Kap. 1.13). Dies nennt man seit Aristoteles' Begründung des Widerspruchsprinzips den sogenannten elenktischen Beweis für die Gültigkeit eines Grundprinzips. Die Bestreitung des Utilitätsprinzips läuft nach Bentham auf das Auftreten einer inneren Unmöglichkeit hinaus. Die sogenannten Widerlegungen des Utilitarismus beweisen nicht, daß das Utilitätsprinzip falsch ist, sondern vielmehr höchstens, daß es falsch angewandt wurde. Allerdings bleibt Bentham den Beweis für diese Behauptung schuldig.

Im zweiten Kapitel versucht Bentham, sein eigenes Prinzip der Utilität durch die Widerlegung konkurrierender Prinzipien für die Ethik aufzuweisen. Wenn das Utilitätsprinzip richtig ist, müssen alle entgegengesetzten Prinzipien falsch sein. Richtig ist daher das Utilitätsprinzip, wenn alle kontradiktorischen und konträren Prinzipien falsch sind. Dem Utilitätsprinzip entgegengesetzt sind (1) eine Ethik, die Asketismus genannt werden kann (kontradiktorisch, weil sich gegenseitig ausschließend), (2) eine Ethik, die offenbar wie David Hume das Prinzip der Sympathie und der Antipathie zugrunde legt und einer Ethik des Utilitätsprinzips konträr gegenübersteht (sie ist dem Utilitätsprinzip nicht ständig entgegengesetzt). Allerdings ist gegen Bentham einzuwenden, daß ethische Grundprinzipien wie der Gerechtigkeitsgrundsatz oder die Menschenwürde, die als konträr zum Utilitätsprinzip gelten dürfen, keiner weiteren Erwähnung für wert befunden werden.

Für Bentham ist Asketismus ursprünglich die Träumerei eines übereifrigen Mannes der Spekulation (Kap. 2.9). Das Utilitätsprinzip kann in konsistenter und konsequenter Weise verfolgt werden, beim Asketismus ist dies nicht der Fall (Kap 2.10). Das Prinzip von Sympathie und Antipathie, David Humes Ethik folgte gemäß Bentham diesem Gedanken, ist im wesentlichen nur eine Nominaldefinition. Der Sympathie kann Prinzipcharakter für eine Ethik nicht zugesprochen werden. Eine dritte Version der Ethik insbesondere im 18. Jahrhundert führt das moralische Gesetz auf den Willen Gottes zurück (Kap. 2.18). Es geht dem Utilitarismus um die Betrachtung der physischen, politischen, moralischen und religiösen Ursachen von Freude und Schmerz (Kap. 2.1). Daher bedarf das Utilitätsprinzip zu seiner Klärung niemals eines anderen Prinzips als dem seiner selbst (Kap. 2, 19). Um hier zu einem angemessenen Bild zu kommen, ist eine Betrachtung des Kausalprinzipes unumgänglich. Das Kausalprinzip beruft sich auf das Gesetz der bewirkenden Ursache. Häufig wird in diesem Zusammenhang an Sanktionen gedacht, aber diese Prinzipien gelten im alltäglichen Leben (Kap. 2.7). Wichtig sind die Intensität, die Dauer, die Sicherheit, die Unsicherheit, die Nähe oder Ferne einer Freude und eines Schmerzes (Kap. 4.2).

Derselbe Prozeß ist auf das Gute anzuwenden und begründet das Prinzipielle, das Gute, das Wohltun, und das Glück (Kap. 4.3). Als weiteres Kriterium gilt die überwiegende Güte oder Schlechtigkeit der Folgen (Kap. 5.5). Das Gute kommt aus dem Vorteil, dem Wohlwollen, dem Glück und der Gewohnheit. Aus dem Begriff selbst kann damit für eine Beschreibung des Handelns nichts geschlossen werden (Kap. 4.5). Bentham arbeitet weitere Konstituentien für eine Anthropologie des Handelns heraus. Für Bentham sind die Konsequenzen einer Handlung Ereignisse (Kap. 7.24) – eine durchaus noch traditionelle Position. Die Güte oder Schlechtigkeit einer Handlung hängt von den Konsequenzen ab und diese lassen sich wiederum auf die Umstände zurückverfolgen (Kap. 8.13). Benthams Theorie der Güterabwägung und des rationalen Vergleichs des Schadensausmaßes führt ihn zu einer Ethik, die anders als die kontinentaleuropäische Tradition auf Konsens und auf Freiheit setzt. So ist Benthams Utilitarismus zunächst individualistisch geprägt. Dabei spielen empirische Momente in der Bestimmung ethischen Urteilens eine wichtige Rolle. Ethik kann ohne Empirie in ihren grundlegenden Aussagen nicht auskommen. Folgen- und Empirieorientierung sind konstitutive Bestandteile einer anwendungsorientierten Ethik.

John Henry Kardinal Newmans Werk „Entwurf einer Zustimmungslehre“ aus dem Jahre 1870 ist im strengen Sinne kein ethisches, sondern ein fundamentaltheologisches Buch, in dem es um

Fragen der Zustimmung zu Glaubensaussagen geht. Allerdings nimmt Kardinal Newman an entscheidenden Stellen selbst eine Ausweitung seiner Konzeption auf den Bereich des Sittlichen vor, in dem er z. B. seine Konzeption mit der des Gewissensurteils parallelisiert. Seine „Zustimmungslehre“ kann man als Synopse einer aristotelischen Position, die Güterabwägung und Konvergenz der Argumentation in einen Zusammenhang bringt, und einer kantischen Position, die die Unbedingtheit der Zustimmung zum Gegenstand der Untersuchung hat, lesen. Mit seiner Konzeption unterscheidet er im Rahmen der Konvergenz der Argumentation als Mittel, personale Entscheidungen herbeizuführen, nach wie vor die Ebene der Tatsachenbeschreibung und die der normativen Entscheidung. Letztere allerdings verlagert er von der Objektivität geltender Normen weg hin zu der Ebene der personalen Entscheidung, also zur Ebene des Gewissensurteils.

Aber läßt sich durch Argumentation eine personale Entscheidung, die Unbedingtheitscharakter hat, überhaupt finden? Dies ist nicht der Fall, denn die Ebene der Argumentation und die Ebene der personalen Entscheidung sind auch bei Kardinal Newman unterschiedlich. Aber die Argumentation kann personale Entscheidungen vorbereiten bzw. nahelegen. Mit einer solchen Position werden letztlich Entscheidungen auch revidierbar. Allerdings wird man sich fragen müssen, unter welchen Bedingungen eine absolut bindende Entscheidung möglich ist.

Newman parallelisiert theoretische und sittliche Erkenntnis weitgehend. Denn wohl besitzt die Wahrheit aufweisbare Gründe, aber sie erzwingt nicht den existentiellen Vollzug der Wahrheit. Genauso ist es mit sittlichen Normen. Auch für sie können aufweisbare Gründe sprechen, aber auch hier erzwingt die Argumentation nicht den existentiellen Vollzug. Überzeugung und Gewißheit selbst lassen sich nicht lehren, aber beide sind Voraussetzung für die Realisierung des Verpflichtenden, sei es Wahrheit oder sittliche Norm. Newmans Konzept einer Konvergenz der Argumentationen setzt bei der hermeneutischen Grundsituation eines jeden an, der sittliche Normen begründen und realisieren möchte. Dezidiert weist Newman darauf hin, daß Argumentation von Prämissen abhängt, die persönlich eingefärbt sind. Dennoch gibt es keinen anderen Weg, als bei diesen Prämissen anzusetzen.

Newman greift zur Begründung von ethischen Argumenten nicht auf überzeitlich gültige Prinzipien zurück. Um den eigenen Standpunkt plausibel zu machen, muß argumentiert werden. Eine ethische

Argumentationskette ist abhängig von Wertentscheidungen, die persönlich einfließen, zugleich aber auch von Wertentscheidungen aufgrund früherer Argumentationen oder kognitiver Prozesse. Damit kann von einer bestimmten Zirkularität ethischer Argumentation ausgegangen werden. Ethische Argumentation ist niemals möglich außer durch Rückgriff auf bereits vorhandene ethische Argumentationsformen. Diese haben sich im geschichtlichen Diskurs herausgebildet, sind also bis zu einem gewissen Grad kontingent. Damit wird Newmans Ausgangspunkt dem einer hermeneutischen Ethik in hohem Maße ähnlich. Die Zusammenfassung vorliegender Dokumentationen zu einem spezifischen Problem oder Thema bereiten die personale Zustimmung desjenigen vor, der die Argumentationszusammenhänge feststellt. Zugleich wird mit einer bestimmten Grundentscheidung die Richtung ganzer Argumentationszusammenhänge für die Zukunft festgelegt.

Newmans Rechtfertigung des Glaubens – und nicht nur des religiösen Glaubens – verfolgt ein philosophisches Anliegen, das die Elemente mit einbezieht, die Rationalismus und Positivismus im 19. Jahrhundert im wesentlichen übersehen haben. Zugrunde gelegt wird ein umfassender Begriff menschlicher Erkenntnisfähigkeiten, die nicht nur die Theorie, sondern auch die Praxis des Erkennens betreffen. Damit tritt das Psychologische stark in den Vordergrund.

Newman unterscheidet fragende Sätze (Frage, Zweifel), bedingte hypothetische Sätze (Argument, Folgerung) und unbedingte Sätze (Zustimmung im Sinne einer gewissen Behauptung). Diese drei Arten von Sätzen folgen einander in natürlicher Reihenfolge (Newman 1961, 3). Dabei geht es Newman insbesondere um Sätze in ihrer Beziehung zu konkreten Dingen. Bei konkreten Dingen ist eine Demonstration apriori im Sinne der Notwendigkeit unmöglich (Newman 1961, 6). Newman unterscheidet Sätze aus Allgemeinbegriffen und aus Individualbegriffen und begriffliche und reale Erfassung bzw. Interpretation von Sätzen (Newman 1961, 7). Die Erfassung eines Satzes beruht auf der Interpretation der Glieder, aus denen er besteht. Insbesondere das Prädikat muß erfaßt sein (Newman 1961, 10).

Es ist eine Zustimmung zu Begriffen und eine Zustimmung zu Dingen möglich, genauso wie es eine Erfassung von Begriffen wie von Dingen gibt. Reale Erfassung ist eine Information über Konkretes (Newman 1961, 16). Die Zustimmung ist ihrer Natur nach einfach, eins, unteilbar und damit wesentlich verschieden von der Folgerung (Newman 1961, 27). Begriffliche Zustimmung ist eine Zustimmung zu Sätzen, die Abstraktionen oder Begriffe ausdrücken.

Stufen der Zustimmung sind Bekennung (Profession), Glauben-Schenken (Credence), Meinung (Opinion), Voraussetzung (Presumption) und Spekulation (Speculation). Bekennung ist damit eine Form der schwachen Zustimmung (Newman 1961, 29). Autorität und Folgerungen können uns zur Zustimmung bewegen, wobei Glauben schenken bedeutet, keinen Zweifel zu haben. Meinung ist Zustimmung zu einem wahrscheinlichen Satz (Newman 1961, 40), wobei eine stillschweigende (implizite) Zustimmung und eine ausdrückliche (explizite) Zustimmung unterschieden werden können. Bei der Voraussetzung thematisieren wir unsere Fähigkeiten, die aber bisweilen bezweifelt werden (Newman 1961, 43). Hier geht es um wiederkehrende Erfahrungen, um Abstraktion und Verallgemeinerung wie z.B. um den Glauben an Verursachung (Newman 1961, 46). Reale Zustimmung basiert auf Welterfahrung oder aber auf Glauben (Newman 1961, 62).

Die Grundfrage lautet: Wie kann man von einer bedingten Folgerung zu einer unbedingten Zustimmung kommen (Newman 1961, 109)? Newman unterscheidet Grade der Zustimmung, z.B. die Gewißheit, die den Status quasi einer vollkommenen Demonstration hat. Die Zustimmung schließt im Bereich der Demonstration die Anwesenheit des Zweifels aus. Unter Rückgriff auf Lockes Theorie der Grade der Zustimmung unterscheidet Newman die Zustimmung zu einer Plausibilität, zu einer Wahrscheinlichkeit, zu einer Zweifelhaftigkeit oder sogar zu einer Unglaubwürdigkeit eines Satzes. Zustimmung kann auf Intuition beruhen (Newman 1961, 122). Sie kann aber auch als Folge eines Rückgriffs auf Glaubwürdiges in komplexen Situationen oder als Folge einer gereiften Urteilskraft zögernd sein (Newman 1961, 133).

Zustimmen gliedert Newman daher auf in:

1. Auffassen (Perception), subjektive Gewißheit (certitude) und objektive Gewißheit (certainty, knowledge; Newman 1961, 135). Eine Folgerung erfassen heißt Obersatz, Untersatz und Konklusion zu erfassen (Newman 1961, 182). Dabei kann man die formale Schlußfolgerung von der schlußfolgernden Methode unterscheiden. Die formale Schlußfolgerung ist die analytische Methode, die mit Notwendigkeit schließt. Sie folgert nach Regeln und in Worten (Newman 1961, 201).
2. Davon zu unterscheiden ist die formlose Folgerung, die wie eine nicht aufschreibbare Zusammenfassung wirkt, nämlich als Summation von Plus- und Minusrelationen. Hier gibt es vor allen Dingen In-

dizienbeweise, negative Argumente, Reduktion (Newman 1961, 207), aber auch das Risiko des Mutmaßens (Newman 1961, 184). Die schlußfolgernde Methode in der Alltagsrealität ähnelt einem Kreuzverhör, das die Gründe meiner Gewißheit befragt. Dabei werden Konklusionen mit einer Art von instinktivem Auffassen des legitimen Schlusses in und durch die Prämissen aufgefaßt. Es geht um die Triftigkeit von Privaturteilen. Dabei können Evidenzien, die für einen wissenschaftlichen Beweis nicht ausreichen, dennoch für eine Zustimmung ausreichend sein (Newman 1961, 222). Bei konkreten Schlüssen ist die Anwesenheit dieses persönlichen Elements, der persönlichen Begabung oder Klugheit auch im konkreten Sprachgebrauch vorausgesetzt.

In der Zustimmung kommt der Geist zur Ruhe und zur Befriedigung (Newman 1961, 224). Deshalb kann es im spezifischen Sinne keine Grade der Zustimmung geben. Eine Zustimmung ist unbedingt. Den Kern der schlußfolgernden Methode im Sinne einer Konvergenz der Argumentationen faßt Newman wie folgt zusammen: „Der Schluß, den der Richter hier im Auge hat, kann [...] als bewiesener oder gewisser Schluß angesprochen werden, das heißt als ein Erschließen der Wahrheit der Aussagen gegen den Angeklagten, oder der Tatsache seiner Schuld. Andererseits brauchten nach ihm daher die motiva, die diesen vernünftigen, rationalen Beweis und diese befriedigende Gewißheit konstituieren, nicht stärker sein als die, auf die hin wir besonnenerweise in eigenen Sachen von wichtigem Interesse handeln, das heißt wahrscheinliche Gründe unter dem Gesichtspunkt ihrer Konvergenz und Kombination. Und die Gewißheit wird von dem Richter als etwas betrachtet, das auf konvergierende Wahrscheinlichkeiten folgt, die einen wirklichen Beweis konstituieren, wenn auch nur einen vernünftigen, nicht einen formal-logischen Beweis“ (Newman 1961, 229f). Da in situationsbezogenen konkreten Entscheidungen abstrakte Deduktionen nicht geführt werden können, haben wir gar keine andere Wahl, als uns auf diese Indizienbeweise durch Konvergenz und Kombination von Wahrscheinlichkeiten zurückzubeziehen.

Dabei muß diese Konvergenz und Kombination von Argumenten nicht explizit sein. Newman verweist auf unbewußte Schlüsse bzw. auf eine Art von Umgangswissen, das z.B. der wetterkundige Bauer oder der gute diagnostische Arzt aufweisen. Sie können nicht immer genau die Regeln angeben, nach denen sie ihr Urteil über das künftige Wetter oder die Krankheit finden. Nichts desto weniger haben sie einen Instinkt, ein Gespür, im Gehör ein sinnliches Folgerungsvermögen, einen natürlichen Scharfsinn und mannigfaltige zurückliegende Erfahrung, die auch ein intuitives Erkennen z.B. von menschlichen Charakteren ermöglicht (Newman 1961, 233). Dies stellt eine sehr eigentümliche und persönliche Weise der Abstraktion dar und ist Ausdruck einer natürlichen und spontanen Vernunfttätigkeit. Es handelt sich um eine Vernunfttätigkeit, die auch als folgernde bezeichnet werden kann, obwohl sie kein formales Schlußverfahren zu ihrer Explikation braucht.

Die Konvergenz der Argumentation läßt sich ebenfalls nach dem richterlichen Modell noch etwas näher explizieren. Sobald der Richter aufgrund von mannigfachen sich häufenden Details und aufgrund von miteinander übereinstimmenden Deduktionen durch Befragung verschiedenster Zeugen zu bestimmten Konvergenzen gekommen ist, kann der Richter eine Entscheidung treffen. Dabei besagt Konvergenz der Argumentationen, daß hier Argumentationen von unterschiedlichen Zeugen zusammengebracht werden können im Sinne der Konvergenz und Kombination, so daß zusammengenommen sie eine bestimmte Beweisrichtung einnehmen (Newman 1961, 230). Wichtig ist hier also der Gedanke, daß durch eine Pluralität von Standpunkten hindurch Argumentationen dennoch in konkreten Fragen konvergieren können und damit in der Lage sind, eine unbedingte Entscheidung zu rechtfertigen. Dazu muß aber der Bereich des schlußfolgernden Denkens verlassen werden, in dem eine unbedingte Zustimmung niemals bewiesen werden könnte außer durch Deduktionen, die in konkreten Fragestellungen ja ausgeschlossen sind.

In der Ebene der personalen Zustimmung kann auch nach bloß wahrscheinlichen Argumentationsketten eine unbedingt bejahende Antwort gegeben werden, indem ich das vorliegende Resultat sich anhäufender Wahrscheinlichkeiten nicht nur als einen neuen Grad von Wahrscheinlichkeit betrachte, und damit der Wahrscheinlichkeit im Bereich des schlußfolgernden Denkens eine Entscheidung zugrunde lege, die dem Befolgen des Wahrscheinlichen eine neue Qualität gibt. So lassen sich auch durch Konvergenzen aufgewiesene ethische Urteile, in denen sich sittliche Verpflichtungen aussprechen, im selben Sinne im Akt der Zustimmung als verbindlich erfahren, die zur Realisierung auffordern, wobei es keinen Zwang gibt, von der Einsicht in den Verpflichtungscharakter sittlicher Normen und Werte zu deren tatsächlicher Realisierung voranzuschreiten.

Dabei bestimmt sich die mögliche Konvergenz bzw. Kombination von Argumenten durch den Vernunftcharakter unserer praktischen Vernunft, und nicht durch die Geschichtlichkeit von auftretenden

Konvergenzen oder Kombinationen in der Argumentation (Newman 1961, 240). Phronesis oder gereifte Urteilskraft leitet den Folgerungssinn und gibt so ein nur persönliches Kriterium für die Richtigkeit eines Folgerungsaktes. Der Folgerungssinn ist eine Begabung wie andere persönliche Fertigkeiten oder Geschicklichkeiten bzw. Techniken. Wann der Stand der Argumente reif ist bestimmt sich daraus, wenn alle relevanten Fakten berücksichtigt sind (Newman 1961, 255). Dabei ist dies kein messerscharfes Kriterium, denn die persönlichen Voraussetzungen des Schlußfolgerns gehen in die Prämissen ein und führen zu unterschiedlichen Meinungen, wobei auch die Beispiele sehr an die Einzelfälle gebunden sind.

So weist Newman darauf hin, daß eine Beweisführung gerade in ethischen oder in Glaubensfragen, in denen ein personaler Rückbezug der Argumentation nicht auszuschließen ist, die Entscheidungsfreiheit des Einzelnen nicht aufhebt, sondern in eine bestimmte Richtung weitet. Dieses Ausrichten auf eine bestimmte Richtung fordert Zustimmung zwar heraus, kann diese jedoch nicht erzwingen. John Henry Kardinal Newman hat daher wesentliche Überlegungen zu einer hermeneutisch orientierten praktischen Ethik vorbereitet, die in den Kapiteln 2.3 und 2.4 näher ausgeführt werden.

1.4 Kants metaethische Begründung der Autonomie des Sittlichen

Wann aber darf Handeln als sittlich gut qualifiziert werden? Was unterscheidet menschliches Handeln von einem naturgesetzlichen Ablauf? Für David Hume war der Maßstab für ein ethisches Urteil ein moralisches Gefühl. Kant könnte diesem Vorschlag nicht zustimmen, da sich immer noch die Frage nach dem Abgrenzungskriterium zwischen sittlichen und nicht-sittlichen Gefühlen stelle. Kant sieht das Abgrenzungskriterium zwischen ethischen und nicht-ethischen Aussagen in der Idee der Autonomie der Sittlichkeit, ihrer völligen Unabhängigkeit von Gefühlen, Neigungen und anderen anthropologischen Charakteristika. Kant versucht, in der Ableitung des Kategorischen Imperatives und in der Begründung des Gedankens der Menschenwürde dieser Autonomie eine inhaltliche Ausrichtung zu geben.

Um diese knapp rekonstruieren zu können, schlage ich eine Analyse seiner ersten und wegweisenden Schrift zur Ethik, seiner „Grundlegung zur Metaphysik der Sitten“ aus dem Jahre 1785 vor. Ich beschränke mich auf wenige grundsätzliche Problemstellungen, nämlich (1) auf die Rekonstruktion des Ansatzes von Kants Ethik, (2) auf das Verhältnis von hypothetischen und kategorischen Imperativen, (3) auf das Verhältnis von Preis und Würde sowie (4) auf die Ableitung von drei wichtigen Formulierungen des Kategorischen Imperatives.

Kants Anliegen in der „Grundlegung“ ist, eine Ethik auszuweisen, die den Namen einer Wissenschaft verdient. Dazu ist darzulegen, daß eine Verpflichtung, eine Verbindlichkeit, Kant nennt sie auch Pflicht, mit absoluter Notwendigkeit geboten sein muß (Kant, GMS BA VIII), wenn sie Gegenstand einer wissenschaftlichen Ethik sein soll. Um dieses ausweisen zu können, bedarf es einer Erhellung des obersten Prinzipes der Moralität (Kant, GMS BA XV), dessen, was Kant später den Kategorischen Imperativ nennen wird. Sein Ausgangspunkt bei einer absolut sicheren Basis für Ethik und ihre Begründung schränkt Kants Möglichkeiten sittlicher Argumentation ein. Denn weder liegen die Folgen des Handelns in der Macht des Handelnden, noch reicht allein die gute Gesinnung oder Absicht aus, vielmehr wird zum Ausgangspunkt von Kants Ethik die Regel oder Maxime, nach der eine Handlung beschlossen wird (Kant, GMS BA 13). Das Beurteilungskriterium ergibt sich aus der Frage, unter welcher Bedingung ein vernunftgeleiteter Wille an sich gut, also sittlich gut ist. Das Prüfungsverfahren besteht in der Generalisierung der jeweiligen Handlungsmaxime. Zu untersuchen ist, ob sie ein allgemeines Gesetz werden könne (Kant, GMS BA 17). Für Kant ist die Generalisierung ein einfach zu handhabendes Verfahren (Kant, GMS BA 19f). Von erheblicher Wichtigkeit ist, daß das Prüfungsverfahren mittels Identifikation und Ausschluß des Unsittlichen erfolgt.

Auf dieser Basis kann Kant nun hypothetische und kategorische Imperative unterscheiden (Kant, GMS BA 39). Hypothetische Imperative oder Klugheitsregeln haben immer nur praktische Notwendigkeit für sich. Sie sind bedingt. Denn alle Klugheit und Raffinesse in der Macht eines Verbrechers ist zwar hochwirksam, aber unsittlich. Die Sittlichkeit eines Handelns bringt wieder das Prüfungsverfahren ans Tageslicht: Verbrechen lassen sich nicht generalisieren, da sie universal praktiziert zur Zerstörung der Gesellschaft und damit der Lebensvoraussetzungen auch des Verbrechers führen würden. Kant lehnt hypothetische Imperative nicht ab, er bestreitet auch nicht, daß einige hypothetische oder bedingte Imperative auch sittlich sein mögen, allerdings bestreitet er, daß wir in der Tat endgültig wissen können, ob hypothetische Imperative mit Notwendigkeit sittlich sind oder nicht. Aber nur sittliche Aussagen mit absoluter Notwendigkeit sind im strengen kantischen Sinne wissenschaftlich. Kant unterscheidet daher Regeln der Geschicklichkeit, Ratschläge der Klugheit oder Gesetze bzw. Gebote der Sittlichkeit, also technische, pragmatische und moralische Imperative (Kant, GMS BA 43f). Dies ist keine Herabwürdigung der hypothetischen Imperative oder der Klugheit wie der Geschicklichkeit. Doch ist festzuhalten, daß sittlich ausgezeichnet nur der Kategorische Imperativ ist, weil nur die Handlungsregel, die durch das Feuer der Generalisierung gegangen ist, auf ihre Sittlichkeit hin wissenschaftlich überprüft wurde. Anwendungsorientierte Ethik kann daher nach Kant nie im strikten Sinne Ethik sein und daher sich selbst und ihre Anweisungen nur hypothetisch begründen.

Ganz ähnlich verfährt Kant, wenn er hinsichtlich des Menschen Preis und Würde unterscheidet (Kant, GMS BA 77). Es kann klug oder geschickt sein, einen anderen Menschen ausschließlich als ein Mittel zu gebrauchen, ihn auszunutzen, auszubeuten oder zu versklaven. Aber sittlich ist das nicht. Denn, so argumentiert Kant, eine derart ausschließliche Betrachtung des Menschen zerstört seine Freiheit und damit seine Sittlichkeit. Sie entzieht der Ethik den Boden, zerstört das Humane am Menschen und läßt sich nicht generalisieren. Eine Theorie, und sei sie noch so klug und geschickt, selbst unter Einbezug aller erdenklichen hypothetischen Imperative bleibt unsittlich, wenn sie den Menschen ausschließlich nach seinem Marktpreis bewertet. Damit bereitet Kant den systematisch wichtigen und für die Begründung der Menschenwürde zentralen Gedanken der „Selbstzweckformel" vor.

Um die Ableitung des Kategorischen Imperatives und vor allem um die Anzahl seiner Formeln besteht eine umfangreiche und ausgeprägte Diskussion. Seit Paton hat man sich daran gewöhnt, fünf Formeln zu unterscheiden (Paton 1962). Ich möchte mich hier auf die drei Formeln beschränken, die Kant in der „Grundlegung" selbst erwähnt, ohne damit ausschließen zu wollen, daß es mehr als drei Formeln des Kategorischen Imperatives, mithin Prinzipien der sittlichen Rationalität geben könnte. Doch dieses Problem steht hier nicht zur Debatte. Ich wende mich wieder der „Grundlegung" zu. Dort behauptet Kant, daß es nur einen Kategorischen Imperativ gibt. Allerdings formuliert er im folgenden drei Versionen, wobei die ersten beiden nahe verwandt klingen und aus der Generalisierungsregel abgeleitet erscheinen, während die „Selbstzweckformel" aus der Struktur der sittlichen Handlung und des ihr zugrundeliegenden Subjektes entwickelt wird.

Zunächst aber sind die drei Versionen zu benennen, die Kant in der „Grundlegung" entwickelt. Sie lauten: (1) „Handle nur nach derjenigen Maxime, durch die du zugleich wollen kannst, daß sie ein allgemeines Gesetz werde" (Kant, GMS BA 52). (2) „Handle so, als ob die Maxime deiner Handlung durch deinen Willen zum allgemeinen Naturgesetze werden sollte" (Kant, GMS BA 52). (3) „Handle so, daß du die Menschheit, sowohl in deiner Person, als in der Person eines jeden anderen, jederzeit zugleich als Zweck, niemals bloß als Mittel brauchest" (Kant, GMS BA 66f). Dabei führt die letzte Version des Kategorischen Imperatives, die „Selbstzweckformel", die von einigen Interpreten als die wichtigste Auslegung des Kategorischen Imperatives begriffen wird (Ricken 1988, 1-11; Schröer 1988, 200f u. 215), weil sie die kantische Ethik selbst noch einmal begründet, direkt in den Gedanken eines „Reiches der Zwecke" (Kant, GMS BA 77), in dem gemäß der Dichotomie von instrumenteller und sittlicher Rationalität alles entweder einen Preis oder eine Würde hat (Kant, GMS BA 77).

Aber auch die anderen beiden Formeln sind nicht unwichtig, denn die erste, die um die Formulierung eines „allgemeinen Gesetzes" kreist, enthält in sich die Formulierung des „Transsubjektivitätsprinzipes". Dieses formuliert den sittlichen Entschluß, sich nicht mit instrumentell restringierten Formen menschlichen Handelns zufrieden zu geben, sondern einen Standpunkt einzunehmen, der die eigenen Interessen transzendiert (Wimmer 1980, 193). Während den hypothetischen Imperativen Zweckrationalität zugrundeliegt, die in der Sprache der Preise ausgedrückt werden kann, betont die zweite Formel dann die „Allgemeinheit des Sittengesetzes" in der „Naturgesetzformel" (Wimmer 1980, 175). So begründen – modern formuliert – (1) die „Transsubjektivitätsformel", (2) die „Naturgesetzformel" und (3) die „Selbstzweckformel" die Würde des Menschen und seine Sittlichkeit. In ihnen explizieren sich die obersten, kategorischen Prinzipien sittlicher Rationalität in Abgrenzung zur instrumentellen Rationalität der hypothetischen Imperative. Abgrenzungskriterium ist das Universalisierungsverfahren, mit dessen Hilfe Kant auch die Struktur sittlicher Vernunft expliziert und aufweist, daß diese sich in mindestens drei Grundsätzen artikuliert.

Die Universalisierungsregel als Überprüfungsinstrument der Sittlichkeit zielt nun ähnlich wie der methodische Zweifel in der theoretischen Reflexion darauf ab, ein Unbedingtes im Sittlichen festzustellen. Was sich universalisieren läßt, ist notwendig und unbedingt sittlich verpflichtend. Allen voran gilt dies für die Selbstzweckformel und die Begründung der Menschenwürde. Als potentiell sittlich handelnder Mensch kann ich weder bei mir noch bei anderen Menschen wollen, daß Menschenwürde als Voraussetzung für sittliches Handeln aufgehoben wird, weil dies einen praktischen Widerspruch implizieren würde. Kants metaethische Analysen stellen einen wichtigen Beitrag zur Ethik-Begründung dar, können aber für eine konkrete Anwendung nicht auf Umstände und Folgen rekurrieren. Oftmals aber wird sich nicht ein Apriori-Begriff wie das Lügen für eine Durchführung der nicht-empirischen Verallgemeinerung finden. Dann allerdings darf durchaus auf die Umstände der Handlung zurückgegriffen und nach dem Zusammenhang von technischen, pragmatischen und kategorischen Imperativen gefragt werden.

Nach der Ableitung der Selbstzweckformel faßt Kant seine drei Formeln des Kategorischen Imperatives noch einmal zusammen und unterscheidet (1) die Form der Allgemeinheit einer Handlungsmaxime, (2) die Selbstzweckformel und (3) das Zusammenstimmen der Maximen oder das Reich der Zwecke (Kant, GMS BA 80f). Kant nimmt hierbei eine Parallelisierung dieser drei Formen des Kategorischen Imperatives zur Kategorientafel hinsichtlich Einheit, Vielheit und Allheit vor. Kant versucht, den Kategorischen Imperativ und die Selbstzweckformel zusammenzudenken, wobei Kant in zunehmendem Maße Materialität und Komplexität berücksichtigt.

Kant kennt zwei Formeln der Verallgemeinerung, zum einen die Naturgesetzanalogie, die dem Wissenschaftsmodell nahesteht und der Metaphysik der Natur entlehnt ist, zum anderen das Reich der Zwecke, das sich der Konzeption der Selbstzweckformel verdankt und damit handlungstheoretisch bestimmt ist. Das handlungstheoretische Modell weist die Form von Zirkularität auf, die auch Ausgangspunkt einer hermeneutischen Ethik ist. Hier liegen die Grenzen einer Parallelisierung des Kategorischen Imperatives in Gestalt der Allgemeinheit und der Selbstzweckformel. Die Form der Zirkularität liegt beim handlungstheoretischen Ansatz vor, nicht beim Universalisierungsverfahren. Dies liegt daran, daß die handlungstheoretische Interpretation des Kategorischen Imperatives, die Selbstzweckformel, nicht nur formal ist, sondern anthropologische Grundannahmen über den Menschen voraussetzen muß, die nicht allein aus der Struktur der reinen Vernunft abzuleiten sind. Das Universalisierungsverfahren könnte als rein formal ausgelegt werden, obwohl eine Maximenbildung rein formal nicht möglich ist. In der „Kritik der praktischen Vernunft“ geht Kant nur noch vom Universalisierungsverfahren aus, so daß seine spätere Position insgesamt stärker auf eine formale Ethik hinausläuft.

Jeder müsse sich so verhalten, als ob er durch seine Maximen jederzeit ein gesetzgebendes Glied im allgemeinen Reich der Zwecke wäre (Kant, GMS BA 83). So lautet eine der Umschreibungen des Kategorischen Imperativs in der „Grundlegung". Dies impliziert, daß jedes autonome Subjekt sittlich dazu verpflichtet ist, Maximen zu wählen, die dem Kategorischen Imperativ entsprechen. Wenn sie durch das Verallgemeinerungsverfahren geprüft sind, gelten die subjektiven Handlungsmaximen in derselben Situation auch für alle anderen Selbstzwecke, also für alle sittlich zurechenbar handelnden Subjekte. Die soziale Dimension ist im Kategorischen Imperativ mitgedacht, garantiert wird sie aber durch eine allgemein verbindliche praktische Vernunft, die allen Menschen unterstellt wird, die in der Lage sind, Kants Überprüfungsverfahren von Maximen anzuwenden und Konsistenzüberlegungen hinsichtlich der Maximenbildung anderer sittlich zurechenbarer Subjekte vorzunehmen. Das allgemein verbindliche Überprüfungsverfahren garantiert, daß alle moralisch handelnden Subjekte zu derselben sittlichen Bewertung einer Situation kommen. Das „Reich der Zwecke" ist eine sozialethische Idee, die allerdings von einer allgemeinen Vernunft in jedem Subjekt ausgeht.

Die Autonomie des Willens besagt nach Kant, seinen Willen am Kategorischen Imperativ auszurichten (Kant, GMS BA 87). Das autonome Subjekt wird durch Realisierung des Kategorischen Imperativs zuallerst konstituiert. Dadurch wird es in die Lage versetzt, das Reich der Zwecke zu realisieren und die Mittel zu wählen, die verantwortbar sind. Diese Zwecke sind dadurch bestimmt, daß sie zusammenstimmen, daß sie im Hinblick aufeinander gewollt werden können. Dies ist ein praktisches Konsistenzprinzip. Mit seiner Hilfe kann praktische Vernunft die Struktur des Reiches der Zwecke analysieren.

Eine hermeneutische Ethik verdankt dem Ansatz Kants viel, geht allerdings nicht wie Kant davon aus, daß jedem Anwender die Durchführung des Verallgemeinerungstestes immer gelingt. Zudem ist dieses Verfahren Kants an eine Begriffsbildung gebunden, an die Formulierung einer Handlungsregel. Eine hermeneutische Ethik unterstellt, daß es auch nicht-begrifflich formulierte Handlungsregeln gibt, die sittlicher Natur sein können. Nach Kant ist die sittliche Autonomie des einzelnen Subjektes im Reich der Zwecke an sich selbst begründet. Man muß nach einer Lösung für ein sittliches Problem suchen, die die Zustimmung aller vernünftigen Wesen finden würde, wenn ich sie denn einholen könnte. Dies kann ich aber nicht, außerdem ist die Irrtumsmöglichkeit bei der Durchführung des Prüfverfahrens nicht auszuschließen, so daß der Ansatz einer hermeneutischen Ethik plausibler erscheint als bei Kants Metaethik, obwohl eine hermeneutische Ethik an Kants Begründung der Autonomie grundsätzlich festhält.

1.5 Genealogie der Moral: Friedrich Nietzsche und die Krise abendländischer Ethik

Die klare Kennzeichnung und Auszeichnung des Sittlichen, die Kant erarbeitet hatte, wird von Friedrich Nietzsche völlig zurückgenommen. Denn unter dem Einfluß des Positivismus und des Darwinismus erfaßte Nietzsche die Kränkung von inhaltlichen Vorstellungen vom Menschen und seiner Sittlichkeit als Wurzel des europäischen Nihilismus. Nietzsche schreibt: „Ist nicht gerade die Selbstverkleinerung des Menschen, sein *Wille* zur Selbstverkleinerung seit Kopernikus in einem unaufhaltsamen Fortschritt? Ach der Glaube an seine Würde, Einzigkeit, Unersetzlichkeit in der Rangabfolge der Wesen ist dahin, – er ist *Thier* geworden, Thier ohne Gleichnis, Abzug und Vorbehalt, er, der in seinem früheren Glauben beinahe Gott (‚Kind Gottes', ‚Gottmensch') war... Seit Kopernikus scheint der Mensch auf eine schiefe Ebene geraten, – er rollt immer schneller nunmehr aus dem Mittelpunkte weg – wohin? in's Nichts?" (Zur Genealogie der Moral, III 25; WW 5,404).

Nietzsche geht von einer Naturalisierung der menschlichen Ratio und Moralität unter den Auspizien von Darwins Evolutionstheorie aus. Er will moralisches Handeln als instinktives Verhalten und damit mit naturwissenschaftlichen Mitteln erklären. Dieser Ansatz führt zur Auflösung der Ethik: Natur wird zum Vorbild, aber eines Lebens jenseits von Gut und Böse. Moral gerinnt schließlich zu einer Sache des Triebes. Nietzsches Moralkritik gipfelt in der Aussage: „Es giebt gar keine moralischen Phänomene, sondern nur eine moralische Ausdeutung von Phänomenen..." (Jenseits von Gut und Böse 108; WW 5,92). Die Naturgeschichte der Moral hat ihre Voraussetzungen in einer Naturgeschichte des menschlichen Erkennens. Letztlich wird für Nietzsche alles zur Interpretation: „Man vergebe es mir als einem alten Philologen, der von der Bosheit nicht lassen kann, auf schlechte Interpretations-Künste den Finger zu legen: aber jene ‚Gesetzmässigkeit der Natur', von der ihr Physiker so stolz redet, [...] sie ist kein Thatbestand, kein ‚Text', [...] das ist Interpretation [...]. Gesetzt, dass auch dies nur Interpretation ist [...] – nun um so besser" (Jenseits von

Gut und Böse 22; WW 5,37). Nietzsche formuliert die Konsequenzen einer Naturalisierung des menschlichen Erkennens in wünschenswerter Klarheit. Wissen wird zur grundsätzlich überholbaren Interpretation, sittlich verantwortbares und zurechenbares Handeln aufgrund von ethischen Urteilen auch.

Nietzsches Behauptung über das Erkennen trifft auf jede Version einer naturalistischen Erkenntnistheorie zu, insofern sie das Argumentieren aufgegeben hat und eine Naturgeschichte des menschlichen Erkennens erzählt, methodisch feiner ausgedrückt, rekonstruiert. Eine derartige Naturgeschichte des menschlichen Erkennens entwirft Nietzsche in seiner Schrift „Ueber Wahrheit und Lüge im aussermoralischen Sinne“ von 1873 im Umriß. Sie beginnt mit folgender Passage: „In irgend einem abgelegenen Winkel des in zahllosen Sonnensystemen flimmernd ausgegossenen Weltalls gab es einmal ein Gestirn, auf dem kluge Thiere das Erkennen erfanden. Es war die hochmüthigste und verlogenste Minute der ‚Weltgeschichte‘: aber doch nur eine Minute. Nach wenigen Athemzügen der Natur erstarrte das Gestirn, und die klugen Thiere mussten sterben – So könnte Jemand eine Fabel erfinden und würde doch nicht genügend illustrirt haben, wie kläglich, wie schattenhaft und flüchtig, wie zwecklos und beliebig sich der menschliche Intellekt innerhalb der Natur ausnimmt“ (WW 1, 875).

Die „Wahrheiten sind Illusionen, von denen man vergessen hat, dass sie welche sind, Metaphern, die abgenutzt und sinnlich kraftlos geworden sind“ (WW 1,880f). Vernunft ist in Nietzsches Interpretation das Starr-Werden dieser Metaphern. Sie tritt auf, wenn „der Mensch sich als Subjekt und zwar als *künstlerisch schaffendes* Subjekt vergisst“ (WW 1,883). Erkennen sei eigentlich *„ästhetisches* Verhalten“ (WW 1,884), da zwischen zwei völlig getrennten Sphären wie zwischen Subjekt und Objekt keine kausale Beziehung bestehen könne. Der freigewordene Intellekt befände sich auf dem Weg zum Übermenschen, der sich von der selbstverständlichen Tradition befreit habe: „Jenes ungeheuere Gebälk und Bretterwerk der Begriffe, an das sich klammernd der bedürftige Mensch sich durch das Leben rettet, ist dem freigewordenen Intellekt nur ein Gerüst und ein Spielzeug für seine verwegensten Kunststücke“ (WW 1,888).

Nach Nietzsche sind es die menschlichen Triebe, die „sein Wesen construiren“ (WW 3,111). Er erklärt damit menschliche Moral durch die menschlichen Interessen und Bedürfnisse. Diese Einsicht sei von der Philosophie und der Moral zwangsläufig verdrängt worden. Der Leidensdruck der verdrängten Triebe erkläre die Wende der abendländischen Philosophie zur Vernunft, die europäische Tragödie, die mit Sokrates begonnen habe: „Wenn man nöthig hat, aus der *Vernunft* einen Tyrannen zu machen, wie Sokrates es that, so muss die Gefahr nicht klein sein, dass etwas Andres den Tyrannen macht. [...] Der Fanatismus, mit dem sich das ganze griechische Nachdenken auf die Vernünftigkeit wirft, verräth eine Nothlage [...]. Der Moralismus der griechischen Philosophen von Plato ab ist pathologisch bedingt; ebenso ihre Schätzung der Dialektik. Vernunft=Tugend=Glück heisst bloss: man muss es dem Sokrates nachmachen und gegen die dunklen Begehrungen ein *Tageslicht* in Permanenz herstellen – das Tageslicht der Vernunft. Man muss klug, klar, hell um jeden Preis sein: jedes Nachgeben an die Instinkte, an's Unbewusste führt *hinab*..." (Götzendämmerung I 10; WW 6,72). Die Vernunft stelle den Gegen-Tyrann gegen Instinkte und Triebe dar. Nietzsches Ablehnung der philosophischen Konzeption der Vernunft ist der eigentliche Grund für seine narrative Erkenntnistheorie, die er nicht weiter rechtfertigt. Da er dies auch gar nicht kann, argumentiert Nietzsche nicht, sondern er dekretiert und denunziert.

Den Gedanken der Naturgeschichte wendet Nietzsche auch auf Moral an. Sittlichkeit lasse sich ohne weiteres auf natürliche Triebe zurückführen: „Bei allem Wollen handelt es sich schlechterdings um Befehlen und Gehorchen, auf der Grundlage [...] eines Gesellschaftsbaus vieler ‚Seelen': weshalb ein Philosoph sich das Recht nehmen sollte, Wollen an sich schon unter den Gesichtskreis der Moral zu fassen: Moral nämlich als Lehre von den Herrschafts-Verhältnissen verstanden, unter denen das Phänomen ‚Leben' entsteht" (Jenseits von Gut und Böse 19; WW 5,33f). Sprachkritik und Moralkritik greifen vor dem Hintergrund einer naturalen Fundierung von Vernunft und Moral ineinander: „Wenn die Unterdrückten, Niedergetretenen, Vergewaltigten aus der rachsüchtigen List der Ohnmacht heraus sich zureden: ‚lasst uns anders sein als die Bösen, nämlich gut! [...]' – so heisst das, kalt und ohne Voreingenommenheit angehört, eigentlich nichts weiter als: ‚wir Schwachen sind nun einmal schwach; es ist gut, wenn wir nichts thun, *wozu wir nicht stark genug sind*' – aber dieser herbe Thatbestand [...] hat sich dank jener Falschmünzerei und Selbstverlogenheit der Ohnmacht in den Prunk der entsagenden stillen abwartenden Tugend gekleidet, gleich als ob die Schwäche des Schwachen [...] eine freiwillige Leistung [...], ein *Verdienst* sei" (Zur Genealogie der Moral I 13; WW 5,280). Nietzsche erklärt Moral durch Rekonstruktion ihrer Naturgeschichte. Das Ressentiment der Schwachen gegenüber den Starken, die sie beherrschen, ist die Ursache der Sklavenmoral.

Die Naturalisierung von erkennender und handelnder Vernunft degradiert den Intellekt zum Mittel des Überlebens und die Moral zum Ausdruck des Willens zur Macht. Unter diesen Bedingungen wird Vernunft zur strategischen Rationalität, der Prozeß einer „Dialektik der Aufklärung" befindet sich auf ihrem Höhepunkt und eine kritisch-entlarvende Vernunft schlägt in ihr Gegenteil um. Natur wird nun begriffen als Evolution unter den Gesetzen der Konkurrenz und des „Kampfes ums Dasein". Nietzsche untersucht daher, unter welchen Bedingungen sich der „Mensch jene Werthurtheile gut und böse" erfand (Zur Genealogie der Moral, Vorr. 3; WW 5,249f). Er beruft sich daher auf den „positiven Geist", der „an Stelle des Unwahrscheinlichen das Wahrscheinlichere" im Sinne von „Herkunfts-Hypothesen" setzt (Zur Genealogie der Moral, Vorr. 4; WW 5,251). Es ist der Geist des Positivismus. Furcht ist für Nietzsche die Mutter der Moral (Jenseits von Gut und Böse 201; WW 5,122). Und das Gewissen gilt ihm als Verinnerlichung jenes Instinktes, der grausam sein will, es aber aufgrund äußerer Umstände nicht sein darf (Zur Genealogie der Moral, II 16; WW 5,332). Die Psychologie der älteren Menschheit führt in Nietzsches Interpretation zu dem Resultat, daß Schuld von Schulden kommt (Zur Genealogie der Moral, II 4; WW 5,298). Insgesamt ist Sündhaftigkeit die „Interpretation eines Thatbestandes, nämlich einer physiologischen Verstimmung" (Zur Genealogie der Moral, III 16; WW 5,376).

Das Dilemma von Nietzsches Interpretation des Menschen im Zeichen einer Naturgeschichte des menschlichen Erkennens und Handelns besteht darin, daß er einerseits den Menschen als Übermenschen begreift, der zur „autonomischen That" befähigt und berufen ist, andererseits aber als ressentimentbeladenes Tier. Daher postuliert Nietzsche zwei Arten oder Rassen von Menschen, die nichts miteinander zu tun hätten. Unter positivistischem und naturalistischem Vorzeichen manifestiert sich bei Nietzsche die Krise des Menschen als sittlich zurechenbares Handlungssubjekt. Denn wenn man den Menschen ausschließlich aus der Perspektive seiner Naturgeschichte versteht und diese instrumentell-positivistisch interpretiert, so wird Sittlichkeit zur Maske. Sie verhilft nur einem instrumentell gedeuteten Willen zur Macht zu gesellschaftlicher Schein-Legitimität.

Nietzsche selbst versucht im Gedanken des Übermenschen diese Interpretation ästhetisch im „herrlichen Können des großen Genius" zu durchbrechen und zu überwinden. Die Frage allerdings bleibt, ob das „amor fati", die Einstimmung in das verhängte Geschick die richtige Antwort ist. Denn sie ist identisch mit dem Gewährenlassen einer quasi naturwüchsig verstandenen Entwicklung, sowohl in der Gesellschaft, wie auch in Wissenschaft und Technologie. Eine Ethik ist auf dieser Basis nicht zu betreiben. Vernunft wird instrumentell und strategisch. Moral wird wegerklärt und schließlich ist das Opfer selbst daran schuld, wenn es Opfer ist. Nietzsche legitimiert eine Gesellschaft, die zutiefst inhuman ist. Daher darf man sich die Frage stellen, ob die von Nietzsche intendierte Form menschlichen Zusammenlebens wirklich menschlichen Bedürfnissen entspricht. Eine weitere Folge von Nietzsches Philosophieren über Moral ist die Frage nach dem Umgang mit der Pluralität der Ethik-Konzepte. So könnten bestimmte Ethiken für bestimmte Handlungssituationen konstruiert werden. Und spätestens dann stellt sich die Frage nach einem Schema und nach dadurch bedingten Einordnungsmöglichkeiten dieser Ethiken, überhaupt nach einem Ansatz, der nicht übermenschliche sittliche Anstrengungen erforderlich macht oder einen Freibrief für Willkürentscheidungen ausstellt.

2. Deuten und Werten: Grundlegung einer anwendungsorientierten hermeneutischen Ethik

In der Geschichte der Ethik waren bei verschiedenen Autoren Elemente einer hermeneutischen Ethik in diversen Formen eines vorbereitenden Verständnisses entwickelt worden. Dabei hatten manche Autoren auf eine Art von Umgangswissen mit sittlichen Verpflichtungen verwiesen, welches nun in das Zentrum einer hermeneutischen Ethik gestellt werden soll. Die Realisierung sittlicher Verpflichtung ist der Gegenstandsbereich der anwendungsorientierten Ethik, wobei die Realisierung sittlicher Verpflichtung erkenntnismäßig und handlungsmäßig bestimmt sein kann. Als Modell für das sittliche Verstehen in konkreten Situationen dient zunächst instrumentelles Verstehen als implizites und explizites Umgangswissen mit Artefakten und strategisch erfaßbaren Situationen.

Instrumentelles Verstehen ist eingebettet in instrumentell-sittliches Handeln und erhält vom Handlungsziel her seine ethische Bewertungsinstanz. Instrumentelles Verstehen, instrumentelles Wissen und instrumentelles Handeln werden so in einem integralen Konzept zusammengefaßt, welches für eine sittliche Interpretation offen ist, formuliert in einem ethischen Urteil. Daher sind in den ersten drei Kapiteln Kriterienfragen instrumentellen Verstehens, instrumentell-sittlichen Handelns und sittlicher Verpflichtungen wie für deren Realisierbarkeit zu formulieren. Die Realisierbarkeitsregel fordert den Einbezug der Empirie für handlungsleitende Regeln in bestimmten Handlungsbereichen. So impliziert die Realisierbarkeitsregel die Forderung einer Beschränkung der Verantwortungsübernahme für vorhersehbare Folgen. Eine auf instrumentelles Verstehen und instrumentell-sittliches Handeln und deren Reflexion aufgebaute anwendungsorientierte Ethik wird daher bereichsspezifisch, plural, empirieoffen und der eigenen Grenzen bewußt sein.

2.1 Instrumentelles Verstehen, implizites Wissen und Handeln-Lernen

Jürgen Habermas geht von der durch Karl Marx inspirierten Unterscheidung von zweckrationalem und kommunikativem Handeln aus.

Habermas definiert folgendermaßen: „Unter ‚Arbeit' oder *zweckrationalem Handeln* verstehe ich entweder instrumentales Handeln oder rationale Wahl oder eine Kombination von beiden. [...] Unter *kommunikativem Handeln* verstehe ich andererseits eine symbolisch vermittelte Interaktion. Sie richtet sich nach obligatorisch *geltenden Normen*, die reziproke Verhaltenserwartungen definieren und von mindestens zwei handelnden Subjekten verstanden und anerkannt werden müssen. [...] Gelernte Regeln zweckrationalen Handelns statten uns mit der Disziplin von *Fertigkeiten*, verinnerlichte Normen mit der von *Persönlichkeitsstrukturen* aus" (Habermas 1978, 62f).

Die Entgegensetzung von technisch-instrumenteller oder strategischer Rationalität und sittlich-ethischer Kommunikationsrationalität (Apel 1984, 28 und Spinner 1987, 29) ist eines der Grundschemata der „zwei Kulturen", die insbesondere in Deutschland natur- und geisteswissenschaftliche Methodologie einander gegenüberstellen. Die Unterordnung der Empirie und der Methoden, diese zu eruieren, unter ethische Prinzipien ist nicht der richtige Ansatzpunkt für eine praktische Ethik, denn sie kann den Einzelfall nicht bewerten. Die Konzeption einer Subsumption der instrumentellen Vernunft unter die kommunikative Vernunft nimmt die Eigenständigkeit der instrumentellen Vernunft nicht ernst. Und es ist zu bezweifeln, daß allein der Diskurs Sittlichkeit garantiert, obwohl er ein wichtiges Verfahren zur Überprüfung sittlicher Geltungsansprüche und eine Verknüpfung von instrumentell-strategischer und sittlich-praktischer Rationalität darstellt.

Instrumentelle und sittliche Rationalität sind ohne Zweifel auf unterschiedlichen Ebenen angesiedelt. Denn sittlicher Rationalität geht es um die Legitimität von Handlungszielen. Da die Rechtfertigung der Ziele bevorzugt argumentativ geschieht, wird sie sich normalerweise im Diskurs, also im Horizont kommunikativer Rationalität vollziehen. Instrumentelle Rationalität hingegen sucht die funktional passenden Mittel, um ein bestimmtes Ziel technisch, politisch oder ökonomisch zu verwirklichen. Sie formuliert Klugheitsregeln praktischer und strategischer Art zur Durchsetzung kommunikativer und sittlicher Rationalität. Geht aber die Frage nach der Realisierbarkeit eines Vorhabens in die Zielbestimmung mit ein, dann ist ein Gegensatz zwischen instrumenteller und sittlicher Vernunft nicht mehr zu postulieren. So Wilhelm Korff: „Der Mensch ist von Natur verantwortungs- und sittlichkeitsfähig. [...] Alle Kritik am Mißbrauch der instrumentellen Vernunft kann somit immer nur als Kritik am tatsächlich geübten Verhalten, als Mangel an moralischem Verantwortungsbewußtsein gefaßt werden, nicht aber als Infragestellung der sittlichen Kompetenz und Verantwortungsfähigkeit des Menschen überhaupt. Es irren also jene, die von dem faktischen Fehlverhalten des Menschen auf eine grundsätzliche, unaufhebbare Dysfunktionalität zwischen sittlicher und instrumenteller Vernunft schließen und im Namen der sittlichen Vernunft eine neue, *gegen* die instrumentelle Vernunft gerichtete Ethik fordern" (Korff 1988, 407).

Daher sollte eine praktische Ethik die klassischen Dichotomien überwinden, insbesondere den Gegensatz von instrumenteller und sittlich-kommunikativer Vernunft. Dazu möchte ich zunächst ein Schema von instrumentellem Verstehen, Wissen und Handeln entwickeln, welches den Ausgangspunkt für die moralisch-sittlichen Überlegungen zum Handlungskonzept bilden soll. Insbesondere die Aspekte des Verstehen-Lernens, des Wissen-Lernens und des Handeln-Lernens wird dabei deutlich machen, daß Instrumentelles im menschlichen Leben in kommunikativ-lebensweltliche Kontexte eingebunden bleibt, auch wenn instrumentelles Verstehen und Wissen als solches nicht kommunikativ sein muß.

Der Begriff des instrumentellen Verstehens ist meines Wissens noch nicht explizit analysiert und in seiner systematischen Bedeutung gewürdigt worden. Dies kann unter Rückgriff auf Martin Heidegger geändert werden, denn seine Analyse des Existentials der Sorge bietet für eine Explikation des instrumentellen Verstehensbegriffs wertvolle Anregungen. Die Bedeutung der Existentialanalyse der Sorge ist für eine anwendungsorientierte Ethik bislang nicht in ausreichendem Maße berücksichtigt worden.

Gemäß der Daseinsanalytik von Martin Heidegger hat der Mensch die Geneigtheit, „an seine Welt oder an eine Tradition zu verfallen" (Heidegger 1972, 21). Deutlich ist im Hintergrund das Verdikt der Philosophiegeschichte seit Sokrates und Platon über das Instrumentelle zu vernehmen. Der „bios theoretikos" beschäftigt sich nicht mit den Alltagsproblemen – und wenn, dann unter dem Verdikt der Verfallenheit, das ein Verfehlen des eigentlich philosophischen Lebenssinn impliziert. Aber ist das jahrtausendealte Verdikt angesichts einer umfassenden Technologisierung der Lebenswelt überhaupt noch aufrecht zu erhalten?

Die entscheidende Wende in der Interpretation der Technik läuft bei Heidegger darauf hinaus, daß Technik Erkenntnisfunktion sogar in metaphysischer Hinsicht bekommt: „Damit Erkennen als betrachtendes Bestimmen des Vorhandenen möglich ist, bedarf es einer vorgängigen Defizienz des besorgenden zu-tun-Habens mit der Welt, wie man es im Hantieren und Nutzen erwirbt. Dies ist eine spezifische Weise des Vernehmens“ (Heidegger 1972, 61). Das phänomenologisch vorthematisch Seiende, also das Gebrauchte und in Herstellung Befindliche wird zugänglich in solchem Besorgen (Heidegger 1972, 67). Dinge, „pragmata“, sind das, womit man im besorgenden Umgang (praxis) zu tun hat, nämlich „Zeug“. Dienlichkeit, Beiträglichkeit, Verwendbarkeit, Handlichkeit konstituieren eine Zeugganzheit, die Struktur des Um-zu (Heidegger 1972, 68). Zuhandenheit ist die Seinsart von Zeug, in der es sich von ihm her offenbart (Heidegger 1972, 69). Der Umgang mit Zeug unterstellt die Verweisungsmannigfaltigkeit des Um-zu (Heidegger 1972, 69).

Das herzustellende Werk ist das Wozu von Hammer, Hebel, Nadel und hat seinerseits die Seinsart des Zeugs (Heidegger 1972, 70). Zuhandenheit ist die ontologisch-kategoriale Bestimmung von Seiendem, wie es an sich ist (Heidegger 1972, 71). Dabei ist Welt als letzter Horizont immer vorausgesetzt. Natur hingegen ist der kategoriale Inbegriff von Seinsstrukturen eines bestimmten innerweltlich begegnenden Seienden (Heidegger 1972, 65). In den Wegen, Straßen, Brücken und Gebäuden ist das Besorgen der Natur in bestimmter Richtung entdeckt (Heidegger 1972, 71).

Das Besorgen geschieht auf dem Grunde einer Vertrautheit mit Welt (Heidegger 1972, 76). Zeug kann auch Zeichenstruktur haben, aber der Hammer ist charakterisiert durch Dienlichkeit und nicht durch Zeichenhaftigkeit. Das Besorgen von Nahrung und Kleidung manifestiert die Zuhandenheit des täglich besorgten Zeugs (Heidegger 1972, 121). Das Man entlastet das jeweilige Dasein in seiner Alltäglichkeit (Heidegger 1972, 127). Befindlichkeit und Verstehen sind gleichursprüngliche Weisen, das Da zu sein (Heidegger 1972, 133). Der Ausdruck Geworfenheit soll die Faktizität der Überantwortung andeuten und den Lastcharakter des Daseins offenbaren, dem man in der Freude auszuweichen versucht. Das Da, das dem Dasein in unerbittlicher Rätselhaftigkeit entgegenstarrt (Heidegger 1972, 136), bedarf der Bewältigung. Verstehen ist ein Erschließen. Im Verstehen ist die Erschlossenheit des Da. Die Ausbildung des Verstehens nennt er Auslegung (Heidegger 1972, 147). Auslegung hingegen gründet sich in einem Vorgriff. Dieses Faktum des Zirkels im Verstehen ist nicht wegzubringen. Auch Sprache als Phänomen hat seine Wurzeln in der existentialen Verfassung der Erschlossenheit.

Die Verfallenheit an die Welt ist keine beklagenswerte Struktur. Aber die Hemmungslosigkeit des Betriebs, die Vermeintlichkeit des Man, das volle und echte Leben zu nähren, bringt eine Beruhigung in das Dasein, welches zur Seinsvergessenheit führt. Die durchschnittliche Alltäglichkeit des Daseins kann dabei bestimmt werden als das verfallend-erschlossene, geworfen-entwerfende In-der-Welt-Sein, dem es in seinem Sein bei der Welt und im Mitsein mit anderen um das eigene Seinkönnen selbst geht (Heidegger 1972, 181).

Der Begriff des instrumentellen Verstehens wird meines Wissens von Heidegger explizit nicht verwendet. Allerdings wird die instrumentelle Erschließung der Dinge implizit gleichgesetzt mit allen anderen Formen des Verstehens, sofern instrumentelles Verstehen sich nicht selbst verabsolutiert, sondern für die philosophische Reflexion öffnet. Man überinterpretiert den Text Heideggers nicht, wenn man behauptet, daß die instrumentelle Form der Erschließung von Wirklichkeit allen anderen vorhergeht und diese damit sogar in gewisser Weise prägen könnte. Negativ zu Buche schlägt, daß instrumentelles Verstehen und Handeln zum Fluchtcharakter menschlichen Daseins beiträgt. Und dies verhindert die Entdeckung der eigentlich philosophischen Natur des Menschen, die gemäß Heidegger nur vom Verstehen des Seins aus bestimmt werden kann. Dabei erschließt nach Heidegger die Angst das Dasein als „solus ipse" (Heidegger 1972, 188).

Der instrumentelle Umgang mit der Realität setzt ein bestimmtes Verständnis von Realität voraus, das sich im instrumentellen Verstehen manifestiert, das sich nicht unmittelbar in ein bestimmtes und spezifisches, explizierbares Wissen übersetzen läßt. Mit dem Entdecktsein eines dinghaft Seienden und vor allem mit der Ausgesprochenheit der Aussage rückt dieses Wissen in die Seinsart innerweltlich Zuhandenen. Explizites Wissen ist verdinglichtes Wissen. Heidegger spricht von der „unauffälligen Vertrautheit" mit Zuhandenem, so daß man – beide Interpretamente zusammengenommen – von implizitem Wissen im verstehenden Umgang mit Artefakten sprechen kann.

Zur Explikation dessen, was mit instrumentellem Verstehen gemeint ist, kann zunächst an die These von Eugene S. Ferguson angeknüpft werden, technisches Wissen sei identisch mit implizitem Umgangswissen. Entscheidend zur Lösung eines technischen Problems sind Planzeichnungen. Bevor etwas Technisches gemacht wird, existiert es als Gedanke, als deutliche Vorstellung oder als ein Hauch einer Möglichkeit (Ferguson 1993, 16). Erfahrungen, die im Umgang mit Artefakten gemacht werden, die von Handwerkern umgesetzt werden, bilden die Grundlage für den Entwurf. Der Ingenieur entwirft mit Hilfe von Zeichnungen technische Artefakte. Seit über 500

Jahren verwenden Ingenieure Zeichnungen, um Handwerkern zu zeigen, was sie im Sinn haben. Die technische Innovation beginnt mit einer Vorstellung von einer fertigen Maschine, dem fertigen Bauwerk oder dem fertigen Gerät (Ferguson 1993, 18). Die Zeichnungen vermitteln bildliche, nicht-sprachliche Informationen. Zeichnungen machen es darüber hinaus möglich, daß einzelne Teile von Maschinen in verschiedenen Werkstätten angefertigt werden können.

Das Wissen des Konstrukteurs beruht auf experimentellen Erkenntnissen und empirischen Erfahrungen, auf Beobachtungen von Materialien und Systemen. Ingenieurwissenschaften werden innerhalb vorgegebenen Grenzen mathematisch und exakt konstruiert. Sicher gibt es die mathematische Analyse eines technischen Systems und sie ist auch erforderlich. Aber mathematische Modelle sind immer weniger komplex als wirkliche Strukturen, als die Vorgänge oder die Maschine. Der Entwurf ist schließlich eine Erfindung und Erfindung läßt Gedanken wirklich werden. Naturwissenschaftliches Denken aber bildet die Realität ab. Daher ist klar, daß Erfindung nicht angewandte Naturwissenschaft ist. Im Entwurf werden die Elemente in einer endgültigen Form zusammengefügt. Dabei sind die Grenzen eines Entwurfs kulturgebunden. Alle erfolgreichen Entwürfe haben Vorläufer (Ferguson 1993, 29).

Entwürfe sind angewiesen auf anschauliches Denken, auf Denken in Modellen, auf visuelle oder taktile Bilder. Trotz der Aufwertung der Kreativität in der Lerntheorie kann das geringe Ansehen des visuellen Denkens nicht geleugnet werden. Auch das durch Tast- und Muskelbewegung erworbene Wissen nichtsprachlicher und nichtvisueller Art ist wichtig für den technischen Entwurf. In den Entwurf geht auch das stillschweigende Wissen und die Geschicklichkeit der Arbeiter ein.

Die Stärke der Technik liegt in der Verwurzelung ihrer Grundlagen. Hunderte von Generationen gewissenhafter und sorgfältiger Handwerker schufen diese Grundlagen, bewahrten das von ihren Vorvätern erworbene technische Wissen, um es zu verbessern, zu erweitern und dann an ihre Nachfahren weitergeben zu können. Angesichts der Innovation wird die Kontinuität der Tradition in der Weitergabe technischen Wissens leicht übersehen (Ferguson 1993, 65). Die Skizzenbücher der Ingenieure in der Renaissance machen diese Kontinuität bei aller Innovation deutlich. Hinzu kommt ein Austausch dieser Künstler, Ingenieure untereinander. In den Skizzenbüchern der Renaissance hatte sich bereits ein eindrucksvolles nichtsprachliches mechanisches Wissen angesammelt (Ferguson 1993,

70). Erst gegen Ende der Renaissance trat eine Spezialisierung und die Einrichtung von ersten Ingenieur-Schulen ein.

In seinem Werk „Implizites Wissen“ aus dem Jahre 1966 schlägt Michael Polanyi differenzierter als Eugene S. Ferguson vor, das Phänomen des impliziten Wissens von der Tatsache aus zu betrachten, daß wir mehr wissen als wir zu sagen vermögen. Dies macht er an Phänomenen des Erkennens bzw. Wiedererkennens von Gesichtszügen fest (Polanyi 1985, 14). Die äußere Erscheinung der Dinge wird nicht theoretisch erkannt, sondern in praktischen Übungen vermittelt. Dies sind die Ergebnisse der Gestaltpsychologie. Dabei ist Gestalt als Ergebnis einer aktiven Formung der Erfahrung während des Erkenntnisvorganges zu verstehen. Formung geschieht dabei durch Integration. Die Logik des impliziten Wissens folgt der Kunst des erfahrenen Diagnostikers. Dabei könne man an die Unterscheidung zwischen „knowing that“ und „knowing how“ von Gisbert Ryle und an die Unterscheidung von Wissen und Können anknüpfen (Polanyi 1985, 16). Polanyi verweist auf die unterschwellige Wahrnehmung, die sich z. B. in der Werbung in unbewußter Beeinflussung manifestiert. Er thematisiert den scheinbaren Selbstwiderspruch, wenn jemand von Dingen spricht, die er weiß, aber nicht in Worte fassen kann (Polanyi 1985, 17).

Das implizite Wissen verbindet zwei Arten von Wissen, die instrumentelles Verstehen konstituieren. Beim impliziten Wissen wird unsere Aufmerksamkeit von etwas auf etwas anderes verschoben, genauer gesagt vom ersten auf den zweiten Term im instrumentellen Verstehen. Vom Durchführungsaspekt im instrumentellen Verstehen, dem eigentlichen Umgangswissen, haben wir ein Wissen, das wir nicht in Worte fassen können. Wir richten unsere Aufmerksamkeit bei der Durchführung einer instrumentellen Handlung nicht auf die elementaren Bewegungen der Durchführung, sondern auf die Durchführung ihres vereinten Zweckes. Daher sind wir in der Regel nicht in der Lage, diese elementaren Akte im einzelnen anzugeben. Dies ist die funktionale Struktur des impliziten Wissens (Polanyi 1985, 19).

Die phänomenale Struktur des impliziten Wissens besteht darin: wir wenden uns von etwas her etwas anderem zu und werden seiner im Lichte dieses anderen gewahr (Polanyi 1985, 20). Wir registrieren die Bedeutung des Drucks eines Werkzeuges auf unsere Hand als seine Wirkung auf die Dinge, auf die wir es anwenden. Wir können dies den semantischen Aspekt des impliziten Wissens nennen. Der ontologische Aspekt impliziten Wissens besteht im Verstehen der komplexen Entität, die diese beiden Terme zusammen bilden (Polanyi 1985, 21). Das implizite Wissen verweist somit auf die somatischen Wurzeln unseres Denkens und Handhabens der Dinge. Unser Körper ist das grundlegende Instrument, über das wir sämtliche intellektuelle oder praktische Kenntnisse gewinnen. Das implizite Wissen entspringt dem intelligenten Gebrauch unseres Körpers (Polanyi 1985, 23) und verweist auf Positionen der anthropologischen Technikdeutung insbesondere bei Ernst Kapp und Arnold Gehlen.

Ein Beispiel für implizites Wissen ist die Einfühlung in den Geist des Schöpfers eines Kunstwerkes. Hier treten Phänomene des Verinnerlichens und des sich Identifizierens auf (Polanyi 1985, 24). Man hat eine Theorie erst wirklich begriffen, wenn man sie anzuwenden versteht. Implizites Wissen ermöglicht die Integration von Einzelmerkmalen zu einer kohärenten Entität, der unsere Aufmerksamkeit gilt. Dabei kann zu große Klarheit im Detail das Gesamtwissen zerstören (Polanyi 1985, 25). Wir erkennen bestimmte Muster nur, wenn wir sie aus einer bestimmten Entfernung betrachten. Die übergenaue Zergliederung eines Textes zerstört seinen Sinn. Zudem kann man mit einer Maschine geschickt umgehen lernen, ohne genau zu wissen, wie sie theoretisch funktioniert.

Die explizite Integration im allgemeinen kann die implizite nicht ersetzen. Der Prozeß der Formalisierung allen Wissens im Sinne einer Ausschließung jeglicher Elemente impliziten Wissens zerstört sich selbst (Polanyi 1985, 27). Implizites Wissen lebt vom Rückbezug auf die frühere Erfahrung. Insgesamt jedoch muß darauf hingewiesen werden, daß es sich bei der Beschreibung des Phänomens des impliziten Vorwissens noch um unentdeckte Probleme handelt, die im einzelnen erst noch analysiert werden müssen (Polanyi 1985, 29).

Heideggers Analyse des In-der-Welt-Seins macht deutlich, daß wir in der Arbeit verstehenden Umgang mit Naturdingen, Artefakten und auch Menschen haben. Heideggers Analyse der Alltäglichkeit geht vom Verstehen im verstehenden Gebrauch aus. Der verstehende Gebrauch weist über die Mittelverwendung eines Artefaktes hinaus auf das, was mit Hilfe des Artefaktes geschaffen werden soll. Die Angst erschließt uns nach Heidegger Verstehensdimensionen im Umgang mit der Dingwelt, nämlich die Existentialien der Neugierde, der Sorge und des Gewissensrufes. Heidegger hat die Aufgabe der Philosophie in einem Zerreißen des alltäglichen, verstehenden Umgangs mit den Dingen gesehen, um ein tieferes Verständnis als das eines bloß gebrauchenden Umgangs von Instrumenten zu erreichen.

Das Umgangswissen ist Resultat eines verstehenden Handelns und instrumentellen Verstehens, ein Wissen, wie man etwas Bestimmtes erreichen kann. Technik erschließt so die Außenwelt, die anderen Menschen wie den technisch Handelnden selbst. Sie rekonstruiert instrumentelles Hantieren und die damit verbundene Welt. Damit kommt die persönliche Bedingtheit des impliziten Wissens zum Ausdruck. Entdeckt wird aber auch die Struktur des Gegenstandes, den in das implizite Wissen eingeht. Es handelt sich beim Umgangswissen um ein Wissen, wie Handlungen mit oder ohne Werkzeuggebrauch erfolgreich sein können. In der Durchführung technischer Handlungen geht es zunächst um die Vermeidung eines Unfalles. Das Umgangswissen setzt die präzise Beherrschung eines Gerätes ohne jede Reflexion voraus. Damit handelt es sich beim Umgangswissen um kein reines Gestaltwissen, um kein bloß visuelles Wissen. Es ist eher ein Wissen im Sinne des „sensus communis“, d.h. eines Sinnes, in den alle Sinne eingehen. Um dies präzise erfassen zu können, ist zunächst eine Unterscheidung in technisches Umgangswissen, empirische Wissenschaft und hermeneutisch-reflexive Technikphilosophie erforderlich.

Umgangswissen ist eine Mischung aus Erfahrung im Umgang mit einzelnem und einem Wissen um Bedingungsgefüge im Sinne des Wenn-Dann. Dieses Wissen ist implizit kausaler Art, bezieht sich aber auf einzelne Verwendungszusammenhänge. Es eröffnet sich im gebrauchenden Umgang mit Naturdingen und Artefakten. Der gebrauchende Umgang bestimmter Artefakte gibt der Technik ein Ziel im Sinne eines Leitbildes vor, das zunächst strategisch-instrumentell geprägt ist. Zum zweiten vermittelt er ein Umgangswissen mit Mitteln, speziellen Werkzeugen, Verfahrensweisen, als Voraussetzung für die Herstellung eines bestimmten Artefaktes. Dabei findet eine gewisse Verallgemeinerung im Sinne von Faustregeln statt. Dies manifestiert sich sehr gut im Alltag bei der Erfolgsbewertung der Anwendung bestimmter technischer Verfahren, wenn man von „Pi mal Daumen“ spricht, also auf das Zusammengehen exakter Parameter und alltäglichem Umgangswissen verweist. Anstelle der exakten geometrischen Messungen wird im Hinblick auf die reale Technikverwendung oft „über den Daumen gepeilt“.

Gebrauchen spaltet sich damit auf in 1. etwas erreichen wollen, (instrumentales Gebrauchen), 2. etwas wissen wollen (theoretisches Gebrauchen). Umgangswissen resultiert aus Erfahrungen im Prozeß der Suche des Menschen nach Mitteln der Selbsterhaltung. So ergibt sich aus der Suche des Benötigten das Ziel des Herstellens. Letztendlich sind drei Ebenen des Wissens zu unterscheiden, nämlich:

1. Umgangswissen als handwerklich instrumentales Wissen,
2. kausales oder bedingtes Wenn-Dann-Wissen im Sinne von wissenschaftlichem Wissen und
3. reflexives und rekonstruktives Wissen im Sinne eines hermeneutischen Wissens, und dies ist die philosophische Dimension.

Das implizite Wissen basiert auf dem lebensweltlichen Konstruktionswissen und Umgangswissen im Hinblick auf technische Artefakte und Verfahren. Es rekurriert auf Ausprobieren, Suchen, Finden und auf Passen und Bewährung. Umgangswissen basiert auf dem Verstehen des Gebrauchens, auf dem im Gebrauchen implizierten Verstehen. Es kann dies eine instrumentelle Erfahrung durch Gebrauchen und Handhabung sein. Aber auch die leibliche Erfahrung im Sinne von Husserls lebensweltlicher Erfahrung geht in dieses implizite Wissen ein. Eine erste instrumentelle Erfahrung eröffnet einen bestimmten Weg, in dem weitere Erfahrungen gemacht werden können. Technische Traditionen des umgehenden Verstehens sind die ersten Formen des Verstehens im Sinne des Gebrauchen-Könnens.

Der verstehende Gebrauch von Artefakten versteht das Artefakt nicht nur als Mittel zur Erreichung eines bestimmten Zweckes, sondern auch als in sich strukturiertes Ganzes. Durch den Gebrauch eines Instrumentes verstehe ich eine Situation und gelegentlich implizit etwas von mir selbst (oder von anderen, die mit mir Werkzeuge gebrauchen). Ich verstehe, wie sich etwas bewirken läßt. Im Gebrauch verstehe ich etwas instrumental im Sinne einer Wenn-Dann-Beziehung. Der verstehende Gebrauch konstituiert Faustregeln im Sinne von hypothetischen Imperativen oder Verwendungs- bzw. hypothetischen Handlungsmaximen. Indem ich ein Artefakt zur Erfüllung eines bestimmten Zweckes benutze, verstehe ich eine seiner Möglichkeiten. Heideggers Entbergen sieht das Artefakt in einem universellen Zusammenhang des Technischen. Im verstehenden Gebrauch eines Naturgegenstandes oder eines Artefaktes beziehe ich diesen in einen Gesamtzusammenhang ein, der diesem Gebrauch einen Sinn gibt und zumindest auf einen bestimmten Bereich menschlichen Handelns verweist. Im Gebrauch ist ein Gegenstand nicht Selbstzweck. Zwar erfolgt der Umgang mit Werkzeugen und Maschinen im wesentlichen sprach- und theoriearm, trotzdem ist dazu ein verstehender Umgang erforderlich, der auf den sozialen Kontext der Technikverwendung verweist. Dieser ermöglicht den verstehenden Umgang mit Artefakten.

Eine traditionelle Auffassung des Verstehens seiner selbst wie des instrumentellen Verstehens seit Platon und Aristoteles vertritt – angeregt durch Heideggers Analyse des „Man" – Thomas Rentsch. Für ihn ist die transzendentale Selbstreflexivität im Horizont einer situativen, lokalen und letztlich totalen Weltganzheit konstitutiv für mögliche Praxis überhaupt (Rentsch 1990, 72). Für Rentsch muß sich die menschliche Welt gegen Tendenzen richten, gemäß denen sich ein technisches und instrumentelles Welt- und Selbstverständnis an die Stelle der primären Welt zu setzen trachtet und sich zu deren Fundament oder Basis erklären will. Techniken sind nie Orientierungen. Wir können Orientierungen nicht herstellen, sondern sind darauf angewiesen, sie gemeinsam im Gespräch zu finden.

Totalisierungstendenzen eines verwissenschaftlichten technisierten Weltverständnisses, die zu Entfremdungen des Menschen von sich selbst führen können, sind nicht zu leugnen. Dennoch scheint mir einiges auch für die Interpretation Heideggers zu sprechen. Instrumentelles Verstehen und instrumentelles Handeln gehören zu jener primären Welt, die den Horizont für menschliche Selbstreflexion wie menschliches Handeln abgibt, weil sie unabdingbar mit unserem Überleben zusammenhängen. Und wer gerade so überlebt, kann nicht eine gewisse Muße aufbringen. Er wird sich nicht selbst reflektieren und nicht philosophieren können. Zudem ist Funktionalität im Sinne eines instrumentell gefertigten Konstrukts nicht notwendig häßlich, entfremdend oder schadensträchtig. Sie kann dies unter bestimmten Bedingungen werden, dann aber liegt das nicht allein an der instrumentellen Handlung, sondern an spezifischen Randbedingungen. Es wird sich um ein Ineinander von instrumentellem und praktischem wie theoretischem Verstehen handeln, das die lebensweltliche Basis für eine Reflexion meiner selbst bildet. Und auch eine radikale Verengung der philosophischen Lebensführung bloß auf praktisches und theoretisches Verstehen würden dann zur Selbstentfremdung führen. Jede Verengung der Vernunft führt zur Selbstentfremdung, nicht nur die durch instrumentelle Vernunft.

Das instrumentelle Verstehen ist zudem primär als nicht-szientistisch aufzufassen. Die existentielle Leiblichkeit ist die Mitte der primären Welt, und zu dieser gehört aus Überlebensnotwendigkeit instrumentelles Verstehen. Hier durchdringen sich ein naturaler Grund und ein kommunikatives Wesen, wie auch Thomas Rentsch zugesteht (Rentsch 1990, 109). Die existentielle Leiblichkeit bestimmt sich aber nicht in erster Linie durch ein Reflektieren über den Tod, sondern durch aktive Daseinsbewältigung durch instrumentelles Verstehen und Handeln, auch wenn seit Sokrates die Reflexion über den eigenen Tod ein zentrales Element der Entdeckung der eigenen Subjektivität ist.

Angesichts der technischen Verfügbarmachung der Kultur durch die Industrie plädiert Rentsch für die Destruktion der existentialen Analytik Martin Heideggers (Rentsch 1990, 110). Für Rentsch wird die primäre Welt getragen von gewaltlosen, nichtkommerziellen Bedürfnissen zwischen einzelnen Menschen. Hier wird wesentlich die Erfahrung kommunikativer Solidarität gemacht (Rentsch 1990, 112). Aus der Perspektive der empirischen Forschung, wie sie in Ethologie und Soziobiologie durchgeführt wird, lassen sich entsprechende Einwände formulieren. Unter den Randbedingungen der biologischen Evolution im Darwin'schen Sinn bildet sich ein solch paradiesischer Zustand kommunikativer Solidarität höchstens in der Mutter-Kind-Beziehung heraus. Bei der Koordination der Großwildjagd greifen Kommunikation, strategische und instrumentelle Rationalität ineinander. Kommunikative und instrumentelle Vernunft lassen sich nicht so einfach gegeneinander ausspielen.

Die Annahme eines paradiesischen Urzustandes widerspricht einer Reihe von Ergebnissen empirisch orientierter Anthropologie und scheint zudem auf einer negativen Wertung bestimmter Folgen der Industriellen Revolution zu beruhen, die aber keineswegs identisch sind mit instrumentellem Verstehen und Handeln, da in der Industriellen Revolution sich der Typ des ingenieursmäßigen Verstehens durchsetzt. Heidegger hat die Tatsache ins Zentrum gerückt, daß wir das Leben tätig zustandebringen. Hier hat die Sorge technisch-pragmatische Bedeutung (Rentsch 1990, 143f). Für Rentsch stellt das Sorge-Existential eine technisch-pragmatische Engführung der gemeinsamen Praxis unter Verdeckung der kommunikativen Interexistentiale dar (Rentsch 1990, 151f). Die Interexistenz ist vorgängig vor dem Man (Rentsch 1990, 163).

Nach meinem Dafürhalten ist die kommunikativ-sprachtheoretische Engführung des Interexistentials vor dem Hintergrund der Philosophie des 20. Jahrhunderts zwar verständlich, wird sich aber als unzureichend erweisen, weil eine Interpretation des Interexistentials auf der Verschränkung von instrumentellem, theoretischen, praktischen und ästhetischem Verstehen besser in der Lage ist, Engführungen zu vermeiden als die Beschränkung auf kommunikative Vernunft. Die Existentialanalyse Martin Heideggers schließt eine instrumentalistische Engführung nicht aus. In seiner Spätphilosophie hat Heidegger moderne Technik zur epochalen Gestalt der Seinsgeschichte erklärt. Insofern ist Thomas Rentsch zuzustimmen, allerdings mit einer etwas anderen Akzentuierung. Die Interpretation von Rentsch bleibt zu sehr der Dichotomie von instrumenteller und kommunikativer Vernunft verhaftet. Das Programm der Existentialanalytik bei Martin Heidegger müßte fortgeschrieben werden. Der instrumentelle Umgang mit der Zuhandenheit ist gerade für die Zeit vor der Industriellen Revolution nicht von anderen Weisen des Umgangs mit Dingen zu trennen. Daher sollte die lebensweltliche, in sich gegliederte Vielfalt der Verstehensperspektiven mit dem je eigenen Standort der Perspektivenentfaltung herausgearbeitet werden.

Instrumentelles und sittliches Verstehen von unterschiedlichen Standpunkten im lebensweltlichen Kontext schließen sich nicht gegenseitig aus, sondern ergänzen und begrenzen sich wechselseitig. Daher müßte eine Hermeneutik der Lebenswelt diese als zunächst ungeschiedenes Ineinander von kommunikativen und instrumentell-strategischen Einstellungen rekonstruieren. Im gebrauchenden Umgang mit Umwelt konstituiert sich Lebenswelt in einer Reihe von fundamentalen Perspektiven, zu denen auch instrumentelles Verstehen gehört. In diesem Zusammenhang wäre es interessant, die Konstitution des Welthorizontes von Kindern auf ihren instrumentell-strategischen Anteil hin zu untersuchen, was bei der hier vorliegenden Themenstellung nicht möglich ist.

Der Zirkel des hermeneutischen Ganzen und seiner Teile, die innere Vorläufigkeit und Unendlichkeit bzw. die nur relative Vollständigkeit des Verstehens (Gadamer 1975, 175-179) lassen sich m.E. mit Hilfe der Konzeption des impliziten Umgangswissen im Verstehen lösen. Die Grenzen der auf dem Individualitätsbegriff begründeten romantischen Hermeneutik und einer Hermeneutik, die sich auf die teleologische Geschichtsbetrachtung der Aufklärung stützt, sind die Schranken, die der Universalität des Verstehens durch die geschichtliche Endlichkeit unseres Wesens gesetzt sind (Gadamer 1975, 179-187). Es gibt keine andere „Objektivität" des Verstehens als die Bewährung, die eine Vormeinung durch ihre Ausarbeitung findet (Gadamer 1975, 252).

Die grundsätzliche Diskreditierung aller Vorurteile, die das Erfahrungspathos der neuen Naturwissenschaft mit der Aufklärung verbindet, übersieht, daß Vorurteile Bedingungen des Verstehens darstellen. Autorität und Tradition müssen daher rehabilitiert werden (Gadamer 1975, 260f). Der Gebrauch der eigenen Vernunft ist entscheidend. Die Struktur instrumentellen Verstehens ist der des allgemeinen Verstehens sehr ähnlich. Allerdings manifestiert sich hier Tradition nicht in Vorurteilen, sondern im Zeigen und Vormachen bzw. im Sehen und Nachmachen. Das gebrauchende Verstehen entwickelt ein implizites Wissen im Umgang mit Material und anhand der Realisierung bestimmter Zwecke und Funktionen. Es ist das Vorverständnis eines gebrauchenden Umgangs, der durch Übung jeweils zu perfekterer Realisierung der Zwecke vorangetrieben werden kann, wobei es trotz aller Übung nie ganz gelingt, implizites in explizites Wissen zu überführen.

In der pietistischen Hermeneutik wurden drei Arten des Verstehens unterschieden, die auch auf das instrumentelle Verstehen übertragen werden können. Es handelt sich um die „subtilitas intelligendi“ (das Verstehen), die „subtilitas explicandi“ (das Auslegen) und die „subtilitas applicandi“ (das Anwenden). Die traditionelle Hermeneutik bezog beim Verstehen von Texten die ersten beiden Teile sehr eng aufeinander und verdrängte den dritten Teil, das Anwenden, aus der Hermeneutik (Gadamer 1975, 291). Für das instrumentelle Verstehen müßte das Verhältnis nun umgekehrt und im Anwenden Verstehen konstituiert werden. Erst im zweiten Akt des Reflektierens auf das im Umgang Verstandene ist implizites Wissen in explizites Wissen zu verwandeln, wobei nicht alles implizite Wissen explizit gemacht werden kann. Damit wird die Grenze der Texthermeneutik für die Anwendung auf das instrumentelle Verstehen deutlich: die Struktur des Umgangswissens als implizites Wissen vermag sie nicht zu analysieren.

Die Hermeneutik instrumentellen Verstehens ist daher nicht im Sinne einer Auslegekunst sprachlicher Texte zu konzipieren, sondern als Hermeneutik des verständnisvollen Umgangs mit Artefakten, wobei Parallelen zur Hermeneutik des Verstehens von Texten bestehen. Der instrumentelle Verstehensbegriff ist allerdings kein am Bild orientierter Verstehensbegriff. Vielmehr ist sein Charakteristikum ein Bewirken-Können, ein Erfolg-haben-Können. Die Zwecke, die erfüllt werden sollen, kann ich mir zwar bildhaft vorstellen. Auch das intendierte Ergebnis kann wie z.B. in den Skizzenbüchern der Renaissance-Ingenieure bildhaft vor den Konstrukteuren stehen. Aber Funktionalität läßt sich nicht mit Bildhaftigkeit identifizieren und der Vorgang des Bewirkens selbst, das dazu erforderliche Know how läßt sich nicht bildhaft darstellen, denn es weist die Struktur impliziten Wissens auf. Ein Artefakt verstehen heißt, es zweckdienlich und wunschgemäß zu verwenden. Dazu bedarf es des Rückgriffs auf eine Tradition des impliziten Wissens nichtsprachlicher Art, die sich in der Trias manifestiert: Zusehen, Selbermachen bzw. Probieren und Wiederholen.

Etwas machend Verstehen impliziert ein Können, ein Vermögen, ein Beherrschen dieses Vorgangs. Dennoch ist implizites Wissen kein

Herrschaftswissen, denn beherrscht wird das eigene Können, nicht irgendetwas oder irgendwer. Die Struktur impliziten Wissens läßt sich am Einschlagen eines Nagels darstellen. Der Vorgang besteht in der Verknüpfung von zwei Wissenstermen, dem Wissen um die Stelle, an der ein Nagel eingeschlagen werden soll (Ziel), und das Wissen darum, wie ich den Hammer benutzen sollte, um das Ziel zu erreichen. Die Augen konzentrieren sich auf den Nagelkopf. Wichtiger allerdings ist es, um das Ziel zu erreichen, die Fähigkeit zu haben, den Hammer in richtiger Art und Weise zu schwingen. Das implizite Wissen bezieht sich nun auf die Art der Verwendung des Hammers, die ich allerdings nicht in mathematisch expliziter Weise anzugeben vermag. Ich darf sie gar nicht explizit wissen wollen, um mein Ziel zu erreichen. Denn konzentriere ich mich zu sehr auf die Bewegung des Hammers, wende meinen Blick diesem zu, treffe ich nahezu unweigerlich den Daumen, der den Nagel hält. Eine Hermeneutik instrumentellen Verstehens kann den gesamten Vorgang als Horizontverschmelzung interpretieren, als Verschmelzung eines Horizontes expliziten Wissens um Zweckerfüllung (eingeschlagener Nagel) und die Lage bzw. Umgebung des Nagels, und eines Horizontes impliziten Wissens, nämlich die Schwere, Art und Führung des Hammers betreffend, wobei in das implizite Wissen sedimentierte Erfahrung im Umgang mit Hämmern mit und ohne Belehrung durch Tradition mit eingeht.

Instrumentelles Verstehen als Verstehen technisch-instrumentellen Handelns kann somit als Ineinander von explizitem und implizitem Umgangswissen und einem Können verstanden werden. Instrumentelles Verstehen bezieht sich auf ein relatives Ganzes, denn jedes Werk ist einmal abgeschlossen, auch wenn nicht alle Werke vollendet werden. Ein Haus wird bezogen, unbenommen aller Reparaturen, die bei Artefakten erforderlich sind, oder aufgegeben. Relative Ganzheiten verweisen aber auf Bereiche instrumentellen Handelns und Verstehens, die für anwendungsorientierte Ethik zentral werden. So läßt sich auch bereichsspezifisches instrumentelles Verstehen konstituieren, z.B. in der Architektur. In den verschiedenen Formen des Verstehens entwirft sich der Mensch dabei auf Möglichkeiten seiner selbst. Diese hat eine philosophische Reflexion instrumentellen Verstehens herauszuarbeiten. Zudem muß im instrumentellen Verstehen die Vorstruktur des Verstehens aufgewiesen werden. Bevor ich einen Stein als Faustkeil verwende, muß ich einen bestimmten Gebrauch, eine bestimmte Verwendungsmöglichkeit vor Augen haben.

Die Konzeption des impliziten Wissens in einer Konzeption des instrumentellen Verstehens impliziert, daß der Mensch nicht nur Verstehen ist, sondern auch Sprache, Reflexion usw.. Verstehen ist zunächst unabhängig von Sprache – der wohl radikalste Unterschied zur Texthermeneutik – vermag aber in der Versprachlichung eine reflexive Durchdringung des instrumentellen Verstehens zu fördern. Sprache ist also schon Reflexionsmodus von Verstehen und nicht Vollzugsmodus. Verstehen pendelt also zwischen zwei Polen hin und her: (1) zwischen Verstehen als Umgangswissen und praktisch ausgerichtetem Können und (2) erkenntnismäßig ausgerichtetem Verstehen im Sinne einer philosophischen Hermeneutik des instrumentellen Verstehens.

Instrumentelles Verstehen und Wissen ist aus der Sicht der praktischen Ethik in einen größeren Horizont zu stellen, nämlich den des instrumentellen Verhaltens und Handelns. Wichtige Ergebnisse sind hier von der Lerntheorie entwickelt worden. Mit ihrer Hilfe soll der Übergang vom Verstehen zum Wissen und vom Verhalten zum Handeln nachgezeichnet werden. Gegenstand der Lernpsychologie ist absichtliches, lernerfolgs-kontrolliertes Lernen. Unbeabsichtigtes, nicht erfolgskontrolliertes Lernen gehört im Prinzip nicht dazu. Wir lernen bestimmte Zusammenhänge verstehen, dies ist das kognitive Lernen. Davon zu unterscheiden ist das Beherrschen-Lernen als emotionales, voluntatives und affektives Lernen. Hinzu kommt die Möglichkeit von sensomotorischem Lernen. Lernen erzeugt Verhaltensänderungen und wird bewirkt durch Tätigkeit, d.h. durch Übertragung und Speicherung der zur Verhaltenssteuerung erforderlichen Information.

Grundbedürfnisse des Menschen sind als Wirkfaktoren des Lernens aufzufassen. Es kommt zu einem Zusammenwirken von biologischer Funktionsreifung und Lernen. Dabei sind die Antriebe altersabhängig reifend lernwirksam. Dies manifestiert sich im spielerischen Erkunden und Erproben. Hierin artikuliert sich Funktionslust und Neugierde. Die Erbmotorik bzw. der Antrieb im Sinne eines Bedürfnisreglers und angeborene Auslösemechanismen im Sinne der Anfachung der Neugierde durch alles Neue ergeben zusammen eine Lerndisposition. Dabei sind die ersten Zuordnungsschemata beim Kleinkind das Erlernen des Zusammenhanges von Seh- und Greifrichtung als Voraussetzung für ein dinghaftes Wiedererkennen des Gegenstandes.

Schon beim Kleinkind liegt zweckorientiertes Erkundungsverhalten vor. Die biologische Reifung der Antriebsfunktion oder des Explorationsbedürfnisses und des neuromuskulären Apparates zum Explorieren, Greifen und Handtieren stiftet wesentliche Lernbereitschaften (Fuchs 1991, 22). Dabei ist die primäre Voraussetzung für weiteres Lernen das Erlernen der Zuordnung von visueller und haptischer Bewegungs- und Raumgestalt. So manifestieren sich auch Konstruktions- und Kreativitätsbedürfnisse (Fuchs 1991, 23). Das werkschaffende Spiel nimmt bei 5 bis 6 jährigen einen wesentlichen Teil der Spielzeit ein. Phantasiespiele finden vor allem zwischen 2 und 4 Jahren statt, danach nehmen Konstruktionsspiele deren Platz ein. Kinder lernen dann erste Formen eines Leistungsvergleiches. Sie sind fasziniert durch Vorbilder.

Ausdrucksverhalten dient der nichtsprachlichen Kommunikation und ist ererbt in ihren Grunddispositionen. Allerdings kommt eine kulturabhängige Stilisierung und individuelle Zwecksteuerung hinzu. So bildet sich eine Rangordnung und eine arbeitsteilige Kooperationsordnung im Sinne einer Solidarisierung aus. Andererseits bilden sich auch Feindschemata aus, in denen sich Aggressionsbedürfnisse manifestieren können. Lernen gilt damit zu Recht als Promotor der kulturellen Evolution (Fuchs 1991, 40).

Für unser Lernmaterial gibt es drei fundamentale Arten von Ordnungsbeziehungen, nämlich die räumliche, die zeitliche und die Ähnlichkeits-Ordnung. Für solche Zuordnungsverfahren gibt es assoziationstheoretische, gestaltpsychologische und kognitionspsychologische Beschreibungen (Fuchs 1991, 55). Das Gedächtnis speichert ein Beziehungsgeflecht ab. Das Beziehungsgeflecht wird in codierter Form mit abgespeichert und über dieses findet der Abruf aus dem Gedächtnisspeicher statt. Sehr wichtig ist daher die auf Ähnlichkeit beruhende klassifikatorische Ordnung des Lernmaterials. Aber Gedächtnisleistungen werden maßgeblich beeinflußt durch motivierende Handlungspläne und Projekte.

Gewohnheitsbildung ist wesentlicher Bestandteil der Erziehung. Es handelt sich zunächst um Verhaltenstraining. Dabei muß das Verhältnis von Gewöhnung und autonomer Selbstbestimmung neu durchreflektiert werden. Gewohnheitsbildung kann zunächst als bedingter Reflex im Sinne von Pawlow verstanden werden. Aber auch Gewohnheitsbildung und Sozialerziehung hängen zusammen. Gewohnheitsbildung, Selbstdressur und Selbststeuerung müssen nicht antagonistisch verstanden werden.

Walter Edelmann unterscheidet vier Grundformen des Lernens nämlich 1. das Reiz-Reaktions-Lernen, 2. das instrumentelle Lernen, 3. Begriffsbildung und Wissenserwerb und 4. planvolles Handeln und Problemlösen (Edelmann 1993, 2).

(1) Das Reiz-Reaktions-Lernen geht von der Assoziation aus, wobei Assoziation keineswegs mit bedingtem Reflex gleichzusetzen ist. Assoziation meint vielmehr Verknüpfung und Verbindung. Daher geht die Gestalt- und die Ganzheitspsychologie von Sinnzusammenhängen und Strukturen aus. Assoziation meint hier eine Verknüpfung psychischer Inhalte im Bewußtsein. Pawlows klassisches Konditionieren wurde erweitert durch Behavioristen im Umkreis von Watson. Es geht hier um Signallernen und insofern um reaktives Lernen. Reize können dabei Hinweisfunktionen und Auslösefunktionen übernehmen, wobei ein angeborenes Verhaltensrepertoire aktiviert wird. Insofern kann hier von einer bedingten Reaktion gesprochen werden, die zu einer Bekräftigung des Reizes führt.

Es gibt auch bedingte Reaktionen höherer Ordnung (Edelmann 1993, 78), sogar ganze Ketten von einzelnen bedingten emotional-motivationalen Reaktionen. Für individuelle Unterschiede beim Lernen sind der Angstcharakter und der Aufforderungscharakter des Lernens zu berücksichtigen. Beim Lernen insbesondere von emotionalen Reaktionen spielen Angst und Sicherheit eine wesentliche Rolle. Außerdem sind Bedürfnisse, Beweggründe, Triebe, Neigungen, Strebungen für Motivation wichtig. Motivationen stellen sich damit als Persönlichkeitsdispositionen dar. In ihnen manifestiert sich der Aufforderungscharakter im Hinblick auf einen positiven und einen negativen Personenfaktor. Motivation ist auch ein Situationsfaktor, auf den sekundäre Verstärker wirken können. Der bekannteste sekundäre Verstärker ist das Geld. Reiz- und Reaktionslernen findet außerordentlich häufig statt.

(2) Beim instrumentellen Lernen wird das Verhalten selbst als Mittel eingesetzt. Dabei können positive Verstärkung, negative Verstärkung, Bestrafung und Löschung eintreten. Instrumentelles Lernen ist ein Lernen am Erfolg, an den Konsequenzen. Es handelt sich auch um ein Lernen durch Versuch und Irrtum. Einfachste Formen des instrumentellen Lernens sind Skinners operante Konditionierung, wobei bereits Ratten bestimmte Futterabgaben unter bestimmten Bedingungen abzurufen gelernt hatten. Die Konditionierung des Wirkverhaltens bezieht sich auf nachfolgende Ereignisse. Dabei wird ein hoher Grad der Wahrscheinlichkeit des Eintretens nachfolgender Ereignisse vorausgesetzt. Somit bezieht sich instrumentelles Lernen auf eine Wenn-Dann-Beziehung zwischen Verhalten und Konsequenz. Beim instrumentellen Lernen ist das Verhalten das Instrument oder Mittel, das eine entsprechende Konsequenz hervorruft.

In der Regel wird erst durch häufig wiederkehrende, gleichförmige Konsequenzen allmählich ein stabiles instrumentelles Verhalten gelernt. Verhaltensauslöser sind nachfolgende Reize (Edelmann 1993, 123). Vier Komponenten des instrumentellen Verhaltens lassen sich feststellen: Motivation, Situation, Verhalten und Konsequenz. Dabei sind Fremd- und Selbststeuerung sowie kognitive Aspekte zusätzlich wichtig. Instrumentelles Lernen führt zu einem gewohnheitsmäßigen Verhalten, das motiviert und zielgerichtet, aber eng an bestimmte Situationen gebunden ist (Edelmann 1993, 124). Angenehme Konsequenzen bewirken eine positive, unangenehme eine negative Verstärkung, keine Konsequenz führt zur Löschung (Edelmann 1993, 125).

(3) Im Hinblick auf Begriffsbildung und Wissenserwerb unterscheidet Edelmann drei Formen der Repräsentation, nämlich 1. handlungsmäßige Darstellung, 2. bildhafte Darstellung, 3. symbolische Darstellung (Edelmann 1993, 195). Subjektive kognitive Strukturierungsvorgänge liegen zugrunde. Begriffsbildung im vorsprachlichen Bereich findet vor allem dadurch statt, daß Objekte nach ihrem Verwendungszweck kategorisiert werden (Edelmann 1993, 225). Hier manifestiert sich ein instrumenteller Konzeptualismus. Er basiert auf einem bestimmten Regellernen. Sprachliches Lernen basiert auf diesem Regellernen, indem Regeln als Begriffsketten aufgefaßt werden. Die verhaltenstheoretische Auffassung von Regellernen basiert auf dem Aufbau von Regelhierarchien und auf entsprechenden Lernstrukturen. Dabei wird unterschieden 1. Begriffsbildung (Kategorisierung bzw. Theorie), 2. Wissenserwerb (Regeln sind Ketten von Begriffen) und 3. Problemlösen (Anwenden von Regeln) und ein hierarchischer Aufbau dieser drei Lernformen.

Es gibt auch einen Erwerb von Sachwissen durch einen handelnden Umgang mit Dingen. Diese unmittelbare und nicht sprachlich vermittelte Erfahrungsbildung wird nicht vorrangig sprachlich abgespeichert. Sie ist zunächst charakteristisch für instrumentell-technisches Verstehen. Die hier zugrunde liegende Erfahrung führt zur Lebenserfahrung und zu einer professionellen Kompetenz. Daher sind drei Formen der Repräsentation zu unterscheiden,

1. aussagenartige, sprachlich-symbolisch abstrakte Bedeutungen.
2. analog abgespeicherte konkrete Bilder und
3. handlungsmäßige, motorische Codierung oder handelnder Umgang mit den Objekten (Edelmann 1993, 252).

Dabei ist neues Wissen im Vorwissen verankert und Erinnern wird damit als aktive Rekonstruktion aufgefaßt (Edelmann 1993, 257).

Das Gedächtnis bekommt auch für das handlungsmäßig codierte Umgangswissen einen entscheidenden Wert. Damit ist technisches Verstehen keineswegs traditionslos, wie es viele Ingenieurstraditionen unterstellt haben.

(4) Im Hinblick auf planvolles Handeln und Problemlösen sind handlungsleitende Kognitionen und Emotionen, Problemlöseverfahren, Heurismen und Modell-Lernen (Beobachtungs- und Imitationslernen) zu unterscheiden (Edelmann 1993, 295f). Das Handlungskonzept ist antizipatorisch-flexibel und setzt eine Innensteuerung voraus, während das Verhaltensmodell von einer Außensteuerung durch die Situation ausgeht. Dabei ist zwischen Verhalten und Handeln keine Kluft anzusetzen, sondern von einem Kontinuum auszugehen. Planvolles Handeln ist erfolgreiches Handeln: Handlungsfolgen werden rückgemeldet. Handeln ist dabei hierarchich-sequentiell organisiert, und zwar in Teilplänen, Teilhandlungen und Teilzielen, die im Sinne des effizienten Handelns zum Erreichen des Endzieles führen (Edelmann 1993, 312f). Effizientes Handeln ist realistisch, stabil-flexibel und organisiert. Handlungsschemata weisen eine gleichbleibende Struktur auf, sind wiederholbar und in gewissen Grenzen auch übertragbar. Die Entwicklung einer eigenen Handlungsregulation führt zur Handlungskompetenz. Problemlösen ist ein Sonderfall des planvollen Handelns.

Um ein Verständnis von Handlung jenseits der „zwei Kulturen" zu ermöglichen, schlage ich ein Vier-Stufen-Schema technisch-instrumentellen menschlichen Verhaltens und Handelns vor, das ein Grundraster abgeben soll für eine umfassendere Darstellung des technisch-instrumentellen Umgangs mit der Umwelt und auf lerntheoretische Modellvorstellungen zurückgreift:

1. Das Reiz-Reaktions-Schema: hier geht es um motivationale Persönlichkeitsstrukturen und Verhaltensmuster, die teilweise angeboren sind und durch Schlüsselreize aus der Umgebung ausgelöst werden können. Verhalten auf dieser Stufe ist engsituativ gebunden und von genetisch bedingten Lernstrukturen geprägt.
2. Instrumentelles Lernen und instrumentelle Verhaltensmuster, die teilweise angeboren sind, aber insbesondere von nachfolgenden Reizen ausgelöst werden. Diese Verhaltensmuster sind trainierbar und orientieren sich am äußerlich feststellbaren Erfolg. Hier richtet sich die genetische Prägung auf Zukünftiges und wird offener.
3. Kognitives Lernen und Verwissenschaftlichung des instrumentell-technischen Verhaltens und Einbau des instrumentellen Verstehens in

Handlungsstrukturen. Hier sind aufgrund der Vernetzung unterschiedlicher Lernmuster geringere Grade der Erblichkeit des gesamten Prozesses kognitiven Lernens zu erwarten, auch wenn sich für einzelne Elemente genetische Prädispositionen aufweisen lassen.
4. Reflektiertes, problemlösendes Handeln, das moralisch zurechenbar ist. In dieser Ebene geht es auch um Innovation und kreative Problembewältigung im Hinblick auf technisches Handeln.

Zwischen dem Verhalten und dem Handeln besteht ein Kontinuum. Damit ist der anthropologische Horizont einer hermeneutischen Ethik, ausgehend vom Konzept des Verstehens in enger Verknüpfung mit dem des Handelns, entworfen und muß in weiteren Schritten vertieft werden.

Das hier nur umrissene empirisch-lerntheoretische anthropologische Modell des Verstehens von instrumentell-technischem Verstehen, Wissen und Handeln, in dem kognitive und praktische Aspekte des Wissens und Handelns ineinandergreifen, stellt die Ausgangsbasis für meine handlungstheoretischen Überlegungen dar. Das instrumentelle Verstehen eröffnet einen sehr spezifischen, aber doch nur eingeschränkten Zugang zum Handlungsverständnis, das einer hermeneutischen Ethik zugrunde liegt. Daher muß nun das Verstehen von Handlungen und das Verstehen von sittlichen Verpflichtungen näher analysiert werden.

2.2 Verstehen von Handlungen als Voraussetzung für sittliches Verstehen

Praktisch-ethisches Verstehen ermöglicht die Realisierung einer sittlichen Verpflichtung. Im Handeln selbst geschieht praktisch-ethisches Verstehen als Realisieren einer sittlichen Verpflichtung. Ihre theoretische Reflexion macht einen Rückbezug auf ethische Prinzipien erforderlich, was beim sittlichen Verstehen allein nicht erforderlich ist. Im Gegensatz zu kognitivistischen Ethiken habe ich gemäß der Konzeption des sittlichen Verstehens eine sittliche Verpflichtung nur dann verstanden, wenn ich sie zu realisieren bereit bin, sofern nicht andere sittliche Verpflichtungen dagegensprechen. Das bloß theoretische Reflektieren bzw. Wahrnehmen ist kein Verstehen, sondern metatheoretische Reflexion.

Die Analyse sittlichen Verstehens impliziert eine spezifische Handlungsanalyse. Auch hier muß sich die Struktur impliziten Wissens herausarbeiten lassen, und zwar bezieht sich das implizite Wissen auf die Handlungssituation (Umstände, Folgen), die nie vollständig in ihrer zeitlichen Konstitution erfaßt werden kann, das explizite Wissen aber auf sittliche Verpflichtungen und Handlungszwecke, die im einzelnen recht wohl verstanden werden können.

Instrumentelles Verstehen ist Voraussetzung für den Umgang mit Artefakten, Werkzeugen und Situationen. Instrumentelles Herstellen und Handeln setzt instrumentelles Verstehen voraus. Das gleiche gilt für praktisch-sittliches Handeln. Auch praktisch-sittlichem Verstehen liegt ein Umgangswissen zugrunde, das sich nicht mit traditionellem Erfahrungswissen identifizieren läßt, welches auch aus bloßer Beobachtung stammen könnte. Daher geht es in diesem Kapitel um die Frage, ob sich die Struktur eines impliziten und expliziten Wissens, welche dem Verstehen im Sinne des Umgangswissen zugrunde lag, auch auf ein Umgangswissen mit Handlungen und sittlichen Verpflichtungen übertragen läßt. Zu vermuten ist, daß man Handlungsziele bzw. Handlungsentwürfe oder sogar Handlungsalternativen explizit wissen kann, während man bei der Motivation, der Situation und dem Folgenspektrum nur über ein implizites Wissen verfügt oder nur verfügen kann. Interessant wäre es auch, ob sich Regeln aufstellen lassen, wie mit implizitem Umgangswissen von Handlungsaspekten umgegangen werden kann. Zu vermuten ist, daß im Hinblick auf sittliche Verpflichtungen in der Regel das Wissen explizit sein wird, wärend die Handlung selbst in allen ihren Aspekten nur implizit gewußt wird.

Für meine weiteren Überlegungen möchte ich einen phänomenologischen Begriff der Handlung zugrunde legen, der besonders geeignet ist, einen hermeneutischen erkenntnistheoretischen Zugang zu einer anwendungsorientierten Ethik handlungstheoretisch zu ergänzen. Dazu greife ich auf die Analysen von Alfred Schütz und Thomas Luckmann zurück, die diese unter dem Titel „Strukturen der Lebenswelt“ vorgelegt haben. Im zweiten Band stellen sie eine umfassende Analyse der Handlung vor, die als Interpretationsschema für eine anwendungsorientierte Ethik herangezogen werden kann.

Die beiden Phänomenologen gehen von der Lebenswelt aus, die Inbegriff einer Wirklichkeit ist, die erlebt, erfahren und erlitten wird. Diese Lebenswelt ist aber auch eine Wirklichkeit, die im Tun bewältigt wird (Schütz, Luckmann 1979, 11). Handlungen werden als durch das Ziel bestimmte Sinnzusammenhänge eingeführt, wobei Sinn als eine im Bewußtsein gestiftete Bezugsgröße verstanden wird (Schütz, Luckmann 1979, 13). In hermeneutischer Terminologie handelt es sich dabei um ein Interpretationskonstrukt.

Wichtig ist die Unterscheidung zwischen dem subjektiven und objektiven Sinn des Handelns. In einer neueren Terminologie können wir dies die Teilnehmer- und die Beobachterperspektive des Handelns bezeichnen. Interpretationen aus der Perspektive des Teilnehmers werden in der Regel etwas anders ausfallen als die aus der Beobachterperspektive. Sowohl die Selbstinterpretation wie die Fremdinterpretation sind allerdings Interpretationen. Der Handelnde ist bei seiner Eigeninterpretation keineswegs vor Irrtum geschützt, er ist in der Rekonstruktion seiner Motivationen genauso anfällig für Ideologien und Selbsttäuschungen wie derjenige, der aus einer Außenperspektive auf eine Handlung blickt. Häufig ist die Außenperspektive sogar der Realität näher als die Teilnehmerperspektive.

Die Unterscheidung in Teilnehmer- und Beobachterperspektive hat zur Voraussetzung, daß es sich beim Handeln um eine Bewußtseinsleistung und nicht um eine objektive Kategorie der natürlichen Welt handelt. Sie muß zugerechnet werden im Sinne der Selbstzuschreibung oder der Fremdzuschreibung, je nachdem, welche der Perspektiven zugrunde gelegt wird. Irgend eine Form der Zurechnungsfähigkeit ist im Aufbau historischer Sozialwelten notwendig vorausgesetzt. Dieses Prinzip konstituiert die Lebenswelt (Schütz, Luckmann 1979, 17). Diese Doppelrolle als Handelnder und Beobachtender ist unaufhebbar konstitutiv für das Handeln. So besteht also zwischen Handeln als subjektiv vorentworfenem Erfahrungsablauf und Verhalten, das von Mitmenschen als Verkörperung von Handeln erfaßt werden kann, ein zwar verwickelter, aber unzertrennlicher Zusammenhang (Schütz, Luckmann 1979, 18).

Des weiteren ist zu unterscheiden zwischen Handlungen, mit denen ich in die Umwelt eingreife, und solchen, für die das nicht zutrifft. Denken ist in diesem Sinne als ein Handeln aufzufassen, das in seinem Vollzug und vom Entwurf des Handelnden her nicht notwendig in die Umwelt eingreift. Die andere Art des Handelns aber nennen die beiden Phänomenologen „Wirken“ (Schütz, Luckmann 1979, 22). Unter den verschiedensten Arten des Wirkens verdient vor allem eine etwas näher betrachtet zu werden. Alles Wirken greift zwar als gesteuertes leibliches Verhalten irgendwie in die Umwelt ein. Aber nicht alles Wirken verändert die Umwelt in einer Weise, die für die praktischen Zwecke des alltäglichen Lebens bedeutsam wäre (Schütz, Luckmann 1979, 23). Arbeit ist daher als eine besondere Art des lebensweltlichen Wirkens zu betrachten (Schütz, Luckmann 1979, 25). Sie soll nützlich sein und ist häufig durch den Gebrauch von Mitteln im Sinne von technischen Artefakten charakterisiert. Arbeit ist vor allen Dingen dadurch von Arten des Wirkens zu unterscheiden, daß eine bestimmte Veränderung der Umwelt im Entwurf anvisiert wird (Schütz, Luckmann 1979, 26).

Vor jedem Handeln steht ein Entwurf. Dies unterscheidet Handlungen von bloß instinktiv vollzogenen Reflexen und Verhaltensmustern. Im Entwurf wird zunächst das Ziel des Handelns, die vollzogene Handlung vorgestellt (Schütz, Luckmann 1979, 27). Für die beiden Phänomenologen entsteht der Entwurf aus einem Entwerfen, d.h. aus einem interpretativen Akt (Schütz, Luckmann 1979, 28). Der Entwurf will etwas bewirken. Im Entwurf wird das Handlungsziel in der Vorstellung vorweggenommen (Schütz, Luckmann 1979, 33) und in Gedanken realisiert. Aber auch der Entwurf hat eine Vorgeschichte. Entwurf und lebensgeschichtliche Bedingtheit des Handelns sind in den Analysen der Relevanzstruktur als Motivation im Weil- und als Motivation im Um-zu-Zusammenhang genauer zu untersuchen. D.h. Entwürfe können aus zwei Perspektiven heraus interpretiert werden, zum einen Mal im Hinblick auf die kausale Motivations- und Ursprungsgeschichte, zum anderen als Zielstruktur im Um-zu-Zusammenhang. Hier wird beispielsweise ein Ziel gesetzt, um eine sittliche Verpflichtung zu erfüllen, oder aber ein Ziel wird gesetzt, um meine persönlichen Bedürfnisse zu befriedigen, z.B. weil mir der Magen knurrt.

Entwürfe zielen darauf ab, verwirklicht zu werden. Aber die Verwirklichung möglicher Entwürfe kann man keineswegs mit absoluter Sicherheit voraussagen (Schütz, Luckmann 1979, 39). Hier gibt es Grenzen des Möglichen, was auf die Struktur impliziten Wissens verweist, während der Handlungsentwurf durchaus die Struktur expliziten Wissens haben kann. Das Abschätzen der Durchführbarkeit eines bestimmten Entwurfs beruht notwendig auf allgemeinen Annahmen, die die gegenwärtige Situation mit früheren Situationen vergleicht und die Realisierbarkeitschancen früherer Situationen bzw. früherer Handlungen auf zukünftige Handlungen hin überträgt. Bei vielen Handlungen kommt es dabei gerade auf das Typische und dessen erfolgreiche Wiederholungen an. Entscheidend und wichtig für die Ethik sind vor allem Handlungen, die neuartig und damit problematisch sind. Aber auch bei solchen Handlungen, die innovativ sind, sind wesentliche Bestandteile des Entwurfsaufbaues, z.B. die Einzelschritte zur Erreichung des Zieles, typischer Art. Sie können daher auf Zukunft übertragen werden. Entscheidend ist daher bei der Beurteilung von Handlungen die Interpretation des Entwurfes, des Handlungsplanes, des Handlungsprojektes, welches in detaillierte Einzelschritte zerlegt werden muß, wobei jeweils die Einzelschritte einer Interpretation und Bewertung bedürfen (Schütz, Luckmann 1979, 43).

Viele unserer alltäglichen Handlungen werden zur Gewohnheit. Sie sind nicht nur in ihrem Verlauf, sondern auch schon in ihrem Entwurf hochgradig routinisiert. Bei Handlungen aber, die diese Alltagsroutine durchbrechen, beginnt der Zweifel, der eine genaue Analyse der einzelnen Handlungsschritte erforderlich macht. Am Anfang des Handelns steht ein Wunsch, der vom Zweifel geleitet wird, ob er sich realisieren läßt (Schütz, Luckmann 1979, 46). Jeder Entwurf entspringt einem ganz klar bestimmten Interesse, einer Motivation, eine bestimmte Handlung zu vollziehen (Schütz, Luckmann 1979, 47). Diese Interessen haben eine Vorgeschichte und motivieren unser Handeln auf bestimmte Ziele hin. Diese müssen nicht immer in größere Interessen-Zusammenhänge eingebettet sein, sondern können unvermittelt nebeneinander stehen. Betrachtet man aber die Lebensgeschichte als eine ganze, dann sollten einem lebensgeschichtlichen Entwurf Leitlinien zugrunde liegen, die Interessen in einen konsistenten Zusammenhang bringen. Allerdings erlaubt es eine lebensweltliche Perspektive genauso wie eine hermeneutische Erkenntnistheorie, Interessen und Bedürfnisse als konstitutiv für menschliches Handeln anzusehen.

Im Hinblick auf Entwürfe und deren Verwirklichungsmöglichkeiten sind offene und problematische Möglichkeiten zu unterscheiden. Im ersten Fall werden in einer Situation zwei verschiedene, nicht in einem geordneten z.B. hierarchischen oder gebündelten Zusammenhang stehende Interessen geweckt. Im anderen Fall werden Möglichkeiten ins Auge gefaßt, die in einem konsistenten Zusammenhang stehen (Schütz, Luckmann 1979, 51). Ist zwischen verschiedenen Handlungsentwürfen zu wählen, so muß im Rahmen eines Vergleichs ernsthaft die Frage gestellt werden, ob eben ein bestimmter Handlungsentwurf mit anderen ebenfalls in Frage kommenden Handlungsentwürfen überhaupt vereinbar ist. Eine Methode, über Vergleichbarkeit hier zu entscheiden, besteht in der Analyse der Interessen-Zusammenhänge, die einen Handlungsentwurf konstituieren (Schütz, Luckmann 1979, 53). Dabei werden im Vergleich von Entwurf und Gegenentwurf bzw. Gegenentwürfen in der Vereinzelung erfaßte Dringlichkeitsgrade und Durchführbarkeitschancen abgewogen. Daraus ergibt sich für das Entscheidungsproblem des Handelnden ein Deutungsproblem: Wie erwünscht ist eine Zukunftsmöglichkeit im Vergleich zur anderen.

Hier ist der Übergang vom Deuten zum Bewerten, wie er konstitutiv ist für eine hermeneutische Erkenntnistheorie, nicht mehr zu übersehen. Dabei kann eine Reihe von methodischen Problemen auftreten. Sie betreffen die Vergleichbarkeit der unterschiedlichen Handlungsentwürfe. Eine gemeinsame Skala für sie zu finden, ist nicht leicht. Es gibt Grenzen der Deutbarkeit und Vergleichbarkeit von Handlungsentwürfen. Dann muß man unter Unsicherheit handeln, wobei Bewertungsprobleme auftreten. Eine wichtige Hilfe in diesem Zusammenhang aber ist, die Struktur eines subjektiven Relevanzsystems reflexiv in den Griff zu bekommen. Allerdings sind nicht alle unvereinbar scheinenden Planhierarchien so zu harmonisieren, daß ein rationaler Vergleich möglich wird. In diesen Situationen kann es zu willkürlichen Entscheidungen kommen, womit eine hermeneutische Erkenntnis- und Handlungstheorie durchaus rechnet.

Voraussetzung eines Vergleichs zwischen verschiedenen Entwürfen ist es, die Typik einer Situation herauszuarbeiten. Anhand einer solchen Typik kann auch entschieden werden, an welchen Punkten eines Handlungsentwurfs eine neue Situation auftritt, die zusätzliche Interpretations- und Bewertungsleistungen erfordert. Typische Bestandteile eines Handlungsentwurfs sind herauszuarbeiten und Grundlagen eines Abwägens und Vergleichens zwischen unterschiedlichen Handlungsentwürfen sind zu entwickeln (Schütz, Luckmann 1979, 65). Hierzu dienen Planhierarchien, Heuristiken und Typologien, wie sie in Bereichsethiken zu entwickeln sind. Diese stellen Relevanzstrukturen menschlicher Handlungen und Handlungsentwürfe auf. Sie analysieren Schlüsselfaktoren von Situationen. Diese Heuristiken ermöglichen das Abwägen und Vergleichen unterschiedlicher Handlungsentwürfe wie unterschiedlicher Situationen.

Die Schritte des Handelns sind am Entwurf ausgerichtet (Schütz, Luckmann 1979, 79), wobei im Vollzug der Handlung sich eine Veränderung der Schrittabfolge durchaus ergeben kann, bisweilen sogar ergeben muß (Schütz, Luckmann 1979, 81). Wichtig für die Beurteilung der Vernünftigkeit einer Handlung ist die Analyse der Schrittabfolge. Noch wichtiger aber ist die Abklärung der eigenen Motivation bzw. der eigenen Interessen und Bedürfnisse. Nur mit Hilfe eines klar bestimmten und widerspruchsfreien Interessensinventars könnte der Handelnde bei seinen Entscheidungen rational entscheiden, d.h. Nutzen gegen Kosten setzen und abwägen. Dazu müßte der Handelnde, um uneingeschränkt vernünftig handeln zu können, sich selbst kennen, was gemäß einer hermeneutischen Erkenntnistheorie nur mit gewissen Einschränkungen der Fall sein kann (Schütz, Luckmann 1979, 85).

Die Schritte des Urteilens und Beurteilens von Entwürfen, die nötig sind, um Handlungen in ihrer Struktur erfassen zu können, müßten sich nicht nur voll bewußt auf der höchsten Stufe der Klarheit und Bestimmtheit vollziehen, sondern auch von allen in alltäglichen Handlungen üblichen Störungen und Bedrängnissen entlastet sein (Schütz, Luckmann 1979, 89). Handlungen sind daher im Alltag und unter dem lebensweltlichen zeitlichen Druck in der Regel nicht als vernünftige Handlungen anzusehen. Zumindestens in der natürlichen Einstellung des täglichen Lebens werden Handlungen nicht in ihrer verwickelten Zeit- und Sinnstruktur erinnernd nachvollzogen, sind also nicht Handeln im eigentlichen und höchsten Sinne des Wortes (Schütz, Luckmann 1979, 91).

Mit der Deutung von Einzelschritten im Rahmen des Handlungsentwurfes werden Versprachlichungen vorgenommen, der Wechsel von der Teilnehmer- in die Beobachterperspektive vorbereitet. Mit Hilfe eines gesellschaftlich objektivierten Motivkatalogs werden dann bestimmte Motive dem Handelnden selbst greifbar. Selbstinterpretationen werden durch diese gesellschaftlichen Vorgaben so letzthin überhaupt erst möglich. Der Entstehungszusammenhang der Motive ist bei allen Handlungen gesellschaftlich. D.h. Interessen und Bedürfnisse sind, selbst wenn sie individuell sind, von der Umgebung geprägt und mitkonstituiert.

Folgende Elemente gliedern aus lebensweltlich-hermeneutischer Sichtweise eine Handlung:

(1) Ausgangspunkt ist die Situationsanalyse, die Relevanzstrukturen und Schlüsselfaktoren der entsprechenden Handlung untersucht.
(2) Die Motivationsanalyse als zweiter Schritt einer Handlungsanalyse kann zweifach ansetzen, nämlich als Analyse der Interessen und Bedürfnisse der jeweiligen Handelnden im Sinne einer Kausalanalyse und zweitens als Realisierung einer sittlichen Verpflichtung im Sinne einer Um-zu-Motivation.
(3) Danach ist der Entwurf des Handelns in seiner Typik der Einzelschritte zu analysieren, um auf dieser detaillierten Basis eine differenzierte Folgenabschätzung vornehmen zu können. Bei der Interpretation des Entwurfes des Handelns spielt die Zielanalyse eine besondere Rolle. Alternative Handlungsoptionen sind herauszuarbeiten.
(4) Erforderlich ist im nächsten Schritt eine Analyse der Mittel und eine Analyse der Zwecke, die mit diesen Mitteln verfolgt werden

können. Diese geschieht in Abhängigkeit von den Gebrauchsweisen der entsprechenden Mittel.
(5) Schließlich hat eine Folgenanalyse zu erfolgen, die im engen Zusammenhang mit dem Entwurf des Handelns steht.

Die *Situationsanalyse* ist der erste bedeutende Bestandteil einer Phänomenologie der Handlung. Die Bedeutung der Situation des Handelnden wurde gerade in der Philosophie des 20. Jahrhunderts herausgestellt. Insbesondere in der Existenzphilosophie der Jahrhundertmitte und in der Existentialontologie Martin Heideggers spielte die Situation und ihre Analyse eine bedeutsame Rolle. Situation bedeutet in diesem Zusammenhang nicht nur das Prädikament einer geschichtlichen Lage, sondern eine Befindlichkeit, in der sich der Mensch mit seiner Individualität als geschichtliches Wesen in seiner sozialen Verflochtenheit vorfindet. Situation ist aber zugleich mehr, sie ist des Menschen eigenste innere Befindlichkeit in der geschichtlich bestimmten Zeit als dem besonderen und unvergleichlichen Augenblick, der zu seiner persönlich eigenen Wirklichkeit gehört.

Diesen Begriff hat die Situationsethik zum Ausgangspunkt gemacht und versteht sich als Ethik, welche die fundamentale Bedeutsamkeit der Gegenwart und des gegenwärtig Seienden im Sinn der genannten persönlichen Situation in ihren Entscheidungen maßgebend sein läßt oder wenigstens berücksichtigt. Die Situationsethik im Rahmen der Existenzphilosophie hat die ausschlaggebende Bedeutung der Situation für eine Ethik erkannt, aber radikal vereinseitigt. Im philosophischen Bereich findet sich diese Lehrmeinung in der Existenzphilosophie, die menschliches Leben als schöpferisches sich Ausleben versteht, wobei die Situation zu einem Anlaß für Kreativ-Existierendes zusammenschrumpft. Philosophisch tiefer läßt sich im Sinn Martin Heideggers die Situation als der Ort fassen, an dem sichtbar werden kann, daß das Sein selbst die ethisch bedeutsamen Wesensbilder des Seienden als wandelbare in Frage stellt. Mehr im praktischen Sinne wird die Situation im Rahmen eines Personalismus oder Psychologismus bedeutsam, wobei die Eigengesetzlichkeit der personalen Begegnung bzw. der Eigenwert seelischer Funktionsintegrität die allgemein gültigen Formen einer Norm im jeweiligen Einzelfall außer Kraft setzen können.

Die im Rahmen der Existentialontologie vorgenommene radikale Individualisierung der Situation ignoriert allerdings, daß es wesentliche allgemeine und typische Züge an einer Situation gibt, die als Elemente immer wieder in einer Situationstypik auftreten. Um die Situation im Rahmen einer handlungsanalytischen Untersuchung fruchtbar machen zu können, bedarf es weniger des Rückgriffes auf den radikal individuellen Zug im Rahmen der Situationsethik, sondern die Betonung der Typik, des Allgemeinen, aus denen Situationen sich zusammensetzen. Daraus ergibt sich das Plädoyer für eine Analyse der jeweiligen Schlüsselfaktoren, die eine Situation erschließen.

Situation ist nicht räumlich, sondern geschichtlich zu verstehen. Sie entsteht durch die Geschehnisse, in die man hineingezogen wird, durch Manöver eines Gegners oder schon durch das, was in einer Gesellschaft in meiner Abwesenheit gesagt wird. Die Situation ist also nicht stationär wie die Perspektive oder der Gesichtswinkel, sondern geschichtlich. Deswegen kann sie auch labil sein, sich straffen, zuspitzen oder unerträglich werden. Im Gegensatz zur Lage läßt sich Situation nicht sachlich bestimmen. Während die Lage in einem sachlichen Bereich den Stand der Dinge bezeichnet, hat Situation keine solche fixierte Abgrenzung. Sie erschließt sich erst, indem der Mensch darin agiert und somit die Situation gestaltet. Aus dieser offenen Unbestimmtheit der Situation ergibt sich nicht die Aufgabe, diese um jeden Preis festzulegen, sondern sie in ihrem dauernden Wandeln zu formen. Soll daher die Unsicherheit zum ethisch relevanten Gesichtspunkt bei der Bewertung einer Handlung werden, so muß die jeweils spezifische, im Handlungsziel oder in bestimmten Handlungsfolgen liegende Unsicherheit aufgezeigt werden.

Der Begriff der Situation ist erst im 20. Jahrhundert aus der Alltagssprache in die philosophische Sprache übernommen worden. Dies geschah in der Auseinandersetzung mit der Auffassung, daß die Erkenntnistheorie die grundlegende Disziplin der Philosophie ist. Die Erkenntnistheorie sprach vom erkennenden Subjekt, als sei es situationslos und als sei Erkennen ein Zugang zur Welt im Sinne intentionaler Ausgerichtetheit. Die Existenzphilosophie hingegen betont die Verstrickung des menschlichen Daseins in die Welt und hob hervor, daß die Dinge und Phänomene von daher begriffen werden, wie wir mit ihnen umgehen, so Martin Heidegger. Eine Situation läßt sich nicht auf bestimmte Umstände reduzieren, sondern sie verlangt eine Stellungnahme des Menschen. Nur indem sich der Mensch entscheidet, erschließt er sich die Situation, d.h. erst durch Interpretation wird eine spezifische Situation konstituiert. Situation macht daher auch nur Sinn im Rahmen eines Handlungsentwurfes und zwar hier in dem Sinne, daß der Ausgangspunkt eines Handlungsentwurfes damit markiert wird. Die existentialphilosophische Deutung der Situation betont das jeweils Neue einer Situation, die Freiheit, die Chance auf Kreativität. Aus handlungstheoretischer Perspektive jedoch wird deutlich, daß das Handeln sehr häufig in routinisierter und habitualisierter Form auftritt und daher auch durch eine allgemeine Typik gekennzeichnet ist.

Zu dieser Einsicht hat Edmund Husserl den Weg gewiesen. Die Wissenschaften bauen auf die Selbstverständlichkeit der Lebenswelt auf, indem sie sich von ihr her das für ihre jeweiligen Zwecke Nötige zu Nutze machen (Husserl 1976, 128). Die Lebenswelt ist ein Reich ursprünglicher Evidenzen, die eine hermeneutische Ethik aus dem impliziten und expliziten Umgangswissen heraus versteht (Husserl 1976, 130). Es gibt zweierlei Wahrheiten, auf der einen Seite die alltäglich-praktischen Situationswahrheiten, die zwar relativ sind, die aber genau die Praxis jeweils in ihren Vorhaben sucht und braucht. Auf der anderen Seite führen die wissenschaftlichen Wahrheiten und deren Begründung eben auf Situationswahrheiten zurück. Dies geschieht jedoch in einer Weise, die der wissenschaftlichen Methode ihrem eigenen Sinne nach dadurch nicht angemesssen ist, daß auch sie gerade diese Wahrheiten gebrauchen will und gebrauchen muß (Husserl 1976, 135). Der Situationsbegriff ist für Husserl allein aus einer Theorie der Lebenswelt heraus verständlich.

Hier gibt es Anknüpfungspunkte an Heideggers Theorie der Situationsanalyse, allerdings mit dem radikalen Unterschied, daß Husserl den Situationsbegriff vom Subjekt her denkt, Heidegger diesen jedoch aus dem Horizontbegriff, dem Seinsbegriff, vom Geschick des Seins und vom sich – Öffnen des Seins her versteht. Methodisch konsequenter erscheint hier Edmund Husserl mit seiner Analyse der Situation als Entwurf eines interpretierenden Wesens, das sich selbst in seiner Situation von dieser Situation als Handelnder her versteht. In dieses Handeln einbegriffen ist die Praxis neuzeitlicher technologisierter Wissenschaft. Situation wird damit aus einer Praxis heraus verstanden, die sich vom wissenden Gebrauch und vom Umgangswissen instrumenteller Art her begreift.

An Husserl knüpfen nun wiederum Schütz und Luckmann an. Die Situation, die in den Handlungsentwurf bzw. in den Handlungsplan eingeht, gehört zu den wesentlichsten Voraussetzungen des Handelns. Situationen entstehen durch Deutung. Dazu ist der lebensweltliche Hintergrund von Situationen zu berücksichtigen. Der lebensweltliche Wissensvorrat ist in vielfacher Weise auf die Situation des erfahrenden Subjektes bezogen. Es sind situationsgebundene Erfahrungen, die Ausgangspunkt für Handlungen werden. Dabei hängen Situationsanalyse oder instrumentelles Verstehen von der im Wissensvorrat angelegten Typik und Relevanz ab, die in den Erlebnisablauf und in die Biographie eingeht. Und schließlich wird jede Situation mit Hilfe des Wissensvorrates definiert und bewältigt. Auch hierzu sind Interpretationsvorgänge erforderlich.

Der Situationsbezogenheit des Wissensvorrats entspricht die Begrenztheit der Situation (Schütz, Luckmann 1984, 133). Situationen werden biographisch artikuliert und gehen damit in die Motivationsanalyse mit ein. Damit ist ein zweiter wesentlicher Faktor genannt, in dem die Situationsanalyse weitere Analysen der Handlung vorbereitet. In einem verwandtem Sinn ist jede Situation auch durch die Vorgegebenheit meines Körpers begrenzt (Leiblichkeit). Denn der Körper und sein gewohnheitsmäßiges Funktionieren sind in jeder Situation und jeder Erfahrung vorausgesetzt, ohne notwendig zum Erfahrungskern zu gehören (Schütz, Luckmann 1984, 135). Innerhalb dieser Begrenztheit der Situation gibt es eine grundlegende zeitliche, räumliche und soziale Gliederung. Auch diese Gliederung ist dem erlebenden Subjekt auferlegt (Schütz, Luckmann 1984, 136). Instrumentelles Verstehen, Gebrauchswissen und Rezeptwissen dient zur Bewältigung bestimmter Situationen. Die biographische Prägung des Wissensvorrates geht in die Interpretation der Situation ein. Daher ist sowohl die Interpretation der Situation aus der Teilnehmerperspektive wie aus der Beobachterperspektive mit einer Reihe von subjektiven Konnotationen versehen.

Situationen sind dadurch charakterisiert, daß sie dem Einzelnen teils auferlegt, teils durch den Einzelnen sozusagen bewirkbar sind (Schütz, Luckmann 1984, 148). Ich kann zwar die Vorgeschichte der Situation nicht mehr ändern, aber innerhalb der gegenwärtigen Situation gibt es Elemente, auf die ich einwirken kann, die ich verändern kann. Handelnd und interpretierend muß ich die Situation bestimmen. Dies tue ich, indem ich sie in den Handlungsentwurf als Ausgangspunkt der Handlungsschritte eingehen lasse. Grundsätzlich sind die offenen Elemente einer Situation beschränkt auslegbar. Jede Situation hat einen unendlichen inneren und äußeren Horizont. Sie ist nach ihren Beziehungen zu anderen Situationen, also aufgrund von Erfahrung usw., auslegbar und zwar auf ihre Vorgeschichte und ihre Zukunft hin. Praktisch jedoch ist jede Situation nur beschränkt auslegungsbedürftig, d.h. es bieten sich Elemente einer Interpretation im Hinblick auf die Situationsanalyse an, genauso wie bestimmte Begrenzungen einer Situation sich von der Situation selbst her erschließen (Schütz, Luckmann 1984, 149). Diese sind im Umgangswissen mit Situationen begründet.

Um einen Handlungsentwurf machen zu können, müssen Situationen nicht bis in jedes Detail hinein beschrieben werden. Die Interpretation kann sich auf das praktisch Notwendige, d.h. auf das zur Situationsbewältigung Relevante beschränken. Das implizite Wissen im Umgang mit Situationen läßt sich bei komplexen Situationen auch nicht explizit machen. Im Gegensatz zu einer systemtheoretischen Beschreibung, die sämtliche Faktoren einer Situation beschreiben muß, genügt hier die Beschränkung auf Schlüsselfaktoren und auf eine situationsspezifische Typik, die sich auf wiederkehrende Elemente in Situationen und Handlungsabläufen beschränkt. In problematischen Situationen, im Gegensatz zu Routinesituationen, muß ich neue Wissenselemente erwerben oder alte, für die gegenwärtige Situation nicht genügend geklärte Wissenselemente in höhere Klarheitsstufen überführen (Schütz, Luckmann 1984, 150).

Problematische, d. h. neue Situationen stellen die wichtigsten Gegenstandszonen für eine anwendungsorientierte Ethik dar. Daher bedarf die Beschreibung des neuen Elementes in einer Situation besonderer Beachtung. Genau analysiert werden muß die entsprechende Innovation. Auch bei der Beschreibung der Innovation bzw. des Neuen an einer Situation genügt es, sich auf die Schlüsselelemente und die spezifische Typik des innovativen Teils bzw. des innovativen Elements an einer Situation zu beschränken. Die für die Bewältigung einer Situation spezifischen Wissenselemente sind durch verschiedene Formen der Verengung der offenen Möglichkeiten interpretatorisch zu erreichen. Um die Elemente in der Situation weiter auslegen und interpretieren zu können, sind verschiedene Verfahren der Bestimmung von Schlüsselfaktoren heranzuziehen. In allen Fällen geht es um eine Spezifizierung und Verdeutlichung entsprechender Schlüsselfaktoren.

Zunächst ist zwischen Wissenserwerb im weitesten Sinne und im engeren Sinne zu unterscheiden. An sich ist Wissenserwerb mit der Sedimentierung aktueller Erfahrung in zusammenhängenden, nach Relevanz und Typik zusammengefügten Sinnstrukturen identisch (Schütz, Luckmann 1984 159). Ich begegne neuen Situationen, meine Erfahrungen laufen routinemäßig ab oder werden problematisch und auslegungsbedürftig. Diese Situationen haben ihre eigenen Relevanzstrukturen, manifestieren sich in einem Plan und in bestimmten Interessen. Diese sind von meinen Tagesplänen und Lebensplänen abgeleitet, die ihrerseits in Arbeitsprogramme, Freizeitprogramme usw. untergliedert sind. Die entsprechenden Relevanzstrukturen motivieren meine Arbeit, meine Freizeittätigkeiten usw..

Von Anbeginn bilden sich die subjektiven Relevanzstrukturen in Situationen aus, die intersubjektiv sind oder zumindest mittelbar in gesellschaftlich bestimmte Sinnzusammenhänge eingeflochten sind (Schütz, Luckmann 1984, 293). D.h. daß wir uns zwar vorsoziale Erfahrungen analytisch vorstellen können, daß sie aber, da notwendig an ein personales Selbst gebunden, in einem sozialen Sinnzusammenhang stehen (Schütz, Luckmann 1984 295). Diese Relevanzstrukturen sind durch Sprache gekennzeichnet. Die Sprache und die relativ natürlichen Weltanschauungen in den frühesten Umweltbeziehungen sind die Voraussetzung für die Situationsanalyse. Subjektive Relevanzstrukturen, die zur Charakterisierung von Situationen herangezogen werden, sind daher gesellschaftlich bedingt und damit schon immer intersubjektiv vermittelt. Die in der natürlichen Einstellung gegebene Typik von Relevanzstrukturen kann in wissenschaftlicher Einstellung auf der Ebene der Analyse und Simulation von Schlüsselfaktoren einer Situation herausgehoben und interpretiert werden, widersetzt sich aber einer genauen Mathematisierbarkeit.

Systemtheoretische Beschreibungen von Situationen sind gemäß dem hier vertretenen Ansatz bestenfalls eine grobe Näherung im Sinne eines unscharfen Modells. Wenn der Einzelne in eine Situation eintritt, so bringt er in sie einen biographisch geprägten zum großen Teil sozial abgeleiteten Wissensvorrat und somit ein weitgehend sozialisiertes System von Interpretations- und Motivationsrelevanzen mit. Andererseits begegnet er in der Situation aktuellen sozialen Gegebenheiten, die ihn in einem gewissen Sinne auferlegt sind. Hier sind nun zwei Momente zu unterscheiden: nämlich intersubjektive, sozusagen in der aktuellen Situation sozialisierte, thematische Relevanzen und soziale Gegebenheiten (Schütz, Luckmann 1984, 300). Das mitgebrachte subjektive System der Interpretations- und Motivationsrelevanzen bedingt, was in der aktuellen Situation als selbstverständlich, routinemäßig und was als problematisch, auslegungs- und bewältigungsbedürftig erfahren wird (Schütz, Luckmann 1984, 308). Die Einstellungen, Pläne, Typisierungen, Auslegungsmodelle usw., kurzum, das subjektive System der Interpretations- und Motivationsrelevanzen, das in der aktuellen Situation wirksam ist, hat eine Vorgeschichte. Es ist in einer Abfolge von jeweils aktuellen Situationen erworben worden.

Obwohl es zahlreiche Übergänge und Zwischenstufen gibt, lassen sich drei Hauptformen der Sozialität im Hinblick auf Interpretations- und Motivationsrelevanzen festlegen. Erstens gibt es Auslegungen und Motive, die sich zwar in sozial bedingten Situationen, aber in eigenständigen Vorgängen und ohne unmittelbaren Bezug auf Auslegungen und Motive anderer ausgebildet haben. Zweitens gibt es Auslegungen und Motive, die sich in sozialen Situationen im engeren Sinn im Nachvollzug der Auslegungen und Motivierungen anderer konstituiert haben. Drittens gibt es Auslegungen und Motive, die in der Übernahme des Sinnes der Auslegungsresultate und der Einstellungen anderer bestehen. Wir können also von eigenständigen, empatischen und sozialisierten Interpretationen und Motiven sprechen. Nur die zuletzt genannten interessieren uns hier, da die Probleme, die mit den erstgenannten zusammenhängen, teils schon in der formalen Analyse der Relevanzstrukturen, teils in der Analyse der unmittelbaren Erfahrung des anderen näher untersucht wurden (Schütz, Luckmann 1984, 310).

Es handelt sich also um Einstellungen, Handlungmuster, Typisierungen und Auslegungen usw., die ursprünglich in den subjektiven Erfahrungen anderer konstituiert wurden. Während sie grundsätzlich auf eine subjektive Konstitution zurückverweisen, ist ihr Sinn objektiv festgelegt: in der Sprache – vor allem in der semantischen Gliederung der Sprache – und in Handlungsmustern bzw. in den institutionalisierten Erklärungen und Legitimierungen der Handlungsmuster (Schütz, Luckmann 1984, 310).

Hinsichtlich der *Motivationsanalyse* sind Weil-Motivationen von Um-zu-Motivationen zu unterscheiden. Zu den Weil-Motivationen gehören insbesondere Bedürfnisse und Interessen. Bedürfnis bezeichnet in einem subjektiven Sinn das Gefühl eines Mangels verbunden mit dem Streben, ihn zu beseitigen. In einem objektiven Sinne bezeichnet Bedürfnis das Mittel zur Beseitigung des empfundenen Mangels. Der Bedürfnisbegriff hat zur Ökonomie und zur Anthropologie und Psychologie besondere Verbindungen im Laufe seiner Geschichte gehabt. Ausgangspunkt ist der Gedanke der Relativität der Bedürfnisse, die abhängig sind vom situativen Umfeld bzw. vom gesellschaftlichen Umfeld.

Insofern dem Bedürfnis eine Antriebsfunktion für Handlungen zugeschrieben wird, tritt der Begriff in enge Nachbarschaft zu den Begriffen Motiv und Trieb. Dann wird der Zustand des Bedürfens als Spannungszustand verstanden, sind Trieb und Bedürfnisse als Synonyma aufzufassen (Schönpflug 1971, 767). Der Ausdruck Bedürfnis findet sich in Erörterungen der Motivation menschlichen Handelns bereits im 18. Jahrhundert. Gebräuchlicher wird seine Verwendung erst im 19. Jahrhundert, vorwiegend in werttheoretischen und wirtschaftsphilosophischen Abhandlungen. Im Zusammenhang mit dem

Triebbegriff besteht häufig die Gefahr eines biologischen bzw. physiologischen Reduktionismus. Bedürfnis wird als psychisches Antriebsgeschehen interpretiert. Allerdings fehlt dem Begriff des Bedürfnis häufig das Merkmal der Zukunftsbezogenheit. Ein Bedürfnis kann ohne klare Zielvorstellung bleiben, bis es auf den Gegenstand oder auf das Ereignis trifft, welches zu seiner Aufhebung beiträgt (Schönpflug 1971, 770).

In vielfacher Form wird versucht, einen bestimmten Katalog von Grundbedürfnissen aufzustellen. So lassen sich in einer Systematisierung der Bedürfnisse drei Kategorien unterscheiden: (1) primäre Bedürfnisse, d.h. alle Bedürfnisse, die der Mensch mit dem Anthropoiden gemeinsam hat, wie zum Beispiel Hunger, Durst, Vermeidungsstrategien von Schmerz, (2) sekundäre Bedürfnisse, die soziale Beziehungen zum Inhalt haben wie zum Beispiel nach Anschluß, Abhängigkeit, nach Hierarchie und anderem und (3) tertiäre Bedürfnisse, d.h. alle Bedürfnisse, die gelernte kulturell bedingte Inhalte haben, z.B. das Bedürfnis nach Erfolg, Reichtum und Bildung (Schönpflug 1971, 771). Allerdings gibt es eine Reihe von Autoren, die sich gegen die Aufstellung eines Kataloges von Grundbedürfnissen wenden. Ihnen erscheint es aufgrund der Individualität der verschiedenen menschlichen Persönlichkeiten unangemessen, ihr Handeln auf wenige Grundbedürfnisse zurückzuführen.

Insgesamt erscheint der Bedürfnisbegriff in seiner unspezifischen Abgrenzung zu Trieb und Motiv als wenig geeignet, Handlungen direkt zu erklären. Ein wichtiges Element, das zum Bedürfnisbegriff hinzu kommen muß, ist das des rationalen Entwurfes, d.h. eines Handlungsplanes, wie einem bestimmten Mangel, der ein Bedürfnis auslöst, abgeholfen werden kann. Bedürfnis, verstanden als reine anthropologisch-psychologische d.h. triebhafte Komponente, ist nicht ausreichend, um im Rahmen einer Handlungstheorie das Feld der Motivationsanalyse abdecken zu können.

Die zweite Weil-Komponente der Handlungsmotivation ist das Interesse. Ausgangspunkt für den bedeutungsgeschichtlichen Entwicklungsprozeß des Interessebegriffes ist das römische Recht, in dem der Interessebegriff zur Regelung des Schadensersatzes herangezogen wurde. Im frühen Mittelalter wurde der Begriff bereits auf alle Arten von Ansprüchen angewendet. Im 15. bis 17. Jahrhundert entwickelt sich der Begriff durch Abstraktion der bisher existierenden Wortinhalte und verbindet Interesse mit Schaden, Entschädigung, Zinsen. In der Renaissancephilosophie wird die Bedeutung Nutzen, Vorteil in den Vordergrund gestellt. Insgesamt überwiegt auch zu dieser Zeit die

Bedeutungskomponente der Eigennützigkeit und zwar mit einer Ausrichtung auf den kommerziell ökonomischen Nutzen. Interesse meint hier Eigennützigkeit, Selbstsucht und Egoismus.

Die Bedeutungsverschiebung wird deutlich, wenn Michel de Montaigne insbesondere in seinem späten Denken immer mehr die Erkenntnis propagiert, daß die Idee reiner Tugend nicht zu verwirklichen ist und die moralische Wertung einer Handlung weniger von ihrer Motivation als von ihrem sozialen Effekt auszugehen hat. Die erst um 1500 neu hinzugetretene Wortinhaltskomponente „psychische Anteilnahme" bzw. Interessiertheit an etwas setzt sich durch. Interesse meint jetzt überwiegend zwischenmenschliche Anteilnahme, uneigennütziges Wohlwollen im Sinne von Mitleid und Sympathie, bisweilen sogar der Liebe.

Die Um-zu-Motivation gehört zur Kernzone einer hermeneutischen Ethik. Hier stellt sich die Frage nach der Realisierung sittlicher Verpflichtungen zwischen kognitiver Realisierung und tatkräftiger Umsetzung des kognitiv Realisierten sowie nach dem Übergang vom sittlichen Verstehen als Umgangswissen mit sittlichen Verpflichtungen hin zum reflektierten ethischen Urteil als Grundlage verantwortbaren Handelns. Diese Zusammenhänge sind in den nächsten drei Kapiteln dieses Abschnitts zu explizieren. Oft läßt sich im Alltags-Handeln zwischen Um-zu-Motivationen und Weil-Motivationen, z.B. zwischen Verpflichtung und Neigung nicht klar trennen. Dann tritt das Problem der Relevanz auf.

Das Problem der Relevanz umschreibt die Analyse der Wahl zwischen verschiedenen Entwürfen des Handelns und des verwickelten Zusammenhangs zwischen den Um-zu- und Weil-Motiven. Entscheidend ist hier die neue, die unerwartete Situation. Die problematische Situation ist gekennzeichnet durch den Zusammenbruch der Erwartungen eines Handelnden durch einen unerwarteten Wechsel seines thematischen Feldes. Verlangt wird von der Situation selbst eine Neuinterpretation, die mit dem Vertrauten bricht, die über das Vertraute hinaus geht. Sie muß zudem überlegt sein und gerechtfertigt werden können. Also muß nach rechtfertigenden Gründen bzw. den entsprechenden Interpretationen für die neu aufzubauende Situationsanalyse gesucht werden.

Auch unsere Wahrnehmungen und Deutungen in neuen Situationen sind durch Interessen geprägt. Das aktuelle Interesse, das ich an einer Erkenntnis bzw. in einer Handlung habe, ist darum selbst eine Form der Relevanz. Solche Relevanzstrukturen erschließen mir die Bedeutung bestimmter Situationen oder auch Verpflichtungen, d.h.

sie implizieren ganz bestimmte Handlungsentwürfe. Wenn diese Behauptung zutrifft, dann kann es nicht als Einwand gelten, wenn jemand mit seiner Handlung bestimmte Interessen vertritt. Denn es ist unmöglich, mit einer Handlung überhaupt keine Interessen zu vertreten. Allein aus dem Faktum, daß eine Handlung auf Interessen beruht, kann nicht geschlossen werden, daß sie sittlich nicht erlaubt sei. Es kommt auf eine Prüfung der Interessen selbst und der ihnen zugrunde liegenden Relevanzstrukturen an, ob eine Handlung möglicherweise Gefahr läuft, ethisch fragwürdig zu sein. Falsch ist es anzunehmen, daß einer der Beteiligten bloß aufgrund seiner Bedürfnis- und Interessensstruktur annehmen darf, den richtigen Interpretationsstandpunkt zu vertreten.

Von großer Bedeutung ist die sogenannte Auslegungsrelevanz (Schütz 1982, 67). Es handelt sich um die Relevanz, die eine bestimmte Interpretation einer Situation nahelegt. Subjektives im Sinne der Vorbildung der eigenen Interessen und Vorurteile treffen zusammen mit Vorausbestimmtheiten, die durch die oder in der Situation selbst angelegt sind. Subjektives wie Objektives mischt sich in den entsprechenden Relevanzstrukturen, die zur Interpretation von Situationen sowie von Handlungsentwürfen führen.

Die Auslegungsentscheidung ist insofern wichtig, weil die Entscheidung, wie zu handeln ist, auf die Auslegungsentscheidung gegründet wird (Schütz 1982, 79). Die Wichtigkeit der Auslegungsentscheidung für die Planung des zukünftigen Verhaltens ist ein entscheidendes Argument für die Heraushebung der Motivationsrelevanz. Die Kategorie der Relevanz, der thematischen Relevanz, der Auslegungsrelevanz und der Motivationsrelevanz ist jeweils bloß eine Korrelation zwischen zwei Gegebenheiten, die wechselseitige Bedeutung für einander besitzen (Schütz 1982, 81). Im Hinblick auf das menschliche Handeln kann jede kausale Relevanz leicht in eine Motivationsrelevanz und in die zugehörigen Systeme der Auslegungsrelevanz überführt werden (Schütz 1982, 83). Motivationsrelevanzen sind Sedimentierungen früherer Erfahrungen (Schütz 1982, 90), aber auch die Realisierung sittlicher Verpflichtungen. Wenn Vertrautheit durchbrochen wird, ändern sich die Relevanzstrukturen unseres Wissens (Schütz 1982, 93). Das System der Motivationsrelevanzen bewegt mich dazu, einen gewissen Aspekt des fraglichen Gegenstandes zum Untersuchungsthema zu machen und mich mit ihm zu beschäftigen.

Zum Bereich *Handlungsentwurf* liegen meines Wissens ausgearbeitete Untersuchungen aus hermeneutischer Perspektive nicht vor.

Die Literatur erstreckt sich insbesondere auf formale Theorien des strategischen Handelns. Strategisches Handeln ist im wesentlichen ein Handeln, das allein den Mitteleinsatz untersucht. Besonderes Interesse für ein problemorientiertes Handeln weckt allerdings nicht das strategische, sondern das innovative Handeln. Um dieses innovative Handeln besser vom strategischen Handeln abheben zu können, werde ich zunächst kurz die Struktur des strategischen Handelns im Hinblick auf den Handlungsentwurf analysieren.

Eine formale Lehre des strategischen Handelns versteht sich als Sozialtechnologie und intendiert damit etwas, was eine phänomenologisch orientierte Handlungstheorie gerade überwinden möchte. Aber auch in einer formalen Theorie strategischen Handelns kann eine vollkommene objektive Richtigkeit von Entscheidungen nicht gefordert werden. Die Logik des rechten Handelns ist wie häufig bei der Handlungsbeschreibung an der formalen Logik orientiert. Die Struktur des rechten Handelns wird an der Struktur des praktischen Schlußfolgerns gemessen. Ebenso werden Folgen im Sinne von Konsequenzen nach dem Modell der logischen Schlußfolgerung angesehen. Die Logik des rechten Handelns bemüht sich um eine metaethische Anleitung, wie man zu Beurteilungsmaßstäben gelangt. Die Logik des Handelns, die man auch eine Technologie des Handelns nennen kann, formalisiert die Handlung mit Hilfe von bestimmten Variablen, die insbesondere die Umwelt und Instrumente des Handelns auflistet und analysiert. Ein wichtiges Element im Handlungsentwurf ist Ungewißheit.

Die entsprechenden Parameter im entscheidungstheoretischen Modell sind Aktionsparameter, Zielvariable, Umweltvariable. Diese werden in einer Ergebnismatrix abgebildet, die schließlich erlaubt, die Prinzipien für eine Entscheidungsregel aufzustellen, welche die Auswahlmaxime vollständig fixiert. D.h. im Modell strategischen Handelns wird subjektive Rationalität im Sinne einer Entscheidungsregel vollständig ausgeklammert. Die Interdependenz von Aktionsparametern, Zielvariablen, Umweltvariablen werden im Sinne eines spieltheoretischen oder entscheidungstheoretischen Modelles durchgerechnet. Dabei entstehen spezifische Probleme, die sequentiell beschrieben werden können. Die bedingten Pläne, in unserer Sprache Handlungsentwürfe, werden Strategien genannt, die bei sequentiellen Handlungsproblemen und bei Ungewißheit spieltheoretisch rekonstruiert werden können. Handlungen werden dabei aufgefaßt als Reaktionen auf die Handlungen von anderen. Spezifische Probleme, die sich aus einer solchen Auffassung von Handlungsentwürfen oder

Handlungsplänen ergeben, werden in spieltheoretischen Modellen wie dem sogenannten Gefangenendilemma durchgespielt und im Kapitel 3.3 näher ausgeführt.

Präferenzordnungen lassen sich abbilden durch einen Bewertungsindex, in dem man den Ergebnissen je nach Erstellung in der Präferenzordnung eine reelle Zahl auf einer Zahlgeraden zuordnet. Ein solcher Bewertungsindex wird Nutzenindex genannt. Die so entstehende Logik der Bewertungsvorgänge ist ursprünglich innerhalb der ökonomischen Theorie entwickelt worden, sie ist jedoch von ökonomischen Gehalten unabhängig und sollte daher als formale Wertlehre aufgefaßt werden, welche einen Teil der Logik des rationalen Handelns bildet, ebenso wie die Logik schlechthin die formalen Eigenschaften des rationalen Denkens behandelt.

Eine hermeneutische Ethik orientiert sich allerdings weniger an formalen Modellen als an Fragen einer Logik des Mißlingens. Ihre Wurzeln liegen in einem falschen Umgang des Akteurs mit Komplexität. Gewöhnlich ist das Realitätsmodell des Akteurs unvollständig und falsch (Dörner 1989, 65). Im Umgang mit Unsicherheit, Falschheit und unvollständigen Informationen müsse man sich zunächst einmal Klarheit über das angestrebte Ziel als Richtlinie für das eigene Urteilen und Handeln verschaffen. Bei komplexen Zielen müssen diese konsistent sein, wobei Ziele, die etwas vermeiden wollen, oft sehr global definiert und Komparativ-Ziele problematisch sind (Dörner 1989, 75f). Dann sollte die Modellbildung und Informationssammlung beginnen (Dörner 1989, 68).

Bei der Modellbildung hinsichtlich des Handlungsplanes sind gefährliche reduktive Hypothesen, die zu wenige Parameter beachten, und ein Weltbild scheinbar aus einem Guß vermitteln, zu vermeiden (Dörner 1989, 134). Kontextuelle Abhängigkeiten von Maßnahmen sind eher die Regel als die Ausnahme, Regeln für die Bewältigung einer solchen Situation gibt es nicht (Dörner 1989, 139-144). Eine entscheidende Fehlerquelle ist die Fehleinschätzung exponentieller Wachstumsprozesse (Dörner 1989, 179). An die Stelle einer Strukturextrapolation sollte eine Analyse der Bedingungen und Anforderungen einer bestimmten Situation treten (Dörner 1989, 193). Daher wird die richtige Planung zu einem entscheidenden Faktor. Dabei bietet die Betrachtung der Folgen von Maßnahmen hervorragende Möglichkeiten zur Korrektur eigener falscher Verhaltenstendenzen und zur Korrektur falscher Annahmen über die Realität (Dörner 1989, 266).

Wir scheitern an den vielen kleinen Fehlern, die sich addieren (Dörner 1989, 279). Die zentrale Fehlerquelle aber ist der Kompetenzschutz des Aktors, der zu Reduktionismen, blinden Flecken, irrationalen Entscheidungen führt. Die Ausbildung der Kompetenz der Entscheider ist daher die zentrale Forderung zur Vorbeugung hinsichtlich der Logik des Mißlingens, die durch operative Intelligenz und Planungshilfen von Expertensystemen unterstützt, aber nicht ersetzt werden kann (Dörner 1989, 298).

Die *Analyse der Mittel* ist der vierte Teil einer Phänomenologie der Handlung. Mittel sind ganz allgemein alle Hilfen, mit denen ein Handlungsziel erreicht werden kann, seien es Menschen, Artefakte, Naturgesetze oder Verfahren. Traditionell denkt man bei Mitteln an technische Artefakte. Technik ist nicht mehr Mittel im Sinne des traditionell verstandenen Werkzeuges, dessen sich jemand bedient. Technik bezeichnet jetzt Handlungsentwürfe im Sinne von spezifischen Verwendungsweisen von technischen Mitteln im Rahmen von sozialen Projekten. Die Perspektivenverschiebung auf Verwendungszusammenhänge macht deutlich, daß es nicht mehr auf eine Analyse des technischen Hilfsmittels ankommt, da auch nicht der Zweck die Mittel heiligen kann, sondern daß es nur Sinn macht, von Werkzeugen oder technischen Verwendungsweisen im Rahmen von Handlungsentwürfen zu sprechen. Dazu sind die spezifischen Schritte des Handlungsentwurfes herauszuarbeiten. Es geht nicht mehr um die Isolierung von technischen Mitteln, um die isolierte Betrachtung von Artefakten, sondern um soziale Verwendungsweisen von Technik im Sinne von Handlungsentwürfen, wobei technische Hilfsmittel und deren Verwendung spezifische Schritte im Rahmen eines solchen Handlungsentwurfes ausmachen können.

Die Handlungsanalyse ergibt damit, daß es notwendig ist, einen anderen Begriff des technischen Mittels einzusetzen. Das Mittel ist die Handlung selbst, ein bestimmtes soziales Projekt in dessen Rahmen möglicherweise auch Verwendung von Technik im Sinne von technischen Artefakten aber auch im Sinne von technischen Verfahrensweisen und Methodologien eine Rolle spielt. Dieses neue Verständnis von technischen Mitteln sollte man auch für eine anwendungsorientierte Ethik zugrunde legen. Dies bedeutet eine Verlagerung der Bewertung einzelner technischer Mittel auf die Frage nach Handlungsentwürfen und deren Alternativen. Dabei sind die Erkenntnisse bezüglich des instrumentellen Verstehens und dessen Verwissenschaftlichung heranzuziehen.

Handlungsfolgen lassen sich definieren im Hinblick auf eine Situation, z.B. beim Handeln unter Risiko. Sie lassen sich auch konzipieren im Hinblick auf einen bestimmten Handlungsentwurf. Aus dem potentiellen Feld von Handlungsfolgen, die sich aus Interaktion mit anderem Handeln, aber auch mit Naturereignissen geben können, wird ein bestimmtes Potential von Handlungsfolgen dem Handelnden als relevant zugerechnet. D.h. der Folgenbegriff stellt im Sinne einer handlungstheoretischen Interpretation keine echte kausale Rekonstruktion dar, in der der Handelnde im Sinne einer Ursache auftritt, wie dies für traditionelle Handlungsdeutungen der Fall ist. Handlungsfolgen sind vielmehr Zuschreibungen von Zuständen, die eintreten durch die Handlung, genauer gesagt durch einen spezifischen Handlungsentwurf, vorgestellt in einer spezifischen Situation.

Häufig wird eingewandt, daß es sich gar nicht um die realen Folgen in der realen Umwelt handelt. Andererseits ist es aus erkenntnistheoretischen Gründen unmöglich, reale Folgen zu prognostizieren. Es handelt sich immer um bestimmte Entwürfe und Modelle von Handlungsfolgen, möglicherweise um differierende, d. h. an anderen Kriterien orientierte Konsequenzen. Es ist daher entscheidend, unter welchen Gesichtspunkten eine solche Folgenabschätzung vorgenommen wird. Für eine hermeneutische Position ist es jeweils wichtig, von welchen Voraussetzungen inhaltlicher wie methodischer Art eine solche Folgenprognose abhängig ist. Von daher empfiehlt es sich, die Folgenprognose gerade bei Fällen von Unsicherheit in einem interdisziplinären Diskurs einer gegenseitigen bzw. wechselseitigen Kritik zu unterwerfen.

Der traditionelle Begriff der Folge orientiert sich am Kausalmodell. Folge ist das, was logisch notwendig aus etwas anderem als dessen Grund hervorgeht. Allerdings ist die Folgenabschätzung selbst nicht Teil der Ethik, sondern als empirische Forschung und als Simulation bzw. Prognostik als ein auf Zukunftsszenarien gerichtetes technologisches, weil computergestützes, Handeln Voraussetzung des ethischen Diskurses. Davon zu unterscheiden ist die ethische Bewertung der Folgenabschätzung technologisierter Forschung, die einer Steuerung (im Sinne der Selbst- und Fremdsteuerung) oder Technologiegestaltung zugrundeliegt. Ist aber die computergestützte Folgensimulation vom Benutzer – hier dem Ethiker – nicht kontrollierbar oder durchschaubar, dann wird auch die Folgenbewertung fragwürdig. Unsicheres Wissen, unsichere Maßeinheiten und subjektive Präferenzen sollen in einem Modell zur Folgenbewertung und Entscheidungsfindung zusammengebracht werden. Wenn allerdings Expertensysteme nicht so aufgebaut werden, daß das Wissen in allen seinen Schritten vom Entscheidungsträger kontrolliert werden kann, wird den Benutzern eine entfremdete Rationalität aufgenötigt, die zu technokratischem Handeln führt (Irrgang 1992c).

Das zweite schwerwiegende Problem für eine Ethik der Folgenbewertung liegt in den Grenzen der Folgenabschätzung, die im menschlichen Unvermögen, in der gesellschaftlichen Unerwünschtheit, aber auch im Grundsätzlichen liegen können. Ein Handeln bei vollständigem Wissen stellt eher die Ausnahme dar, so daß Nichtwissen allein Handlungsverbote nicht legitimieren kann. Oder wir müssen Technologiefolgen- und Forschungsfolgenabschätzung als Verantwortungsethik unter dem Nicht-Wissens-Aspekt neu konzipieren, nämlich als Kombination aus dem, was wir in der Zukunft wollen, mit dem, was wir gegenwärtig über sie wissen (und das ist sehr wenig) sowie mit dem, von dem wir wissen, daß wir darüber relativ wenig oder fast gar nichts wissen (und das ist sehr viel). Dieses negative Wissen sei bislang zu wenig reflektiert worden (Zimmerli 1990c). Dabei sind vier Arten des Nichtwissens zu unterscheiden, nämlich (1) daß es Sachverhalte gibt, die wir nicht wissen können, und auch z.B. niemals wissen, was wir in Zukunft wissen können (Unmöglichkeit eines erststufigen Wissens, was zu akzeptieren wäre); (2) daß es zweistufiges negatives Wissen gibt, d.h. daß wir bestimmte Folgen noch nicht kennen oder über sie nur Vermutungen haben, woraus die Verpflichtung zur Generierung dieses Wissens erwächst, (3) daß es ein Wissen gibt, das zwar bereits am falschen Ort vorhanden ist, aber noch nicht angewendet wird. Hier ist nach Folgenwissen über die eigene Disziplin hinaus zu forschen. (4) Ein Nicht-Wissen aufgrund von Faulheit, wogegen das Dummstellverbot gilt (Zimmerli 1990c u. Zimmerli 1991a, 83).

Die Schwierigkeiten in der Prognose-Modellierung oder -Simulation sind enorm. Wir verfügen nicht über eine ausgebaute, temporal unterschiedene Logik, die es uns gestattet, futurische Sätze aus präsentischen Sätzen oder aus der Vergangenheit abzuleiten (Zimmerli 1990a, 174). Genausowenig haben wir eine Gesamt-Supertheorie, die es uns erlauben würde, Prognosen über den gesamten Bereich von natur-, technik-, geistes- und sozialwissenschaftlich erfaßten Zusammenhängen unter Einschluß ihrer Wechselwirkungen zu deduzieren (Zimmerli 1990a, 175). Auch die Evolutionstheorie, Ökologie oder Evolutionäre Erkenntnistheorie können diesen Status nicht einnehmen. Daher empfiehlt sich die Szenario-Pfad-Methode. Sie skizziert einige Elemente von wünschenswerten Zukunftsmöglichkeiten, betrachtet diese als Äste eines Verzweigungsbaumes und fragt nach dem Weg dorthin (Zimmerli 1990a, 180).

Erwartbare, antizipierbare Folgen können daher allein Gründe für Verantwortungszuschreibungen darstellen. Antizipierbar allerdings wären auch eine Reihe faktisch nicht vorhergesehener Folgen, so daß letztlich nur Nicht-Wissens-Typ I (grundsätzliche Nichtwißbarkeit) einen hinreichenden Grund für Verantwortungsausschluß darstellen könnte. Handeln unter dem Leitbild des Nicht-Wissens schließt Verantwortung nicht aus, differenziert diese aber und weitet sie auch aus. Daher hat eine anwendungsorientierte Ethik angesichts von Handlungsfolgen Handlungsspielräume aufzuzeigen, nicht nur ein bestimmtes Zukunftsmodell, weil diese zumindest langfristig sowieso nicht gewußt werden kann.

Das traditionelle Handlungsmodell, orientiert am Ursachenkonzept des linear-kausalen mechanischen Naturdenkens, kann nicht ohne erhebliche Änderungen für eine moderne praktische Ethik herangezogen werden. Das alte Modell umfaßte fünf Komponenten: (1) ein vorgestelltes Handlungsziel, (2) die für die Erreichung des Handlungszieles verfügbaren Handlungsmittel, (3) die Fähigkeit zur Ausführung der Mittelhandlungen, (4) die Fähigkeit zur Kontrolle der Zieladäquatheit und (5) die Fähigkeit zur Ausführung der Kontrollhandlungen (Zimmerli 1991b, N37). Auch in der Diskussion der analytischen Handlungstheorie ist die Frage nach den Handlungsursachen ein zentraler Gesichtspunkt. Verursachung durch einen Handelnden ist Ereignisverursachung (Chisholm 1979, 406), auch wenn der Mensch direkt nur innere Veränderungen seines Gehirns bewirkt, von denen er nichts weiß (Chisholm 1979, 413).

Die Frage nach der Ursache des Handelns ist daher anders anzusetzen. Formulieren wir die Frage nach den Ursachen so um, daß nach dem Warum gefragt wird (Wright 1979, 417), so läßt sich konstatieren: Die meisten unserer Handlungen fließen nicht aus inneren Quellen, sondern aus Verpflichtungen (Wright 1979, 421). Anders als häufig unterstellt, sind die Determinanten unserer Handlungen weder kausaler noch logisch-deduktiver Art (Wright 1979, 425). Sie stellen vielmehr praktische Syllogismen dar. Nach Determinationen für Handlungen zu suchen heißt, die Rationalität menschlicher Handlungen zu überschätzen. Andererseits sind Gründe Voraussetzungen für Verantwortungszuschreibungen. Sie dürfen allerdings nicht als kausal determinierend verstanden werden (Wright 1979, 429).

Es gibt dabei offenbar nicht nur einen Grund, der zur Erklärung einer Handlung dienen kann. Eine Regelmäßigkeit, die Grund und Handlung miteinander verbindet, kennen wir nicht. Wenn es sie gibt, dann ist diese komplizierter als das Aufweisen eines Grundes für eine Handlung (Follesdal 1979, 439). Dabei hat die Handlungsdeutung die Lücke zu schließen zwischen praktischer Begründung und teleologischer Erklärung (Schwemmer 1979, 536). Schwemmer bestimmt Handeln als aufforderungs- und argumentationszugängliches Verhalten (Schwemmer 1979, 541). Dies begründe einen Primat der Argumentation vor der Deduktion, ergänzt durch eine rationale Rekonstruktion von Handlungen, die zugleich deren Erklärung liefert (Schwemmer 1979, 548). Deutungstermini für Handlungen sind: (subjektiver und objektiver) Zweck, Maxime und Maximenstruktur, die Fragen der Zweckrationalität und Sinnrationalität implizieren (Schwemmer 1979, 555f).

Für die rationale Rekonstruktion der Handlung ist die Forderung nach Rechtfertigung der Handlung entscheidend. Sie erst eröffnet die Möglichkeit eines Kommunikationsvollzuges und macht den Sinn des praktischen Syllogismus aus. Rechtfertigen ist Verweisen auf Gründe. Gründe sind Argumente im Diskurs (Kohler 1988, 11f). Rechtfertigen ist von Erklären abzugrenzen (Kohler 1988, 13). Sich rechtfertigen heiße, das zu rechtfertigen, was man von sich aus und durch sich selber ist, denn das Handeln ist eine Weise der Selbstbestimmung (Kohler 1988, 16). Der Prozeß praktischen Rechtfertigens tastet sich Schritt für Schritt vorwärts, bis er auf Unbestreitbares trifft (Kohler 1988, 61). Jeder praktische Rechtfertigungsprozeß ist in die Dialektik von Dezision und Diskurs verwickelt (Kohler 1988, 64), denn ob ein Satz als basale Verifikationsinstanz gelten kann oder nicht, hat stets etwas Zufälliges an sich.

Viele Paradoxien der analytischen Handlungstheorie lassen sich vermeiden, wenn man Handlungen als Interpretationskonstrukte versteht (Lenk 1978a, 289). Ist Intentionalität ein sicheres Kriterium für Handeln, welches dieses klar von bloßem Verhalten unterscheidet (Lenk 1978a, 281)? Die Intention einer Handlung kann verschieden gedeutet werden, Handeln ist ohne deutende Beschreibung nicht denkbar (Lenk 1978a, 295). Dabei hat der Handelnde zu seiner eigenen Handlung insofern keinen privilegierten Zugang, weil auch er seine eigene Handlung deuten muß und sich dabei täuschen kann (Lenk 1978a, 296f). Wie man eine Handlung versteht, hängt von der Deutung der Situation ab. Oft kommt es hierbei zu nachträglichen Rationalisierungen. Kurzum, man deutet sich in seinem Handeln selbst (Lenk 1978a, 298). Also ist der Handlungsbegriff ein theoretisches Interpretationskonstrukt (Lenk 1978a, 323). Auch soziale Handlungssysteme sind analytische Konstrukte (Lenk 1978a, 336). Zu ihrer Beschreibung in Zurechnungsabsicht dienen Regeln, von denen man auch abweichen kann, also Normen (Lenk 1978a, 337). Handlungen lassen sich so nur mittels Normzuschreibungen erfassen (Lenk 1978a, 341).

Lenks Ansatz korrespondiert einer Konzeption dialogischer Rationalität, wie sie Rüdiger Bubner vorgelegt hat. Denn hier rückt der Dialog selbst zum Garanten richtiger Praxis auf, er ist zugleich Ort und Maßstab praktischer Vernunft (Bubner 1982, 227). Der dialogische Filter soll die dem Handeln eigene Rationalität befördern und die vertrackten Täuschungsmöglichkeiten über fremde und eigene Handlungen aufdecken helfen (Bubner 1982, 229). Die idealen Bedingungen machen den Dialog zur praktischen Aufklärung untauglich (Bubner 1982, 233). Erst die methodische Rekonstruktion ermöglicht das Verfahren argumentativer Begründung (Bubner 1982, 234). Diese bediene sich des praktischen Syllogismus, dessen Konklusion kein Satz, sondern ein Tun sei (Bubner 1982, 241). Dabei formalisiert der praktische Syllogismus die Leistung der Vermittlung zwischen Allgemeinem und Besonderem, die die Rationalität im Handeln erbringt (Bubner 1982, 271).

Die Methode der rationalen Rekonstruktion bleibt ebenso fragmentarisch wie die philosophisch-praktische Bemühung um das menschliche Handeln (Schwemmer 1986, 30f). Moralisches Argumentieren und Pluralität der Wert- und Normvorstellungen hängen unmittelbar zusammen. Ethische Argumentation muß sich in einsichtiger Weise darum bemühen, die Unverträglichkeiten des Wollens und die Inkonsistenzen des Handelns zu überwinden. Moralische Argumentation impliziert, von jemandem nur das zu fordern, was er einsehen kann. Dies setzt die Anerkennung der Vernunftfähigkeit des anderen voraus (Schwemmer 1986, 46). Sie macht aber auch deutlich, daß wir in der Ethik auf die praktische Erfahrung und die Anerkennung fremder Subjektivität verwiesen sind (Schwemmer 1986, 68-73). Daraus ergibt sich die Einsicht in die Pluralität von praktischen Einsichten. Die Begründung praktischer Einsichten gelingt dabei nicht ohne lebensweltliche Erfahrungen (Schwemmer 1986, 83).

Eine Erklärung des Handelns zumindest interpretatorischer Art ist Voraussetzung für die Bewertung von Handlungen als ereignishervorrufend. Diese greift zurück auf Ziele als Handlungsgründe sowie auf objektive Eigenschaften der Handlungssituation. Die Beurteilung der Handlungssituation wiederum hat die Problemlage des handelnden Individuums wie die faktischen Handlungsmöglichkeiten zu berücksichtigen, soweit diese erfaßbar sind. Eine Hilfestellung für die Beurteilung dieser Faktoren der Handlung können Regeln sein, die es erlauben, Bestimmungsgründe oder Maximen des Wollens für vergleichbare Situationen anzugeben oder auch für regelmäßig wiederkehrende Situationsarten (Standard- oder Routinesituationen). Ein besonderes Problem sind hier neue Situationen und ihre Regelung bzw. ihre ethische Relevanz.

2.3 Deuten und Werten – drei metaethische Regeln zur Begründung ethischer Urteile

Um sittliche Verpflichtungen realisieren zu können, muß ich zunächst wissen, worin sich eine sittliche Verpflichtung von einer nicht-sittlichen Verpflichtung unterscheidet und worin sie besteht. Traditionell wurde diese Frage mit der Begründbarkeit sittlicher Verpflichtungen verknüpft. Ich möchte ebenfalls an die Begründbarkeit sittlicher Verpflichtungen anknüpfen, diese Frage jedoch durch eine neue Ausrichtung verschärfen, indem ich zunächst von der Frage ausgehe: Warum soll ich überhaupt sittlich handeln? Ein solcher Ansatz verbindet Geltungsprobleme mit Fragen der Realisierbarkeit.

Die Regeln moralischen Begründens sind an Sprache rückgebunden (Hare 1992, 60), wobei gewisse Begründungsregeln von einer durch und durch formalen Art durch Rekurs auf unsere sprachliche Intuition zu ermitteln sind (Hare 1992, 57). Dabei ist unsere Sprache ungenau. Die Präskriptivität und Universalisierbarkeit des Ausdrucks „muß" ist viel leichter zu erkennen als der von „sollte" (Hare 1992, 65). Richard Hare unterscheidet die intuitive, kritische und metaethische Ebene des moralischen Denkens: der Begriff „sollte" kann in mehrfacher Hinsicht ausgesagt werden, er muß nicht nur moralisch gemeint sein. Daher ist es erforderlich, die sittlich-präskriptive Bedeutung der Verpflichtung von der Deskription zu unterscheiden.

Vorschreibende Sprache läßt sich unterscheiden in Imperative und Werturteile, wobei Imperative wiederum in singuläre und universelle eingeteilt werden können. Werturteile können hingegen in nichtmoralische und moralische unterschieden werden. Die Analyse der Logik der Moralsprache ergibt, daß die Äußerung „Schließe die Tür" und eine an dieselbe Person gerichtet Äußerung „Schließe die Türe nicht" einander nicht widersprechen (Hare 1972, 24). Alle Versuche, Imperative auf Indikative zu reduzieren, werden von der Logik der Moralsprache nicht mitgetragen. Imperative sind auch nicht durch Wünsche oder Gefühle zu erklären, sondern letztlich durch Werturteile (Hare 1972, 31). Eine Reihe von Ähnlichkeiten zwischen Befehlen und moralischen Urteilen lassen sich konstatieren (Hare 1972, 33). Überredung ist keine Antwort, sondern ein Versuch, einen anderen Menschen zu einer bestimmten Antwort zu bringen (Hare 1972,

35). Die aufrichtige Zustimmung zu Aussagen äußert sich in einem Glauben, die aufrichtige Zustimmung zu Befehlen in Gehorsam. Grundlegendes Ergebnis der Logik der Moralsprache ist, daß wir durch keine Form des Schließens, wie unbestimmt auch immer, aus einer Menge von Prämissen, die nicht einmal implizit einen Imperativ enthalten, eine Antwort auf die Frage „Was soll ich tun" erhalten können (Hare 1972, 69).

Moralische Intuitionen beschränken sich auf Standardsituationen. Sie haben nur einen scheinbaren Intuitionscharakter. Derartige Intuitionen sind festeingeprägte und lange eingeübte Regeln. Ein moralisches Experiment besteht darin, nach neuen Prinzipien aufrichtig zu leben, sie nicht nur zu lehren. Eine Moral hat dann Stärke, wenn die Leute sich entschieden haben, nach welchen Prinzipien sie leben wollen und welche Prinzipien sie ihren Kindern lehren sollten (Hare 1972, 101). Das Lehren geschieht durch Beispiele und Richtlinien, die Prinzipien erläutern. Eine frühe starke Moralerziehung erzeugt unflexible Intuitionisten (Hare 1972, 103).

Wenn praktische Prinzipien lange genug unbefragt in Geltung sind, ähneln sie Intuitionen, und wir behandeln sie wie Tatsachenangelegenheiten. So kommt es auch zu einer hartnäckigen Unbezweifelbarkeit z. B. des Pflichtgefühls. Der Satz: „ich sollte X tun", ist als Mischung dreier Urteile anzusehen:

(1) X ist erforderlich, damit dem Maßstab entsprochen wird, den die Leute allgemein akzeptieren. Dies ist die Feststellung einer soziologischen Tatsache.
(2) Ich habe das Gefühl, daß ich X tun sollte. Dies gilt als Feststellung einer psychologischen Tatsache.
(3) Ich sollte X tun. Dies ist das eigentliche Werturteil (Hare 1972, 209f).

Werturteile sind nur Sätze, aus denen Imperative folgen. Alle anderen sind der ersten oder der zweiten Klasse von Urteilen zuzuordnen, stellen eine Mischung zwischen diesen dar (Hare 1972, 211).

Bisher war die Handlungsbeschreibung rein auf deskriptiver Ebene erfolgt, wobei an manchen Stellen der Übergang zu Bewertungsfragen sich praktisch angeboten hatte. Um hier keine Fehler zu machen, schlage ich im Anschluß an Richard Hare, aber in einem Punkt über ihn hinausgehend, die Berücksichtigung von drei metaethischen Regeln vor. Dabei werde ich eine Position einnehmen, die eine transzendentale Begründung ethischer Prinzipien mit der utilitaristischen Verpflichtung, Abgrenzungsfragen zwischen ethischen und empirischen Urteilen zu diskutieren, verbindet. Dazu helfen drei methodische Regeln zur Charakterisierung des Übergangs wie des Unterschiedes von Deutungen und Wertungen. In Regeln formuliert lauten diese:

Tab. 1: Metaethische Kriterien zur Begründung ethischer Urteile

1. die *Universalisierungsregel* in ihrer Differenzierung im Sinne von zwei Versionen des Verallgemeinerungsverfahrens,
2. die *Sein-Sollen-Unterscheidungsregel*, das Verbot, aus Aussagen direkt ethische Imperative abzuleiten, und
3. die *Realisierbarkeitsregel*. Letztere besagt, daß jedes Sollen ein in-der-Lage-Sein impliziert und niemand über sein Können hinaus zu etwas zu verpflichten ist.

Zuvor aber muß die Frage beantwortet werden, warum ich überhaupt in einem philosophischen Sinne dazu verpflichtet bin, moralisch zu handeln. Die Frage „Warum überhaupt moralisch handeln?" ist in der Ethik, obwohl eigentlich naheliegend, nicht gerade häufig gestellt worden. Dies könnte an der verbreiteten Meinung liegen, die z.B. Richard Hare dahingehend formuliert hat, daß der Amoralist allein mit Mitteln der Ethik nicht von der Widersinnigkeit seines Tuns überzeugt werden kann. Ein konsequenter Amoralismus ist logisch möglich, das Netz der Moral reicht nicht weit genug, um den einzufangen, der sich weigert, affirmative Urteile universell präskriptiver Form zu fällen (Hare 1992, 256), also unbedingt gültige Verpflichtungen nicht anerkennt. Da man ihn nicht systematisch widerlegen könne, bleibe nur, auf die Gefahren dieses Fluchtweges hinzuweisen (Hare 1992, 257).

In einem kritischen System moralischen Argumentierens bleibt der Amoralismus eine Option, gegen deren Wahl wir bestenfalls nichtmoralische Gründe anführen können (Hare 1992, 260), indem wir z.B. im Sinne des Utilitarismus mit der allgemeinen Nützlichkeit moralischer Prinzipien argumentieren. Moral und Klugheit koinzidieren aber nicht immer (Hare 1992, 263). Aus dem Grunde ist auch der Egoismus (der Ein-Ebenen-Akt-Utilitarismus) nicht vollständig zu verurteilen. Es ist nach Hare auch kein Zufall, daß die Welt und die Gesellschaft so sind, daß sich Verbrechen im allgemeinen nicht bezahlt machen. Gesellschaft ist ein Apparat zur Durchsetzung von Moral (Hare 1992, 266).

Der Amoralismus stellt die Frage, warum überhaupt moralisch handeln, in der Traditionslinie der Kantischen Ethikbegründung.

Spezifischer fragt der Amoralist: warum sollten wir die Befolgung universeller Handlungsmaximen der Verfolgung von individuellen Interessen und Präferenzen vorziehen, wenn es zumindest für Handelnden in der Regel klüger ist, letzteren zu folgen. Der Amoralismus unterscheidet somit – so Hare – universell gültige ethische Verpflichtungen und strategische Handlungsregeln. Hinter der Entgegensetzung von universellen Handlungsmaximen oder kategorischen Imperativen und Klugheitsregeln (pragmatischen oder praktischen Imperativen) und der Entgegensetzung von universellen Handlungsmaximen und subjektiven Klugheitsregeln (Neigungen und Präferenzen) steht aber zunächst Kants heuristische Absicht, kategorische Imperative klar von Klugheitsregeln zu unterscheiden. Stilisiert man nun die von Kant in heuristischer Absicht getroffene Unterscheidung von kategorischen und hypothetischen Imperativen zu einem Gegensatz, wie ihn Kant selbst bisweilen unterstellt, dann ist der Amoralist in der Tat allein mit ethischen Argumenten nicht zu widerlegen. Dies ist der erste Teil meiner These. Der zweite bringt die spezifische Begründungsnot moralischen Handelns in Zusammenhang mit David Humes Sein-Sollen-Unterscheidung, die als seinsmäßiger Graben und nicht als methodische Unterscheidung interpretiert, ebenfalls dazu führt, daß der Amoralist nicht widerlegt zu werden vermag. Unter Verwendung des utilitaristischen Ansatzes der Begründung moralischen Handelns soll dann ein Ausweg gesucht werden.

Die Frage, warum ich überhaupt sittlich handeln soll, könnte zunächst als Frage nach dem Motiv oder nach psychischen Ursachen für moralisches Handeln verstanden werden. In diesem Falle wären die möglichen Antworten vielfältig. Allerdings weist die Kombination der Worte „Warum überhaupt“ auf die philosophische Begründungsdimension moralischen Handelns hin, wobei unter diesem eine Form des Handelns verstanden werden soll, welches sich als Realisierung einer sittlichen Verpflichtung begreifen läßt. Eine solche Handlung setzt ein Wissen voraus, welches sich in ethischen Urteilen oder Imperativen ausdrücken läßt. In diesem Antwortmodell transzendentalphilosophischer Provenienz wird die Verwirklichung sittlicher Verpflichtungen als Wert an sich selbst betrachtet. Die Berechtigung einer solchen Wertung aber bestreitet der Amoralist.

Es gibt aber auch eine breite ethische Tradition – den Utilitarismus –, die den Grund für die Realisierung sittlicher Verpflichtungen nicht im Selbstwert des moralischen Handelns sieht, sondern in seinem Nutzen. Den Nutzen zumindest bestimmter Formen von moralischem

Handeln kann aber selbst der Amoralist kaum bestreiten, läßt sich der Nutzen zumindest kooperativer Handlungsstrategien selbst unter deskriptiven Prämissen – etwa im Gefangenendilemma – aufweisen. Andererseits kann man immer fragen, ob jede kooperative Strategie die Realisierung einer sittlichen Verpflichtung darstellt, jedenfalls wenn man an mafiöse oder kriminelle Kooperationsformen denkt. Im folgenden soll daher die transzendentalphilosophische und die utilitaristisch-spieltheoretische Antwort auf die Frage nach der Begründung moralischen Handelns untersucht werden.

In seiner Schrift „Grundlegung zur Metaphysik der Sitten" expliziert Immanuel Kant eine Argumentation als Antwort auf die Frage, warum wir moralisch handeln sollen, die aus der Tradition herausfällt. In seiner Suche nach einem Fundament der Ethik, das absolut notwendig ist, beginnt Kant in der „Grundlegung" seine Überlegungen mit der Bestimmung dessen, was ein an sich guter Wille ist (Kant, GMS BA 1, 2), wobei er das Faktum moralisch zurechenbaren Handelns voraussetzt.

Kants Antwort bricht mit den Ethik-Systemen des 18. Jahrhunderts. Diese gaben häufig sehr unterschiedliche ethische Grundprinzipien an, etwa die besondere Bestimmung der menschlichen Natur, seine Vollkommenheit, seine Glückseligkeit, das moralische Gefühl oder die Gottesfurcht und eine Vielzahl von Kombinationen aus diesen Elementen. Wohl angeregt durch David Hume fragt sich Kant, ob denn überhaupt in der menschlichen Natur Prinzipien der Sittlichkeit gefunden werden können. Kant hält dies nicht für möglich und sucht nach einer Begründung moralischen Handelns apriori in reinen Vernunftbegriffen, frei von allem Empirischen. Nur eine so begründete Ethik darf nach Kant als reine praktische Weltweisheit oder als Metaphysik der Sitten gelten. Allerdings ist eine so begründete Ethik abstrakt und für ein breiteres Publikum wenig geeignet (Kant, GMS BA 32/33).

Die Begründung auf die Natur des Menschen, auf Glückseligkeit oder Vollkommenheit ist genauso wie eine Begründung der Ethik auf den Willen Gottes oder auf das moralische Gefühl für Kant nicht der richtige Ansatzpunkt für Moralbegründung. Es ist nur eine Selbstbegründung der Moral möglich, da es ihrer Natur widerspricht, sich auf eine andere Instanz zurückzuführen, sei es die menschliche Natur, das moralische Gefühl oder der Wille Gottes. Denn dies wäre ein naturalistischer oder ein metaphysischer Fehlschluß, um mit George Edward Moore zu sprechen.

Damit trägt Kant David Humes Sein-Sollen-Unterscheidung Rechnung, die noch in diesem Abschnitt näher analysiert wird. Eine Metatheorie einer apriori begründeten Ethik geht für Kant vom Begriff der Pflicht aus (Kant, GMS BA 8). Nur eine Handlung, die allein aus Pflicht getan wird, verdient den Namen der Sittlichkeit. Wenn ich eine Handlung vollziehe, zu der ich sittlich verpflichtet bin, aber mich auch meine Neigung zu ihrer Ausübung treibt, dann läßt sich nach Kant nicht entscheiden, ob diese Tat eine Tat aus Neigung oder eine aus Pflicht ist. Taten aus Neigungen müssen nach Kant nicht unsittlich sein, aber es ist ihnen nicht anzusehen, ob sie sittlichen Charakter tragen oder nicht. Wenn ich einer Verpflichtung gegen meine Neigungen folge, ist es nach Kant allerdings klar, daß ich in diesem Falle einer sittlichen Verpflichtung folge.

Um aber herauszufinden, was als Verpflichtung zu gelten habe und damit wert ist, meine Handlungsmaxime zu werden, muß sich ein Verfahren finden, das alle ethischen Verpflichtungen von anderen Handlungen unterscheidet. Verpflichtung ist eine bessere Umschreibung für den Begriff Pflicht, den Kant selbst verwendet. Dieses Verfahren besteht in der Verallgemeinerungsregel, die an vielen Stellen eine entscheidende Rolle spielte. Um bestimmen zu können, wann ein Wille schlechterdings und ohne Einschränkung gut heißen kann, bleibt nichts anderes übrig, als ihn bzw. seine Handlungsmaxime auf die allgemeine Gesetzmäßigkeit der Handlungen überhaupt hin zu überprüfen. D.h. Maximen als Regeln, gemäß denen eine Handlung beschlossen wird, sind daran ausrichten, daß der Handelnde niemals anders verfahren soll als so, daß er auch wollen kann, daß seine Handlungsmaxime zum allgemeinen Gesetz werden soll. Ziel des zugrunde liegenden sog. nicht-empirischen Universalisierungsverfahrens ist es, die innere Widersprüchlichkeit oder Widerspruchsfreiheit von Handlungsmaximen aufzuzeigen.

Kant nennt den kategorischen Imperativ das Prinzip der Autonomie des Willens im Gegensatz zu jedem anderen ethischen Prinzip, das in der Geschichte der Ethik vor Kant zur Diskussion gestellt wurde. Diese Ethik-Konzepte begreift Kant als Formen der Heteronomie, denn in diesen Konzepten befolge ich bloß Imperative, die von außen an mich herangetragen wurden (Kant, GMS BA 74). Autonomie ist also der Grund der Würde der menschlichen und jeder vernünftigen Natur (Kant, GMS BA 79). Nach Kant müssen wir einem jeden vernünftigen Wesen, das einen Willen hat, notwendig auch die Idee der Freiheit leihen, unter der es allein sittlich zurechenbar handeln kann.

Betrachten wir nun die Frage, die Kant sich explizit nicht stellt, warum wir denn moralisch handeln sollen, so läßt sich die Antwort aus der Kantischen Position rekonstruieren. Da keine Motivation, kein empirischer Grund den sittlichen Verpflichtungsgrund für unsere Handlungen bestimmen kann, sondern allein die allgemeine Form des Gesetzes oder des Verpflichtens bzw. des moralischen Sollens, ist die Frage nach den Verpflichtungen des moralischen Handelns einfach zu beantworten. Wenn wir unseren sinnlichen Neigungen folgen und uns von empirischen Antrieben leiten lassen, nicht aber von dem reinen Gesetz der autonomen praktischen Vernunft, verfehlen wir unsere Bestimmung als freie, das heißt sittlich zurechenbar handelnde Personen oder Subjekte. Wir begeben uns in einen Stand, der mit den Tieren vergleichbar ist. Die moralische Würde und die Frage, warum wir moralisch handeln sollen, ergibt sich allein aus der Bestimmung des Menschen. Nur wenn wir moralisch handeln, erfüllen wir unseren Bestimmungsgrund als Menschen.

Wir handeln im Vollsinn des Begriffs des menschlichen Handelns unter der Differenz von sittlich richtig oder sittlich falsch. Ansonsten verhalten wir uns instinktiv, triebmäßig oder strategisch. Auch der Amoralist handelt praktisch unter dieser Differenz, selbst wenn er diese theoretisch leugnet. Er nimmt praktisch die Freiheit in Anspruch, die er theoretisch negiert. Allerdings kann man den Amoralisten, der sich weigert, universell-verpflichtende Urteile zu akzeptieren, nicht mit dem Hinweis auf die Autonomie der Sittlichkeit widerlegen, ohne in eine Zirkelargumentation zu verfallen. Hares These über den Amoralisten ist also zutreffend und wir kennen nun den Grund dafür: Es ist Kants Theorie von der Autonomie des Sittlichen, die die Forderung der Sein-Sollen-Unterscheidung radikal erfüllt, die dazu führt, daß der Amoralist nicht widerlegt zu werden vermag.

Autonomie der Sittlichkeit bedeutet: Moral und Sittlichkeit können nur unter Rücksicht ihrer selbst, also unter Rücksicht auf praktische Vernunft begründet werden. Jede Begründung mit Nützlichkeit, sei es für den einzelnen oder die Gesellschaft, wäre eine Begründung, die der Sittlichkeit nicht gerecht werden und auf Heteronomie hinauslaufen würde. Letztlich impliziert bei Kant Sollen Können und Können Sollen: Sittliche Verpflichtung und die Befähigung zum sittlich verantwortbaren Handeln entsprechen einander. Allerdings ruft die Berufung auf das Faktum der Moralität wie auf das Faktum der praktischen Vernunft die Frage nach ethisch relevanten Kriterien in der Frage nach der Begründung moralischen Handelns auf, die zugleich ethisch und empirisch relevant sind. Und so stellt sich die Frage: Sollte die Begründung für moralisches Handeln nicht doch unter Verletzung der Sein-Sollen-Unterscheidung in einer Instanz außerhalb der Sittlichkeit gesucht werden?

Henry Sidgwick – einer der Begründer des klassischen Utilitarismus – gibt in seinen „Methoden der Ethik“ eine eindeutige Antwort auf die Frage, warum wir moralisch handeln sollen. Es ist die Nützlichkeit, die uns veranlaßt, moralisch zu handeln. Sidgwick unterscheidet zwei Arten von Handlungen, nämlich moralische und klugheitsethische. In der Geschichte der Ethik wurde häufig die Verletzung von Verpflichtungen mit Bestrafung verknüpft (Sidgwick 1991, 29). Auch dies macht deutlich, daß sittliche Verpflichtung als etwas Nützliches angesehen wurde. Die egoistische Handlung, die Verfolgung des eigenen Glücks, kann nicht als das eigentlich Sittliche aufgefaßt werden. Daher erfolgte die Formulierung der Pflicht ohne Rücksicht auf die eigenen Interessen (Sidgwick 1991, 37). Die Erfüllung des Willens Gottes, ein Leben gemäß der Natur und Selbstverwirklichung gelten als die drei Gründe traditioneller Art, die eine Verpflichtung begründen können (Sidgwick 1991, 79). Aber Gott, Natur und das eigene Selbst sind fundamentale Fakten der Existenz, die noch nicht per se eine moralische Verpflichtung begründen. Sidgwick versucht dann nachzuweisen, daß das System eines universalisierten Utilitarismus identisch ist mit dem System einer Common-Sense-Moral.

Universalisiertes Glück oder Freude, also das größtmögliche Glück der größtmöglichen Zahl, ist als das, was absolut und ohne jede Spezifikation gut oder wünschbar ist, also als Prinzip des rationalen Wohlwollens Grundlage eines universalisierten Utilitarismus (Sidgwick 1991, 421). Der Common Sense der Menschheit kommt zu ähnlichen Schlußfolgerungen wie der universalisierte Utilitarismus, allerdings bei weit unsichereren und nur halbbewußten Gründen derselben Art (Sidgwick 1991, 430). Unter den Begriffen von Wohlwollen, Selbstverleugnung etc. preist der Common-Sense eine Form der Unterdrückung des Egoismus, die hinter dem, was Utilitaristen als wichtig erscheint, zurückfällt (Sidgwick 1991, 431). Schon bei David Hume oder John Stuart Mill gilt als Ursprung der Gerechtigkeit der Nutzen. Und dies ist die generelle These, die auch Sigdwick vertritt. Wir haben moralisch zu sein, weil dies nützlich ist für die Gesellschaft, in der wir leben. Der Utilitarismus erzeugt keine neue Moral, er verbessert und systematisiert die Common-Sense-Moral (Sidgwick 1991, 474). Der Utilitarismus macht damit Moral und sittliche Verpflichtung im Sinne der Utilität noch vollkommener. Deutlich ist jedoch die Unterscheidung zwischen dem individuellen Nutzen und dem allgemeinen Nutzen im Sinne des Gemeinwohls. Im Konfliktfall haben wir uns am Gemeinwohl zu orientieren. Wir sollen moralisch handeln, weil sich dieses im Sinne des Common Sense bewährt hat und im Sinne des Utilitarismus nützt.

Den Nutzen von Kooperation zumindest als Vorstufe von moralischem Handeln im Sinne eines moralanalogen Verhaltens, das auch im Tierreich auftreten kann, demonstrieren spieltheoretische Überlegungen, allen voran das Gefangenendilemma. Spieltheoretische Modelle wurden in der Ökonomik entwickelt und bieten in ihrer deskriptiven Form Erklärungsmodelle für Entscheidungen an, in ihrer normativen Form Erklärungsmodelle dafür, warum ich mich in einer bestimmten Weise entscheiden soll. Das Gefangenendilemma ist ein deskriptives Handlungsmodell mit normativen Implikationen.

Das Gefangenendilemma läßt sich so beschreiben: Zwei Komplizen werden nach einem gemeinsam verübten Mord ohne Zeugen gefaßt. Um zu einer Verurteilung wegen Mordes zu kommen, bietet der Staatsanwalt beiden getrennt Straffreiheit für das Tötungsdelikt bei einer Aussage zu Lasten des anderen (Kronzeugenregel) an. Die Zahlenbewertung ist willkürlich und dient der zahlenmäßigen Bestimmung der Folgen für den einzelnen wie für beide. Zehn Jahre Gefängnis gibt es für den Mord. Damit ergibt sich folgende Situation. Wenn beide den jeweils anderen belasten, wandern sie für zehn Jahre hinter Gitter, beschuldigt einer den anderen und der andere schweigt, so kommt er ungeschoren davon, der andere aber muß für zehn Jahre in den Knast. Halten beide dicht, kommen beide frei. Für beide optimal wäre natürlich beiderseitiges Schweigen. Doch für den einzelnen Spieler ist es immer besser, den anderen zu beschuldigen, da er nicht weiß, wie der Mit-Spieler handelt. So wird sich aufgrund jeweils individuell-rationaler Wahl für beide ein schlechteres Ergebnis einstellen, als wenn ihre Strategie subjektiv gesehen „irrational", also kooperativ gewesen wäre. Aus diesem Grunde wird diese Konstellation Gefangenendilemma genannt.

Das Dilemma entsteht dadurch, daß eine gegenseitige Beeinflussung der Spieler nicht möglich ist. So könnte der Ausgang des Spiels ganz anders aussehen, wenn sie vorher einen Vertrag mit wirksamen Sanktionen hätten aushandeln können. Das zweite Problem besteht darin, daß es sich um ein Einmalspiel handelt. Also gibt es zwei Strategien, das Gefangenendilemma zu vermeiden, erstens sich Informationen über die Strategie des anderen zu verschaffen (dies wurde durch die Gefängnissituation künstlich ausgeschaltet, ist in der Alltagssituation aber normalerweise durchaus möglich), zweitens an

Wiederholungen der Kooperation zu denken, was für erfolgreiche Kooperationen auch naheliegt. Dann kann der künftige Verlust durch Abbruch der Kooperation viel gravierender sein als der kleine Gewinn eines Mogelns in einem der vorangegangenen Spiele.

Individuen werden sich gemäß der Spieltheorie auch hier vorsichtshalber nach den eigenen Interessen verhalten, doch macht es einen Unterschied, ob man nur kurzfristig denkt oder langfristig. Für langfristig kooperatives Verhalten, zu dem wir in vielen Situationen um unseres eigenen Vorteils willen gezwungen sind, empfiehlt es sich, moralisch zu handeln. Der Zeithorizont ist für kooperatives Verhalten sehr wichtig. Denn bei Langfristigkeit ist reziproker Altruismus durchaus möglich und auch mit egoistischen Strategien vereinbar.

Als die erfolgreichsten Strategien im Sinne der Stabilität der Kooperation in hunderten von durchgeführten Konfliktspielen erwiesen sich „tit for tat"-Strategien („Wie du mir, so ich dir" oder „Auge um Auge"). Der das Spiel eröffnende Teilnehmer beginnt mit Kooperation und Einlösung seiner Verpflichtungen und hält daran fest, solange sich der Partner auch an seine Verpflichtung hält. Zu dieser Strategie ist gegenseitige Freundschaft nicht vorausgesetzt. Auch bedarf es nicht des Verstandes. Der Zukunftsaspekt ist wichtig und die „Einstellung", nicht zu versuchen, den anderen zu übervorteilen. Zwar kann man mit einer solchen Strategie kein Spiel gewinnen und nicht besser werden als die anderen. Dennoch zeige „tit for tat", wie man siegt, ohne einen einzigen Gegner zu schlagen (Hofstadter 1983a, 10). Denn es ermuntere die Partner zu einem Verhalten, das beiden zum Vorteil gereicht, indem es durch Beharrlichkeit für beide Seiten lohnende Ergebnisse anstrebt (Hofstadter 1983a, 13).

Für diese Strategie des „tit for tat" lassen sich vier Regeln formulieren:

(1) Sei nicht neidisch, denn dies führt zum Mogeln und letztlich zur Destruktion der Kooperation!
(2) Sei niemals der Erste, der Schaden zufügt! Denn auf Nummer sicher gehen und schummeln, bis der andere kooperiert, ist ein sehr riskantes Vorgehen.
(3) Übe Vergeltung, sei aber auch versöhnlich! Denn sonst droht eine einseitige Eskalation. Vergilt man allerdings weniger als 1 zu 1, dann riskiert man, aufgrund seiner Versöhnlichkeit von Hinterhältigen ausgebeutet zu werden.

(4) Versuche nicht, besonders schlau zu sein, denn Undurchsichtigkeit verunsichert (Poker-face ist ungeeignet).

Gegenüber einem unzugänglichen, sturen Spieler ist „tit for tat" nicht die beste Strategie (Hofstadter 1983a, 13). Daher ist diese Strategie zu ergänzen durch Verfahren, unzugängliche Spieler möglichst schnell zu erkennen, um auf „Immer-Mogeln" umschalten zu können (Hofstadter 1983a, 14). „Tit for tat" ist eine Strategie, Gegenseitigkeit weiter zu verbreiten. Und eine Gemeinschaft, die auf dem Prinzip der Vergeltung aufbaut, kann sich selbst regulieren, ähnlich wie durch eine Regulation mittels der Goldenen Regel oder einfachen Gerechtigkeitskonzeptionen.

Reziproker Altruismus als Ordnungsprinzip für Verhaltensweisen in Kleingruppen konnte sich dort aufgrund des häufigen Zusammentreffens der einzelnen Mitglieder besonders gut herausbilden. Daher gibt es auch bei Schimpansen vergleichbare Strategien, wobei auch diese Tiere in der Lage sind, wichtige Informationen zurückzuhalten und Fehlinformationen zu geben. Auch dort scheint es Strafen zu geben, die zu kooperativem Verhalten zwingen sollen. Auch beim Menschen kennen viele Stammesgesetze das „ius talionis" (Auge um Auge, Zahn um Zahn, im Pentateuch bzw. in den Büchern Mose des Alten Testamentes formuliert), nach dem kein Vergehen ungestraft bleiben darf oder zumindest Schadensersatz gefordert werden muß. „Tit for tat" eignet sich nicht für Spiele, in denen normalerweise einer gewinnen sollte (z. B. beim Schachspiel).

Die ethologische oder spieltheoretische Erklärung der Frage, warum wir moralisch handeln sollen, begrenzt sich auf eine Kleingruppenmoral und auf die implizite Nützlichkeit moralischen Handelns für kooperierende Partner. Eine Begründung für die Befolgung einer universalmoralischen Position ist auf diese Weise allerdings nicht möglich. Streng genommen sind die Analysen der Ethologie keine Antwort auf die Frage, warum wir moralisch handeln sollen. Eine Ableitung moralischen Handelns aus der Empirie, die den Amoralisten theoretisch widerlegen könnte, ist ohne Verletzung der Hume'schen Regel nicht möglich. Spieltheoretische Modelle zeigen aber auf, daß moralanaloges Verhalten im Sinne eines strategischen Verhaltens Grenzen hat, die zwar nicht moralisches Handeln im Sinne einer Notwendigkeit begründen können, aber anhand der Grenzen strategisch-instrumentellen Handelns, also individualisierter Klugheitsethik plausibel machen, daß moralisches Handeln effektiver sein kann als nicht-moralisches. Eine Begründung für moralisches Handeln im Sinne einer radikalen Sein-Sollen-Unterscheidung ist dies nicht, aber immerhin ist es eine ethisch relevante deskriptiv modellierte Plausibilisierungsstrategie.

Die Antwort auf die Frage, warum der Amoralist nicht mit rein ethischen Argumenten widerlegt werden kann, hängt mit der spezifischen Begründungssituation zusammen, von der die hermeneutische Ethik ausgeht. Wenn wir fragen, warum wir moralisch handeln sollen, und den Standpunkt des Amoralisten einnehmen, der universalisierbare sittliche Verpflichtungen leugnet, ist es empfehlenswert, auf die Nützlichkeit einer Moral der verallgemeinerten Interessen oder des Gemeinwohls, also zumindest auf die empirische Verallgemeinerung hinzuweisen, wenn schon Kants Version einer nicht-empirischen Verallgemeinerung keine Gnade vor den Augen des Amoralisten findet. Die empirische Form der Verallgemeinerung von Handlungsregeln der Utilitaristen zielt darauf ab, abzuschätzen, was geschieht, wenn alle Menschen in einer bestimmten Weise handeln würden, die nicht-empirische Verallgemeinerung Kants analysiert die Widerspruchsfreiheit von Handlungsmaximen.

Aber die Begründung moralischen Handelns in einem allgemeinen Nutzen kann ethisch nicht befriedigen, weil dies eine Verletzung der Sein-Sollen-Unterscheidung implizieren kann. Ohne eine solche Verletzung kann der konsequente Amoralist aber nicht widerlegt werden. Wäre der Amoralist zu widerlegen, müßte Moral heteronom begründbar sein. Fragen wir aber, ob es aus ethischer Perspektive befriedigend ist, die Frage danach, warum wir moralisch handeln sollen, mit Hinweis auf Nützlichkeit zu beantworten, so muß ein eindeutiges Nein erfolgen. Wir sollen moralisch handeln, weil wir moralische Subjekte sind.

Allerdings können wir niemanden argumentativ dazu zwingen, ein moralisches Subjekt sein zu wollen, da moralische Subjekte, insofern ihnen Freiheit zugestanden werden soll, die theoretische Möglichkeit haben zu negieren, moralische Subjekte zu sein. Meine Schlußfolgerung aus dieser Begründungssituation läßt sich wie folgt formulieren: Sowohl die Begründung moralischen Handelns durch Nützlichkeit wie die durch die Autonomie der sittlichen Verpflichtung sind konstitutiv für die pragmatische Widerlegung des Amoralisten und damit für die indirekte Begründung moralischen Handelns. Klugheitsethische, d. h. instrumentell-strategisch-utilitaristische Vernunft ist für die Begründung moralischen Handelns genau so heranzuziehen wie Kants These einer Autonomie der sittlichen Verpflichtung, die auf David Humes Sein-Sollen-Unterscheidung zurückgeht. Um die Frage beantworten zu können, warum wir moralisch handeln sollen, genügt eine bloß prinzipielle Antwort nicht. Um aber entscheiden zu können, ob eine Handlung letztlich moralisch ist oder nicht, bedarf es des Universalisierungsverfahrens. Im Konfliktfall zwischen Nützlichkeit und universell-ethischer Verpflichtung ist letztere entscheidend. Dazu ist das Verhältnis von empirischer und nicht-empirischer Verallgemeinerung neu zu durchdenken, was im nächsten Punkt geschieht.

Sowohl die Argumentation mit der Kant'schen Autonomie der Moral wie die Argumentation mit ethisch relevanten Parametern der Beschreibung von menschlichen Handlungen dienen der Plausibilisierung moralischen Handelns. Eine einzige Begründungsstrategie wird hierzu nicht ausreichen, sondern nur eine Konvergenz in der Argumentation. Allerdings reicht der Hinweis auf den Nutzen allein nicht aus: Die Realisierung individuellen Nutzens oder des Nutzens einer mafiösen Gemeinschaft wird nicht als moralisches Handeln gelten. Die Frage nach einer Letztbegründung moralischen Handelns im Kantischen Sinne bleibt erforderlich, auch wenn die Kant'sche Antwort keine Widerlegung des Amoralisten ermöglicht. So sind in der Begründung und Bewertung moralischen Handelns das Konzept einer Autonomie der Moral wie das Konzept eines allgemeinen Nutzens moralischen Handelns wechselseitig aufeinander angewiesen. Ihre Begründung aber finden sie in einer hermeneutischen Theorie der Moral, in einer hermeutischen Ethik.

Die Zirkularität in der Begründung sittlicher Verpflichtung, die dem hermeneutischen Zirkel sehr ähnlich ist, verweist darauf, daß der betreffende Anwender zumindest über ein implizites Verständnis von sittlicher Verpflichtung verfügen muß, um die Frage stellen zu können, warum man denn überhaupt einer sittlichen Verpflichtung folgen, d.h. sie realisieren soll. Wie in der Einleitung ausgeführt, hatte Kant die Struktur dieser ethischen Zirkularität bereits herausgearbeitet, nämlich die transzendental unhintergehbare Verwiesenheit von sittlicher Verpflichtung und menschlicher Freiheit im Sinne der Möglichkeit moralisch zurechenbaren Handelns.

Die Realisierung sittlich zurechenbaren Handelns aber verweist auf menschliche Dispositionen, Einstellungen, Haltungen, traditionell Tugenden genannt. Damit hat die Frage, warum wir überhaupt moralisch handeln sollen, in einen Bereich menschlichen Handelns geführt, in dem Normatives und Deskriptives ineinandergreifen. Sie können hier nur noch unter methodischer Rücksicht voneinander unterschieden werden. Ausgangspunkt für eine hermeneutische Ethik sind daher realisierte sittliche Verpflichtungen, konkrete Verpflichtungserfahrungen und konkretes sittliches Verstehen.

Auf die Frage, warum wir überhaupt moralisch handeln sollen, lautet die traditionelle Antwort, daß es irrational ist, unmoralisch zu handeln (Gert 1983, 268f). Angesichts der erfolgten und noch ausstehenden Analysen der strategisch-ökonomisch-egoistischen Rationalität muß der Begriff der Rationalität und Irrationalität näher bestimmt werden. Nachdem die hermeneutische Methode in der Ethik herausgearbeitet hat, daß ohne ein Vorverständnis von sittlicher Verpflichtung überhaupt nicht sittlich zurechenbar gehandelt werden könnte, lautet die Antwort auf die Frage, warum wir überhaupt zu einem sittlich zurechenbaren Handeln verpflichtet sind, folgendermaßen: Weil wir andernfalls unmenschlich handeln würden. Menschliches Handeln besteht aber andererseits nicht nur aus sittlicher Vernunft, sondern enthält auch Elemente strategischer Rationalität, die zur Realisierung sittlicher Verpflichtungen erforderlich ist.

Allerdings reicht strategische Vernunft nicht aus, den Unterschied zwischen sittlichen und nicht-sittlichen Verpflichtungen herauszuarbeiten. Daher expliziert hermeneutische Ethik sittliches Verstehen als Ineinandergreifen von Regelwissen und implizitem Umgangswissen im Hinblick auf sittliche Verpflichtung. Eine Ethik, die sich auf Fragen der Kooperation beschränkt und sich mit sozialen Dilemmata wie dem Gefangenendilemma und der Freifahrerproblematik auseinandersetzt, würde, wenn sie denn möglich wäre – eine genauere Diskussion erfolgt im Kapitel 3.3 – ein Plädoyer für eine regelgeleitete Form einer handlungstheoretisch begründeten Ethik implizieren. In der Modellierung von Regeln, Kriterien und Verfahren erscheint ihr ein Rückgriff auf moralische Intuition nicht erlaubt. Dies ist eine Blindheit der evolutionären Ethik und bestimmter Formen der Wirtschaftsethik, die sich auf ethisch relevantes strategisches Wissen beschränken, das Kooperation ermöglicht. Aber Kooperation alleine ist noch kein sittlicher Wert, wie z.B. an perfekter Kooperation in der Mafia ersichtlich ist. Allerdings ist Kooperation unverzichtbar für die Realisierung sittlich zurechenbarer Verpflichtungen.

Daher ist für eine hermeneutische Ethik der Rückgriff auf ein Umgangswissen und Verfahrenswissen mit sittlichen Verpflichtungen und auf ein moralisches Verstehen erforderlich. Es manifestiert sich in Kriterien wie der Verallgemeinerbarkeitsregel und in der Sein-Sollen-Unterscheidung. Zur Explikation des Umgangswissens sittlicher Art knüpft eine hermeneutische Ethik an die Konzeption von instrumentellem und sittlichen Verstehen an. Ein Beispiel für sittliches Verstehen bietet das Neue Testament. Das Gleichnis vom barmherzigen Samariter (Lk 10,29-36) ist eine Anleitung zum sittlichen Verstehen und Realisieren des moralischen Wertes der Barmherzigkeit. Jesus gibt an dieser Stelle keine Definition des moralischen Wertes, sondern führt Fälle vor, in denen gegen diesen Wert gehandelt wird, beschließt aber das Gleichnis mit dem gelungenen Vorbild einer Realisierung dieses moralischen Wertes. Der Priester und der Levit helfen dem Ausgeraubten und Verletzten am Straßenrand nicht, wohl aber der Ungläubige. Der Zuhörer des Gleichnisses realisiert an einem Einzelfall nicht zuletzt aufgrund einer Kontrasterfahrung die moralische Tatsache der „Barmherzigkeit". Diese fordert dazu auf, positive Folgen für in Not Geratene hervorzubringen, auch wenn dieses für den Helfer mit Kosten verbunden sein kann. So veranlaßt dieses Gleichnis Jesu, im Hörenden eine sittliche Verpflichtung zu realisieren, in diesem Falle die moralische Tatsache des sittlichen Wertes der Barmherzigkeit wahrzunehmen, um dann richtig handeln zu können, wenn die Situation dies erforderlich macht. Das Gleichnis Jesu ist ein Beispiel dafür, wie sittliches Verstehen gelehrt und gelernt werden kann.

Sittliches Verstehen manifestiert sich in theoretischer Form im moralischen Urteil oder in Wertprädikaten wie „mutig" oder „gerecht", die aus subjektiver Perspektive als moralisch richtig unterstellt werden. Moralische Urteile beziehen sich dabei auf Wertaussagen, quasi auf moralische Tatsachen, während ethische Urteile regelgeleiteten Umgang mit moralischen Urteilen voraussetzen. Die moralische Perspektive impliziert für eine Handlungsempfehlung, daß sie nicht-eigennütziger Art ist, wobei das ethische Urteil Kriterien für die Nicht-Eigennützigkeit angeben können muß.

Nützlichkeitserwägungen im Bereich des moralischen Handelns haben handlungsmotivierende Kraft aufgrund der Erwünschtheit der Folgen. Aber hat das ethische Urteil mit dem Hinweis auf die Realisierung der sittlichen Autonomie handlungsmotivierende Kraft? Sicher übt das ethische Urteil keinen äußeren Zwang aus. Damit vermittelt es in spezifischen Handlungssituationen angesichts von massiven Sachzwängen nicht immer eine ausreichende Handlungsmotivation. Dann erscheint äußerer Zwang z.B. durch Gesetze und Sanktionen legitim. Allerdings entwickelt das ethische Argument eine Art von innerem „Zwang", nämlich einen zwanglosen Zwang des besseren ethischen Argumentes, das Einsicht hervorruft und zur Realisierung des sittlich Verpflichtenden auffordert.

Handlungsmotivationen sind in der Regel Wünsche und Interessen, können aber in beschränktem Umfang auch von moralischen oder von ethischen Urteilen ausgehen, sofern Menschen sich als sittlich autonom handelnde Subjekte zu begreifen gelernt haben. Dennoch kann sich eine anwendungsorientierte hermeneutische Ethik nicht auf die motivierende Kraft praktischer Vernunft alleine verlassen. Sie muß auf die emotionale und die strategisch-instrumentale Motivationsdimension achten.

Damit legt eine hermeneutische Ethik einen moralischen Realismus zugrunde, wie er sich auch im Common Sense findet. Der moralische Realismus geht von der Idee einer richtigen Lösung moralischer Probleme aus (Schaber 1997, 35), wobei die hermeneutische Ethik diese Aussage auf ein „meistens" einschränkt. Für den moralischen Realismus ist die Annahme moralischer Tatsachen, auf die auch der vortheoretische Glaube im Sinne des Common Sense rekurriert, unverzichtbar. Für die hermeneutische Ethik ist dieses Gedankenmodell akzeptabel, wenn man moralische Tatsachen als Interpretationskonstrukte begreift. Auch sogenannte „gute Folgen" im Sinne von moralischen Tatsachen stellen Interpretationskonstrukte dar.

Instrumentelles Umgangswissen ist durch den Gebrauch von Artefakten verursacht, wobei dieses Umgangswissen nicht willkürlich gewählt werden kann. Nützlichkeitserfahrungen und Erfolg sind Kriterien für die Richtigkeit eines instrumentellen Umgangswissens. Moralisches Umgangswissen wird durch Tradition und Vorbild verursacht, wobei ein Umgangswissen sich ebenfalls an Nützlichkeitskriterien und am Erfolg, der Anerkennung durch andere Menschen orientiert. Um Erfolg und Anerkennung „einplanen" zu können, ist ein Regelwissen hilfreich, das auch theoretisch expliziert werden kann. Dies ist insbesondere auch für den Übergang vom moralischen zum ethischen Urteil von Bedeutung.

Sigmund Freuds Konzeption des Über-Ich besagt für ein Modell moralischen Verstehens, daß sittliches Verstehen in der Entwicklung des moralischen Bewußtseins beim Kind zunächst in Form eines instrumentell-strategischen Verstehens gelernt wird. Die Orientierung ist die erwartete Reaktion der Eltern. Der weitere Schritt zur Ausbildung sittlicher Kompetenz, dann auch ethisch urteilen zu können, ist an implizite Regelausübung gebunden. Damit wird deutlich: Wir sind als sittlich zurechenbar Handelnde nicht nur für die Erfüllung sittlicher Verpflichtungen verantwortlich, sondern auch für die Generierung ethischer Urteile. Hierzu aber bedarf es bestimmter Regeln, die z.B. das Ethische eines ethischen Urteils rechtfertigen, zumindest aber plausibel machen können. Allerdings bleibt die Regelverwendung, also moralisches wie insbesondere ethisches Urteilen, personaler Vollzug und an ein sittliches Subjekt zurückgebunden.

Seit Immanuel Kant gehört der Kategorische Imperativ zu den Grundlagen der neuzeitlichen Ethik. In besonderer Weise charakterisiert Höffe den Kategorischen Imperativ als Form der nichtempirischen Verallgemeinerung von Handlungsmaximen. Bereits in der „Grundlegung“ bietet Kant in der Begründung von vier moralischen Pflichten – den Eckpfosten des späteren Systems der Moral – eine exemplarische Anwendung des Kategorischen Imperativs an (Höffe 1989, 206). Anhand der Begründung des Verbots des falschen Versprechens läßt sich der Grundlagenstreit zwischen Kant und dem Utilitarismus aufzeigen und darlegen, daß auch in Kants Ethik Folgenüberlegungen eine Rolle spielen können (Höffe 1989, 209). Auffallend ist Kants kritische Spitze gegen den Empirismus (Höffe 1989, 210). Nach Kant läßt sich nicht nur der Kategorische Imperativ, sondern auch das System der moralischen Pflichten apriori aus der Vernunft herleiten.

So ist der Verpflichtungscharakter z.B. im Lügenverbot nur erfahrungsfrei zu bestimmen (Höffe 1989, 213). Unterziehe ich meine Handlungsmaxime: „Lüge immer, wenn dir dadurch ein Nutzen entsteht“ einem nicht-empirischen Verallgemeinerungstest, so ist unschwer einzusehen, daß die Maxime, ständig zu lügen, der Kommunikationsfunktion der Sprache widerspricht, die auf Offenlegung der Wahrheit abzielt. Sprache wäre kein Kommunikationsorgan, wenn jeder jederzeit vermuten müßte, er werde ständig angelogen. Ein Rückgriff auf die Empirie ist für die Bewertung des Lügens nicht erforderlich, auch wenn ein intuitives Wissen um Sprache implizit vorausgesetzt ist. Das Lügen stellt einen Widerspruch in sich selbst dar, wenn man die Kommunikationsfunktion der Sprache beachtet.

Höffe betont die Mehrstufigkeit des Verallgemeinerungstestes bei Kant und unterscheidet (1) einen Verallgemeinerungstest zur Begründung moralischer Pflichten von (2) einer situationsgerechten Konkretisierung einer moralischen Pflicht (Höffe 1989, 213). Dabei ist das Moralprinzip Kriterium der Lauterkeit der Gesinnung. Auch die Pflichtenkollision ist kein Einwand gegen Kants Konzeption, denn sie betrifft nicht die Verbindlichkeit des Verpflichtenden, sondern stellt eher ein handlungstheoretisches Problem dar (Höffe 1989, 218). Der Rigorismus Kants ist nicht so ausgeprägt wie häufig unterstellt. Dabei muß Kants Verallgemeinerungsverfahren auch kritisch von der empirisch-pragmatischen Deutung der Verallgemeinerung im Regel-Utilitarismus abgegrenzt werden (Höffe 1989, 223). Der Utilitarismus geht von einer Verallgemeinerung der – empirisch feststellbaren bzw. prognostizierbaren – Folgen aus und unterstellt, daß nach der Antwort auf die Frage, welche Folgen eintreten würden, wenn z.B. alle Menschen lügen würden, es klar sei, daß diese Folgen nicht wünschenswert sind.

Dies gilt auch dann, wenn Kant z.B. bei der Begründung des Verbots des falschen Versprechens auf einen Glaubwürdigkeitsverlust (Höffe 1989, 225) und damit auf einen Begriff rekurriert, der für eine empirisch-pragmatische Interpretation höchst offen ist (Höffe 1989, 226). Kants Ethik konzentriert sich auf das, wofür der Mensch voll verantwortlich ist (Höffe 1989, 228). Denn um z.B. die Widersprüchlichkeit der Zwecksetzungen in einem falschen Versprechen zu erfassen, bedarf es keiner Empirie (Höffe 1989, 232).

Die empirisch-pragmatische Deutung der Verallgemeinerung von Handlungsregeln aufgrund von Folgenbetrachtungen im Regel-Utilitarismus würde das Lügenverbot folgendermaßen bewerten: Angesichts einer Handlungsregel, die mich zum lügen anhält, wenn es mir nutzt, müßte eine Folgenabschätzung vorgenommen werden für den Fall, daß alle diese Handlungsregel befolgen. Dann müßte ich bei jedem anderen unterstellen, daß er lügt, wenn ihm dies nützt, d.h. in der Regel. So kann keine Gemeinsamkeit und kein Vertrauen entstehen. Also sind die Folgen dieser allgemeinen Befolgung der Lügen-Handlungsmaxime nicht wünschenswert. Daher ist Lügen in der Regel gemäß der empirischen Verallgemeinerung nicht erlaubt, es sei denn, die Lüge hätte Nutzen für die Allgemeinheit zur Folge oder entspräche einer sittlichen Verpflichtung, etwa um einen Menschen vor dem Tode zu retten.

Allerdings lassen sich gegen die empirische Form der Verallgemeinerung Einwände formulieren. Richard Hare weist darauf hin, daß die Universalisierbarkeit moralischer Urteile das Vorkommen von zeitlichen Bezügen in moralischen Prinzipien verbiete (Hare 1992, 159). Dann wendet sich Hare gegen Mackies Behauptung, daß es verschiedene Stufen der Universalisierung gibt (Hare 1992, 167). Auch der andere übliche Vorschlag, moralische von nicht moralischen Werten zu unterscheiden, die Orientierung an Präferenzen, befriedigt gemäß Hare nicht, da sich Präferenzen schlecht miteinander vergleichen lassen. Der unparteiliche Standpunkt, der Präferenzen gleich gewichtet (Hare 1992, 184), der hier oft gefordert wird, kann aber durchaus zu kontraintuitiven Ergebnissen führen. Hare konstruiert das Beispiel eines alleinstehenden Penners, dessen Tötung zwecks Organentnahme zwei Familienväter retten könnte. Er müßte gemäß dem Präferenzutilitarismus getötet werden (Hare 1992, 204).

Für eine anwendungsorientierte Ethik hat der Utilitarismus bahnbrechend gewirkt. Bentham als sein Begründer ging von der Einsicht in die Unmöglichkeit einer Letztbegründung des Utilitätskonzeptes aus (Eckensberger 1993, 64). Aber sein Vorzug liegt darin, daß das Utilitätsprinzip sich für Benthams Zielsetzung einer Verwissenschaftlichung der Moralphilosophie förmlich anbietet. Die präskriptive Bedeutungskomponente des Utilitätsprinzips versetzt dies in die Lage, menschliche Handlungen unter Rückgriff auf Prinzipien zu regeln, die man befolgen oder zurückweisen kann, von den man aber nicht sinnvoll sagen kann, man habe sie bewiesen. Im Hinblick auf die Genese moralischer Regeln ist zu sagen, daß es sich hier um geläuterte moralische Intuitionen handelt (Eckensberger 1993, 76). Anwendungsprobleme des Utilitätsprinzips zeigen sich als Operationalisierungsprobleme, die massiven Gebrauch von empirischen Hypothesen machen müssen. Daher scheint der Utilitarismus zumindest in seiner ursprünglichen Gestalt einen Verstoß gegen das Hume'sche Gesetz darzustellen.

Daher läßt eine hermeneutisch orientierte praktische Ethik das Verallgemeinerungsverfahren in beiden Versionen zu, nämlich die Überprüfung einer Handlungsmaxime auf innere Stimmigkeit hin (Nicht-empirische Verallgemeinerung), aber auch die Überprüfung einer Handlungsmaxime anhand der erwartbaren Folgen bei der generalisierten Anwendung dieser Maxime. Dabei wird deutlich, daß unterschiedliche Ebenen der Anwendung des Verallgemeinerungstestes von Handlungsmaximen und damit ethischer Argumentation erforderlich ist. Ein entsprechender Vorschlag der Ebenenunterscheidung wird im Kapitel 2.5 erarbeitet.

Dem Hume'schen Gesetz muß in einer anwendungsorientierten Ethik Rechnung getragen werden, auch wenn sie vom Utilitarismus wesentliche Impulse empfangen hat. Die *Sein-Sollen-Unterscheidung* geht auf David Hume zurück. In seinem „Traktat über die menschliche Natur" umschreibt Hume den Denkfehler folgendermaßen: „In jedem Moralsystem, das mir bisher vorkam, habe ich immer bemerkt, daß der Verfasser eine Zeitlang in der gewöhnlichen Betrachtungsweise vorgeht, das Dasein Gottes feststellt oder Betrachtungen über menschliche Dinge vorbringt. Plötzlich werde ich damit überrascht, daß mir anstatt der üblichen Verbindungen von Worten mit ‚ist' und ‚ist nicht' kein Satz mehr begegnet, in dem nicht ein *‚sollte'* oder *‚sollte nicht'* sich fände. Dieser Wechsel vollzieht sich unmerklich; aber er ist von großer Wichtigkeit. Dieses sollte oder sollte nicht drückt eine neue Beziehung oder Behauptung aus, muß also notwendigerweise beachtet und erklärt werden. Gleichzeitig muß ein Grund angegeben werden für etwas, das sonst ganz unbegreiflich scheint, nämlich dafür, wie diese neue Beziehung zurückgeführt werden kann auf andere, die von ihr ganz verschieden sind“ (Hume 1973, 211).

Humes „Is-Ought-Thesis“ stellt den Unterschied von deskriptiven und präskriptiven Argumentationen fest. Sie wendet sich jedoch nicht grundsätzlich gegen eine Ableitung des Sollens aus dem Sein, sondern kritisiert eine Praxis, die unterschiedliche Begründungsebenen vermischt. Erst in der späteren Fachdiskussion wurde bei George Edward Moore daraus das *Verbot des „naturalistischen Fehlschlusses“*. Dieses richtete sich gegen den Versuch, logisch von einem Sein auf ein Sollen zu schließen, wie dies vor allem die Verwendung des Prädikates „gut“ im Sinne von „funktionstüchtig“ gleich „sittlich wertvoll“ nahezulegen scheint (Ricken 1983, 47). Das Verbot des naturalistischen Fehlschlusses ist daher eine methodologisch weitergehende Forderung als das Hume'sche Gesetz.

Ausgangspunkt von George Edward Moores Überlegungen ist, daß das Wertwort „gut“ nicht definiert werden kann (Moore 1984, 36). Aus dieser Intuition ergibt sich folgende Konsequenz: „Es mag sein, daß alle Dinge, die gut sind, *auch* etwas anderes sind, so wie alle Dinge, die gelb sind, eine gewisse Art der Lichtschwingung hervorrufen. Und es steht fest, daß die Ethik entdecken will, welches die anderen Eigenschaften sind, die allen Dingen, die gut sind, zukommen. Aber viel zu viele Philosophen haben gemeint, daß sie, wenn sie diese anderen Eigenschaften nennen, tatsächlich ‚gut‘ definieren; daß diese Eigenschaften in Wirklichkeit nicht ‚andere‘ seien, sondern absolut und vollständig gleichbedeutend mit Gutheit. Diese Ansicht möchte ich den ‚naturalistischen Fehlschluß‘ nennen“ (Moore 1984, 40f). Zur Unterscheidung von anderen Arten von Fehlschlüssen bezeichnet Moore damit diejenigen Theorien, die glauben, „‚gut‘ könne mit Bezug auf einen *natürlichen Gegenstand* definiert werden“ (Moore 1984, 76). Der naturalistische Fehlschluß liegt vor, wenn aufgrund von Zweckmäßigkeiten und Funktionalitäten in der Natur auf ihren sittlichen Wert geschlossen wird.

Wenn Vertreter dieser Theorie auf ein Gefühl verweisen, so bleibt immer noch die Frage, ob das Gefühl selbst gut sei (Moore 1984, 79). Auch Gesundheit und Krankheit im Sinne des biologisch Normalen sind keine guten Kriterien. Denn es ist nicht ausgemacht, daß das Normale gut sein muß“ (Moore 1984, 81). Moore zieht sein Fazit unter Hinweis auf das „open-question-Argument“: „Somit bleibt es stets eine offene Frage, ob etwas, das natürlich ist, auch gut ist“ (Moore

1984, 82). So sind für Moore weder Evolutionismus noch Hedonismus Grundlage für eine tragfähige Ethik, denn: „Kein Verhalten ist besser, *weil* es weiter entwickelt ist. Die Entwicklungsstufe kann allenfalls *Kriterium* ethischen Wertes sein; und das auch nur, falls wir die äußerst schwierige Verallgemeinerung beweisen können, daß das mehr Entwickelte im ganzen immer das Lustvollere ist" (Moore 1984, 91). Es müßte erst einmal die Frage beantwortet werden: Ist das Leben lebenswert?

Neben dem „naturalistischen Fehlschluß" und seiner evolutionär-genetischen wie psychologischen Variante behandelt Moore auch die Metaphysik ähnlich wie Hume. Auch Metaphysik kann nach Moore keinen Einfluß auf die Frage haben, was „gut" sei. Er argumentiert folgendermaßen: „Zunächst steckt schon in der Frage: Was ist gut? ein Doppelsinn, dem offenbar ein gewisser Einfluß zukommt. Die Frage kann entweder bedeuten: Welche unter den existierenden Dingen sind gut? oder aber: Welche *Arten von* Dingen sind gut, welches sind die Dinge, die – ob sie nun wirklich *sind* oder nicht – wirklich sein sollen?" (Moore 1984, 174f) Denn nur auf die Frage, ob etwas wirklich ist, kann Metaphysik eine Antwort geben. Häufig werden in diesem Rahmen Werte aus dem Gewollt-Werden, d.h. aus Bedürfnissen oder Interessen abgeleitet, aber „Gutsein ist [..] ebensowenig identisch mit irgendwie Gewollt- oder Gefühltwerden, wie Wahrsein identisch ist mit irgendwie Gedachtwerden" (Moore 1984, 197). Die einzige Rolle, die Moore der Metaphysik zubilligt, ist eine psychologische, nämlich auf Dinge, die wertvoll sein mögen, hinzuweisen (Moore 1984, 202). Von einer Begründung im spezifischen Sinne könne nicht die Rede sein. Um dem naturalistischen Fehlschluß zu entgehen, müsse man ganz klar zwischen Mittel und Zweck unterscheiden (Moore 1984, 243).

John Searle dagegen beharrt darauf, daß nicht bei allen methodischen Übergängen von Deskriptionen zu Präskriptionen naturalistische Fehlschlüsse vorlägen. Er geht davon aus, daß „ought" ein schlichtes englisches Hilfsverb ist, „is" eine englische Kopula. Und „genauso schlicht wie diese Wörter selbst ist auch die Frage, ob vom Sein aufs Sollen geschlossen werden kann" (Searle 1971, 263). Searle geht es nicht um das moralische Sollen, sondern um Verpflichtungen und Imperative überhaupt. Daher sieht er z. B. eine Ableitung des Sollens aus einem Sein in der Institution des Versprechens gegeben. Institutionen sind mit Verpflichtungen verbunden. Und derartige „institutionelle Tatsachen" (Searle 1971, 275) beschreibt beispielsweise auch die Soziobiologie. Für Searle hängt die strenge Unterscheidung von Sein und Sollen mit einer bestimmten Wissenschafts- und Wirklichkeitsauffassung zusammen, die er nicht teilt. Für Searle kann ein sittlicher Wert zumindest aus einer institutionellen Tatsache wie dem Versprechen, das einzuhalten ist, geschlossen werden.

Trotzdem muß es für Searle so etwas wie eine dritte Ebene geben, in der präskriptive mit deskriptiven Aussagen verbunden sind: „Wenn die von mir vertretene Ansicht richtig ist, hat die Unterscheidung zwischen deskriptiven Äußerungen und Wertäußerungen nur insofern Sinn, als damit die Unterscheidung zwischen zweierlei Arten von illokutionären Rollen, beschreibenden und bewertenden, gemeint ist. [...] Übrigens bin ich der Ansicht, daß die Verpflichtung, ein Versprechen zu halten, nicht notwendig etwas mit Moralität zu tun hat. [...] Es gehört zum Begriff des Versprechens, daß derjenige, der ein Versprechen gibt, sich damit verpflichtet, das und das zu tun. Aber ob die Institution des Versprechens als solche gut oder schlecht ist und ob die mit dem Versprechen übernommenen Verpflichtungen durch andere, davon unabhängige Erwägungen aufgehoben werden können, sind Fragen, die nicht zur Institution selbst gehören“ (Searle 1971, 278-281).

Verpflichtung ist außer an Sprache wesentlich auch an Verträge gebunden, hat also eher etwas mit Recht als mit Sittlichkeit zu tun. Ein Versprechen, gegeben, um einen Mord zu decken, mag zwar eine Verpflichtung gegenüber einer anderen Person implizieren, sittlich jedoch darf es nicht genannt werden. Für Searle ist, eine Sprache zu sprechen, „untrennbar verknüpft mit der Übernahme von Verpflichtungen, dem Akzeptieren von Festlegungen, der Anerkennung zwingender Schlüsse“ (Searle 1971, 294). Damit leuchtet allerdings von selbst ein, daß mit dieser Ebene noch nicht notwendigerweise Sittlichkeit verbunden sein muß. Vielmehr stellt diese einen von institutionellen Tatsachen noch einmal verschiedenen Bereich dar, obwohl institutionelle Tatsachen Anknüpfungspunkte für sittliche Werte darstellen können. Die Beachtung der Sein-Sollen-Differenz ist daher eine wesentliche Minimalbedingung für die Unterscheidung von sittlichen und nicht-sittlichen Verpflichtungen.

Ein drittes Kriterium, die *Realisierbarkeitsregel*, ist spezifisch für eine anwendungsorientierte Ethik. In ihr geht es darum, das strategische, auf Folgen orientierte Handeln so zu kanalisieren, daß es zu allgemein wünschenswerten, konsensfähigen Ergebnissen führt, also zu Ergebnissen, die sittlichen Verpflichtungen in ihrer Realisierung entsprechen. Die Realisierbarkeitsregel als Verfahrensregel verpflichtet, sittliche und strategische Vernunft aufeinander zu beziehen und damit die Umstände, überhaupt die Situation und die Folgen zu einem zentralen Beurteilungsgesichtspunkt für die Formulierung sittlicher Verpflichtungen werden zu lassen.

Die Realisierbarkeits-Regel wird in der klassischen philosophischen Ethik vergeblich gesucht. Vorläufer dieser Regel finden sich in der juristischen und moraltheologischen Kasuistik, aber auch bei Aristoteles in seiner Konzeption der Epikie oder der Güterabwägung. Dies liegt nicht zuletzt daran, daß hier empirische Tatbestände zum Maßstab ethischer Urteile werden. Die Realisierbarkeitsforderung ist Ausdruck praktischer Rationalität. Praktische Rationalität ist daher in der Lage, eine Klammer zwischen deskriptiven Aussagen und präskriptiven Imperativen anzugeben. Dies liegt daran, daß die Rationalitätstheorie offenbar sowohl eine normative wie eine empirische Theorie ist (Eckensberger 1993, 154). Theorien der praktischen Rationalität sind viel schwieriger als die der theoretischen Rationalität, weil sie eben umfassender sind als letztere (Eckensberger 1993, 157). Plausibilisierungsargumente für ethische Imperative sind da gefragt.

Es gibt drei Typen empirischer Argumente im Rahmen praktischer Rationalität, nämlich das Möglichkeitsargument sowie die negative und die positive Rationalitätsvermutung. Das Möglichkeitsargument in der Ethik korrespondiert dem Satz „Sollen impliziert können“. Dieser Satz wurde jedoch eher im moralischen oder im juristischen Sinne denn als genuin ethischer Satz aufgefaßt (Eckensberger 1993, 167). Eine metaethische oder metatheoretische Klärung dieses eher anwendungsorientierten Satzes könnte allerdings einen Beitrag leisten zur Theoriebildung der anwendungsorientierten Ethik (Eckensberger 1993, 167).

Das Möglichkeitsargument legt einen ersten normativ empirischen Zusammenhang nahe (Eckensberger 1993, 171). Die Frage ist, ob man den Inhalt einer Norm als rational qualifizieren kann oder nicht. Für Handlungen kann man nach Ursachen und Gründen fragen. Rationalität gilt dann als eine Form mentaler Kausalität, als Schluß von moralischen Tatsachen auf ihren Verpflichtungsgehalt und auf den von ihm ausgehenden zwanglosen Zwang der Einsicht in eine sittliche Verpflichtung, die auf Realisierung drängt. Moralische wie ethische Urteile verweisen aber auf Tatsachenzusammenhänge. Mentale Verursachung impliziert, daß Kausalität in diesem Zusammenhang genauer als eine Form intramentaler Kausalität zu bestimmen ist. Rationalität ist diejenige Form intramentaler Kausalität, bei der ein Grund das Begründete gerade über die zwischen ihnen bestehende Begründungsbeziehung begründet (Eckensberger

1993, 176). Handlungsgrund ist dann die Einsicht in die Plausibilität einer sittlichen Verpflichtung wie in die Realisierbarkeit einer Handlung.

„Sollen impliziert Können“: Bei einem schwachen Sinn von Können besagt diese Formel, daß moralische Normen insgesamt widerspruchsfrei bzw. für die Fälle, in denen sie widersprechende Anweisungen geben, mit Prioritätsregeln versehen sein müssen. Denn logisch unerfüllbaren Anforderungen läßt sich nicht genügen. Versteht man „Können“ allerdings im Sinne einer adressatenbezogenen Position als „für uns Menschen möglich“, so besagt die Formel, daß Heroismus und andere moralische Überforderungen, denen wir nicht genügen können, sich nicht zur moralischen Norm erheben lassen. Dies impliziert eine Rehabilitation der praktischen Rationalität.

Auch die zweite Traditionslinie, die moralisches Sollen an die Kompetenz zur Handlungsausführung zurückbindet, entstammt eher der juristischen Tradition. Ausgehend von dem juristischen Diktum „ultra posse nemo obligatur“ kommt Hoche zu dem Schluß, Wollen schließe Können pragmatisch mit ein, das Müssen impliziert das Bestehen einer moralischen Verpflichtung (Hoche 1992, 186). Hoche geht es nicht darum, die implizite Allgemeinheit in einer formalsprachlichen Verpflichtungssatz-Analyse deutlich zu machen. Universelle ich-will-Sätze sind nicht objektiv, sondern nur subjektiv begründbar, obwohl sie allgemeingültig sind (Hoche 1992, 239). Universelle ich-will-Sätze erweisen sich als die eigentliche Grundlage von Verpflichtungssätzen. Diese lassen sich in die Goldene Regel übersetzen: Was ich dem Nächsten zum Vorwurf mache, werde ich selber nach Kräften nicht tun (Hoche 1992, 284). Damit wird das Gebot so verstanden, andere so zu behandeln, wie man hier und jetzt, und zwar ein für alle Mal will, daß andere einen in einer hypothetischen Situation dieser Art behandeln sollen (Hoche 1992, 293). Die Goldene Regel ist somit ein bedingter, universeller Verpflichtungssatz (Hoche 1992, 295).

Hoches Überlegungen eröffnen einen interessanten Weg der Analyse moralischer Verpflichtung. Er will noch schärfer als Hare das „Muß“ der Moral vom „Sollte“ der Klugheit abgrenzen (Hoche 1992, 303). Im Unterschied zu „muß“- oder Verpflichtungssätzen der Moral und „sollte“-Sätzen der Klugheit stellen uns „soll“-Sätze bei dem Versuch ihrer logischen Analyse vor zusätzliche Probleme (Hoche 1992, 329). Mit den Vokabeln „muß“, „sollte“ und „soll“ ist nicht bereits das gesamte moralisch-praktische Wortfeld abgedeckt (Hoche 1992, 358).

Und so ist die Vermutung erlaubt, daß z.B. die Analyse des sittlich Erlaubten und seiner Abgrenzung vom Nicht-Erlaubten ein vielleicht dringlicheres Desiderat metaethischer Überlegungen darstellt als die Analyse der moralischen Verpflichtung. Die Direktive methodischer Art „Sollen impliziert Können" postuliert somit einen Zusammenhang von kategorischen und hypothetischen Imperativen und impliziert eine Aufwertung des Erlaubten im Rahmen einer Klugheitsethik, die strategisch-praktische Vernunft mit ethisch-praktischer Vernunft verknüpft. Damit allerdings wird Empirie zum Maßstab für bestimmte ethische Theorie. Und letztlich könnten sich dann zumindest einige ethische Theorien empirisch falsifizieren lassen.

Für Kant ist die Verallgemeinerung ein einfach zu handhabendes Verfahren (Kant, GMS BA 19f), das allerdings nur negativ-ausgrenzende Wirkung hat. Damit hat Kant eine klare Auszeichnung sittlicher Handlungsregeln, aber das Problem, daß eine ganze Reihe von Handlungsregeln aus seinem Konzept herausfallen, die gerade für eine anwendungsorientierte Ethik von Bedeutsamkeit sind. Kant nennt sie Klugheitsregeln. So unterscheidet Kant hypothetische und kategorische Imperative (Kant, GMS BA 39). Hypothetische Imperative oder Klugheitsregeln haben immer nur praktische Notwendigkeit für sich. Sie sind bedingt. Denn alle Klugheit und Raffinesse in der Macht eines Verbrechers sind zwar hochwirksam, aber unsittlich. Die Sittlichkeit eines Handelns bringt wieder das Prüfungsverfahren ans Tageslicht: Verbrechen lassen sich nicht generalisieren, da sie universal praktiziert zur Zerstörung der Gesellschaft und damit der Lebensvoraussetzungen auch des Verbrechers führen würden.

Kant lehnt hypothetische Imperative nicht ab, er bestreitet auch nicht, daß einige hypothetische oder bedingte Imperative sittlich sein mögen, allerdings bestreitet er, daß wir in der Tat endgültig und mit Notwendigkeit wissen können, welche hypothetische Imperative sittlich sind oder nicht. Aber nur sittliche Aussagen mit absoluter Notwendigkeit sind im strengen kantischen Sinne wissenschaftlich und ethisch ausgewiesen. Kant unterscheidet daher Regeln der Geschicklichkeit, Ratschläge der Klugheit oder Gesetze bzw. Gebote der Sittlichkeit, also technische, pragmatische und moralische Imperative (Kant, GMS BA 43f). Diese Unterscheidungen sind methodischer Art: Nur der letzte gebietet kategorisch und verletzt das Hume'sche Gesetz nicht, das eine Vermischung von deskriptiven und präskriptiven Aussagen verbietet (Ricken 1983, 43-50).

In jüngerer Zeit hat Norbert Hinske diese Fragestellung Kants aufgenommen und in ihrem systematischen Gehalt rekonstruiert. Hinske untersucht die beiden Konzepte einer Einteilung der Imperative in problematische (technische), assertorische (pragmatische) und apodiktische (kategorische) gemäß den drei Urteilsformen der Modalität einerseits und in hypothetische und kategorische Imperative andererseits (Hinske 1989, 132f). Ursprünglich handelte es sich um zwei konkurrierende Einteilungen (Hinske 1989, 135), die erst in der „Grundlegung" miteinander verknüpft worden seien. Die Zweiteilung habe Kant bereits 1762 in der „Preisschrift" entwickelt, die die grundsätzliche Zweiteilung im Sollenscharakter praktischer Sätze ausdrückt. 1772 kennt er auch die Dreiteilung im Anschluß an die drei Urteilsformen der Modalität. Gerade hier artikuliert sich die Möglichkeit, die Kantische Ethik auf ein Konzept des praktischen Syllogismus zu beziehen. Empirische Ratschläge befördern zwar die Glückseligkeit, aber diese gilt Kant nicht als ein Kriterium, das notwendig ausweisbare Sittlichkeit für sich in Anspruch nehmen kann.

Die für eine handlungstheoretisch begründete anwendungsorientierte Ethik unabdingbaren Analysen der Elemente der Handlung kann mit Kants Ansatz im strengen Sinn nicht vorgenommen werden. Da diese aber für eine anwendungsorientierte Ethik unverzichtbar sind, kann sich diese nicht auf das kantische Überprüfungsverfahren der Verallgemeinerbarkeit beschränken, sondern muß einen anderen Weg der Auffindung und Rechtfertigung ihrer sittlichen Handlungsregeln beschreiten. Erzwungen wird dieser durch die für eine anwendungsorientierte Ethik unverzichtbare Berücksichtigung der Elemente der Handlungen. Diese bleiben gemäß Kant immer unsicher, da sie sich auf empirische Daten stützen muß, auf Realität bezogen bleibt, während Kant Sittlichkeit unter Rückgriff auf unverzichtbare Bedingungen der Möglichkeit gesollter oder verpflichtender Handlungen selbst rechtfertigt. Situativ bedingte Imperative, d.h. hypothetische Imperative zu erstellen ist daher die Kunst jeder bereichsspezifischen anwendungsorientierten Ethik. Vielleicht sollte man daher bei ihnen nicht mehr von hypothetischen Imperativen sprechen, sondern sie als konditionale oder bedingte Imperative in ihrer spezifischen Leistungsfähigkeit herausarbeiten.

Das Realisierbarkeitskriterium führt damit zu einem moralischen Realismus, zu einer Orientierung am äußeren Erfolg. Dieser moralische Realismus macht es z.B. erforderlich, Verfahren zu entwickeln, mit deren Hilfe Kooperation trotz unterschiedlicher Risikobereitschaft möglich ist. Vor allem aber fordert es Ethiker auf, Übersetzungsregeln von sittlichen Verpflichtungen in die Logik von Recht, Politik, Gesellschaft, Wirtschaft, Wissenschaft, Technik und Kultur zu explizieren oder zu konstruieren, insbesondere wenn es sich um innovative Bereiche handelt, in denen noch kaum Erfahrung und Umgangswissen vorliegen. Gemäß dem Realisierungskriterium schlägt die Implementierung moralischer Ideen auf ihre Geltung durch.

Handlungsmaximen, d.h. Regeln, nach denen im Sinne Kants Handlungen beschlossen werden, müssen in einem dreifachen Sinne geprüft sein, damit sie als sittlich gelten dürfen, nämlich hinsichtlich der Fähigkeit, den nicht-empirischen bzw. den empirischen Verallgemeinerungstest zu bestehen, die Sein-Sollen-Unterscheidung zu respektieren und den Forderungen der Realisierbarkeitsregel zu genügen. Eine so überprüfte Handlungsmaxime läßt sich auch als ethisches Urteil formulieren, wobei der spezifische Ansatz der praktischen Ethik darin besteht, bereichsspezifisch (im Sinne der Realisierbarkeitsregel) Handlungmaximen und ethische Urteile zu konstituieren. Praktische Ethik kann ethische Urteile vorschlagen, die zur Grundlage für die Formulierung von Maximen werden können.

2.4 Ethische Expertise: Regeln und ethische Argumentation im Rahmen einer bereichsspezifischen Ethik

Moralische Regeln bzw. Handlungsmaximen besagen, was normalerweise oder in den meisten Fällen richtig oder nicht richtig ist (M. G. Singer 1975, 127). Marcus Georg Singer unterscheidet drei Arten von moralischen Regeln: (1) fundamentale moralische Regeln, (2) lokale Regeln und (3) neutrale Normen wie etwa Verkehrsregeln, wo wie beim Links- oder Rechtsverkehr mit genau der entgegengesetzten Regel das gleiche Resultat zu erzeugen ist (M. G. Singer 1975, 142). Ausnahmen untergraben moralische Regeln nicht, da Regeln nur im Allgemeinen von Nutzen sind. Rechtfertigung moralischer Regeln ist nach Singer durch Verallgemeinerung oder durch Hinweis auf die Art von Folgen, die eine Nichtbefolgung aller Wahrscheinlichkeit nach haben würde, möglich (M. G. Singer 1975, 168).

Singer faßt das ethische Urteil als Anwendungsfall einer Verallgemeinerung auf (M. G. Singer 1975, 69), wodurch ethischen Urteilen Allgemeinheit zukomme. Die Anwendung des Verallgemeinerungsverfahrens legt nicht fest, daß die Folgen davon, daß jeder in einer bestimmten Weise handeln würde, nicht wünschenswert wären. Was nicht wünschenswert ist, wird vielmehr vorausgesetzt (M. G. Singer

1975, 32). Das verallgemeinerte Prinzip der Folgen impliziert, daß jeder (im kollektiven und nicht im distributiven Sinne) die Folgen für nicht wünschenswert halten muß.

Die Anwendung des Verallgemeinerungsverfahrens ist nicht immer gleich einfach, denn Situationen sind verschieden und erlauben keine Prognose über das Handeln (M. G. Singer 1975, 179). Obwohl das Argument der Verallgemeinerung und das Prinzip der Nützlichkeit nicht gänzlich unverwandt sind, läßt sich das Verallgemeinerungsprinzip nicht in das Nützlichkeitsprinzip umformulieren. Die Unparteilichkeitsforderung und das Universalisierungsverfahren verstehen sich wie der Regelbegriff im Sinne moralischer Regeln (traditionell gesprochen Normen) als Ausdruck praktischer Vernunft. Regeln definieren und regulieren Verhaltensweisen und konstituieren so Handlungen. Doch soll dies keineswegs zu dem Glauben führen, daß sich mit der Formulierung von Regeln die Hauptarbeit einer anwendungsorientierten Ethik erschöpft. Vielmehr muß die Kompetenz der Regelanwendung beim einzelnen durch die exemplarische Bewertung von Fallbeispielen eingeübt werden.

Der Regelbegriff ist verwandt mit den Begriffen Norm, Vorschrift, Richtschnur, Richtlinie. Das Wort „regula“ stammt von handwerklicher Terminologie ab und meint ursprünglich Richtholz, Richtschnur, Maßstab, Regel und ist verwandt mit dem lateinischen Begriff „regere“, der „geraderichten“, „lenken“, „herrschen“, „in Ordnung bringen“, „verordnen“ und „Richtlinien erlassen“ bedeutet. Es bezeichnet auch Regelmäßigkeit wie z.B. im Begriff der Regelblutung. Regeln können soziale Institutionen charakterisieren (z.B. Ordensregeln), Vorschriften zur Herstellung von technischen Apparaten oder wissenschaftlicher Erkenntnis umfassen, aber auch als kategorische Imperative moralischen Charakter annehmen. Der Regelbegriff spielte in der Geschichte der praktischen und theoretischen Philosophie eine nicht unerhebliche Rolle. Cicero verwendete „regula“ im Sinne eines Handlungs- oder Beurteilungsmaßstabes. Das aristotelische „rechte Maß“ als Mitte zwischen zwei Übertreibungen läßt sich als Regel auffassen und im römischen Recht war „regula“ ein kurz formulierter, allgemeingültiger Rechtsgrundsatz (Kible 1992, 428). Verwendung findet der Begriff vor allem im Rahmen der „Künste“, der „artes“ und der Techniken.

In der Neuzeit erhielt der Regel-Begriff moralische Bedeutsamkeit im Sinne der moralischen Maxime und durch Kants praktische Regel der Vernunft genauso wie durch seinen Begriff der Regeln der Geschicklichkeit (Pieper 1992, 434). Zwei Merkmale moralischer Regeln und moralischer Urteile haben sich in der metaethischen Diskussion herausgebildet, nämlich Präskriptivität und Universalisierbarkeit (Pieper 1992, 437). Aus handlungstheoretischer Sicht stellen sich moralische Regeln als Wert- und Beurteilungsmaßstäbe einer individuellen wie gesellschaftlichen Praxis dar (Pieper 1992, 439).

Regeln sind besonders bei Entscheidungen unter Unsicherheit oder unter Ungewißheit hilfreich und dienen der Maximenbildung. Sie erlauben Folgenbewertungen im Rahmen praktisch-rationaler Argumentation selbst dort, wo nicht alle Folgen genau zu prognostizieren sind. Zu unterscheiden sind beschreibende und vorschreibende, konstitutive und regulative Regeln (Schauer 1991, 2-6). Dabei sind Faustregeln von vorschreibenden Regeln durch den moralischen Druck abgegrenzt, den letztere ausüben (Schauer 1991, 6). Regelorientierung dient rationalisierter Entscheidungsfindung, wobei zwischen deskriptiven und präskriptiven Regeln nicht immer ein scharfer Trennstrich gezogen werden kann (Schauer 1991, 15). Regeln liegen Verallgemeinerungen zugrunde, die auch probabilistischer Natur sein können (Schauer 1991, 32). Verallgemeinern ist nicht notwendigerweise mit Universalisierung und damit mit Unparteilichkeit zu identifizieren (Schauer 1991, 38), sondern kann sich auf bestimmte Bereiche, etwa Handlungsfelder beschränken.

Viele empirische Verallgemeinerungen sind nicht abschließbar und stehen daher nicht auf gleicher Ebene wie universalmoralische Grundsätze. Genau hierin kann ihr Wert für eine in spezifischen Bereichen anwendbare Ethik liegen. Gibt es auch in den sittlichen Grundsätzen keine eigenen bereichsspezifischen Ethiken, so können bereichsspezifische moralische Regeln in einzelnen Handlungsfeldern gut begründet sein. Regeln in diesem Sinne sind Anleitungen für Interpretationsverfahren, die in eine Handlung münden. In den meisten Fällen wird das Resultat einer regelgeleiteten Entscheidungsfindung nicht wesentlich verschieden sein vom Resultat einer direkten Anwendung der Hintergrundrechtfertigungen (Schauer 1991, 100). Aber immerhin dienen Regeln dazu, Entscheidungen durchsichtiger zu machen. Sie lassen sich so andern gegenüber besser rechtfertigen.

Faustregeln definiert Schauer als direkte Anwendung von Hintergrundrechtfertigungen, Leitbildern oder eines Sets von Rechtfertigungen auf Handlungssituationen (Schauer 1991, 105). Damit haben sie nicht nur instrumentellen Charakter und dürfen auch nicht als überflüssig gelten, wie gelegentlich unterstellt wird (Schauer 1991, 108). Insbesondere für Bewertungen bei unvollständigem Wissen z. B. über Folgen bestimmter Handlungen sind Faustregeln als probabilististische Verallgemeinerungen und Bewertungen aufgrund von Hintergrundrechtfertigung ein praktikables Instrumentarium einer anwendungsorientierten Ethik.

Damit weicht Schauer vom sonst üblichen Sprachgebrauch ab, der Faustregeln als deskriptive Handlungsregeln im Sinne der Wenn-Dann-Beziehung und der Zweck-Mittel-Struktur interpretiert. Allerdings erhalten auch diese Faustregeln sittliche Relevanz, wenn der Obersatz des daraus folgenden Syllogismus ein sittlich ausgewiesenes Urteil enthält. Dies ist z. B. dann der Fall, wenn eine Faustregel so formuliert ist wie der Satz: „Wenn du dieses bestimmte technische Verfahren anwendest, mußt du mit diesen oder jenen unerwünschten Nebenwirkungen rechnen!". Faustregeln sind im strengen Sinne keine moralischen Regeln, sie können dazu aber, je nach Obersatz, in einem praktischen Syllogismus mit gemischten Prämissen werden. Es kommt auf die Materialität der Prämisse an, unter der die Wenn-Dann-Beziehung steht. Faßt man Faustregeln als hypothetische Imperative auf, so sind sie deskriptiv und nehmen als praktische Syllogismen die Form von Kalkulationen an. Strategisches Handeln aber kann gut oder schlecht sein.

Regeln sind traditionell Bestandteil instrumenteller Vernunft. Sie können daher der Steuerungsaufgabe einer angewandten Ethik gerecht werden. Auch der Kriterienbegriff klingt instrumentell. Doch beide Arten nicht-sittlicher Regeln sind wie hypothetische Imperative oder Faustregeln entweder in moralische Regeln oder in sittliche Hintergrundrechtfertigungen einzubinden. Moralische Regeln gelten in der Regel, Hintergrundrechtfertigungen beziehen sich auf bestimmte Bereiche. Daher sind moralische Regeln und Hintergrundrechtfertigungen als Ausdruck eines eingeschränkten Universalismus zu interpretieren und zu transformieren. Moralische Regeln basieren auf einem bereichsspezifischen Universalismus und nicht wie der Kategorische Imperativ oder ethische Prinzipien auf einer generellen, nichtempirischen Verallgemeinerung. Eine bereichsspezifische Universalität ist jedoch nicht ohne Rückgriff auf die Bereiche, für die sie formuliert wird, also nicht ohne Rückgriff auf die Empirie möglich.

Regelbefolgung hilft beim Gruppenzusammenhalt, erleichtert das Funktionieren von Institutionen und trägt so dazu bei, soziales Handeln zu ermöglichen. Daher haben moralische Regeln in einer angewandten Ethik vor allem Überprüfungsfunktion für die moralische Intuition und Anleitungsfunktion für Entscheidungen in unüberschaubaren oder unsicheren Situationen. Regeln und Kriterien, entwickelt von einer professionellen anwendungsorientierten Ethik, dienen dazu, ethische Güterabwägungen und Folgenbewertungen im Sinne praktischer Vernunft als ethische Expertise zu konzipieren und damit zur Maximenbildung derjenigen beizutragen, die entscheiden müssen. Im Zeitalter der Experten wird auch der Ethiker zum Experten (Sass 1991, 118). Praktisch-ethische Fragen sind nicht aus der Hüfte mit generalisierenden Theorien zu beantworten (Sass 1991, 117), sondern durch Differenzierung der Umstände und Folgen des entsprechenden Handelns.

Für die Güterabwägung gelten ähnliche Verfahren wie in der Ökonomie (Kosten-Nutzen-Analysen) oder in den Ingenieurswissenschaften z. B. in der Technologiefolgenabschätzung (Sass 1991, 127). Daher könne eine solche Ethik auf den ersten Blick mit Utilitarimus und Kontraktualismus verwechselt werden (Sass 1991, 124). Vielleicht liegt hier aber gar keine Verwechslung vor, denn Folgenabschätzung und Güterabwägung sind nicht selbst Ethik, wohl aber ein unverzichtbarer empirischer Bestandteil einer Verantwortungsethik. Deren Aufgabe wiederum ist, nicht nur Nutzens- oder Nicht-Schadensaspekte bei der ethischen Entscheidungsfindung zugrunde zu legen, sondern ein umfassenderes Set ethischer Leitlinien.

Allerdings handelt es sich nach dem Verständnis der Verantwortungsethik nicht um eine Güterabwägung im eigentlichen Sinn. Vielmehr ist eine Abwägung der unterschiedlichen Verpflichtungen erforderlich, die sich aus ethischen Grundsätzen, Regeln und Kriterien ergeben. Hinzu kommt die Abwägung der Verpflichtungen, die sich aus bestimmten Konsequenzen ergeben. Die Abwägung hat zur Aufgabe, bestimmte Verpflichtungen in ihrer Dringlichkeit gegenüber anderen Verpflichtungen einzuordnen. Hier sind keine objektiven Urteile möglich. So empfiehlt sich zur Klärung der in einer bestimmten Situation auftretenden Verpflichtungen der Diskurs insbesondere der Beteiligten.

Der praktische Diskurs ist angewiesen auf ethische Argumentation. Argumentation ist auf Umstände bzw. Situationen von Handlungen zu beziehen (Toulmin 1960, 80-84). Um ethische Argumentation zu charakterisieren, vergleicht Stephen Toulmin Naturwissenschaft und Ethik und stellt fest, daß moralische Urteile sicher nicht beabsichtigen, uns zu helfen, unsere Handlungen und Antworten vorherzusagen (Toulmin 1960, 125). Zudem verändere moralische Erfahrung im Unterschied zur wissenschaftlichen Erfahrung die Sichtweise der betrachteten Dinge (Toulmin 1960, 127). Dennoch müsse trotz der unterschiedlichen Interpretationen von Prinzipien, Regeln, Rechtfertigungen und Sittlichkeit Ethik nicht unwissenschaftlich genannt werden. Wir müßten nur einsehen, daß unsere Kriterien von Recht, Gerechtigkeit, Rechtfertigung, Pflicht und Verpflichtung im Unterschied zu ihrem Gegenteil vom Argumentationstyp abhängen, mit dem wir diese Ideen bestimmen (Toulmin 1960, 156).

Gemäß der Analyse von Annemarie Pieper lassen sich folgende Grundformen moralischer und ethischer Argumentation unterscheiden. Gründe für die Rechtmäßigkeit von Handlungen können angeführt werden im Sinne moralischer Argumentation (1) durch Bezugnahme auf ein Faktum, wobei der Rekurs auf allgemeine Normen impliziert bleibt, (2) durch Bezugnahme auf Gefühle, die aus ethischer Perspektive aber nicht hinreichend erscheint, (3) durch Bezugnahme auf mögliche Folgen, deren Bewertungskriterien allerdings diskutiert werden können, (4) durch Bezugnahme auf einen Moralkodex einer Gruppe, der jedoch hinterfragt zu werden vermag, (5) durch Bezugnahme auf moralische Kompetenz des Handelnden, die bezweifelbar bleibt und (6) durch Bezugnahme auf das Gewissen als sittlicher Letztinstanz, wobei auch nach der Rechtfertigung des Gewissensurteils gefragt werden kann (Pieper 1985, 108-115).

Ethische Argumentation wiederum läßt sich charakterisieren durch die Verwendung folgender Methoden: (1) Die logische Methode greift auf eine deontische Logik im Sinne der Normenlogik (z.B. von Henrik von Wrights) zurück; (2) die diskursive Methode macht im Sinne von Lorenzen, Schwemmer und Habermas die Geltung ethischer Argumentation von der Methode der transsubjektiven Beratung und dem erzielten Konsens abhängig; (3) die dialektische Methode durchschreitet ein ethisches Problem argumentierend in einem spezifischen Zusammenhang, wobei zwei Begründungswege ineinander greifen, nämlich der Rekurs auf Unbedingtes als Abstieg von der Idee des Guten zu einer konkreten Norm wie der Aufstieg von einer konkreten Situationsbeurteilung zu einer sittlichen Idee; (4) die analogische Methode versucht anerkannte allgemeine Normen wie die Gerechtigkeit auf den Einzelfall nach dem Vorbild des aristotelischen Auffindens der Mitte anzuwenden; (5) die transzendentale Methode fragt nach dem Letztgrund des Sollens in einem Letztbegründungsverfahren, das im Hinblick auf konkrete Normen anderer Verfahren bedarf; (6) die sprachanalytische Methode geht von der Analyse moralischer Wörter aus und untersucht, wie Menschen über Handlungen reden, wenn sie diese rechtfertigen und (7) die hermeneutische Methode, die moralische Vorurteile aufklärt und unter Wertgesichtspunkten interpretiert, wobei sie bei ethischer wie moralischer Argumentation einen hermeneutischen Zirkel aufdeckt, der deutlich macht, daß man, um ethisch zu argumentieren, immer schon von ethischer Argumentation und ethischer Maximenbildung ausgehen müsse (Pieper 1985, 115-137).

Zur Begründung einer anwendungsorientierten Ethik schlage ich für eine praktische Ethik aus hermeneutischer Perspektive eine Verknüpfung der metaethischen und der hermeneutischen mit der transzendentalen Methode vor. Dies führt m.E. in ein Konzept ethischer Argumentation, das von der Analyse des ethischen Urteils und des praktischen Syllogismus ausgeht, um ein methodisch reflektiertes Verständnis von Rechtfertigung im diskursiven Verfahren zu etablieren. Ethische Argumentation – oder traditionell der praktische Syllogismus – vertritt die Stelle der praktischen Urteilskraft, die die Praxis der eigenen Vernünftigkeit auf den Begriff bringen soll. Der praktische Syllogismus wird als Schlüssel für das Methodenproblem des Verstehens gesehen.

Aristotelismus, Oxforder Sprachanalyse und hermeneutische Verstehenslehre konvergieren nach Bubner in der Neuformulierung der Konzeption des praktischen Syllogismus (Bubner 1982, 240f). Praktische Syllogismen erzeugen keine Handlungen, sondern setzen diese zumindest strukturell voraus (Bubner 1982, 246). Die Konklusion eines praktischen Satzes aber ist kein Satz, sondern ein Tun, also die Realisierung eines ethischen Urteils. Ein ethisches Urteil betrifft den Inhalt einer sittlichen Verpflichtung und zielt nicht nur auf Zustimmung ab, sondern auch auf Realisierung.

Ein praktischer Schluß enthält zwei Prämissen. Die eine betrifft ein Wissen, die zweite ein Wollen. Strittig ist, ob die Verbindung zwischen den Prämissen und der Konklusion eines praktischen Schlusses empirisch (kausal) oder begrifflich (logisch) ist (Wright 1974, 102). Die Last der Verifikation eines praktischen Syllogismus verschiebt sich von der Konklusion hin auf die Prämissen, wobei die einzige direkte Verifikation durch einen Rückgriff auf das Beabsichtigen geleistet werden kann (Wright 1974, 104-107). Die Konklusion eines praktischen Schlusses folgt nicht mit logischer Notwendigkeit aus seinen Prämissen, vielmehr ist eine wechselseitige Abhängigkeit der Verifikation von Prämissen und der Verifikation von Konklusionen praktischer Syllogismen erforderlich. In diesem rekursiven Vorgehen bestehe die Wahrheit des logischen Verknüpfungsargumentes (Wright 1974, 109f).

Nun ist ethische Argumentation nicht unumstritten. Unter dem Namen „Werturteilsstreit“ wurde zumindest über ein wesentliches Element ethischer Argumentation kontrovers diskutiert. Dies ist nicht unverständlich, wenn man unter Wert die Verallgemeinerung subjektiver Präferenzen, als Objektivation eines subjektiven Verhältnisses des Sprechenden zu seinem Gegenstand begreift (Geiger 1979, 37). Demgegenüber hält Viktor Kraft daran fest: „Der überindividuelle Wert kann nichts anderes sein als eine Abstraktion aus überindividuellen Wertungen. [...] Die Geltung eines Werturteils bedeutet: die Zuschreibung eines Wertcharakters an einen Gegenstand soll allgemein anerkannt werden, oder wenn man es noch weiter zurückverfolgt: für die Anweisung einer Stellungnahme zu einem Gegenstand wird allgemeine Anerkennung beansprucht und damit dieser Anspruch zu Recht besteht, ist eine überindividuelle Instanz erforderlich, welche diese Anerkennung notwendig macht“ (Kraft 1979, 62f).

Die Idee, daß Argumente als gültig oder als ungültig behauptet werden können, könnte wieder attraktiv werden, wenn wir das analytische Ideal im Hinblick auf Argumentation aufgeben (Toulmin 1958, 253). Verläßt man das logisch-analytische Ideal für Argumentationen, so impliziert das eine Aufwertung des Wahrscheinlichen, dem zumindest eine Art von Objektivität zugebilligt werden müsse (Toulmin 1958, 71). Argumentationen dienen der Rechtfertigung von Schlußfolgerungen und der Verteidigung von Zielen. Toulmin unterscheidet (1) zwischen formal gültigen und formal nicht gültigen Argumenten, (2) zwischen Rechtfertigungs-gebrauchenden und Rechtfertigung-erzeugenden Argumenten und (3) zwischen Argumenten, die zu notwendigen und solchen, die nur zu wahrscheinlichen Schlußfolgerungen führen. Rechtfertigende Regeln wie die des Syllogismus erlauben den schrittweisen Übergang von bestimmten Daten zu bestimmten Schlußfolgerungen (Toulmin 1958, 127-129).

Rationale Verfahren und Methoden – also auch ethische Argumentation – sind menschliche Artefakte und existieren nicht in der Natur (Toulmin 1958, 212). Argumentationen sind standpunktgebunden. Daher führt die Theorie der Argumentation in eine Konzeption von Diskurs, in dem der Ethiker Vorschläge für faktische Diskurse macht, die Anwendung von Regeln und Kriterien der Bewertung wie der Zurechnung vorführt und bei Fehlerhaftigkeit der Kritik unterzieht, Rechtfertigungsverfahren und Rechtfertigungsgründe überprüft und rechtfertigende Argumentationen entwickelt oder überprüft, ethische Urteile vorschlägt oder verwirft und damit der Pluralität möglicher materialer Argumente in der Bewertung eines Falles Rechnung trägt.

Der Diskursethik von Jürgen Habermas fehlen die Regeln, die die Logik der Argumentation ausmachen (Tugendhat 1984, 117). Kommunikative Einigung ist ein Aushandeln und kein Begründen (Tugendhat

1984, 158). Die Annahme von Habermas, daß zwar nicht der faktische, wohl aber der rationale, d.h. diskursiv herbeigeführte Konsens die letzte Instanz der Vergewisserung der Wahrheit unserer Geltungsansprüche sei, ist nicht so einfach auf den ethischen Diskurs zu übertragen. Konsens ist nicht das entscheidende Kriterium. Dann aber stellt sich die Frage, wer das Recht haben darf, einen Diskurs zu beenden.

Argumentationen sind für die moralische Urteilsbildung und für moralische Lernprozesse unverzichtbar, wobei der Eliminierung moralischen Unsinns und falscher ethischer Argumentation besondere Bedeutung zukommt (Wellmer 1986, 123f). Ein moralisches Urteil ist dabei als Urteil über die Verallgemeinerbarkeit oder Nicht-Verallgemeinerbarkeit von Handlungsweisen-in-Situationen aufzufassen, wobei die primäre Aufgabe der Aufweis der Nicht-Verallgemeinerbarkeit darstellt. Habermas besteht zu Unrecht auf einer scharfen analytischen Unterscheidung zwischen der Begründungs- und Anwendungsproblematik (Wellmer 1986, 135). Beide sind zusammenzunehmen, wenn es im praktischen Diskurs um die Begründung und Bewertung von Handlungen geht.

Ethische Argumentation richtet sich also an den Einzelnen und bemüht sich um seine personale Zustimmung, vollzieht sich aber in unterschiedlichen Gemeinschaften. Eine strukturelle Besonderheit des sittlichen Urteils wie eine formale Besonderheit des praktischen Syllogismus konnte in den erörterten Argumentationen nicht plausibel gemacht werden. Die Besonderheit ethischer Argumentation liegt daher in der Verwendung zumindest einer ethisch qualifizierten Prämisse. Diese ergibt sich aus dem Zusammenhang im Hinblick auf letzte rechtfertigende Grundsätze, Kriterien oder Regeln ethischer Art oder eines gemeinschaftlichen Ethos. Ethisches Argumentieren ist lernbar und hat Regeln und Kriterien für häufig wiederkehrende ethische Konfliktsituationen zu erarbeiten. Ethische Argumentation unterstützt die Wahrnehmung von Verantwortung.

Das Konzept des praktischen Syllogismus ist alleine aber nicht ausreichend, um als formal-methodisches Gerüst im praktischen Diskurs zu dienen. Es bedarf einer zusätzlichen Charakterisierung und Bestimmung der Herkunft der Regeln und Kriterien. Hier muß die handlungstheoretische Interpretation der anwendungsorientierten Ethik ansetzen und darauf hinweisen, daß die Rechtfertigung und Entwicklung von Kriterien der Zurechenbarkeit sowohl im individuellen wie im gemeinschaftlichen Bereich des Handelns von einer umfassenden Folgenabschätzung abhängig zu machen ist. Zur Beurteilung einer so verstandenen Ethik muß daher genau die Möglichkeit, Folgen von technischen oder alltäglichen Handlungen modellieren und prognostizieren zu können, überprüft werden. Dazu ist praktische Ethik als Verantwortungsethik zu konzipieren. Dies soll im nächsten Kapitel geschehen

2.5 Ein Stufenschema von Regeln und Kriterien und die Frage nach Handlungsbereichen

Die regelgerechte Anwendung der Prinzipien und Kriterien garantiert allerdings keinesfalls die Richtigkeit eines ethischen Urteils und der Maximenbildung. Diese hängen vielmehr oftmals von der ethischen Prämisse in einer ethischen Schlußfolgerung ab. Trotz aller professionellen Antwortversuche scheint es aber moralische Dilemmata zu geben, für die sich eine sauber begründete, eindeutige Antwort nicht findet, weil bei der Anwendung verschiedener fundamentaler ethischer Prinzipien diese in einen Widerstreit geraten. In solchen Fällen, die allerdings nicht eben alltäglich sind, ist der Rückgriff auf Aushandlungsverfahren, etwa in Form einer demokratischen Abstimmung mit Minderheitenschutz, aus der Sicht einer anwendungsorientierten hermeneutischen Ethik erlaubt. Die dann erforderlichen Selbstorganisationsprozesse zur Herbeiführung einer Entscheidung bedürfen eines institutionellen Rahmens, der wiederum durch Regeln konstituiert sein wird, damit eine Institution ethische Dignität für sich reklamieren kann. Aber Verfahrensgemäßheit erzeugt nicht sittliche Verpflichtung, so daß eine institutionelle Lösung eines ethischen Problems nur eine Notfall-Lösung darstellt, wenn die ethische Urteilsbildung versagt.

Um dieses zu vermeiden, soll ein Verfahrensvorschlag für ethische Urteilsbildung erarbeitet werden, der es erlaubt, echte ethische Dilemmata von ethischen Problemen zu unterscheiden. Dazu sollen vier Stufen des ethischen Argumentierens unterschieden werden, wobei ich unterstelle, daß unauflösliche ethische Dilemmata nur auf der obersten Ebene, nämlich der Prinzipienebene, entstehen. Aber selbst ethische Dilemmata, die in der ersten Ebene als völlig unlösbar erscheinen, können ethisch beurteilt werden, wenn sie auf einer tieferen Ebene der ethischen Argumentation neu und konkret gestellt werden. Daher versteht sich das Vier-Stufen-Schema der anwendungsorientierten Ethik als Verfahrenskriterium ethischer Argumentation in Problem- oder Konfliktfällen, zu dessen Formulierung ich an Walther Zimmerlis Entwurf einer problemorientierten Ethik als prozeduraler Verfahrensethik in vier Schritten anknüpfen möchte (Zimmerli 1987, 366f).

Zimmerli unterscheidet vier Ebenen der Entscheidungsfindung, nämlich (1) allgemeine Prinzipien, die wie das Universalisierungsverfahren bei Immanuel Kant deontisch oder das Fairneß- bzw. Gleichheitsprinzip bei John Stuart Mill teleologisch ausgelegt werden können. Auf dieser Ebene könnte noch das Gerechtigkeitsprinzip oder der Gedanke der Humanität (Kants Selbstzweckformel) angeführt werden. Hinzu kommen (2) zeitabhängige Prinzipien wie der Vorrang der schlechten Prognose oder die Prinzipien einer defensiven Ethik wie Zukunfts-, Vorsichts- und Nichtschadensgrundsatz, (3) regionale Prinzipien berufständischer Art wie z. B. der „informed consent" in der medizinischen Ethik und (4) materiale Werte und inhaltliche Überzeugungen (Zimmerli 1987, 366f).

Zimmerlis Konzept scheidet strittige Bewertungsfragen und kontroverse Handlungsoptionen mit abnehmendem Allgemeinheitsgrad aus. Derartige Negativfilter dienen dazu, Kontroverses aufzuspüren und auf der nächstniedrigeren Ebene einer Entscheidung zuzuführen. Auf der vierten Ebene ist eine Verlagerung des Problems nicht mehr möglich. Hier kommt es zum Streit der unterschiedlichen Wertvorstellungen. In diesem Bereich können Fundamentalismen nicht mehr verhindert werden. Aber immerhin kann man in höheren Ebenen fundamentalistische Positionen in ihre Schranken weisen.

Walther Zimmerlis Entwurf einer Differenzierung der Entscheidungsfindung in vier Ebenen soll gemäß dem hier entwickelten Verfahren, das an ethischer Argumentation ausgerichtet ist, umformuliert und so ein Schema von vier Ebenen von Regeln zur Entscheidungsfindung in ethischen Fragen vorgeschlagen werden.

Um ethische und empirische Argumentationen in der Rechtfertigung eines ethischen Urteils aufeinander beziehen zu können, schlage ich eine Heuristik der Ebenen ethischen Argumentierens vor, die auf eine Konzeption von vier Ebenen einer prozeduralen Verfahrensethik hinausläuft. In diesem Konzept werden eine problemorientierte und eine prinzipienorientierte Version der Verantwortungsethtik aufeinander bezogen. Dies läuft auf eine Differenzierung der Entscheidungsfindung in unterschiedlichen Ebenen hinaus. Zu unterscheiden sind:

(1) die Ebene allgemeiner Prinzipien im Sinne fundamentaler Handlungsregeln inklusive eines Sets von handlungstheoretisch metaethischen Regeln,
(2) die Ebene regionaler (bereichsspezifischer) und temporaler Entwicklungsregeln,

(3) Anwendungsregeln im Sinne von Handlungskriterien, z.B. Dringlichkeitskriterien, und schließlich
(4) Anwendungsregeln für Handlungskriterien, also die Aufgabe, ethisch relevante empirische Kriterien zu etablieren.

Festzustellen ist eine zunehmende Spezifizierung des Handlungsbereiches durch einen zunehmenden Rückgriff auf die Empirie, die für ein bereichsspezifisches Handeln charakteristisch ist. Die traditionelle ethische Diskussion betraf im wesentlichen die Ebene 1, berufsspezifische Standesebenen wie Ingenieursethik und ärztliche Ethik formulierten auch Grundsätze auf der Ebene 2. Systematische Überlegungen zu den Ebenen 3 und 4 fanden in der Regel nicht statt. Sie sind aber das spezifische Argumentationsfeld einer bereichsspezifischen anwendungsorientierten Ethik.

Tab. 2: Ebenen von Regeln zur Entscheidungsfindung in ethischen Fragen

(1) Die Ebene allgemeiner Prinzipien im Sinne fundamentaler Handlungsregeln sowie ein Set von handlungstheoretisch-metaethischen Regeln.
(2) Die Ebene regionaler (bereichsspezifischer) und temporaler Handlungsregeln.
(3) Anwendungsregeln für Handlungsregeln insbesondere im Sinne von Handlungskriterien,
(4) Anwendungsregeln für Handlungskriterien durch Etablierung ethisch relevanter empirischer Kriterien.

Ich möchte im folgenden die Ebenenunterscheidung an Kriterien der Ethik der Biotechnologie darstellen (ausführlicher in Irrgang 1997, 163-230). Die 1. Ebene, die der allgemeinen Prinzipien, gilt im Prinzip für jede Ethik und kann daher noch allgemein formuliert werden. Ebene 2 bis 4 jedoch können nur bereichsspezifisch, d.h. für bestimmte Klassen von anwendungsorientierten Ethiken formuliert werden.

In der 1. Ebene der allgemeinen Prinzipien läßt sich zunächst erstens der kategorische Imperativ Immanuel Kants als Ausdruck praktischer Vernunft und als Realisierung der Universalisierungsregel für Handlungsmaximen feststellen. Für eine Ethik der Biotechnologie wird der zweite Grundsatz, der der Gerechtigkeit und zwar sowohl in seiner kommutativen wie seiner distributiven Version bedeutsam. Das dritte Prinzip auf der Ebene allgemeiner Prinzipien ist die Autonomie des sittlichen Individuums, zumindestens in allen neuzeitlichen Ethiken. Über weitere Prinzipien, z.B. über die utilitaristische Verpflichtung zur Förderung größtmöglichen Glückes der größtmöglichen Zahl kann diskutiert werden. Auf jeden Fall sind drei metaethische Regeln hinzuzufügen, die für die Unterscheidung von vorschreibenden, moralisch-sittlichen Urteilen und von empirischen, beschreibenden Urteilen konstitutiv sind. Diese drei metaethischen Regeln betreffen das Universalisierungsverfahren, die Sein-Sollen-Unterscheidung, und für anwendungsorentierte Ethiken die Realisierbarkeitsregel.

Die zweite Ebene der fundamentalen bereichspezifischen Handlungsregeln formuliert für eine Ethik der Biotechnologie folgende Grundsätze (ausführlicher in Irrgang 1997, 163-230):

(1) Die empirische Verallgemeinerung im Hinblick auf die Folgenbetrachtung: Impliziert ist, daß alle Betroffenen einer Handlung grundsätzlich berücksichtigensswert sind, es sei denn es finden sich relevante Gründe für einen Ausschluß.
(2) Die Gleichbehandlungsregel, die eine Gleichbehandlung unter vergleichbaren Umständen meint (Gerechtigkeitskonzept).
(3) Die sogenannte Nichtschadensregel.
(4) Die Verbesserungsregel im Sinne des Utilitarismus als Optimierung des Wohlergehens bzw. als Optimierung der Verfahren.

Eine medizinische Ethik würde auf dieser zweiten Ebene als Leitbild die Patientenautonomie (bzw. den informed consent) formulieren, die Umweltethik hingegen das Leitbild der Nachhaltigkeit mit seinen Komponenten der Umweltverträglichkeit, Sozialverträglichkeit, internationalen Verträglichkeit und Berücksichtigung nachfolgender Generationen.

Auf der 3. Ebene, der Ebene der Anwendungsregeln, Dringlichkeitsregeln und Vorsichtsregeln sind insbesondere zu unterscheiden: Erstens Dringlichkeitskriterien, die auf die empirische Verallgemeinerung im Hinblick auf Folgenbewertung und auf die Gleichbehandlungsregel in spezifischen Handlungsbereichen zurückgreifen. Diese Dringlichkeitsregel klären die Abstufungen in der Fähigkeit, Betroffener von Handlungen zu sein so etwa Schmerzempfindungsfähigkeit oder Bewußtseinsgrad. Zweitens sind Verträglichkeitskriterien im Sinne der Ausdifferenzierung von Nichtschadenskriterien zu formulieren. Als dritte Kategorie kommen die sogenannten Vorsichtskriterien in Anschlag, die vor allem aus der Größe des Nichtwissens im Vergleich zum Wissen, also im Hinblick auf Prognosesicherheit und der gleichen formuliert werden. Andererseits ergeben sich hier gewisse Ausdifferenzierungen z.B. des Konzeptes der Nachhaltigkeit in ökologisch-sozialverträgliche Mobilität, nachhaltige Energienutzung oder Biodiversität usw..

Auf der Ebene 4 sind im Hinblick auf Schadenskriterien die Empfindungsfähigkeit, das Todesbewußtsein, die Struktur des zentralen Nervensystems, die Struktur des Organismus, Gesundheitskriterien und Interaktionspotentiale usw. zu formulieren. Ökologische Verträglichkeitskriterien lassen sich aus der Funktionalität eines Ökosystems ableiten eventuell unter Rückgriff auf einen Begriff von dessen Tragekapazität. Vorsichtskriterien umfassen Kriterien der Methodensicherheit, der Erfolgsraten und insbesondere der Prognosesicherheit. Für nachhaltige Energienutzung ließen sich Parameter zur Beschreibung von Verfahren der Minimierung des Energieeinsatzes, der rationelleren Verwendung von Energie, der ressourcenschonenderen Materialverwendung und der Minimierung des Schadstoffausstoßes anführen.

Diese Abstufung der ethischen Argumentation im Rahmen einer anwendungsorientierten Ethik beinhaltet eine Aufwertung des Empirischen. In dieser Konzeption ist es überflüssig, ethische Prinzipien aus der Natur selbst ablesen zu wollen. Im wesentlichen werden die Kriterien für eine anwendungsorientierte Ethik aus der Situationsanalyse des Handelns gewonnen, in die selbstverständlich auch Natur als Rahmenbedingung für menschliches Handeln Eingang findet. Ethisches Argumentieren darf damit als Weiterführung der Konzeption des praktischen Syllogismus, als Präzision der Konzeption des ethischen Urteils verstanden werden. Es versteht sich als regel- und kriterienorientierter Umgang mit empirischen Aussagen, wobei Regeln und Kriterien im Ausweis ihres ethischen Charakters plausibel machen müssen, daß sie sich von einem ethischen Grundsatz herleiten lassen. Dabei ist ein schwacher Begriff der Herleitung zugrunde zu legen, da es sich hier um verschiedene Ebenen ethischer Argumentation handelt. Ein strenges Modell der Deduktion kann nicht über die Grenzen der jeweiligen Argumentationsebene hinausreichen. Aber gerade hierin liegt das Spezifische des hier gemachten Vorschlags, eine anwendungsorientierte Ethik zu begründen.

Im Zentrum dieses Vorschlags steht eine Regionalisierung des Universalisierungsverfahrens, das dann eben nur als ein empirisches Verallgemeinerungsverfahren im Hinblick auf eine Folgenabschätzung verstanden werden kann. Daher werden regionale und temporale Handlungsregeln bestimmt, die für jeweils einzelne Handlungsbereiche gelten, dort gelten sie aber regional universell oder bereichsspezifisch universell. Dieses und die stärkere Berücksichtigung der Empirie erlauben es ethischer Argumentation, ein begründetes und situationsangemessenes ethisches Urteil zu rechtfertigen. Die Charakterisierung eines ethischen Urteils im Rahmen einer anwendungsorientierten Ethik erfolgt damit im Hinblick auf seine Funktion als vorläufiger Abschluß eines argumentativen Verfahrens.

Die Einteilung in Handlungsbereiche führt in der angewandten Ethik dann zu Bereichsethiken (Nida-Rümelin 1996, 63). Gemäß der Realisierbarkeitsregel werden ethische Prinzipien und Kriterien auf ihre Implementierung in spezifischen Bereichen menschlicher Praxis hin formuliert, so daß das Stufenschema in unterschiedlichen Handlungsbereichen auch unterschiedlich ausfällt. Handlungsfelder, in deren Gegenstandsbereich bereichsspezifische praktische Ethiken fallen, betreffen die Natur und ihre Bereiche sowie die Gesellschaft und ihre Subsysteme. Menschliche Handlungsfelder in der Natur werfen Fragen des Artenschutzes und der Biodiversität, globaler ökologischer Kreisläufe, der Umwelt, der Tierzucht und der Pflanzenzucht auf. Im Hinblick auf Gesellschaft sind Wirtschaft, Technik, Wissenschaft und Medizin, Kunst, Medien, Kultur sowie Recht und Politik zu unterscheiden. Dieser Vorschlag zur Strukturierung der Argumentation fordert dazu auf, Dissense in der Kontroverse herauszuarbeiten und deren Gründe zu rekonstruieren. Gegebenenfalls muß dazu die Ebene der Argumentation gewechselt werden. Insbesondere ist zu klären, ob der Dissens hinsichtlich bestimmter Fakten oder der Interpretation von ethischen Prinzipien besteht. Solange keine Entscheidung getroffen werden muß, kann der Klärungsprozeß fortgesetzt werden. Sind bestimmte Dissense im Hinblick auf ethische Prinzipien nicht zu klären, ist letztlich eine politische Entscheidung erforderlich (Mehrheitsentscheidung mit Minderheitenschutz). Beim Management solcher Entscheidungsfindung sollte sich der Ethiker beteiligen und um Rationalisierung der Verfahren bemühen.

3. Perspektiven einer hermeneutischen praktischen Ethik

Nachdem der handlungstheoretisch-methodische Teil einer hermeneutisch begründeten anwendungsorientierten Ethik abgehandelt wurde, wird nun der eher inhaltlich bezogene Aspekt einer anwendungsorientierten Ethik zu explizieren sein. Ausgangspunkt für eine hermeneutische Ethik ist die Interpretation sittlicher Verpflichtung und deren Realisierung. Eine hermeneutische Ethik unter Rücksicht der Realisierung sittlicher Verpflichtung muß diesen Realisierungscharakter näher analysieren. Dazu sind verschiedene Zugänge möglich, von denen fünf in diesem Kapitel näher untersucht werden. Dabei hat das Konzept Verantwortung als Interpretationskonstrukt, insbesondere der Verantwortungsübernahme und der Verantwortungszuschreibung paradigmatischen Charakter für die Analyse von Realisierungen sittlicher Verpflichtungen.

Der zweite wesentliche Gesichtspunkt bei der Interpretation der Realisierung sittlicher Verpflichtung ist das Konzept einer begrenzten praktisch-sittlichen Vernunft. Zur Konkretisierung dieser Perspektive wird ein Interpretationsversuch von biologisch-ökonomischen bzw. psychologischen Grenzen der Realisierbarkeit sittlicher Verpflichtungen vorgenommen. Im Rahmen der Interpretation psychologischer Ethik werden individuell-persönliche Begrenzungen bei der Realisierung sittlicher Verpflichtungen herausgearbeitet, wohingegen die Interpretation spieltheoretischer Modelle kollektiven Handelns Grenzen gemeinsamer Realisierung sittlicher Verpflichtungen aufzeigen sollen.

Die dritte grundlegende Perspektive einer hermeneutischen Ethik ist die Polyperspektivität der Ethik. Eine hermeneutische Ethik kann nicht bloß auf eine Konzeption von Ethik zurückgreifen, sondern muß verschiedene Ethik-Modelle daraufhin befragen, welche ethischen Prinzipien in welchen Anwendungsbereichen Leitlinien und Deutungsperspektiven eröffnen können. Diese drei fundamentalen Deutungsperspektiven sollen nun in fünf Abschnitten näher herausgearbeitet werden.

3.1 Verantwortung als Interpretationskonstrukt

Hans Jonas hat sich um die Wiederbelebung des Verantwortungsbegriffes große Verdienste erworben. Allerdings ist die Frage nicht von der Hand zu weisen, ob ein „Prinzip Verantwortung" Grundlage einer Verantwortungsethik sein kann. Für Jonas ist Verantwortungsethik nicht ohne Folgenabschätzung möglich. Daher mahnt er, sich eine Vorstellung von den Fernwirkungen zu verschaffen, und zu einer Heuristik der Furcht (Jonas 1984, 63f) zu gelangen, die man allerdings zutreffender als Heuristik der Vorsicht rekonstruieren sollte. Zweitens fordert er die Beteiligung des angemessenen Gefühls bei sittlichen Urteilen (Jonas 1984, 63f). Nicht ganz zu überzeugen hingegen vermag sein Vorschlag eines Vorranges der schlechten vor der guten Prognose (Jonas 1984, 70), es sei denn, beide seien gleich gut (oder gleich schlecht) begründet, so daß also eher die begründetere als die schlechtere Prognose Berücksichtigung verdient. Zumindest müßten die Bedingungen geklärt werden, unter denen der Vorsichtsgrundsatz gelten soll, z.B. bei weitgehender Unkenntnis der Handlungsfolgen.

Jonas konzipiert Verantwortungsethik als Zukunftsethik und als Verpflichtung zur Fürsorge. Problematisch ist seine Ableitung der Pflicht zur Zukunft und gegenüber den Nachkommen sowie die Priorität der Pflicht zum Dasein aus der ontologischen Verantwortung für die Idee des Menschen (Jonas 1984, 84-91). Nicht besser begründet ist seine Behauptung, daß die Natur Werte hege (Jonas 1984, 150). Ein solcher Versuch, neue Fragen mit alten Antwortschemata zu bewältigen, schreckt eher ab. Seine Theorie der Verantwortung in der elterlichen und staatsmännischen Fürsorge (Jonas 1984, 184) wird zur kosmischen Verantwortung erweitert und als Pflicht zur Existenz interpretiert (Jonas 1984, 186).

Für Jonas ist das Kind Urgegenstand der Verantwortung. Das Sein des Neugeborenen, das sein Soll an die Umwelt richtet, nämlich sich seiner anzunehmen, ist die Kernmetapher seiner ontologisch begründcteten Verantwortungsethik (Jonas 1984, 234f). Verantwortung ist ein nicht-reziprokes Verhältnis (Jonas 1984, 177). Sie enthält zudem im Unterschied zu traditionellen Gerechtigkeitstheorien den zeitlichen Aspekt, insbesondere die Zukunft unseres Handelns (Jonas 1984, 224).

Der Begriff Verantwortung wird in der gegenwärtigen Ethik-Diskussion fast inflationär gebraucht, obwohl eine genaue Begriffsanalyse selten erfolgt. Erst in der zweiten Hälfte des 19. Jahrhunderts findet der Begriff größere Verbreitung, um im 20. Jahrhundert zu einer ethischen Schlüsselkategorie aufzusteigen. Seit der Mitte des 19. Jahrhunderts wächst die Häufigkeit der Verwendung des Verantwortungsbegriffes und tritt der substantivistische Gebrauch des Wortes in den Vordergrund. Nietzsche schreibt in seiner „Genealogie der Moral" von 1887 von dem Begriff der Zurechenbarkeit als langer Geschichte von der Herkunft der Verantwortlichkeit. Max Webers Unterscheidung von Gesinnungs- und Verantwortungsethik begründet dann die Konjunktur des Begriffs (Bayertz 1995, 3).

Bayertz unterscheidet drei wichtige Etappen der Entwicklung dieser Idee, nämlich:

1. das klassische Modell, das vor allem im 18. Jahrhundert von der Zurechnungsidee ausgeht und von Schuldverantwortung spricht,
2. der Durchsetzung dieses Begriffs im Kontext tiefgreifender Veränderungen in der Struktur menschlichen Handelns, insbesondere bedingt durch die industrielle Revolution und deren Folgen und
3. die aktuelle Diskussion über die Notwendigkeit einer Erweiterung der Verantwortung ins Globale.
   Die Idee der Verantwortung ist eine spezifische Lösung, die sich in der europäischen Gesellschaft für das Problem der Zurechnung herausgebildet hat. Das, was zugerechnet wird, gibt sich nicht aus der Natur der Sache, sondern ist eine Konstruktion. Unter verschiedenen Bedingungen gibt es verschiedene Lösungen der Verantwortungszuschreibung, die sich aus der Struktur des jeweiligen Handelns ergibt. Unverzichtbar für die Idee der Verantwortung ist zudem die Idee der menschlichen Freiheit und der Autonomie (Bayertz 1995, 4f).

Insbesondere in der Gegenwartssitutation wird Verantwortung als Ergebnis einer sozialen Konstruktion gesehen. Der Begriff der menschlichen Handlung ist nicht völlig unabhängig von dem der Verantwortung zu denken (Bayertz 1995, 21). Dahinter steht der soziale Wunsch, einen Schuldigen für einen Schaden zu finden. Auch der Gedanke der Strafe und von Sanktionen ist darin impliziert. Es muß also dasjenige Individuum gefunden werden, in dem der entscheidende Kreuzungspunkt der Ursachen für eine Handlungsfolge, speziell einen Schaden liegt. Und es bedarf eines Referenzpunktes. So ist ein Unternehmer, der seine Konkurrenz besiegt, nicht unmoralisch, wobei im Mittelalter die Wertung ganz anders ausfiel (Bayertz 1995, 22f).

Die Konjunktur des Verantwortungsbegriffes im 19. Jahrhundert hat mit einer Krise der Zurechnung im 18. Jahrhundert zu tun. Denn die Industrialisierung am Ende des 18. Jahrhunderts hat die Struktur des menschlichen Handelns insbesondere auch die Struktur der gesellschaftlichen Arbeit verändert. So wird der Verantwortungsbegriff eingesetzt insbesondere für die Negativseiten der Industrialisierung. Der Verantwortungsbegriff dient z.B. der Bewertung der zunehmenden Anzahl von Dampfkesselexplosionen in der ersten Hälfte des 19. Jahrhunderts. Die Wahrnehmung dieser Unfälle ist gesellschaftlich bedingt, wobei die gesellschaftliche Dimension der Verantwortung sich insbesondere auf die Prävention von Risiken richtete.

Technische Unfälle passieren von selbst, warum sollen sie Personen zugerechnet werden, wenn nicht individuelles, sondern Systemversagen vorliegt (Bayertz 1995, 27f)? Bedingt durch die fortschreitende Modernisierung und Arbeitsteilung kommt es mit der Konjunktur der Verantwortung zu einer Diffusion der Verantwortung. Nun wird eine Verantwortung für den Gesamtablauf postuliert. So entwickelte sich mit der Industriegesellschaft ein Typus der prospektiven und präventiven Fürsorgeverantwortung (Bayertz 1995, 33).

Der nicht-klassische Verantwortungsbegriff läßt keine detaillierten Zuschreibungen mehr zu, denn die Aufgaben, für die Verantwortung übernommen werden soll, sind zu komplex, um detailliert aufgezählt werden zu können (Bayertz 1995, 34). Hinzu kommt die Verpflichtung zur Bewältigung unvorhersehbarer mehrdimensionaler Probleme. Verantwortung für eine bestimmte Aufgabe hat zunächst einen rein funktionalen Charakter und keinen moralischen Gehalt. So ist eine gewisse Entmoralisierung des Verantwortungsbegriffes konstitutiv für dessen Konjunktur. Verantwortung war bis ins 18. Jahrhundert hinein eine Kategorie des Rechts, im 19. Jahrhundert geht sie in politische Verantwortung über (Bayertz 1995, 36). Die christliche Subjektivierung und Personalisierung des Verantwortungsbegriffes als innere Rechtfertigung des Menschen vor Gott wird damit unplausibel. Im klassischen Verständnis wird die Verantwortungsfrage ex post aufgeworfen und negativ beantwortet.

Im 20. Jahrhundert hingegen muß Verantwortung prospektiv und positiv konzipiert werden. Zur Erhaltung eines positiven Zustandes genügt es nun bisweilen, nicht zu handeln. Dies unterstellt aber, daß der Zustand, der durch Nicht-Handeln bewahrt wird, positiv sein muß. Im Utilitarismus z.B. trennt sich das Handeln von der Person. Dies geschieht auch in bestimmten Formen der Handlungstheorie. Damit kommt es zu einer Entgrenzung und Globalisierung der Verantwortung. In der Industriegesellschaft nehmen Risiken durch eine größere Gestaltbarkeit der Gesellschaft zu, Risiken durch Naturkatastrophen ab (Bayertz 1995, 77). Entscheidungsrisiken aber sind grundsätzlich nicht objektivierbar, trotz aller rationalen Risikokalkulationen und den darauf beruhenden Zurechnungsmodellen. Daher wurde bereits 1838 das Prinzip der Gefährdungshaftung in Preußen eingeführt und von B. Constant 1815 der Begriff der politischen Verantwortung geprägt.

Verantwortung ist damit zum sozialen Zuschreibungsbegriff geworden (Lenk 1992, 14). Verantwortung als Interpretationskonstrukt weist dann mindestens sechs Komponenten auf: „Verantwortungszuschreibung ist sowohl in der Selbstdeutung wie in der Fremddeutung eine (aktive) Interpretation. Verantwortungsbegriffe selbst sind zuschreibungsgebundene mehrstellige Relations- (Beziehungs-) bzw. Strukturbegriffe, interpretations- und analysebedürftige Schemata mit folgenden Elementen: *jemand*: Verantwortungssubjekt, -träger (Personen, Korporationen) ist *für*: etwas (Handlungen, Handlungsfolgen, Zustände, Aufgaben usw.) *gegenüber* einem Adressaten *vor* einer (Sanktions-, Urteils-) Instanz *in bezug auf* ein (präskriptives, normatives) Kriterium *im Rahmen eines* Verantwortungs-, Handlungsbereiches verantwortlich“ (Lenk 1992, 81f).

Vier Dimensionen der Verantwortung lassen sich unterscheiden, nämlich: (1) Handlungsergebnisverantwortung, (2) Aufgaben- und Rollenverantwortung, (3) universalmoralische Verantwortung und (4) rechtliche Verantwortung (Lenk 1992, 27).

Handlungsergebnisverantwortung läßt sich ihrerseits aufgliedern (a) in individuelle Handlungsverantwortung als positive bzw. negative Kausalhandlungsverantwortung (für bestimmte Handlungen bzw. Unterlassungen) und als aktive Verhinderungsverantwortung (Präventionsverantwortung), (b) in Mitverantwortung bei kollektivem, korporativem Handeln und (c) in Verantwortung von Korporationen als institutionelle Handlungsverantwortung. Alle drei Aspekte durchgreift eine generelle Verantwortung für langfristige Handlungspositionen und -folgen.

Rollen- und Aufgabenverantwortung umfaßt neben den generellen Aspekten der Fürsorge- und Vorsorgeverantwortung und der Haftungs- und Entschädigungsverantwortung (a) Verantwortung zur Rollenerfüllung (Erfüllung von formellen, informellen, legalen Rollenpflichten sowie von repräsentativer als institutioneller Rollenverantwortung), (b) (berufs-) spezifische Aufgaben-(Erfüllungs)-Verantwortung, (c) Loyalitätsverantwortung und (d) korporative Verantwortung von Institutionen (gegenüber Mitgliedern, der Gesellschaft usw., und zwar organisatorisch, legal und moralisch).

Universalmoralische Verantwortung besteht aus (a) direkter situationsaktivierter moralischer Handlungsverantwortung für die von den Handlungen direkt betroffenen Partner, Personen und Lebewesen (moralische Fürsorge- und Vorsorgeverantwortung), (b) indirekter Handlungsverantwortung für (eventuell sogar nicht intendierte Neben-) Folgen von Handlungen und Unterlassungen im Sinne einer moralischen Mitverantwortung (Gruppenverantwortung, je nach Einwirkungs- und Mitwirkungsmacht), (c) Selbstverantwortung, (d) höherstufige (individuelle) Verantwortung zur Erfüllung vertraglicher oder formeller Pflichten im Sinne einer individuellen Verantwortung zur Einhaltung von Ethikkodizes sowie Verantwortung für die öffentliche Sicherheit, Gesundheit und Wohlfahrt und (e) aus moralischer Verantwortung von Institutionen bzw. Korporationen.

Rechtliche Verantwortung verpflichtet zur Einhaltung rechtlicher Regelungen.

Die Kriterien der Verantwortungszuschreibung könnte man in folgendem Schema zusammenfassen:

Tab. 3: Kriterien der Verantwortungszuschreibung

Verantwortungstyp	moralische Verantwortung, Handlungsverantwortung	soziale Verantwortung, Rollenverantwortung	politische Verantwortung rechtliche Verantwortung
wer	Handelnder	Team, Gruppe	Institutionen Organisation
wofür	vorhersehbare Folgen einer Handlung	Rollenerfüllung potentiell alle Folgen einer Entscheidung	Aufgaben Zustände
in bezug auf	ethische Regeln, Kriterien, Prinzipien	den ethischen Diskurs (Standesethos)	den ethischen Diskurs (Strukturenethik)
wovor	Gewissen	Urteil der anderen	Rechtssystem, Gesetz, Gericht

gegenüber	sich selbst	anderen	der Gesellschaft
im Rahmen von	Teamarbeit Unternehmen	Institutionen,	Organisationen
retrospektiv	Schuldverantwortung, Haftung	rechtliche V. Haftung	politische V. Haftung
momentan	sachgerechte Entscheidung	Konsens-erzielung	Verfahrensgerechtigkeit
prospektiv	Vorsorge-verantwortung	exakte Prognostik	Wert- und Zielszenarien

Die klassische Verantwortungsethik umfaßte die erste Spalte, und zwar die ersten sechs Positionen. Das traditionelle Standesethos beschränkte sich auf die zweite Spalte, ebenfalls auf die ersten sechs Positionen. Über beide Ansätze hinaus ist angesichts der umfassenden Gestaltungsmacht neuer Technologien in der Gesellschaft eine Erweiterung in zeitlicher Hinsicht vorzunehmen – die Positionen sieben bis neun – und eine weitere Spalte auf der Ebene makrosozialer Organisationen und Strukturen hinzuzufügen.

Die traditionelle Handlungstheorie beschränkte sich auf ein individualethisches Modell. Andererseits wächst die pragmatische Dimension der kollektiv getroffenen Entscheidungen und ihrer Folgen. Interessant in diesem Zusammenhang ist Matthias Marings Versuch, mittels eines handlungstheoretischen Modells von Verantwortung individuelles und kollektives oder soziales Handeln aufeinander zu beziehen und dadurch moralisch zurechenbar zu machen. Maring unterscheidet nicht-korporatives Handeln wie das Agieren in Massen oder strategisches Markthandeln von korporativem kollektivem Handeln (Maring 1989, 25). Korporation „(von lat. corpus, Körper) bezeichnet ein soziales Gebilde, das als Instrument sozialer Integration Ziele verfolgt, die von dem Einzelnen oder dem kleinen Verband nicht realisierbar sind, also eine Organisationsform, die eine bestimmte Gruppe von Individuen objektiv, meist aber subjektiv, in die Lage versetzt, gemeinsam effektiv zu handeln“ (Osswald 1976, 1136). Häufig werden heute Berufsgruppen korporativ aufgefaßt. Das gemeinsame effektive Handeln, ausgerichtet an bestimmten Zielen, zeichnet dieses Verständnis sozialer Gebilde aus, wobei nicht alle sozialen Systeme unter diese Beschreibung fallen.

Menschenansammlungen ohne gemeinsames Ziel bzw. Ziele oder ohne innere Strukturierung sind nicht korporativ. In der anonymen Masse trägt jedes einzelne Individuum moralische Verantwortung für sein Handeln. Korporationen (wie Krankenhäuser, Fakultäten, Forschungseinrichtungen) sind durch Rollenhandeln mit Verhaltens- und Entscheidungsregeln gekennzeichnet (Maring 1989, 27). Kommt Korporationen im strikt personalen Sinne auch keine moralische Verantwortung zu, so haben sie doch soziale Verantwortung und damit implizit auch moralische Verpflichtungen gegenüber der Gesellschaft (Maring 1989, 28f). Man kann Korporationen als vertraglich begründete Vereinigungen von Individuen deuten, wobei die Handlungen von Korporationen auf Handlungen individueller Akteure zurückzuführen sind (Maring 1989, 27). Die Folgen korporativen Handelns sind demzufolge individualisierbar, d.h. einzelnen Korporationsmitgliedern zurechenbar (Maring 1989, 27). Korporationen können damit verantwortlich gemacht werden, auch wenn einzelne Mitglieder nicht im strengen Sinne schuldig geworden sind.

Institution und Verantwortung gehören zusammen. Institutionen entlasten Individuen durch Einführung gegenseitig verbindlicher Regeln (Sommer 1997, 32). Sie bringen nur dann eine Entlastungsleistung, wenn sie soziales Handeln allgemein regulieren. Damit wird Verantwortung zum funktionalen Erfordernis, welches die Institution an jeden einzelnen richtet. Der Ansatzpunkt für eine verantwortungsethische Interpretation von Institutionen ist die handlungs- und kompetenztheoretische Teilbarkeit von Verantwortung (Sommer 1997, 39). Die innere Struktur der Institutionalisierung läßt sich mit der Verantwortungskategorie erhellen. Dabei war die Formalisierung von Verantwortung im Ämterwesen Impetus institutioneller Fortentwicklung. Sie ermöglicht es, daß mehrere Personen in einem Verantwortungszusammenhang mitwirken können (Sommer 1997, 45).

Je komplexer die Aufgabe ist, desto größer ist der erforderliche Handlungsspielraum und damit auch die Größe der Verantwortung. Dabei sind Appelle an das Verantwortungsbewußtsein einzelner wirkungslos. Das Tätigkeitsfeld des einzelnen in einem immer komplexeren arbeitsteiligen Prozeß zwischen Innovation, Produktion, Distribution und Konsumtion wird immer enger (Bayertz 1995, 106). Damit wird Verantwortungsethik in der späten Industriegesellschaft als Institutionenethik zu konzipieren sein. Institutionenethik in vielfältigen Formen wird immer dringlicher, vor allem wenn man berücksichtigt, daß unsere Gesellschaft unterinstitutionalisiert ist, wenn es um Wertkonflikte z.B. im Hinblick auf Technik und Ökonomie geht (Bayertz 1995, 108). Auch das Risikomanagement bedarf einer neuen Institutionalisierung.

Es besteht ein enger Zusammenhang zwischen Verantwortung und Handlungspflichten. Dabei implizieren begrenzte Macht und begrenztes Wissen Grenzen der Verantwortung. Hinzu kommen Grenzen der Verhaltensspielräume und Grenzen der Voraussicht. Für Innovationen besteht eine besondere Verantwortung, insbesondere im Hinblick auf die Restrisiken. Verantwortung muß konkret zurechenbar bleiben, d.h. eine Verantwortung, die der Menschheit insgesamt zugeschrieben wird, ist metaethisch unzulässig (Bayertz 1995, 153). Verantwortung soll das Fehlen affektiver Anreize zum sittlichen Handeln substituieren. Verantwortlichkeiten können sich dabei wechselseitig begrenzen. Die Strukturen der Verantwortungszuschreibung sind zu analysieren. Dies ist um so dringlicher, als es ein hohes Maß an moralischer Arbeitsteilung und sozialer Rollendifferenzierung gibt. Ein wesentliches Postulat ist dabei die Vermeidung von Überforderung. Auch wenig einladende Kollektiv-Verantwortungs-Subjekte wie „die weiße Rasse" oder „die Industrienationen" sollten vermieden werden.

Soziale Verantwortung trägt sowohl instrumentelle als auch expressive Tendenzen. Die Abhängigkeit einer hilfsbedürftigen Person trägt dazu bei, daß bei den Beobachtern ein Gefühl der moralischen Verpflichtung ausgelöst wird (Bayertz 1995, 221). Auch die Verantwortungsabwehr hat spezifische Gründe, die in Persönlichkeitsmerkmalen dessen liegen, der Verantwortung ablehnt. So gibt es unterschiedliche Präferenzen für Fairneß bei einzelnen Persönlichkeiten, die entweder das Bedürfnisprinzip oder das Leistungsprinzip zugrunde legen. Darum gibt es auch unterschiedliche Vorstellungen über Gerechtigkeit, wovon einige auch zur Verweigerung der Verantwortungsübernahme führen können.

Verantwortung für Aufgaben, Handlungen, Verpflichtungen sind unter den Bedingungen der modernen Gesellschaft zu komplex, um im einzelnen detailliert beschrieben werden zu können. Daher erscheint Verantwortung dieselbe Struktur wie Handlung zu haben. Also kann man davon ausgehen, daß im Hinblick auf die Verantwortungszuschreibung ebenfalls ein implizites von einem expliziten Wissen unterschieden werden kann. Die Form des Umgangs mit sittlichen Verpflichtungen und Verantwortungszuschreibungen, die dem instrumentellen Handeln am ehesten entspricht, könnte auch das Modell für den Umgang mit Verantwortungszuschreibungen darstellen.

Verantwortungszuschreibungen sind an verschiedenen Rollen festzumachen. Also muß sich anwendungsorientierte Ethik bemühen, diese Rollen näher zu bestimmen und gesellschaftlich zu stabilisieren. Verantwortungsübernahme geht nicht ohne Rückbezug auf politische und rechtliche Kultur. Fremd- und Selbstzuschreibung setzt aber auch Rechtfertigung voraus. Also steht anwendungsorientierte Ethik oder Verantwortungsethik im Spannungsfeld zwischen transzendentaler Begründung von Verantwortungszuschreibungen und ihrer institutionellen Etablierung.

Der Begriff der Verantwortungszuschreibung ist traditionell individualethisch geprägt. Kant bestimmt den Begriff der Zurechnung folgendermaßen: „Zurechnung (imputatio) in moralischer Bedeutung ist das Urteil, wodurch jemand als Urheber (causa libera) einer Handlung, die alsdann Tat (factum) heißt und unter Gesetzen steht, angesehen wird; welches, wenn es zugleich die rechtlichen Folgen aus dieser Tat bei sich führt, eine rechtskräftige (imputatio iudiciaria, s. valida), sonst aber nur eine beurteilende Zurechnung (imputatio diiudicatoria) sein würde. Diejenige (physische oder moralische) Person, welche rechtskräftig zuzurechnen die Befugnis hat, heißt Richter oder der Gerichtshof (iudex s. forum)“ (Kant 1956b, AB 29f).

Die am juridischen Modell ausgerichtete Formulierung vertieft Kant in seiner späteren Schrift „Die Religion innerhalb der Grenzen der bloßen Vernunft“ auf der Seite BA 6, indem er den Zusammenhang von Freiheit und Zurechnung verdeutlicht. Die Idee der Verantwortung ist bei Kant an den Menschen gebunden und für den Menschen da. Dieses individuell und personal gedachte Modell von Verantwortungszuschreibung muß allerdings um die gemeinschaftliche Dimension erweitert werden. Dem trägt das Standesrecht Rechnung, um dessen Aus- und Weiterbildung anwendungsorientierte Ethik sich bemühen muß. Solche Standesethiken wurden seit Hippokrates in der Medizin, in den letzten Jahrzehnten auch von den Ingenieuren ausgebildet, z.B. vom Verein Deutscher Ingenieure (VDI).

Die Realisierbarkeit von sitttlichen Verpflichtungen ist abhängig von

(1) der Kompetenzausbildung der Handelnden und derjenigen, die Entscheidungen treffen, sowie von Institutionen, die diese fördern;
(2) der Ausbildung eines jeweiligen Standesethos und der Institutionen, die ein solches Unternehmen ermöglichen;
(3) der Entwicklung des Rechtssystems;
(4) der Entfaltung des politischen Systems;

(5) der Entfaltung des Mediensystems als eines Aufklärungsinstrumentes;
(6) der Veränderung der sozialen und ökonomischen Strukturen des Handelns und Entscheidens.

Dieser Themenbereich einer angewandten Ethik ist so komplex, daß er einer eigenständigen Untersuchung bedarf. Außerdem müßte für diese Fragen der Realisierbarkeit eine sozialpolitische Methode entwickelt werden. Daher beschränke ich mich hierzu nur auf wenige Bemerkungen.

Die Verantwortungszuschreibung wendet sich zunächst an den individuellen Adressaten. Moralische Zurechnung setzt Kompetenzausbildung voraus. Um ein ethisch richtiges Urteil fällen zu können, muß die eigene Urteilsfähigkeit herangebildet sein.

Kompetenzausbildung im Sinne der Verantwortungszuschreibung baut auf Selbstorganisationsprozesse und betont die Wiederkehr des handelnden Individuums in Organisationen. Allerdings müssen auch die Rahmenbedingungen in diesen Organisationen und Institutionen so geschaffen sein, daß innerhalb solcher Rahmenbedingungen sittliches individuelles Handeln möglich und wirkungsvoll bleibt. Mit der Wiederkehr des handelnden Individuums, d.h. mit der Wiederkehr der Kategorie Gewissen im Rahmen einer Verantwortungsethik, werden Reflexionen der Strukturen, in denen gehandelt wird, nicht überflüssig, sondern dringlicher. Anwendungsorientierte Ethik muß auf den Zusammenhang zwischen Verbesserung der Strukturen des Handelns und Steigerung der Kompetenz der Handelnden abzielen.

Hier liegen Aufgaben einer anwendungsorientierten Ethik, die über ein Standesethos hinausgehen. Diese Ethik knüpft an die neuzeitliche Regel- und Prinzipienethik an, die wegen der Entwicklung eines Regelwissens nie zur Ausbildung einer moralischen Persönlichkeit oder eines Gruppenethos gelangt. Neuzeitlich orientierte sich Ethik an der wissenschaftlichen Erkenntnis und an der rationalen Beurteilung. Dadurch wurde das Ethos als identitätsvermittelnde moralische Größe zunehmend abgelöst durch zwei Formen der Rationalisierung, nämlich durch Methoden der Verallgemeinerung im Anschluß an die Transzendentalphilosophie und der Folgenabschätzung im Fahrwasser des Utilitarismus. Beide Verfahren wenden den Blick von der konkreten Handlungswirklichkeit einer Person hin zur Allgemeinheit, die zwar nicht die konkrete Entscheidungswirklichkeit beschreibt, aber die Handlung vor anderen zu rechtfertigen vermag. Die Form der Rationalisierung vermittelt uns einen anderen Zugang zu unserem eigenen Handeln als unser unmittelbares Selbsterleben, über ein Interpretationskonstrukt.

Erfahrungsorientierte praktische Ethiken neigen zur Betonung von Fallgeschichten. Doch woher kommen die Kriterien der Beurteilung gerade in den Bereichen, wo Neuland betreten wird? Und die meisten Fälle, die kritisch und kontrovers diskutiert werden, entstammen diesem Bereich. Hilfestellung bietet hier die professionelle Ethik-Diskussion. Sie befähigt dazu, die eigenen Kriterien zu klären sowie sich von konkurrierenden Kriterien begründet zu distanzieren. Viele halten dies nicht für möglich und verweisen auf die Pluralität der Ethik-Konzeptionen, die auch eine Professionalisierung anwendungsorientierter Ethik bisher nicht aufheben konnte. Eine hermeneutisch ausgerichtete anwendungsorientierte Ethik wird aber dazu befähigen, gerade mit der Pluralität umzugehen. Denn Ethik im Sinne materialer Normen und Werte könnte sich selbst aufheben, wenn sie im Singular erscheinen würde, nämlich als Diktatur des moralinsauren Zeigefingers, der – für andere – immer besser weiß, was sittlich verpflichtend ist.

Eine hermeneutische anwendungsorientierte Ethik setzt auf den Diskurs und die Argumentation. Ethische Argumentation richtet sich an den einzelnen und bemüht sich um seine personale Zustimmung, vollzieht sich dabei aber in unterschiedlichen Gemeinschaften. Eine strukturelle Besonderheit des sittlichen Urteils wie eine formale Besonderheit des praktischen Syllogismus konnte in den erörterten Argumentationen nicht plausibel gemacht werden. Die Besonderheit ethischer Argumentation liegt daher in der Verwendung zumindest einer ethisch qualifizierten Prämisse. Diese ergibt sich aus dem Zusammenhang im Hinblick auf letzte rechtfertigende Grundsätze, Kriterien oder Regeln ethischer Art oder eines gemeinschaftlichen Ethos. Ethisches Argumentieren ist lernbar und hat Regeln und Kriterien für häufig wiederkehrende ethische Konfliktsituationen zu erarbeiten. Ethische Argumentation unterstützt die Wahrnehmung von Verantwortung, Flucht aus der Verantwortung wird dadurch nicht mehr verantwortbar.

Eine dritte und wesentliche Ebene der Arbeit einer anwendungsorientierten Ethik zur Realisierung und Durchsetzung des von ihr als richtig Erkannten stellt das Recht dar. Das Recht umfaßt soziale Steuerung und Handlungsorientierung mit Hilfe von Anreiz und Sanktionsmechanismen. Es zielt ab auf eine Einschränkung bzw. Erweiterung der individuellen Freiheit unter gewissen Umständen. Das Rechtssystem trägt dabei der ethischen Richtigkeit oder Gerechtigkeit der einzelnen existierenden bzw. künftigen rechtlichen Regelungen Rechnung. Rechtssysteme sind bewußt geschaffene Instanzen und

Verfahren, die überprüfen und selbst nach festgelegten Regeln überprüft werden können.

Rechtliche Regelungen machen Handlungen planbar. Sie eröffnen einen Handlungsspielraum für die Ausübung von Freiheit und für Innovation, entwickeln aber auch Rechtssicherheit und Antizipierbarkeit von Handlungsfolgen. Andererseits schränken rechtliche Regelungen verschiedene Handlungsspielräume ein. Erlaubnis und Einschränkung durch das Rechtssystem müssen legitimiert werden. Hier dient anwendungsorientierte Ethik für legitimierende Argumentationen. Z.B. wird häufig auf den Gleichbehandlungsgrundsatz als Gerechtigkeitsprinzip zurückgegriffen.

Das Recht hat folgende Funktionen:

1. Eröffnung individueller Handlungsspielräume,
2. Verbesserung von Handlungsmöglichkeiten durch Rechtssicherheit,
3. Kontrolle von Macht,
4. Betroffenenschutz und Sanktionen
5. spezielle Formen des Minderheitenschutzes.

Die Legitimation des Rechtes kann auf drei Weisen erfolgen:

(1) im Sinne des Rechtspositivismus. Hier geschieht die Legitimation des Rechtes durch Festsetzung, die begründet werden muß. Rechtsnormen können aber auch unabhängig von einer ethischen Begründung festgelegt werden. Entscheidend für den Rechtspositivismus ist, ob das Recht funktioniert oder nicht, d.h. seiner Steuerungsfunktion nachkommt. Im wesentlichen beruht der Rechtspositivismus auf einer Verfahrensregelung. Unter diesen Umständen können gerechte und ungerechte Normen beschlossen werden.

(2) Im Naturrecht wird eine objektiv bestimmbare Wertordnung angenommen, die der Rechtsordnung vorausläuft. Aus dieser Wertordnung lassen sich Kriterien für die Rechtsordnung gewinnen bzw. ableiten. Hierbei sind bestimmte Interpretationsprozesse erforderlich, die Gegenstand einer hermeneutisch begründeten anwendungsorientierten Ethik werden können. In dieser Konzeption setzt Recht Moral durch. Individuelle Freiheit wird nur dort zugestanden, wo dies die objektive Wertordnung erlaubt. Allerdings gibt es Differenzen bei der Interpretation dieser Wertordnung, weswegen eine anwendungsorientierte Ethik die naturrechtliche Rechtsdogmatik neu begründen sollte. Das Recht wird als Steuerungsinstrument für vorab festgelegte

Ziele verstanden. Allerdings läßt die zunehmende Positivierung von Wertvorstellungen den Unterschied in der Praxis zwischen Rechtspositivismus und Naturrecht immer weiter verschwinden. Theoretisch jedoch sind beide Positionen miteinander nicht vergleichbar.
(3) Demokratische Verfahren der Legitimation zielen auf Selbstbindung von Individuen durch freie Zustimmung der Normadressaten. Deshalb werden hier Vertragsmodelle, Konsensmodelle, Modelle der Einstimmigkeit zugrunde gelegt. Eine gewisse Schwierigkeit bereitet die Einbeziehung zukünftiger Generationen, die ihre Zustimmung selbst nicht geben können. Private Autonomie ist die Voraussetzung der Legitimationsverfahren in diesem Paradigma. Minderheitspositionen werden verfahrensmäßig abgesichert. Wichtig ist, darauf hinzuweisen, daß Gerechtigkeit der Rechtsordnung hier das Ergebnis des Prozesses der Rechtssetzung ist, nicht deren Voraussetzung.

Mit Ausnahme des Rechtspositivismus spielt die Ethik bei der Grundlegung des jeweiligen Rechtssystem eine wichtige Rolle. Einer hermeneutischen anwendungsorientierten Ethik kommt das demokratische Verfahren der Legitimation am nächsten.

Die Rechtsdogmatik impliziert und umfaßt die Methodenlehre des Umgangs mit Rechtssätzen. In dieselbe Richtung hat sich auch das Gebiet einer juristischen Hermeneutik entwickelt. Hier ergeben sich wesentliche Parallelen zu einer hermeneutisch fundierten anwendungsorientierten Ethik. Es geht um die Interpretation von Rechtsgrundsätzen, z.B. um die Bewertung des Satzes der Rechtsgleichheit, einer Gleichberechtigung vor dem Gesetz, dem in einer naturrechtlichen begründeten Ethik der Gleichheitsgrundsatz, ontologisch fundiert, entspricht. Abgesehen von der naturrechtlichen Begründung der Rechtsdogmatik wird von einer prinzipiellen Differenz zwischen Moralität und Legalität zumindest in der Neuzeit ausgegangen. Die Rechtslehre wird aufgefaßt als Lehre des positiven Rechtes, welches eingeführt wurde, um bestimmte Handlungsweisen des Menschen zu steuern. Die Transzendentalphilosophie geht von einer Subjektivität der Rechte in der ethischen Begründung von Rechtssätzen aus. Das Naturrecht hingegen basiert auf einer Objektivität der Rechte, fundiert in einer vorgegebenen Wertordnung. Modernere Versionen basieren demgegenüber auf dem Vertrag, bzw. auf anderen Modellen, die den Konsens als entscheidenden Ansatzpunkt einer Synthese aus Ethik und Rechtslehre beinhalten.

Eine lebensweltlich fundierte Rechtsauffassung ist besonders gut geeignet für eine anwendungsorientierte Ethik. Diese Auffassung geht von einer Vielfalt der Rechtssysteme und Rechtspraxen wie der Rechtsbegründungen aus. Regelorientierte Systeme lassen sich nun in drei Kategorien einteilen: Im Hinblick auf die Verwendung von abstrakten Regeln hat sich das System des Legalismus herausgebildet, im Hinblick auf die Verwendung konkreter Regeln hat sich der Kasualismus herausgebildet, der Modelle entwickelt, um bestimmte Fälle zu lösen. Drittens etablierte sich der Common Sense, genauer gesagt, das Gewohnheitsrecht. Letzteres hat bestimmte Reflexionsregeln entwickelt, um bestimmte faktisch ausgeübte Praktiken bewerten zu können. Ethische Argumentation ist nicht mit ethischen Regeln zu verwechseln, auch wenn auf Regeln zurückgegriffen wird. Regeln sind ein Hilfsmittel für ethische Argumentation, im Zentrum einer Ethik stehen ethische Urteile. Die Grenzen einer regulativen Ethik macht den Weg frei zu einer Theorie des Handelns im Sinne einer Hermeneutik der technologisierten Alltagswelt.

Als Merkmale des Rechtes gelten erstens die Autorität, die richterlichen Entscheidungen zukommen muß. Gewohnheitsregeln bedürfen der Autorität nicht im gleichen Maße. Dies hängt aber von der Mitgliederstruktur einer führenden Gruppe ab. Zweitens das Merkmal der Intention allgemeiner Geltung, d.h. der Fähigkeit, richterliche Urteile treffen zu können. Drittens das Merkmal der Sanktion, wobei nicht nur physischer Zwang ins Auge gefaßt werden muß, der öffentliche Tadel ist eine gefürchtete Strafe (Prosbisil 1992, 133).

In besonderer Form wird sich anwendungsorientierte Ethik um Politik, das heißt um kollektive Willensbildungs- und Entscheidungsprozesse zur Steuerung der Gesellschaft und ihrer einzelnen Bereiche bemühen. Dies sind insbesondere Forschungs- und Technologiepolitik, Sozialpolitik- Gesundheitspolitik, Wirtschaftspolitik, Verkehrspolitik, Kultur- und Medienpolitik, Umweltpolitik, Agrarpolitik, Militärpolitik usw.. Unschwer erkennbar ist angesichts der Vielfältigkeit dieser Sparten die Notwendigkeit der Ausbildung bereichsspezifischer Ethiken. Politik wird dabei verstanden als ein offenes dynamisches soziales Handeln in Institutionen. Gemäß dem Interessenmodell der Politik und dem Harmoniemodell der Politik ist von seiten der anwendungsorientierten Ethik die Vielfaltsgarantie und Freiheitsermöglichung als wesentliches Element einer Politik zu sehen. Auch Strategien zur Interessensdurchsetzung sind zu berücksichtigen und zu reflektieren. Insbesondere jedoch geht es darum, im Rahmen eines offenen und vielfältigen Systems von Normen und Werten zu einer gemeinsamen Entscheidung im Hinblick auf zukünftige Wege der Gesellschaftsentwicklung zu gelangen.

Dabei hat anwendungsorientierte Ethik zwei grundlegende Aufgaben. Auf der einen Seite steht gemäß dem Ansatz einer personalen und individuellen Gewissensethik als Verantwortungsethik die Aufgabe, individuelle Kompetenz zur Selbstkontrolle, Selbstreflexion und zu verantwortbarem Handeln im Sinne einer Gewissenskonzeption zu erhöhen. Auf der anderen Seite müssen aber auch die gesellschaftlichen Rahmenbedingungen in Recht, Ökonomie und Politik so gestaltet werden, daß individuell sittliches Handeln innerhalb dieser Rahmenbedingungen möglich wird und erfolgreich sein kann. Dies wird im besonderen Maße heute im Rahmen der Wirtschaftsethik diskutiert. Hier ist insbesondere zu eruieren, wie moralische Normen und Ideale unter den Bedingungen der modernen Wirtschaft von den Unternehmen zur Geltung gebracht werden können. Vor allen Dingen geht es um Fragen der Kontrolle menschlichen Handelns. In kleinen Gruppen ist Kontrolle durchaus möglich, in anonymen Gruppen können Einzelne nur noch mit sehr hohen Kosten kontrolliert werden. Von daher ist eine Verantwortungsethik erforderlich, die sowohl die Rahmenbedingungen wie die individuelle Kompetenz zur Selbstkontrolle reflektiert und fördert.

Die Rahmenordnungen des Handelns, wie Verfassung, Gesetze, Wirtschaftsordnung oder Wettbewerbsordnung, sind von spezifischem Interesse für eine anwendungsorientierte Ethik. Die Spielregeln als Rahmenbedingungen für Handeln müssen so ausgestaltet sein, daß die Spielzüge (das einzelne Handeln oder das Handeln des Einzelnen) jeweils noch sittlich verantwortbar gestaltet werden können. Ansonsten sind die Spielzüge, d.h. eine Rahmenordnung, ungerecht oder unsittlich. So ist der systematische, wenn auch nicht der einzige Ort der Moral in der Marktwirtschaft die Rahmenordnung, d.h. die Wettbewerbsordnung. Kontrolle sollte im Sinne der Selbstorganisation so gestaltet werden, daß sie als Selbstkontrolle aus Eigeninteresse gemäß einem geeigneten Regelsystem durchgeführt wird. Ohne Verankerung in der Rahmenordnung hat individuelles moralisches Handeln im ökonomischen Wettbewerb keine Chance. Anwendungsorientierte Ethik hilft bei der Gestaltung der Strukturentwicklung. Hier können Leitbilder wesentliche Hilfestellungen leisten.

Die Leitbildforschung wird heute insbesondere in der Technikgeneseforschung betrieben. Die leitenden Konzeptionen, die als Visionen von möglichen und wünschbaren Szenarien größere Wirkungsdimensionen auf Technik und Technikgenese haben oder hatten, können Leitbilder genannt werden (Dierkes 1989a, 11). Leitbilder dienen im Rahmen ethischer Normierung einerseits der Rechtfertigung getroffener Entscheidungen oder ethischer Urteile, andererseits der Handlungsmotivation. Bereits Ludwig Wittgenstein hatte vom Weltbild als dem überkommenen Hintergrund geredet, durch welchen Menschen zwischen wahr und falsch unterscheiden (Wittgenstein 1970, 33). Parallel zum Begriff des Weltbildes als Hintergrund für theoretische Argumentation schlage ich den Begriff des Leitbildes zur Charakterisierung spezifischer Horizonte für ethische Argumentationen wie für Ethosformen vor. Sie umfassen (1) Grundhaltungen einer Gruppe oder Gemeinschaft, (2) rechtfertigende Ideen und Prinzipien im Sinne von Rechtfertigungsgründen, (3) Zielvorstellungen und Utopien.

Der Leitbildbegriff steht für den Begriff des Ideals, der als Wunschbild übersetzt werden kann. Solche Leitbilder oder Ideale treten zunächst als Persönlichkeitsideal bzw. als soziale Leitbilder auf. Sie dienen der Bündelung von Intentionen, indem sie Machbarkeit und Wünschbarkeit beurteilen. Das gegenwärtig als machbar Erfahrene ist ein gemeinsamer Fluchtpunkt. Leitbilder können zwar gestaltet, jedoch nicht gemacht werden. Jede spezifische Wissenskultur hat ihr diskursives Regelsystem und ihren Rationalitätstyp. Da es aber keine Metawissenskultur gibt, besteht ständig die Gefahr eines diskursiven Kollapses. Dabei fungieren Leitbilder als funktionale Äquivalente für noch nicht existierende Regelsysteme und Entscheidungslogiken (Dierkes 1992, 49).

Leitbilder sind ein kognitiver Aktivator, ein individueller Mobilisator und ein interpersonaler Stabilisator (Dierkes 1992, 53). In ihnen kommt es zur wechselseitigen Transformation von bildlichen und begrifflichen Repräsentationsformen. Leitbilder mobilisieren die ganze Persönlichkeit, sie binden Menschen aneinander, die sonst nicht gemeinsam handeln würden, auch Menschen aus unterschiedlichen Wissenskulturen (Dierkes 1992, 57). Leitbilder werden durch Konsens konstituiert. Die Ideen einzelner sind keine Leitbilder (Dierkes 1992, 107). Ab wann von einem Leitbild gesprochen werden kann, ist abhängig von der Gesamtzahl der Akteure, hängt ab von Größe und Gewicht einer Gruppe im Verhältnis zur Gesamtzahl der an einem technischgenetischen Prozeß Beteiligten.

In einer weiteren Ebene hat der anwendungsorientierte Ethiker die Aufgabe, bei Bewertungskonflikten das Management von ethisch motivierten Diskursen zu übernehmen. Auch Unsicherheit ist oft der Ausgangspunkt für ethisch motivierte Diskurse, die dann Risiko-Diskurse genannt werden. In Risiko-Diskursen gilt es herauszufinden, inwiefern konkrete Gefahren gesteuert werden können, wie dies von einer vorausschauenden Technologieentwicklung gefordert wird (Evers 1987, 265). Hier bietet sich die Theorie des Risk Managements als Teilgebiet einer umfangreicheren Theorie der Rationalität bei Entscheidungen und Handlungen an (Rescher 1983, 5). Drei Elemente zeichnet das Eingehen eines Risikos aus: (1) Handlungsalternativen und eine bewußte Wahl, (2) Negativität des Ergebnisses (Schaden, Verlust, Mißvergnügen und Unglück) und (3) die Gelegenheit des Eintritts des befürchteten Ereignisses im Sinne der Möglichkeit oder Wahrscheinlichkeit. Der Risikovergleich ist traditionell eine Kosten-Nutzen-Abschätzung. Dabei ist für Rescher die Fixierung auf den denkbar schlechtesten Fall eine der schädlichsten Folgen mangelnden Realismus in der Risikodebatte zumindest was die Betrachtung der Alltagssituationen anbelangt (Rescher 1983, 50).

Die fundamentalen Konflikte in der Technologiefolgenabschätzung bestehen nicht im Hinblick auf Risiken, sondern eher in bezug auf soziale Werte, und sie können nur durch Risiko-Kommunikation gelöst werden (Jungermann 1988, 10). Vor allem ist die Frage, wie sicher „sicher genug" ist, mit empirisch-wissenschaftlichen Mitteln nicht zu beantworten (Jungermann 1988, 107). Das Risiko ist in den letzten Jahren zum Symbolbegriff der Krise im Verhältnis der Gesellschaft zu Wissenschaft und Technik geworden. Dabei werden jene Gefahren herausgehoben, aus denen sich eine Moral des Risikos gewinnen lassen in dem Sinne, daß Schuldige gefunden werden können (Jungermann 1990, 1f). Risikokommunikation betrifft alle Kommunikations-Prozesse, die sich auf die Identifizierung, Analyse, Bewertung sowie das Management von Risiken und die dafür notwendigen Interaktionen zwischen den Beteiligten beziehen (Jungermann 1990, 5).

An der Risiko-Kommunikation partizipieren verschiedene Akteure. Eine Typologie der Beteiligten umfaßt im Sinne eines ersten Rasters (1) Verursacher, (2) Betroffene, (3) die Bevölkerung und (4) die Verwaltung. Etwas differenzierter kann eingeteilt werden in: (1) Verursacher, Betreiber, Emittenten, (2) Exponierte, (3) die interessierte Öffentlichkeit, (4) regulative Instanzen, (5) Wissenschaftler und (6) Medien. Handlungen sind auf folgende Aspekte hin zu untersuchen: (1) Ziele der Akteure, (2) Nutznießer der Aktion, (3) Form der Handlung, (4) Vorgehen, (5) Adressat einer Handlung und (6) Handlungsmöglichkeiten der Akteure (Jungermann 1990, 329-340). Der Ethiker ist nur ein Beteiligter unter mehreren, den Wissenschaftlern und Experten zuzuordnen. Ausgezeichnet ist seine Tätigkeit allerdings durch die Art seiner Risiko-Kommunikations-Strategie. Als wichtigste Strategien sind hier zu nennen: Informations-Vermittlungs-Strategie, Glaubwürdigkeits-Strategie, Kooperations-Strategie, und Konflikt-Managements-Strategie (Jungermann 1990, 349-352), Vergleichsverfahren mit bereits existierenden Gefahren und Rechtfertigungsverfahren im Hinblick auf Nutzen und Gefahren (Jungermann 1988, 90). Anders als die sonst üblichen Interessens-Vertretungs-Strategien muß der Ethiker einen argumentativen Diskurs als Meta-Kommunikation über Risiko-Kommunikationsstrategien im Sinne einer Aufklärung zweiter Reflexionsstufe führen.

In der Risiko-Kommunikation spielen die Massenmedien eine große Rolle. Hier sind Aktoren mit eigenen Handlungsregeln tätig. Sie organisieren die soziale Interaktion über Risiken, wobei sie den für sie bestimmenden Marktgesetzen unterliegen. Glaubwürdigkeit kann erodieren oder verlorengehen durch Inkompetenz, geringe oder unvollständige Information, Vorenthaltung von Information, Ableugnung offenkundiger Probleme, Verschleierung von Interessen und schlechte Durchführung der Kommunikation (Jungermann 1988, 87f). Ziel der Risiko-Kommunikation ist die Stärkung der Mündigkeitskompetenz und Verantwortungsfähigkeit des Bürgers. Die Aufgabe anwendungsorientierter Ethik besteht darin, einen Teil der Risiko-Kommunikation als ethischen Diskurs zu gestalten, ihn damit über das Risiko-Thema hinauszuführen und für diesen erweiterten Diskurs Prinzipien, Regeln, ethisch relevante empirische oder theoretische Kriterien und ethische Kriterien herauszuarbeiten.

3.2 Psychologische Ethik und Konzepte moralischer Entwicklung

Für eine hermeneutische Ethik sind Grenzen in der Realisierbarkeit sittlicher Verpflichtungen von besonderem Interesse. Psychologie, insofern sie nach dem Ursprung der Gut-Böse-Unterscheidung fragt, leistet damit einen Beitrag auch zur Ethik. Die psychologische Ethik untersucht so besonders die Entstehungsgeschichte der Moral und folgt damit Nietzsches genealogischer Methode. Es stellt sich allerdings die Frage, ob Geltung auf Genese zurückzuführen ist. Angesichts der Alternative einer Rechtfertigung durch Vernunftgründe oder aus der Entstehungsgeschichte ist auf den Begriff der Psychologie zurückzugreifen. In der Psychologie stecken die Begriffsbestimmungen der „Psyche“ und des „Logos“. Von der Analyse des Wortes aus ergibt sich, daß die Psychologie nach dem Logos, also nach der Vernunft oder dem Wort der Psyche fragt (Schöpf 1995, 210).

Überprüfungsverfahren zur Unterscheidung des Sittlichen vom Nicht-Sittlichen sind das Universalisierungsverfahren als Abstraktion von der Situation und das vertragstheoretische Überprüfungsverfahren des Urzustandes, das eine Konkretisierung des unparteiischen Zuschauers darstellt (Schöpf 1995, 212). Diese rationalistischen Rekonstruktionen werden eingeführt, nachdem die Erfahrungsgrundlage des Moralischen nicht mehr als selbstverständlich vorauszusetzen ist. Die psychologische Ethik stellt sich insbesondere die Frage, wie wir eine moralische Verpflichtung erkennen bzw. erfühlen können und welches die Entstehungsbedingungen für eine moralische Verpflichtung sind. Die moralische Entwicklung ist dabei als Teilgebiet der allgemeinen Entwicklungspsychologie anzusehen (Schöpf 1995, 213).

Etwas abweichend von Alfred Schöpfs Vorschlag einer Einteilung der Versionen psychologischer Ethik, möchte ich nun naturalistische, psychoanalytische und entwicklungspsychologische Versionen einer psychologischen Ethik diskutieren und auf ihre Interpretation der Grenzen der Realisierbarkeit sittlicher Verpflichtungen hin befragen.

(1) Zu den Vertretern einer naturalistischen psychologischen Ethik gehört Roger Sperry. Er sucht nach einer naturalen Basis der Werte im Gehirn und seiner stammesgeschichtlichen Evolution. Vielversprechend erscheint seine Behauptung, daß die heutige Gehirn-Seele-Forschung einen Bezugsrahmen für moralische Werte bereitstellt. Sein Ansatzpunkt ist eine neue kausale Deutung der bewußten Erfahrung im Paradigma emergenter Verursachung, das die lange gültigen Ansichten des wissenschaftlichen Materialismus überwunden hat (Sperry 1985, 16). Bewußtsein und geistige Kräfte bleiben nicht länger als Erklärungsmodelle aus der Naturwissenschaft ausgeklammert. Damit hat Sperry in der Hirnforschung einen Paradigmenwechsel vollzogen, der sich auf das größere Erklärungspotential durch die Hinwendung zum neuen holistisch-mentalistischen Denkstil beruft (Sperry 1985, 67). Dieser erlaube eine echte Verschmelzung von Naturwissenschaft und Ethik.

Sperrys Zielsetzung ist pragmatischer Art: „Lassen Sie uns zunächst davon ausgehen, daß zwischen Werten und den damit verbundenen technischen, ökonomischen und sozialen Bedingungen eine kausale Wechselbeziehung besteht. Das bedeutet, daß unsere subjektiven Werte Umweltbedingungen nicht nur *reflektieren*, sondern auch *produzieren* und kontrollieren [...], daß Werte als kausale Kräfte in der Kette der biosphärischen Kontrollen eine entscheidende Rolle spielen“ (Sperry 1985, 23). Daran anknüpfend soll die Verschmelzung von Naturwissenschaft, Ethik und Religion ein Weltbild, letztlich fast eine Wissenschaft der Werte (Sperry 1985, 26) begründen. Gemäß der neuen Sichtweise werden subjektive Werte wie andere geistige Phänomene zu einem integralen Bestandteil der objektiven Vorgänge im Gehirn (Sperry 1985, 29). Gegenüber der traditionellen Ethik wendet er ein, „daß die logische Rechtfertigung eines beliebigen Wertekanons letzten Endes auf irgendeinem axiomatischen Konzept beruht“ (Sperry 1985, 32).

Gemäß Sperrys Position sind Werten neuronale Erregungsmuster zuzuordnen. Diese können Wahrnehmungs- und Entscheidungsprozesse im Gehirn beeinflussen. Damit stellt sich die Frage, ob Gehirne mit bestimmten Defekten (fehlende oder stark beschädigte Gehirnregionen; Beeinträchtigung von Gehirnfunktionen z.B. durch Drogen) und ihre abweichenden Verarbeitungskapazitäten für die Erklärung der Grenzen der Realisierbarkeit sittlicher Verpflichtungen herangezogen werden können. Auch wenn die Frage heute noch nicht im einzelnen empirisch entschieden ist, ist Sperry zufolge davon auszugehen, daß bei Schädigungen im Gehirn mit individuellen Mängeln in der Realisierbarkeit sittlicher Verpflichtungen zu rechnen ist.

(2) Der Beitrag der Psychoanalyse zu einer psychologischen Ethik ergibt sich aus dem Gegenstand der klinischen Psychologie. Er umfaßt das Erleben und Handeln von Personen, wobei das scheinbar Sinnlose, Unsinnige, Verrückte am menschlichen Handeln mit der grundlegenden Hypothese erklärt wird, daß diesem Unsinnigen ein verschobener, verdichteter alternativer Sinn innewohnt. Es geht um die psychische Abwehr angstmachender, verletzender, streßbereitender Erlebnisse unterhalb der Bewußtseinsgrenze. Die gelingende Abwehr schützt, die mißlingende macht krank. Zu viel Moral kann damit zum krankmachenden Faktor werden (Schöpf 1995, 227).

Die Entwicklungspsychologie untersucht die Ausformungen moralischer Verpflichtungen und bestimmte Grundeinstellungen, die moralische Handlungen erschweren oder zum Teil auch unmöglich machen können. Dabei sind zu unterscheiden: (1) die Hysterie bzw. die Zwangsneurose, (2) der moralische Masochismus und (3) die moralische Hemmungslosigkeit. Die Melancholie ist dafür ein spezifischer Ausdruck, nämlich ein Übermaß von moralischer Verpflichtung und Last auf sich zu nehmen. Besonders bedeutsam sind für die moralische Entwicklung die Sauberkeitserziehung bzw. Analphase (1-3 Jahre) und zweitens die Geschlechtsrolle bzw. die Definition der Stellung in der Familie (3-5 Jahre).

Die psychoanalytische Erfahrung fragt zunächst nach dem phänomenal offenkundigen, intentionalen Sinn der Krankheit. Bei der Behandlung von Neurosen, Psychosen und psychosomatischen Krankheiten ist die Analyse der Krankheit nur möglich im Kontext der Therapie. Insofern ist eine Prognose des Therapieerfolges insbesondere am Anfang nur sehr bedingt möglich. Besserung bzw. Heilung scheint dann möglich, wenn sich im Rahmen des Erfolges oder auch des Scheiterns weitere Sinndimensionen der Krankheit erschließen. Die Psychoanalyse erfaßt dabei den historisch bestimmten Sinn einer Beziehungskonstellation (Schöpf 1987, 246). Untersuchungsgegenstand sind die unbewußten Konflikte. Dabei entsteht bei der Therapie das Problem, daß die Anwendung der psychoanalytischen Methode in der klinischen Situation nicht gegen die Möglichkeit abgesichert werden kann, daß der Therapeut die Richtigkeit seiner Deutung dem Patienten suggeriert und daß es so zu dem Phänomen der Übertragung bzw. der Gegenübertragung kommt. Eine unbewußte Beeinflussung der Therapeut-Patienten-Beziehung ist keineswegs auszuschließen. Daher muß der Therapeut an seiner eigenen Übertragung arbeiten, eine Aufgabe, die durch Kontroll- und Supervisionen unterstützt werden muß, um die Quelle von Suggestionen auszuschalten (Schöpf 1987, 248).

Die Entstehungsgeschichte der Moral aus Freud'scher Perspektive ist kompliziert. Die Kinder wollen sein wie der Vater oder wie die Mutter. Für Freud ist die Anerkennung des Inzestverbotes der Kern der Moral und damit die Einschränkung der Triebansprüche. Dabei geht es insbesondere um die sexuell-erotische und um die aggressive Triebkomponente. Eine psychologische Ethik ist dann leistungsfähig, wenn sie die Entstehungsbedingungen von Sollens-Erwartungen und Verpflichtungsgefühlen aus dem Kontext der mitmenschlichen Interaktion heraus erklärt. Dabei geht es um ein Sollen, das mitmenschlichen Austausch möglich machen soll (Schöpf 1995, 232). Das zweite Thema einer psychologischen Ethik ist die Entwicklung einer moralischen Identität (Schöpf 1995, 233).

Sigmund Freud ging zunächst von der Frage aus, wie die Fülle der Symptome nervöser Erkrankungen in eine Ordnung gebracht werden könne. Dabei bemüht er sich um eine Verbindung von klinischer und anatomischer Methode (Schöpf 1982, 68). Sein Hauptverdienst besteht in der Entdeckung der psychischen Ätiologie der Erkrankung. Sein Werk versteht sich dabei als Ansatzpunkt zur Erweiterung des rein somatischen Ursachenverständnisses der Medizin in Richtung auf ein seelisches Ursachenverständnis im Sinne der Psychologie. Die Untersuchung von Fehlleistungen stellte einen Beitrag zur Verursachungslehre der Neurose dar. Es geht um die mit Neurosen verbundene Konfliktsituation. Dabei gilt die Entdeckung der Zwangsneurose als Freuds eigenständigste Leistung (Schöpf 1982, 90).

Diese Krankheit äußert sich in fremdartigen Impulsen bis hin zu erschreckenden und verbrecherischen Handlungen, in unvermeidbarer angestrengter Denktätigkeit, in Zweifelsucht, in Entscheidungsunfähigkeit und in scheinbar sinnlosen Verrichtungen und Ritualen. Sie entsteht, wenn der kindliche Wunsch, selbständig zu werden und sich aggressiv durchzusetzen, mit Bestrafung und Liebesverlust beantwortet wird. In dieser Situation muß das Kind die in ihm aufbrechende Wut abwehren (Schöpf 1982, 91). Die Methode, die Freud entwickelt, besteht in der Durcharbeitung der Psychodynamik, wobei es erinnerungsfähige und nicht erinnerungsfähige Erlebnisse gibt (Schöpf 1982, 94).

Die Ambivalenz des Menschen zwischen Zuneigung und Abneigung, Zuwendung und Abgrenzung gehört zu den ethisch relevanten anthropologischen Aussagen Freuds. Die Psychoanalyse geht insbesondere von einer Determination im Seelischen als einem anthropologischen Tatbestand aus. Dies manifestiert sich in neurotischen Konfliktbereichen, die für die menschliche Wirklichkeit mehr oder weniger charakteristisch sind. Die Bearbeitung dieser Determination bietet die Chance zur Erweiterung von Freiheitsspielräumen und die Möglichkeit zur Befreiung (Schöpf 1982, 145). Freud stellte insbesondere mit seiner Triebtheorie und Libidotheorie die anthropologischen und sozialphilosophischen Grundlagen der Ethik in Frage. Seine These lautet: Die bewußte Entscheidung für Normen und Ideale ist immer schon von unbewußten Idealvorstellungen und Schuldgefühlen geprägt, die in der Kindheit verinnerlicht wurden (Schöpf 1982, 167).

Zudem begründet Freuds Neurosenlehre Zweifel an der Fähigkeit des Menschen zur Verwirklichung von Verantwortung. Freud begründet damit ein radikaleres Verständnis von Heteronomie als dies in der Folge von Kants Philosophie überhaupt vorstellbar war (Schöpf 1982, 168). So lehrt die Psychoanalyse die relative Fähigkeit der Vernunft, Verantwortung für die eigenen Existenzbedingungen zu übernehmen. Dabei ist allerdings Freuds naives Vertrauen in die Wissenschaft zu bemängeln (Schöpf 1982, 170). Die Grenzen bei der Realisierung sittlicher Verpflichtungen sind hier offenkundig und sollten in einer anwendungsorientierten Ethik berücksichtigt werden.

(3) Jean Piaget geht mit seiner Konzeption einer Entwicklung des moralischen Urteils von der Intelligenzpsychologie aus und rekonstruiert die prämoralische Struktur des Motorischen. Insbesondere die Intelligenzbedingungen der moralischen Erkenntnisse und moralischen Urteile werden von Piaget beschrieben. Zugrunde gelegt wird ein moralischer Realismus. Ein Kind beurteilt seine Handlungen danach, welche Folgen diese in der Sichtweise der Eltern nach sich ziehen. Hier ist Moral ein Ergebnis der Fremd- und der Selbstbindung. Am Anfang steht also eine Struktur vormoralischer Art, biologisch rückgebundene Verhaltensmuster. Daraus entspringt interaktionell durch motorisch operatives Erproben der Umwelt die kindliche Fähigkeit, Folgen von Verhalten zu bestimmen. Piagets Methode beschreibt die Schwierigkeiten einer affektiven Entwicklung zur Verantwortlichkeit. Insbesondere wird deutlich, daß die Unfähigkeit zum Perspektiven-Wechsel sehr leicht als moralisch böser Wille interpretiert werden kann (Schöpf 1995, 223).

Einen interessanten Ansatz zur Vermittlung unterschiedlicher Ethikkonzepte bietet Lawrence Kohlbergs entwicklungspsychologische Interpretation verschiedener Moralitätskonzepte. Kohlberg parallelisiert verschiedene ethische Konzeptionen, die sich im Laufe der Neuzeit herausgebildet haben, insbesondere solche der Entwicklung des moralischen Bewußtseins im Laufe der Menschheit und ordnet diese bestimmten Stufen in der Entwicklung des moralischen Bewußtseins des Kindes zu. Generell kennt er drei Ebenen sittlicher Kommunikation, nämlich (1) die Berücksichtigung von Handlungen und Handlungsfolgen auf dem Level generalisierter Überlegungen zu Freude und Schmerz, (2) die Berücksichtigung der mit Hilfe von Rollen und Normensystemen kulturell interpretierten Bedürfnisse, also konkreter Verpflichtungen und unterscheidet diese von (3) den Prinzipien. In dieser Ebene werden universalisierte Freude-Schmerz-Überlegungen, universalisierte Verpflichtungen, universalisierte Bedürfnisse und Interpretationen zum Maßstab der ethischen Diskussion gemacht.

Die erste Ebene ethischer Kommunikation umfaßt die moralischen Stufen eins und zwei, wobei es auf der untersten Stufe im Rahmen einer natürlichen oder sozialen Umgebung um eine unvollständige Wechselseitigkeit geht. Hier geht es um die Maximierung von Freude und das Vermeiden von Schmerz und zwar durch Befolgung von Regeln und Verpflichtungen, die einem von außen auferlegt wurden. Die erste Stufe des moralischen Bewußtseins umfaßt einfachen naiven Gesetzesgehorsam, aus Angst vor Strafe oder vor Sanktionen. Die zweite Stufe des moralischen Bewußtseins geht aus von vollständiger Wechselseitigkeit und verpflichtet zu einer Maximierung von Freude und zum Vermeiden von Schmerz durch einen Austausch von Äquivalenten. Im Prinzip befindet sich die zweite Stufe des moralischen Bewußtseins auf der Ebene einer Tauschgerechtigkeit. Diese Ebene nennt man gemeinhin die des naiven Hedonismus.

Auf der zweiten Ebene der ethischen Kommunikation geht es in der dritten Stufe des moralischen Bewußtseins um Rollen, d.h. um kulturell interpretierte Bedürfnisse und um konkrete Pflichten, die eine Gesellschaft heteronom dem einzelnen aufzuzwingen bereit ist. Auf der Stufe drei geht es um die konkrete Moral von Primärgruppen also Kleingruppen oder Familien, in denen eine unvollkommene Reziprozität oder Wechselseitigkeit vorliegt, die daraus resultierenden Verpflichtungen aber gerne übernommen werden, weil man von der Natürlichkeit dieser Verpflichtungen überzeugt ist. Auf der vierten Stufe des moralischen Bewußtseins, aber immer noch in der zweiten Ebene der ethischen Argumentation, stehen Normensysteme im Vordergrund. Dort geht es um die konkrete Moral einer Gesellschaft, in der nun nicht mehr die konkrete Moral der Kleingruppen oder Primärgruppen im Vordergrund steht, sondern die größere Gruppe, der größere politische Zusammenhalt, der durch Normensysteme in seiner Funktionsfähigkeit erhalten bleiben soll. Auf der Stufe vier des moralischen Bewußtseins werden konkrete Gedanken in ihrer spezifischen Verpflichtung diskutiert. Auf dieser Basis lassen sich vertragsrechtliche Einordnungen vornehmen.

Auf der dritten Ebene ethischer Argumentation unterscheidet Kohlberg zwei Unterstufen des moralischen Bewußtseins, nämlich Stufe fünf, basierend auf dem Nützlichkeitsprinzip, einer universalisierten Abwägung hinsichtlich Freude und Schmerz. Die Stufe fünf des moralischen Bewußtseins bezieht sich auf das vernünftige Naturgesetz, mit dem bürgerliche Freiheiten und öffentliche Wohlfahrt begründet werden soll. Gemäß dem Utilitätsprinzip ist eine komplette Wechselseitigkeit gegeben. Der zweite Kandidat, also die sechste Stufe des moralischen Bewußtseins, handelt von verallgemeinerten bzw. universalisierten Verpflichtungen. Hier kann eine formalistische Ethik eingeordnet werden, die alle Menschen als Privatpersonen betrachtet, die wissen, was ihr Bestes ist, und daher keine sittliche Anleitung von außen brauchen. Ihr Standpunkt ist der, daß alle Menschen als Privatpersonen zu behandeln sind. Jeder Mensch weiß und kennt das, was für ihn am besten ist und bemüht sich darum, dieses zu realisieren. Aus diesem Grunde entwickelt die sechste Stufe des moralischen Bewußtseins nur eine formalistische Ethik. Auf dieser Ebene kann auch die Prinzipienethik eingeordnet werden.

Sie geht von universalisierten Bedürfnissen und Interpretationen aus. Hier geht es um moralische und politische Freiheit. Alle Menschen sind als Mitglieder einer Weltgesellschaft zu sehen, so daß sich die universale Ethik in einen universalen Sprachzusammenhang auflöst. Von Stufe zu Stufe werden die moralischen Prinzipien, die der ethischen Überlegung und ethischen Argumentation zugrunde gelegt werden, abstrakter. Sie dienen immer mehr dem Zusammenhalt von Gruppen und von immer höher organisierten menschlichen Gesellschaften.

Die moralische Stufe eins entspricht einem moralischen oder ethischen Egoismus, Stufe zwei dem Eudaimonismus des sogenannten klassischen Utilitarismus. Die dritte Stufe gehört in den Bereich des Regelutilitarismus, die vierte Stufe wäre die der Vertragstheorie, die fünfte Stufe ist die eines Gerechtigkeitsutilitarismus, die sechste Stufe enthält Momente einer Transzentalphilosophie, aber auch eines Wertepluralismus, einer universalisierten Gerechtigkeitstheorie, in der es um den Ausgleich zwischen einzelnen Bedürfnissen geht, insofern hier auch Bedürfnisse und Interpretationen einem Universalisierungsverfahren unterworfen werden.

Interessant bei diesem Vorschlag ist die Idee der Abstufung sittlicher Prinzipien und die Abstufung in Ebenen ethischen Argumentierens. Dadurch wird der Gedanke einer – traditionell gesprochen – Hierarchierung von Ethikkonzepten begründet, die selbstverständlich nach entsprechenden Motivationen auf das Verhältnis einer theoretischen Ethik und einer anwendungsorientierten Ethik übertragen werden kann. Je allgemeiner die ethischen Prinzipien sind, desto später sind sie in der Geschichte der Ethik aufgetreten und um so höher ist auch die Stufe des moralischen Bewußtseins. Dennoch wird man vermuten dürfen, daß auch weniger hohe Stufen des moralischen Bewußtseins geeignet sind, um spezifische niedriger angesiedelte moralische Probleme lösen zu können. So braucht man z.B., um Fragen der Kleingruppenmoral lösen zu können, nicht die universalisierbaren Grundprinzipien der Gerechtigkeit. Vielmehr genügen hier die Formen der Gegenseitigkeit und der einseitigen Verantwortlichkeiten, wie sie sich auch im Verhaltensrepertoire der Menschen herausgebildet haben. Wichtig erscheint mir auch die Abstufung in die drei Ebenen von Handlungen und Handlungsfolgen, von Regeln und Normen und von Prinzipien, die für eine anwendungsorientierte Ethik allerdings umgekehrt werden müßten.

Die Methode der Diskussion moralischer Dilemmata ist der Weg, um Kinder in einer Art von sokratischem Dialog um eine Stufe heraufzuheben, wobei ein Drittel der Kinder um eine Stufe, die meisten der Kinder um eine drittel Stufe sich weiterentwickelt haben. Diese sokratische Methode soll die Indoktrination der Berufung auf Tugendbündel, auf Autorität und konventionellen Konsens ersetzen (Kohlberg 1986 23). Diese hypothetischen Moraldiskussionen sollten in den Unterricht integriert werden. Denn Indoktrination verhindert die Schaffung partizipatorischer Demokratie im Unterricht. Wobei die Indoktrination bezüglich (a) Lehrinhalt, (b) Lehrmethode und (c) Absicht des Lehrers unterschieden werden können (Kohlberg 1986 27).

Dabei ist kollektive Moralerziehung mit partizipatorischer Demokratie vereinbar, wenn diese das einzelne Individuum d.h. den einzelnen Schüler betont. Sie knüpft an an die Bedeutung der Mitgliedschaften in Gruppen für Schüler. Die gerechte oder demokratische Norm unserer Gesellschaft im Sinne einer gerechten Gemeinschaft ist notwendig, wenn nicht sogar hinreichend, eine Habermas'sche ideale Sprechsituation zu definieren. So ist letztlich eine kollektive Sozialisation im Dienst der moralischen Autonomie des Individuums denkbar und realistisch (Kohlberg 1986 51).

Kohlbergs Ansatz hat in mannigfaltiger Form Kritik erfahren. Diese wurde insbesondere im Zusammenhang mit der Anwendung von Kohlbergs Schema in der Moralerziehung geäußert. Dabei läßt sich der entwicklungsgenetische Ansatz nicht unmittelbar für die Erziehung fruchtbar machen. Der Beitrag der entwicklungsgenetischen Methode besteht darin, daß der Entstehungsprozeß von Normen bei der Erziehung helfen sollte. Insbesondere wird dabei die Methode der Dilemmadiskussion angewendet. Die dadurch stimulierte Transformation zur jeweils nächst höheren Stufe der moralischen Entwicklung ist dabei das angestrebte Ziel. Dieser Ansatz der Dilemmadiskussion empfiehlt sich als dritter Weg zwischen Indoktrination und Relativismus (Oser 1986, 10).

Der Streit um die höchste Stufe der moralischen Entwicklung läßt sich nicht empirisch, sondern nur metaethisch entscheiden. Zunächst muß eine konstruktive Begriffsanalyse den Boden vorbereiten, auf dem diesen Streit schlichten soll. Diese Analyse führt zu zwei komplementären Moralprinzipien nämlich zur Verallgemeinerung von Maximen und zur Autonomie des Willens. In der metaethischen Diskussion der 6. Stufe bei Kohlberg ergibt sich, daß im Gegensatz zum Utilitarismus die höchste Moralstufe als notwendig betrachtet werden muß, aber im Gegensatz zur Diskussion der Diskursethik nicht hinreichend ist. Sehr wichtig ist dabei die Einsicht, daß sich Erziehung nicht an Normen orientieren kann, sondern an Maximen im Sinne von selbstgesetzten Prinzipien ausrichten muß, um Raum für Verantwortung zu lassen. Moralische Erziehung wird damit verstanden als Förderung der moralischen Reflexionskompetenz oder des moralischen Reflexionspotentials. Dabei ist die Konzeption einer begrenzten Moral im Sinne einer Distanz zum Ideal zu berücksichtigen (Oser 1986, 13).

Kohlberg untersucht die Parallelisierung zwischen Moralentwicklung und Gerechtigkeitsgrundsatz und nicht die Entwicklung von nicht ohne weiteres universalisierbaren Gerechtigkeitsstrukturen. Eine genaue Differenzierung von universalistisch zu behandelnden und relativistisch zu betrachtenden Handlungskonflikten wurde nicht vorgenommen. Kohlbergs Gerechtigkeitsoperationen sind bewußte Entscheidungskriterien, nämlich das Gleichheitsprinzip, das Verdienstprinzip und Billigkeitserwägungen. Diese sind Verteilungsprinzipien, die jeder unmittelbar benennen kann. Weil die Stadien der Entwicklung des moralischen Bewußtseins jeweils neue Elemente, neue Funktionen und neue Koordinationsformen bzw. -strukturen aufweisen, verändern sich im Verlauf des Entwicklungsprozesses sowohl die Strukturen als auch die Inhalte (Edelstein 1986, 91). Spezifisch moralische Operationen gibt es nicht, also auch keine besondere ethische Schlußfolgerungsformeln.

Dennoch gibt es eine spezifische Form der moralischen Wahrnehmung, die Rollenübernahme (Edelstein 1986, 92). Bei Kohlberg liege eine fälschliche Identifizierung von Moral und Gerechtigkeit vor (Edelstein 1986, 97). Gleichheit, Billigkeit und Reziprozität seien Verteilungsgesichtspunkte, gemäß denen Vorteile und Belastungen einer Form der sozialen Organisation auf unterschiedliche Individuen verteilt werden (Edelstein 1986, 98). Die Gerechtigkeitsproblematik eignet sich zudem am schlechtesten dazu, universalistische Ansprüche gegen relativistische Positionen zu stärken. Auch miteinander konkurrierende Gerechtigkeitsvorstellungen, wie Verdienst, Gleichheit, Bedürfnis, utilitaristische Glücksmaximierung, erschweren die Verteidigung von Kohlbergs Position. Kohlbergs entwicklungspsychologische Moralforschung beschäftigt sich zudem fast ausschließlich mit Applikationsproblemen der Ethik, nicht mit der Ethik selbst. Der proklamierte Universalismus wird daher von Kohlberg nur in eingeschränkter Form realisiert.

Kohlberg beansprucht für sein moralisches Entscheidungsverfahren der wechselseitigen Rollenübernahme universelle Gültigkeit

(Edelstein 1986, 130). Er behauptet damit, daß rationale Übereinstimmung möglich ist bezüglich des moralischen Verfahrens (Edelstein 1986, 131). Dabei wird rational begründete Entscheidbarkeit nicht nur für moralische Verfahren und moralische Normen in Anspruch genommen, sondern sogar für konkrete Lösungen in moralischen Konflikten (Edelstein 1986, 132). Diese Forderung geht zu weit, weshalb ein Plädoyer für einen eingeschränkten Universalismus naheliegt (Edelstein 1986, 135). Insofern ist die Forderung nach Abschätzung der Kosten unterschiedlicher Handlungsverläufe und damit eine Folgenabschätzung durchaus berechtigt. Damit stellt sich angesichts des Kohlberg-Schemas die Frage, ob Konsens nicht nur über die Gültigkeit von Normen, sondern auch über die Richtigkeit spezifischer Lösungen konkreter moralischer Konflikte erzielt werden kann. Als Einwand gilt, was Habermas selbst zugesteht, daß der Diskurs ethischer Grundsätze die Probleme der eigenen Anwendung nicht regeln kann (Edelstein 1986, 139). Eine realistische Ethik aber muß akzeptieren, daß es moralische Probleme gibt, bei denen angesichts individueller Biographien kein Konsens erreicht werden kann (Edelstein 1986, 140).

Im sogenannten Heinz-Dilemma (Die Frage ob ein Ehemann ein teures Medikament aus der Apotheke stehlen sollte, um das Leben seiner Frau zu retten) stehen alle Beteiligten im Konflikt: der Apotheker, der Kreditverleiher, aber auch der Ehemann müssen sich fragen, wie Wohlwollen und Gerechtigkeit in diesem Falle zugleich zu realisieren sind. Angesichts solcher Dilemmastrukturen muß der moralische Standpunkt das Gute für jedermann in gleicher Weise bewerten (Edelstein 1986, 213). Auch das Rettungsbootdilemma stellt eine genuin moralische Frage dar. In einem leckgeschlagenen Rettungsboot sitzen ein Kapitän, der über Navigationsfähigkeiten verfügt, ein starker Ruderer und ein alter schwacher Mann. Eine Person muß zur Rettung der anderen beiden das Boot verlassen. Wie kann hier eine Entscheidung getroffen werden? Derartige Gedankenexperimente, in denen eine ideale wechselseitige Rollenübernahme zu einem Interessensausgleich führen und zugleich Sympathie aktivieren sollte, basiert auf der Universalisierung in einer kognitiven Situation. Sympathie beinhaltet ein Verständnis des anderen im Sinne eines Rückgriffs auf sein eigenes Selbstverständnis. In der kooperativen Diskussion sollten dann Lösungsschemata herausgearbeitet werden, z.B. für das Rettungsbootdilemma als Ausweg den Losentscheid.

Ein hypothetisches moralisches Dilemma ist eine sehr nützliche Methode zur Erfassung kognitiver Strukturen. Sie gehen über Dilemmata des wirklichen Lebens hinaus. Diese betreffen uns, engagieren uns und sind nicht bloß Gedankenexperimente. Verantwortlichkeit darf damit als signifikantes Bindeglied zwischen Denken und Handeln angesehen werden. So kommen wir zur Vorstellung einer gewissermaßen zielgerichteten Beziehung zwischen Denken und Handeln. Affekte aber werden durch kontingente Umstände hervorgerufen (Edelstein 1986, 383). Verantwortlichkeit setzt sich damit aus drei Komponenten zusammen, nämlich Vorstellungsvermögen, Wirksamkeitsüberzeugung und Engagement (Edelstein 1986, 385).

Kohlbergs Anspruch, eine Strukturtheorie des moralischen Urteils vorzulegen, krankt an der defizitären Unterscheidung zwischen Struktur und Inhalt (Edelstein 1986, 415). Rollenübernahme und moralisches Urteil lassen sich im Rahmen einer psychologischen Handlungstheorie nicht so einfach in Übereinstimmung bringen, wie es Kohlberg unterstellt (Edelstein 1986, 418). Somit können aus der Perspektive einer psychologischen Handlungstheorie moralische Urteile definiert werden als normative bzw. evaluatorische Vorstellungen über Konflikte, sowohl was deren Genese wie auch deren Lösung betrifft (Edelstein 1986, 422). Insofern ist Kohlbergs Schema als handlungstheoretisch konstitutives Stufenschema zu sehen und nicht bloß als ein psychologisch genetisches Deutungsmodell.

Im Streit um die 6. Stufe des Kohlberg-Schemas wird die Position einer hermeneutischen Ethik vorbereitet. Sie muß eine Antwort geben auf die Grundfrage, ob man Ethik von der Empirie (von der Genese her) oder von der normativ ethischen Ebene her entwirft. Eine hermeneutisch-praktische Ethik geht hier einen anderen Weg, indem sie verschiedene Formen moralischen, sittlichen und ethischen Wissens unterscheidet und aufeinander bezieht. So wird im Hinblick auf die Erstellung bzw. Überprüfung ethischer Urteile oder ethisch geprüfter Handlungsmaximen ein Weg der Untersuchung erforderlich, der alle vier Ebenen der ethischen Reflexion durchläuft. Diese vier Ebenen sind:

(1) ein intuitives oder ein Umgangswissen im Sinne des praktisch sittlichen Verstehens, dem Common-Sense zuzurechnen
(2) ein konstruktiv konventionelles Wissen, z.B. im Sinne des Gesetzgebungsverfahrens, also der Rechtsprechung zuzuordnen und ebenfalls einem Common Sense-Verständnis zuzusprechen,
(3) ein kausal rekonstruktives Wissen, das in naturalistischen Ethiken, insbesondere in biologischen wie physiologischen, aber auch teilweise in psychologischen Wissenschaften zu finden ist, ein

kommunikatives Wissen, das sich insbesondere in Therapieformen psychoanalytischer Art herausarbeiten läßt, und letztlich
(4) die philosophisch-metaethische bzw. hermeneutische Reflexion, die sich insbesondere auf methodische Kriterien wie Konvergenz und Kohärenz oder die Berücksichtigung der metaethischen Regeln richtet.

Dabei greift die hermeneutische Reflexion auf alle anderen Stufen des Wissens sittlicher Art zurück, um Verpflichtungen mit Rücksicht auf die Empirie zu formulieren und zu konkretisieren. Auf welcher Stufe sie zunächst anfängt, scheint dabei nicht von Bedeutung zu sein, da die Reflexion von Stufe zu Stufe vorangetrieben wird und an den Anfang zurückkehrt.

Tab. 4: Vier-Stufen-Schema von Moral und Ethik

intuitives Umgangswissen	Common Sense	Moral
konstruktiv-konventionelles Wissen	Common Sense Jurisprudenz	Moral
kausal-rekonstruktives Wissen	Psychologie Biologie	Ethik mit Bezug zur Empirie
explikativ-regressives Wissen	Philosophie	Ethik Metaethik

3.3 Biologistisch-spieltheoretische Ethik: Egoismus, Kooperation, Gemeinwohl

Auf der dritten Ebene des gerade erarbeiteten Schemas befindet sich die Biologie mit ihren Entwürfen einer Evolutionären Ethik. Zu diesen gehört auch die Verhaltensgenetik. Die Verhaltensgenetik beschreibt menschliches Verhalten, insofern es ererbt ist. Daher wird ein Gen für Aggressivität genauso postuliert wie ein Gen für Homosexualität. Aber auch wenn die Tatsache, daß menschliches Verhalten zumindestens teilweise ererbt ist, nicht bestritten werden soll, scheint die einfache These, daß es für bestimmte Verhaltensformen ein Gen gibt, kaum haltbar zu sein. Zu wenig z.B. ist auch die hormonale Grundlage für Phänomene wie Aggressivität und Homosexualität bis heute erforscht. Da es sich aber jedes Mal um ein Zusammenspiel verschiedener Körperaktivitäten und von verschiedenen Hormonen handelt, ist die These eines Aggressivitätsgens z.B. sicher viel zu einfach. Von daher erscheint auch der Glaube, daß menschliches Verhalten durch ein Gen festgelegt ist, naiv. Andererseits könnte die Untersuchung der genetischen Grundlagen für die Hormonsteuerung Aufschlüsse geben über körperliche Grundlagen bestimmter Verhaltensweisen. Diese hätten dann auch Auswirkungen auf unser Menschenbild bis hin zu moralischen Wertungen.

Allerdings müßten m.E. mindestens zwei verschiedene Begriffe des Gens unterschieden werden, die im Zusammenhang mit der Frage nach der genetischen Determination oft vermischt werden. Zum einen bezieht sich der klassische Begriff des Gens auf die genetische Determinierung einer Aminosäure und hier ist in der Tat von genetischer Determination zu sprechen. Aber menschliches Verhalten ist nicht nur durch eine Aminosäure determiniert, auch wenn das Fehlen einer Aminosäure im Hormonhaushalt zu Verhaltensstörungen führen kann. Der genetischen Bestimmung von Eigenschaften von Organismen, körperlicher Art oder gar im Hinblick auf Verhaltensweisen wie „aggressives" oder „altruistisches" Verhalten liegt aber ein populationsgenetischer oder evolutionärer Begriff eines „Gens" zugrunde, der biochemisch nicht klar definiert werden kann und damit methodisch-hypothetisch bleibt. Aussagen über das „Verhalten" dieser Gene ist statistischer Natur.

In der Verhaltensgenetik hat sich in den letzten Jahren ein neuer Untersuchungsansatz ergeben, nämlich die Untersuchung an eineiigen Zwillingen, die in unterschiedlicher Umgebung aufgewachsen sind. Ihre Anzahl ist nicht besonders groß, so daß die Aussagen, die auf dieser Basis gewonnen werden, mit Vorsicht zu behandeln sind. Nur sehr deutliche Ausschläge können dabei bislang von Relevanz sein. Dabei erfolgen erste Neubestimmungen im Komplex des Zusammenarbeitens von Genen und Erfahrungen. Immer mehr jedoch zeichnet sich dabei ab, daß die klassischen Theorien des sozialen Milieus nicht der adäquate Ausdruck sind für den Zusammenhang und für das Zusammenwirken von Genen und Umwelt. Das soziale Milieu ist nicht identisch mit der Umwelt, die in der Kooperation mit der Entwicklung der Gene menschliche Körpermerkmale wie Verhaltensweisen codieren.

Zudem sind im Hinblick auf die Feststellung der Erblichkeit seelischer Merkmale eine Reihe von methodischen Schwierigkeiten zu konstatieren. Relativ neu ist der Ansatz der Verhaltensgenetik bei einer Konzeption der Erfahrung und des Lernens. Dabei versucht die

Verhaltensgenetik zu bestimmen, worin die genetische Steuerung dessen besteht, was gelernt werden kann. Die grundlegende These der Verhaltensgenetiker lautet, daß der Lernende sich die prägenden Elemente der Umwelt selbst heraussucht, pointiert formuliert: man sucht sich seine Lehrer selbst. Die Untersuchung von Adoptivgeschwistern ist eine zusätzliche methodische Zugehensweise im Hinblick auf die Frage nach der Erblichkeit der Persönlichkeit.

Dabei hat sich in den letzten Jahren eine Theorie einer geteilten Umwelt entwickelt, in der genetische Persönlichkeitsausstattung und Milieu zusammenspielen. Neue Untersuchungen gehen von etwa 40 bis 50 % Erblichkeit der Persönlichkeit aus. Der Rest hängt von der Umwelt ab, wobei das soziale Milieu nicht der entscheidende Faktor ist. Vielmehr prägen beim Lernen einzelne Vorbilder. Insbesondere wird von der Verhaltensgenetik die genetische Prägung bei der Ausbildung der Persönlichkeitsmerkmale untersucht. Zu ihnen zählen Extroversion, Neurotizismus, Gewissenhaftigkeit, Verträglichkeit und Offenheit für Erfahrung, auf der anderen Seite Introversion, emotionale Stabilität, Nachlässigkeit, Unverträglichkeit und geistige Abschottung. Die Familienstruktur und das soziale Milieu sind bei der Ausprägung der Persönlichkeitsstruktur nicht so entscheidend. Zudem sind die genetisch codierten Erfahrungsfilter nicht unbeträchtlich.

Es bedarf also keiner Supereltern, damit die Kinder halbwegs seelisch gesund erwachsen werden, wobei ein gewisses Maß an Zuwendung selbstverständlich nicht unterschritten werden darf, genauso wie ein gewisses Maß an Ernährung und Versorgung der Kinder gegeben sein muß. Eine Reihe von Erfahrungen mit Heimkindern sprechen allerdings nicht gerade für diese These. So ist vielleicht das soziale Milieu nicht allein ausschlaggebend, aber vielleicht das emotionale. Die moderne Verhaltensgenetik zeichnet den Menschen nicht als Marionette seiner Gene. Andererseits versucht sie mit den zu Gebote stehenden Mitteln, den genetischen Anteil an der Persönlichkeit zur Entwicklung aufzuzeigen. Dabei läßt sich eine überraschende Unberechenbarkeit und Offenbarkeit der Persönlichkeitsentwicklung insgesamt feststellen. Die geheimnisvolle und unbeugsame Individualität des Menschen läßt sich dabei nicht leugnen, sondern wird von der Verhaltensgenetik im zunehmenden Maße erkannt. Allerdings weist sie auf den nicht unerheblichen Anteil der Gene bei der Entstehung dieser Individualität und Persönlichkeit hin.

Ein zentraler Ansatz in der Verhaltensgenetik ist die Hypothese einer Erblichkeit der Lernprogramme. Dies scheint mir eine brauchbare Arbeitshypothese zu sein, auch wenn hier noch Manches im Dunklen liegt. Zur Frage der genetischen Determination menschlichen Verhaltens könnte daher die Lerntheorie einen wichtigen Beitrag leisten. Für diese ist der Übergang vom Verstehen zum Wissen und vom Verhalten zum Handeln wichtig. Bei beiden Prozessen ist dabei genetisch Prädisponiertes zu unterscheiden von verfestigter Erfahrung, eingeübten Fertigkeiten und Fähigkeiten, die die Kompetenz eines Menschen ausmachen. Dabei ist die erste Stufe, nämlich instrumentelles Verstehen und instrumentelles Verhalten im Sinne eines routinisierten Handelns zu unterscheiden von theoretischer Erkenntnis, für die es zwar auch eine Kompetenz geben muß, die zu bestimmen aber möglicherweise nicht ausreicht, kognitives Wissen zu bestimmen. So ist von der Verhaltensgenetik ein Beitrag zur hermeneutischen Ethik zu erwarten, jedoch nur dann, wenn diese methodisch reflektiert und in ihren Ansprüchen reduziert wird.

Im folgenden geht es um den Beitrag einer naturalistisch-biologistischen und einer ökonomisch-spieltheoretischen Moral- und Normenkonzeption zu einer hermeneutischen Ethik, insbesondere zu Fragen der Selbstorganisation der Handlungspräferenzen, der Handlungsmotivation und der Handlungsregeln im Rahmen gesellschaftlicher Selbstorganisation. Die Frage nach der Genese und Evolution von Normen und Werten im Sinne von sittlichen Verpflichtungen stellt ein zentrales Thema der hermeneutischen Ethik dar. Läßt sich aber eine Ethik wirklich auf den Egoismus der Gene oder des homo oeconomicus zurückführen, wobei es sich in beiden Fällen um Modellbildungen handelt, die bestimmtes, beobachtbares Verhalten bei Tier und Mensch erklären soll? Die starke Orientierung an der Theorie klingt für eine hermeneutische Ethik gut, aber Modellvorstellungen müssen zunächst kritisch analysiert werden, bevor sie in eine hermeneutische Ethik übernommen werden können.

Der Beitrag der Ethologie zur Ethik findet sich zunächst auf der Ebene der Moral. Konrad Lorenz hält vom Standpunkt der biologischen Verhaltensforschung aus die Auswirkungen des menschlichen Aggressionstriebes für das zentrale Problem der menschlichen Moral, wobei die intraspezifische Aggression in der gegenwärtigen kulturhistorischen und technologischen Situation der Menschheit gemäß Lorenz die schwerste aller Gefahren ist. Nach Lorenz werden wir aber unsere Aussichten, ihr zu begegnen, nicht dadurch verbessern, daß wir sie als etwas Metaphysisches und Unabwendbares hinnehmen, vielleicht aber dadurch, daß wir die Kette ihrer natürlichen Verursachung verfolgen. Wo immer der Mensch die Macht erlangt hat, ein Naturgeschehen willkürlich in bestimmter Richtung zu lenken, verdankt er sie seiner Einsicht in die Verkettung der Ursachen, die es bewirken.

Gemindert wird diese innerartliche Aggression durch Spezialberufe, die man als ökologische Nischen bezeichnet (Lorenz 1974, 39). Die Selektion selbst ist es, die sich in verderbenbringende Sackgassen verirrt, wenn der Wettbewerb der Artgenossen, ohne Beziehung zur außerartlichen Umwelt, allein Zuchtwahl treibt. Die Hast, in die sich die industrialisierte und kommerzialisierte Menschheit hineingesteigert hat, ist ein gutes Beispiel für eine unzweckmäßige Entwicklung, die ausschließlich durch den Wettbewerb zwischen Artgenossen bewirkt wird (Lorenz 1974, 47). Der intraspezifische Wettbewerb kann nicht in einem unmittelbaren Sinn als die Wurzel alles Bösen identifiziert und mit der Aggression gleichgesetzt werden.

Angeborene Verhaltensweisen können durch eine an sich geringfügige Änderung von Umweltbedingungen völlig aus dem Gleichgewicht gebracht werden. Betrachtet man die aggressive Situation, als mitbetroffener Mensch, so erscheint sie als irrer Angsttraum, und es fällt schwer zu glauben, daß die Aggression nicht ein an sich pathologisches Symptom des gegenwärtigen Kulturverfalls sei. Gerade die Einsicht, daß der Aggressionstrieb ein echter, primär arterhaltender Instinkt ist, läßt uns seine volle Gefährlichkeit erkennen: Die Spontanität des Instinktes ist es, die ihn so gefährlich macht (Lorenz 1974, 55). Die völlig irrige Lehrmeinung, daß tierisches wie menschliches Verhalten überwiegend reaktiv und, insofern es überhaupt angeborene Elemente enthalten sollte, doch durchwegs durch Lernen veränderlich sei, hat tiefe und schwer auszurottende Wurzeln in einem Mißverständnis an sich richtiger demokratischer Prinzipien.

Obwohl die menschlichen Formen aggressiven Verhaltens in ihrer Erscheinung grundsätzlich primatenhaft sind, enthalten sie doch Merkmale, die sich von der Aggression aller anderen Arten unterscheiden. Der Soziobiologe Edward Wilson kommt zu dem Ergebnis, daß „das Aggressionsverhalten [...] in der Tat zu den genetisch labilsten“ (Wilson 1980, 99) Merkmalen gehört. Die Triebtheorie der Aggression bei Freud, Lorenz und Fromm könne die besonderen Formen aggressiven Verhaltens unter Artgenossen nicht erklären. Dazu sind Differenzierungen im Triebmodell selbst erforderlich. Denn den „Grund für das Fehlen eines allgemeinen Aggressionsinstinktes hat die ökologische Forschung aufgedeckt. Die meisten Formen aggressiven Verhaltens unter Artgenossen sind Reaktionen auf eine Überbesetzung der Umwelt [...]. Man sagt in solchen Fällen, daß die Aggression ein ‚dichteabhängiger Faktor‘ des Populationswachstums ist" (Wilson 1980, 99). „Einerseits ist es richtig, daß aggressives Verhalten, insbesondere in seinen gefährlicheren Formen der militärischen Aktion und der Vergewaltigung, gelernt wird. Das Lernen beruht jedoch [...] auf einer angeborenen Bereitschaft; wir besitzen eine starke Prädisposition, unter bestimmten definierten Bedingungen in eine tiefe, irrationale Feindseligkeit hineinzuschlittern" (Wilson 1980, 102).

Trotz der methodischen Schwierigkeiten bei der Übertragung von Beobachtungsergebnissen, gewonnen an Tieren, und von Ergebnissen spieltheoretischer Überlegungen auf den Menschen halten die Vertreter der Soziobiologie, insbesondere Charles J. Lumsden und Edward O. Wilson, an dem Programm einer Ko-Evolution von biologischer Evolution und kultureller Geschichte fest (Lumsden 1985, 3). Der Mensch entstand durch ein Zusammenwirken von biologischer und kultureller Evolution, das noch zu wenig verstanden ist. Dabei wollte die klassische Soziobiologie Gene und soziale Phänomene in direkter Weise verknüpfen (Lumsden 1985, 3). An dieser Stelle führen Lumsden und Wilson den Begriff der „epigenetischen Regeln" als den internen Teil der Strategie eines Individuums, Kultur zu lernen, ein (Lumsden 1985, 7). Die Prädisposition für unsere geistige Entwicklung nimmt eine bestimmte Richtung, hauptsächlich bedingt durch Nahrungsaufnahme, Kommunikation und geschlechtsspezifische Verhaltensweisen (Lumsden 1985, 8). Beide sprechen sogar von einem Kultur-Gen. Diese Gen-Kultur-Wechselwirkung soll eine reduktionistische Strategie vermeiden helfen (Lumsden 1985, 12), ist dazu aber kaum in der Lage. Dennoch läßt sich zumindest bislang nicht verhehlen, daß dieses Programm kaum eingelöst ist, ja es als wenig aussichtsreich erscheint angesichts der Fülle menschlicher Verhaltensweisen.

Einen etwas anderen Ansatz wählt Richard Dawkins in seinem Buch „The selfish gene". Evolution beschreibt zunächst eine Theorie der Weitergabe körperlicher Merkmale, für die ein genetischer Code vorliegt. Analog dazu muß die Soziobiologie den Verhaltensbegriff strukturieren. Sie greift hier zu spieltheoretischen Überlegungen. Dawkins spricht in diesem Zusammenhang von der „Spielbank Evolution" (Dawkins 1978, 66). Berechnet und evolutiv abgeschätzt werden Chancen und Risiken bestimmter Verhaltensstrategien (Dawkins 1978, 67). Der Ausgangspunkt ist ein rekonstruierter Genortbegriff als Grundbaustein des Verhaltens. Die Sprache der Zweckmäßigkeit fordert, das Individuum als eigenständige Maschine aufzufassen, „die so programmiert ist, daß sie das tut, was immer für ihre Gene als Gesamtheit am besten ist" (Dawkins 1978, 79). Ein Tier benimmt sich also so, als ob es eine komplizierte Berechnung angestellt hätte, wie es sich verhalten soll (Dawkins 1978, 114). Genauer gesagt: Ein Tier verhält sich gemäß den Grundannahmen der Spieltheorie so, daß deren Grundaussagen und Vorhersagen anwendbar bleiben, auch wenn das Tier tatsächlich keine Berechnungen vornimmt.

In diesem Modellrahmen läßt sich dann z. B. die intraspezifische Aggression bewerten. In „einem umfangreichen und komplexen System von Rivalitäten ist es nicht zwangsläufig ein Vorteil, wenn man einen Rivalen von der Bühne beseitigt: es kann sein, daß andere Rivalen eher von dessen Tod profitieren als man selbst" (Dawkins 1978, 81). Daher muß der „Entscheidung für oder gegen einen Kampf im Idealfalle eine komplexe, wenn auch unbewußte ‚Nutzen-Kosten'-Rechnung vorausgehen" (Dawkins 1978, 82). An dieser Stelle führt Dawkins im Anschluß an Maynard Smith den Begriff der „evolutionär-stabilen-Strategie" (ESS) ein. Er entwickelt seine Berechnungen anhand der Strategien von Beschädigungs- und Kommentkämpfern. Er zeigt also auf, daß in einer ESS verschiedene aggressive Strategien zusammenspielen werden, um als Verhalten in einer bestimmten Situation auftreten zu können. Auch andere Strategien wie Territorialverhalten, sexuelle Partnerschaft, Brutpflege und Kommunikation lassen sich nach diesem Modell in diversen Computersimulationen berechnen (Dawkins 1978, 89).

Durch den Gedanken der ESS, der methodisch gesehen die Stelle der arterhaltenden Selektion von Konrad Lorenz einnimmt, wird auch das Evolutionsverständnis präzisiert. Denn die „fortschreitende Evolution ist vielleicht nicht so sehr ein stetes Aufwärtssteigen, als vielmehr eine Reihe getrennter Schritte von einem stabilen Zustand zum anderen" (Dawkins 1978, 103). In diesem Rahmen setzt Dawkins nun seine Rekonstruktion des altruistischen Verhaltens an. Das oben explizierte Aggressionsmodell greift dann nicht mehr, wenn die betroffenen Individuen enge Verwandte sind (Dawkins 1978, 103). Daraufhin entwickelt Dawkins im Anschluß an das mathematische Modell von Hamilton aus dem Jahre 1964 (Dawkins 1978, 107) eine ESS altruistischen Verhaltens. Diese schränkt das Entstehen von Altruismus auf nahe Verwandtschaftsgrade ein. Unterschiedslos altruistisches Verhalten, etwa vom Kategorischen Imperativ gefordert, stellt keine ESS dar. Es wäre unter natürlichen Bedingungen in dem Sinne instabil, daß es „von einer rivalisierenden egoistischen Strategie [...] übertroffen werden kann" (Dawkins 1978, 123).

Mit spieltheoretischen Modellen zur Beschreibung strategischer Interaktion (Hammerstein 1985, 83) wird das Konzept der ESS im

Sinne eines Konfliktmodelles erweitert, wobei diese als ererbtes strategisches Verhaltensprogramm interpretiert wird. Bei der Betrachtung z.B. von gemischten Strategien zwischen ritualisiertem Kampfverhalten und Beschädigungskämpfern wird der Geldbetrag nur als Maß für den Ausgang des Konfliktes herangezogen, die Auszahlungen, von denen die Rede ist, wird als objektives Kriterium des Erfolges betrachtet (Hammerstein 1985, 84-87). So lassen sich asymmetrische Konflikte wie Territorialverhalten und deren Lösungsstrategien beschreiben, etwa das Prinzip der früheren Anwesenheit, das Prinzip des höheren Gewichts oder die Hypothese vom ungleichen Informationsstand (Maynard Smith's These von der Uninformiertheit des Eindringlings) oder die Hypothese der ortsabhängigen Stärkeverteilung (Hammerstein 1985, 88-96).

Eine der traditionellen Formulierungen stellt das Gefangenendilemma dar, wie es von Robert Axelrod in seinem Werk „The Evolution of Cooperation" (Axelrod 1986) beschrieben und umformuliert wurde. Es wurde im einzelnen bereits im letzten Kapitel dargestellt. Die Entscheidungstheorie wurde in der Ökonomik entwickelt und bietet ein Erklärungsmodell für Entscheidungen an, warum ich mich in einer bestimmten Weise entscheiden soll. Axelrod beschränkt zur einfacheren Berechnung das Spiel auf zwei teilnehmende Mitspieler und bringt keine Definition von Zusammenarbeit, sondern geht von einem vagen Begriff aus, der nicht einmal die aktive Teilnahme voraussetzt, sondern das bloße Profitieren von einer Situation für ausreichend hält.

Kooperationstrategien laufen ständig Gefahr, der Free-Rider-Problematik ausgeliefert zu sein. Gemeint ist damit die Benutzung gemeinsamer Einrichtungen, ohne einen Beitrag zu ihrem Unterhalt zu leisten. Bei Tieren ist für solches Verhalten der Fortpflanzungserfolg der Maßstab, wobei hierbei kein bewußtes Verhalten unterstellt werden darf. Vielmehr sind sie eher wie programmierte Computer aufzufassen. Vorausgesetzt wird, daß es für Individuen eine Präferenzstruktur gibt, wobei es nicht um die Wertung von Zielvorstellungen geht, sondern nur darum, wie man Ziele möglichst gut erreicht.

Die natürliche Evolution prämiert nur den individuellen Fortpflanzungserfolg. Was aber rechtfertigt die Annahme der Soziobiologie, alle Menschen müßten bei allen ihren Entscheidungen den Fortpflanzungserfolg zum Maßstab nehmen? Das Konzept der Verwandtenselektion ist einsichtig, genau so das Konzept „tit for tat", daß sich eine Leistung für einen genetisch nicht eng Verwandten erst dann auszahlt, wenn sie erwidert wird. Im wiederholten Spiel ist Verweigerung nicht mehr die optimale Strategie, vor allem dann, wenn die Anzahl der Runden nicht feststeht (Nowak 1995, 49). Gnadenloses „tit for tat" ist allerdings sehr fehleranfällig: ein falscher Zug, und beide Spieler betrügen sich gegenseitig.

So ist die tolerante Variante von „tit for tat" optimal, die mit fast 100-prozentiger Sicherheit einen kooperativen Zug mit Kooperation beantwortet und selbst bei einem Verweigerungsakt des Gegenspielers noch mit 33-prozentiger Wahrscheinlichkeit mit Kooperation antwortet. Allerdings kann sich das nachsichtige „tit for tat" nicht allein durchsetzen. Es bedarf einer so gnadenlosen Strategie wie „tit for tat", um die Wende einzuleiten und den Boden für Zusammenarbeit zu bereiten (Nowak 1995, 50). Dabei gibt es gemäß den Modellrechnungen lange Phasen ohne größere Veränderungen und seltene, abrupte Übergänge, wobei sich ein deutlich wahrnehmbarer Trend zur allgemeinen Kooperation feststellen läßt (Nowak 1995, 51).

Die Rekonstruktion der evolutionären Genese einer altruistischen Moral auf der Basis von Kleingruppen oder Clans führt aber eher zu Kooperationsformen mafiöser Gemeinschaften, denn Gruppenegoismus als letztes Wort einer evolutionären Ethik ist als Ausgangspunkt für eine hermeneutische Ethik viel zu schmal. Allerdings sollte im Sinne der Realisierbarkeits-Regel einer hermeneutischen Ethik berücksichtigt werden, daß die Implementierung universalistischer sittlicher Verpflichtungen Grenzen der biologisch-psychischen Ausstattung des Menschen beachten muß.

Anders als die soziobiologische These vom Eigennutz der Gene, die Formen des vererbbaren Altruismus auf die nächsten Verwandten beschränkt, geht die ökonomische Version der Spieltheorie von der Logik der kollektiven Handlung aus. Im Zentrum steht hier der Versuch einer Rückführung von Kooperation auf strategisch-rationales Verhalten, wobei die Strategie „tit for tat", die in der Soziobiologie den Endpunkt bildet, nun eher zum Ausgangspunkt der ökonomischen Spieltheorie wird.

Nach Mancur Olsons „The Logic of Collective action" aus dem Jahre 1965 ist das Ergebnis eher ernüchternd. Aufgrund sozialer Dilemmata, die der Struktur des Gefangenen-Dilemmas entspringen, werden selbst bei kleinen Gruppen von aufgeklärten Egoisten und selbst dann, wenn es in deren Interesse liegt zu kooperieren, diese nicht zusammenarbeiten. Sie erreichen ihr Gruppen- oder gemeinsames Interesse nicht (Udehn 1993, 239). Rationale Egoisten werden kollektive Interessen im Sinne der Freifahrerposition (free-rider-Rolle) behandeln, also gemeinsame, kollektive oder öffentliche Güter möglichst umfangreich individuell nutzen, ohne einen Beitrag zu leisten.

Insbesondere beim Anwachsen sozialer Gruppen sinkt die Bedeutung des relativen Beitrags eines jeden einzelnen zum Gemeinwohl und damit das Ansehen, das einer mit seinem Beitrag gewinnt. Der Nutzen aus dem gemeinen Gut sinkt. In einer mittleren Gruppe bleibt ein Free-Rider nicht anonym. Aber bei großen Gruppen sind die Organisationskosten zu groß und der Nutzen der gemeinsamen Güter für einzelne zu gering. Daher bedarf es einer Lobby, bestimmte Gemeinwohlinteressen überhaupt zu vertreten. In großen Gruppen ist eine altruistische Grundintention nicht durchsetztbar, kollektive Handlung ist somit nicht rational, sondern irrational (Udehn 1993, 240). Aber Olsons Größenargument ist so nicht haltbar. Besonders zweifelhaft ist seine Grundannahme, daß bei wachsender Gruppengröße der Nutzwert der gemeinsamen Güter abnimmt (Udehn 1993, 241).

Die Freifahrerproblematik entspringt dem Gefangenendilemma und stellt ein soziales Dilemma dar. Es manifestiert sich in ihm das ökonomische Problem, daß dezentral getroffene individuell rationale Entscheidungen zu ineffizienten und damit kollektiv nicht rationalen Ergebnissen führen (Güth 1995, 176). Eine Folge dieses Verhaltens ist die Übernutzung des Kollektivgutes; es kommt zur „tragedy of the commons", zur „Tragödie der Allmende". Psychologische Experimente zeigen, daß Absprachen die Kooperation nicht erhöhten, während es bei einem Verhängen von Sanktionen zu einem deutlichen Anstieg der Kooperation kam (Güth 1995, 187). Männer waren weniger bereit, die Freifahrerposition einzunehmen, wenn sie mit einer Frau zusammen spielten, Frauen waren eher bereit, frei zu fahren, wenn sie mit einem Mann zusammen spielten (Güth 1995, 191).

Häufig wurde die Angst, übervorteilt zu werden, als Hauptmotiv für die Freifahrerrolle genannt. Allerdings ist das wesentliche Motiv für die Übernahme dieser Rolle der erwartete Profit (Güth 1995, 205). Kooperation nimmt in allen Gruppen mit wachsender Anzahl von Runden ab und erreicht in der Schlußrunde ihr Minimum (Güth 1995, 219). Insgesamt aber wurde Freifahrerverhalten in nur relativ geringem Umfang beobachtet, so daß die strikte Freifahrerhypothese als weitgehend falsifiziert gelten darf (Güth 1995, 232). Daraus läßt sich schließen, daß die Freifahrer-Thematik zwar für die ökonomische Theorie unbefriedigend ist, menschliches Handeln als solches aber nicht erschüttert, da es nicht allein das Resultat rationaler Kalküle darstellt.

Eine Alternative bietet eine „tit-for-tat"-Strategie fortgesetzter Spiele auf der Basis des Gefangenen-Dilemmas. Die so begründete Reziprozität ersetzt kollektive Handlung durch ein vielfältiges Geflecht individueller Aktionen. Positiv ist die Einführung der Zeit ins Spiel, aber die kollektive Handlung ergibt sich nicht aus einem fortgesetzten Gefangenendilemma. Zudem unterstellt die ökonomische Theorie der kollektiven Handlung, daß alle Individuen homogen sind. Dies ist ein entscheidender Mangel an Realismus in der Spieltheorie. Solche Gleichheit besteht nur in Gesellschaften mit hoher Kontrolle (und auch dort nur vorgeblich bzw. erzwungermaßen).

Die zentralisierte institutionelle Lösung von Olson erlaubt free-riding, die dezentralisierte Lösung von Axelrod ist in großen Gruppen nicht möglich (Udehn 1993, 247). Daher wurden vor allem Formen der Bestrafung untersucht, wobei allerdings die Kosten der Bestrafung immens zu Buche schlagen. Da das Problem der Zusammenarbeit in großen Gruppen nur durch Zwang gelöst werden kann, stellte sich auch das Problem des Führers als Initiator einer kollektiven Handlung. Doch ist der Rückgriff auf einen Führer eine zu schwache Hypothese zur Erklärung kollektiver Handlungen.

So erweist sich das Modell des homo oeconomicus als ungeeignet, das Problem der kollektiven Handlung zu erklären. Für diesen Ansatz ist das free-rider-Problem ein echtes Hindernis. Um kollektive Handlungen zu erklären, reichen weder Selbstinteresse, Utilitarismus noch rationale Wahl aus, vielmehr müssen vermischte Motivationen angenommen werden, moralische und soziale Normen. Sympathie und Altruismus sind kompatibel mit einer Ökonomie, verstanden als rationale Wahl. Der homo sociologicus könnte den homo oeconomicus ablösen (Udehn 1993, 252).

Das Spannungsverhältnis zwischen individuell-strategischer Rationalität und gemeinsamer Interessenverfolgung ist weitgehend unabhängig von Egoismus und Altruismus. Es ist insbesondere ein Vertrauensproblem, das sich darin manifestiert (Güth 1995, 12f). Die Entscheidung im Sinne des Modells strategisch rationalen Verhaltens ist wohl allein in Bezug auf die Zukunftserwartung des Entscheidens zu erklären (Güth 1995, 26). Bei einem gemeinsamen Essen, das zu gleichen Teilen bezahlt wird, hat der den Vorteil, der alleine eine große Rechnung macht. Er läuft allerdings Gefahr, daß beim nächsten Mal die anderen genauso handeln und so die Gesamtkosten emporschnellen. Wiederholtes Durchspielen derselben Situation fördert kooperatives Verhalten (Glance 1994, 36).

Die mathematische Theorie des sozialen Dilemmas untersucht die Gesetze, denen die Interaktion zahlreicher Teilnehmer gehorcht. Es handelt sich dabei um ein idealisiertes mathematisches Modell ohne Rücksicht auf die psychische Situation (Glance 1994, 37). Daher kennt das Modell nur zwei stabile Zustände, nämlich weit verbreitete Selbstsucht bzw. generelle Kooperation. Große Fluktuationen sind selten und hängen von der Einschätzung zukünftiger Kooperationen ab. Je größer eine Gruppe ist, desto weniger wird sich das eigensüchtige eigene Verhalten auf einen selbst auswirken. Daher läßt sich oberhalb einer bestimmten Gruppengröße allgemeine Kooperation nicht aufrecht erhalten. Kooperation in kleinen und langlebigen Gruppen ist am wahrscheinlichsten. Da Vergeltung in Gruppen nur bedingt funktioniert, beschränkt sich „tit for tat" auf das Verhältnis von zwei Mitspielern.

Interessant sind schnelle Veränderungen, z.B. die Ausbreitung der Mülltrennung als Form des umweltbewußten Verhaltens oder die Ausbreitung der Leipziger Montagsdemonstrationen, wobei die Unterschiede in den Schwellenwerten (in der Risikobereitschaft) eine zentrale Rolle spielte (Glance 1994, 40). Daher ist ein Übergang vom generellen Egoismus zu allgemeiner Kooperation nur schrittweise zu erwarten. Es bedarf dabei besonderer Individuen mit entweder größerem Horizont oder geringeren Durchschnittskosten bei Kooperation. So sind funktionelle Hierarchien aufzubauen (Glance 1994, 40). Dazu könnte z.B. der Aufbau eines Netzwerkes aus kleinen Gruppen von Managern in einem Unternehmen dienen.

Alle diese Modelle aber haben einen entscheidenden Fehler. Sie berücksichtigen große Zahlen, aber nicht, daß der Mensch nur begrenzt rational ist, wenn er ökonomische Entscheidungen trifft (Weise 1994, 287). Impulsives Kaufen ist risikobelastet. Daher gibt es Faustregeln und Regeln für das übliche Vorgehen. Kalkulation verursacht Alternativkosten, Alternativkosten entstehen auch, wenn ich eine Entscheidung neu treffen muß. Auch die begrenzte Rationalität des Menschen und seine eingeschränkte Informations-Aufnahmekapazität und -Verarbeitungskapazität führen dazu, daß er sich an vorhandenen Entscheidungen orientiert.

Der Tausch koordiniert Handlungen. Prima facie ist die Marktlösung effizient, die Normlösung ineffizient. Wenn andere geschädigt werden, ist es besser, zu entschädigen, als zu sanktionieren und Sanktionen durchzusetzen. Allerdings gibt es leicht und schwer zu substituierende Güter. Der Verlust des eigenen Lebens ist nicht substituierbar. Deshalb muß ein solches Gut in einer nichtökonomischen Weise geschützt werden. So verweist das Problem der sozialen Kooperation auf soziale, dann sittliche Normen.

Zur Überwindung von Rationalitätsfallen, von sozialen Dilemmata und von Freifahrerverhalten als dominanten Strategien in der Konstellation des Gefangenendilemmas ist Ethik als kollektiv rationale Antwort, als erwünschtes Korrektiv für individuell rationales Verhalten zu rechtfertigen (Herder-Dorneich 1993, 123-125). Ethik als öffentliches Gut wird auf Effizienz begründet und dient als Legitimation dafür, daß der Staat durch geeignete Maßnahmen kooperatives Verhalten erzwingt. Damit aber wird staatliches Handeln zum Ethik-Ersatz. Dies ist kein sehr originelles Modell für Wirtschaftsethik und löst das Implementierungsproblem nicht. Kollektive Regeln lassen sich nur schwer zwangsweise einführen. Sie müssen sich spontan bilden (Herder-Dorneich 1993, 128f).

Der homo oeconomicus begründet eine Form von Wirtschaftsethik, die nicht implementierbar ist. Je weiter eine kollektiv-rationale Regel von einer spontanen Ordnung abweicht, umso geringer sind ihre Implementierungschancen und umso größer sind ihre Implementierungskosten. Evolutionstheoretisch-spieltheoretische Modelle zur Implementierung moralischer Normen können von Nutzen sein. Gefordert ist die Erweiterung des Modells der ökonomischen Entscheidungstheorie im Sinne einer zunehmenden Berücksichtigung von im weitesten Sinne emotionalen Verhaltenssteuerungen. Es ist anzuerkennen, daß menschliches Handeln sowohl Resultat rationaler Kalküle als auch emotionaler Steuerung und genetischer Prägung ist (Herder-Dorneich 1993, 133).

In typischen, wiederkehrenden Situationen werden aus einer Vielzahl von Handlungsmöglichkeiten bestimmte Handlungen als zu befolgende oder als zu unterlassende für alle Adressaten einer Norm verbindlich gemacht (Eger 1990, 65). Normen können durch Versuch und Irrtum, durch kollektives Lernen, durch Verträge oder durch Satzung entstehen. Eine soziale Norm ist eine Handlungsbeschränkung. Sie dient als Schutz vor bestimmten Handlungen des jeweils anderen und gibt dem Menschen Sicherheit, wie er sich in relativ diffusen Situationen zu verhalten hat. Eine soziale Norm wird eingehalten, um die Kosten einer Abweichung zu vermeiden. Normen senken Entscheidungskosten, schaffen Ordnungssicherheit als Orientierungs- und Realisierungssicherheit. Sie egalisieren individuelle Handlungen (Eger 1990, 68). Die Gleichförmigkeit des Handelns kann sich aus zwei Gründen einstellen, nämlich weil bestimmte Reaktionen angeboren sind oder weil durch Lernen sich bestimmte Verhaltensweisen für alle Menschen oder zumindest für viele als vorteilhaft erwiesen haben. Der Konformitätsdruck erzeugt Regelhaftigkeit in bestimmten Situationen (Eger 1990, 69).

Das Mehrheitsverhalten dient dem einzelnen als Maß für Kommunikationsmöglichkeiten. Es dient dem einzelnen als Maß für das richtige Verhalten in unsicherer Umgebung und als Maß für Selbstkoordination. Was die Mehrheit kauft, ist in der Regel billiger und weist bessere Service-Leistungen auf. Soziale Normen sind Ordner (Eger 1990, 73). Der äußere Konformitätsdruck ist wichtig, die innere Verpflichtung oder die Verhaltenskoordination ist in großen Gesellschaften nicht zu erreichen ist. Normen werden internalisiert, wenn die Verletzung einer Norm mit psychischen Kosten verbunden ist. Prozesse der Selbstorganisation durch Normen laufen dabei folgendermaßen ab: Bei jedem Menschen steigt die Wahrscheinlichkeit, zu einer bestimmten Verhaltensweise überzugehen, mit der Häufigkeit an, mit der diese Verhaltensweise bei den jeweils anderen Menschen beobachtet werden kann (Eger 1990, 79).

Soziale Normen werden aus einer zunächst nicht normierten Situation langsam aufgebaut, wobei der Zufall, die Historie und Nichtlinearitäten eine große Rolle spielten. Die Entwicklung von Normen orientiert sich am Handeln der Gesellschaft als Selbstorganisation der Präferenzen und der Handlungssituationen als gesellschaftlicher Selbstorganisation (Eger 1990, 80-82). Die Tradition erspart die Kosten individuellen Forschens und Lernens. Das Entstehen, Stabilisieren und Verschwinden von gemeinsamen Handlungsmustern entsteht durch die Interaktionen der Personen. Märkte und Normen sind verschiedene Verfahren der Koordination individueller Handlungen (Eger 1990, 98).

Eine Rückführung sozialer Kooperation auf strategisch-rationales Individualverhalten ist selbst bei „tit-for-tat"-Spielen nicht möglich, es sei denn, man unterstellt unendlich viele Spiele. Die dann unterstellte Realitätsauffassung entspricht aber nicht der Realitätsauffassung hermeneutischer Ethik. Eine ökonomische Begründung der Ethik im Sinne der Begründung sittlicher Verpflichtung erscheint damit als nicht möglich. Allerdings sollte Kooperation nicht als das alleinige Problem einer anwendungsorientierten Ethik angesehen werden. Viele Formen des strategischen Handelns sind für eine praktische Ethik relevant, nämlich Folgenorientierung, Effektivität, Situationsorientierung, Handlungsanreize und die Überwindung von Dilemma-Situationen und verdienen Beachtung. Besonderes Interesse sollte aus der Perspektive hermeneutischer Ethik das Konzept der begrenzten Vernunft genießen, bei der die ideologiekritische Funktion einer hermeneutischen Ethik ansetzen kann.

3.4 Hauptströmungen moderner philosophischer Ethik

Daher muß nun thematisiert werden, was für viele Anwender einer anwendungsorientierten Ethik höchst irritierend ist, nämlich daß sie im Plural auftritt, obwohl die meisten Menschen sich von ihr eine eindeutige Wegweisung erwarten. Daher möchte ich angesichts des Pluralismus der professionellen Ethiken folgende Hauptströmungen moderner Ethik kurz charakterisieren und auf ihren potentiellen Beitrag zur Begründungsfrage einer anwendungsorientierten Ethik hin überprüfen. Es handelt sich um folgende Konzeptionen: (1) Naturrechtsmoral, (2) Emotivismus und Mitleidsmoral; (3) Dezisionismus und Vertragstheorie; (4) Versionen des Utilitarismus und (5) transzendentalphilosophisch-universalistische und diskursethisch-universalistische Ansätze.

Als Vertreter einer *Naturrechtsmoral* zielt Robert Spaemann auf etwas Unverfügbares ab. Dieses wird auch bei Spaemann häufig aus der Natur abgelesen: „Solange Menschen nicht mit Affen gekreuzt werden können, ist die Frage, wer Träger von Menschenrechten ist, so, aber auch nur so zweifelsfrei entscheidbar" (Spaemann 1980, 188). Diese Behauptung zählt zu einer naturalistischen Variante des Naturrechtes. Zur Rechtfertigung seiner Ethik greift Spaemann auf Begriffe wie das „Wesen des Menschen" oder „absolute Wertgesichtspunkte" zurück. Diese Aussagen gehören der metaphysischen Klasse des Naturrechtes an.

Diese Ethik läuft häufig auf ein Verbot der Naturwidrigkeit und Künstlichkeit hinaus und behauptet, daß angesichts der Heiligkeit des Lebens, insbesondere des menschlichen Lebens, jede Tötung unschuldigen menschlichen Lebens eine in sich schlechte Handlung und technische Manipulationen insbesondere der menschlichen Sexualität und der menschlichen Natur ein Sakrileg darstellen. Die Innovativkraft der Technologisierung bringe zudem eine Erweiterung der menschlichen Handlungsmöglichkeiten mit sich und überfordere damit den Menschen. Sie fordert angesichts der Heiligkeit und des absoluten Wertes des (menschlichen) Lebens einen kategorischen Schutz aller Menschen, auch der Embryonen von der Verschmelzung von Samen und Eizelle an.

Die zweite Klasse von Ethikbegründungsversuchen, nämlich *Emotivismus* und *Mitleidsmoral*, scheinen einander entgegengesetzt, haben aber doch einen gemeinsamen Bezugspunkt, nämlich: Hintergrundrechtfertigungen sind bestimmte Ausprägungen des moralischen Gefühls. Für den Emotivismus ist eine rationale Rechtfertigung einer objektiven Ethik nicht möglich. Daraus folge eine „emotive Verkürzung“ der Moral auf persönliche Vorlieben (MacIntyre 1987, 37). Wertkonflikte lassen sich nicht mehr rational lösen, daher müsse einfach gewählt werden (MacIntyre 1987, 44). Gesellschaftliche Rollen treten an die Stelle der klassischen moralischen Werte. Eigentlich sei alles Handeln Rollenspiel und Durchsetzung des Willens zur Macht. Modern gesprochen komme alles auf Effektivität an (MacIntyre 1987, 156).

Die zweite Version der Gefühlsmoral plädiert nicht für radikale Selbstverwirklichung, sondern berücksichtigt Betroffene des eigenen Handelns. Die Mitleidsmoral hatte einen bedeutenden Befürworter bereits in Michel de Montaigne, der in seinen „Essais“ (1580-1588) die skeptische Tradition der Französischen Moralisten begründet. In seinem Essai II, 11 über Grausamkeit kritisiert er die unerschütterliche Gelassenheit der stoischen Tugendlehre (Montaigne 1985, 407) und charakterisiert seine Position mit dem Satz: „Unter andern Lastern hasse ich grausam die Grausamkeit, sowohl von Natur als aus Vernunft, als das allerschändlichste von allen“ (Montaigne 1985, 414). Er propagiert ein zärtliches Mitleiden mit fremder Bekümmernis (Montaigne 1985, 416), die er sogar auf Tiere und Pflanzen ausdehnt: „... so gibt es doch eine gewisse Ehrfurcht und eine allgemeine Pflicht der Menschlichkeit, die uns nicht nur dem mit Leben und Empfindung begabten Getier verbindet, sondern den Bäumen sogar und den Pflanzen“ (Montaigne 1985, 420). Letzter Maßstab ist hier das Mitleid fühlende Individuum. Warum aber Mitleid besser sei als Egoismus, wird nicht eigens begründet.

Die dritte Version normativ-ethischer Theorien ist die *Vertragstheorie*. Zu den bekanntesten neuzeitlichen Vertragstheoretikern gehört neben Thomas Hobbes und Jean Jacques Rousseau John Rawls. In der Vertragstheorie erfolgt Ethikbegründung durch rationale Entscheidung und Übereinkünfte zwischen den Betroffenen. Gemäß dieser Position kommt es zu einer Einigung auf allgemein verbindliche Regeln in einem Vertrag. Unter bestimmten Bedingungen wird die Form des Zusammenlebens festgelegt, die gerecht ist. Dazu greift Rawls zu einem Gedankenexperiment, in dem in einem hypothetisch angenommenen Urzustand jeder die für ihn zweckmäßigste Gesellschaftsordnung wählt, die zugleich als gerecht gelten darf, da sie ihre Mitglieder am wenigsten benachteiligt. Denn die Wahl erfolge unter dem Schleier des Nichtwissens, der Unparteilichkeit garantieren soll, weil jeder damit rechnen muß, die ungünstigste Position einnehmen zu müssen.

Darin liege ihr Vorteil: „... die Vertragstheorie behauptet, daß bestimmte Grundsätze in einer wohldefinierten Ausgangssituation akzeptiert würden. Die Rede vom Vertrag hat den Vorzug, daran zu erinnern, daß man Gerechtigkeitsgrundsätze als Grundsätze auffassen kann, die von vernünftigen Menschen gewählt würden, wodurch sich Gerechtigkeitsvorstellungen erklären und rechtfertigen lassen. Die Theorie der Gerechtigkeit ist – vielleicht der wichtigste – Teil der Theorie der rationalen Entscheidung" (Rawls 1975, 33). Dies führt zu Rawls Ansatz: „Der Leitgedanke ist vielmehr, daß sich die ursprüngliche Übereinkunft auf die Gerechtigkeitsgrundsätze für die gesellschaftliche Grundstruktur bezieht. Es sind diejenigen Grundsätze, die freie und vernünftige Menschen in ihrem eigenen Interesse in einer anfänglichen Situation der Gleichheit zur Bestimmung der Grundverhältnisse ihrer Verbindung annehmen würden" (Rawls 1975, 28).

Rawls identifiziert Gerechtigkeit mit Vernünftigkeit und rationaler Entscheidung im sozialen Kontext und legt bestimmte moralische Grundsätze fest, wobei eine genaue Abgrenzung von Moral und Recht nicht immer erfolgt. Die Annahme des Urzustandes als Experiment zur Bestimmung der Grundsätze setzt eine Anthropologie und Moralität voraus. Denn Menschen müssen moralische Subjekte bereits sein, um zu einer Einschränkung des Nutzenbegriffs überhaupt fähig zu sein. Sie müssen eine Vorstellung von ihrem Wohl und einen Gerechtigkeitssinn aufweisen und auch die Idee der Gleichheit zumindest einsehen können (Rawls 1975, 36f). Ethik kann bei Rawls nur unter diesen Voraussetzungen gerechtfertigt werden. Für die ursprüngliche Übereinkunft ist die völlige Durchschaubarkeit der Verhältnisse konstitutiv. Unter der Voraussetzung praktischer Rationalität einigen sich die Menschen im Urzustand auf das Gerechtigkeitsprinzip, nicht auf das Nutzenprinzip (Rawls 1975, 31). Rawls kennt daher natürliche Pflichten, nämlich positive wie die Wahrung der Gerechtigkeit, gegenseitige Hilfe und gegenseitige Achtung, und negative wie die Verpflichtung, nicht zu schädigen und Unschuldigen nichts anzutun (Rawls 1975, 130).

Der vierte Typ ist der *Utilitarismus* in seinen zwei Varianten als Handlungs- und Regelutilitarismus. Er gehört zu den teleologischen Ethiken, für die alle Handlungen ausschließlich von ihren Folgen her sittlich beurteilt werden. Sein Schwerpunkt liegt, begründet von Jeremy Bentham im 18. Jahrhundert und von John Stuart Mill im 19. Jahrhundert erweitert, in der Rechts- und Sozialtheorie. Als Antwort auf die Frage nach dem Kriterium für die rechte Wahl bei Güterabwägungen geben sie den größtmöglichen Nutzen für möglichst viele an. Ziel ist also die Optimierung des Wohlergehens. So setzt Jeremy Bentham in seinen „Prinzipien der Moral und Gesetzgebung" bei der menschlichen Handlung an, die den Lehrmeistern der Natur, dem Schmerzgefühl und dem Gefühl des Angenehmen, folgt (Bentham 1988, 1). Grundlegend für seine Ethik ist das Nützlichkeits-Prinzip („utility-principle"), das er mit dem Prinzip des größten Glücks („greatest-happiness-principle") all derer identifiziert, deren Interessen zur Diskussion stehen. Unter dieser Regel hätten menschliche Handlungen zu stehen (Bentham 1988, 1).

Benthams Utilitarismus geht von einem methodischen Individualismus aus. Schmerz und angenehme Gefühle einer Gemeinschaft müssen als Summe der Gefühle ihrer Einzelmitglieder aufgefaßt werden (Bentham 1988, 3). Gemäß Bentham ist ein direkter Beweis für das Nützlichkeits-Prinzip nicht möglich, dennoch lasse sich zeigen, daß der Versuch, es zu bestreiten und zu widerlegen, sich auf Gründe stützt, die dieses Prinzip benutzen, ohne sich dessen bewußt zu sein (Bentham 1988, 4). Die Quellen für Schmerz und Vergnügen sind physischer, politischer, moralischer und religiöser Art (Bentham 1988, 24). Sie entstehen durch Sanktionen natürlicher, politischer, moralischer oder religiöser Ereignisse bzw. Handlungen, wobei z.B. Katastrophen als Sanktionen natürlicher Art einen etwas anderen Stellenwert einnehmen. Bentham unterscheidet Vergnügen der Sinne, der Gesundheit, der Geschicklichkeit, der Freundschaft, der Macht, des guten Rufes und der Frömmigkeit (Bentham 1988, 34f). Bei Mill und Sidgwick wird dann das Utilitätsprinzip mit den Interessen und Präferenzen der Betroffenen identifiziert und als grundlegend selbst für das Gerechtigkeitsprinzip angesehen.

Im Gegensatz zu einer deontologischen Auffassung und im Einklang mit dem Handlungsutilitarismus fordert der Regelutilitarismus die Ableitung aller sittlichen Sollensurteile aus einem einzigen Prinzip. Der Ableitungsprozeß ist für ihn jedoch, anders als für den Handlungsutilitarismus, ein zweistufiger: Um die sittliche Richtigkeit einer konkreten Handlung zu bestimmen, muß man zum einen die Konformität dieser Handlung mit der Handlungsregel und zum zweiten die Konformität dieser Regel mit dem Prinzip der Nützlichkeit feststellen" (Hoerster 1971, 24f). Dabei ist Nützlichkeit jedoch nicht das kurzsichtige egoistische Eigeninteresse, sondern ein vernünftiges, wohlverstandenes Dauerinteresse (Hoerster 1971, 139), das dem Kriterium der Verallgemeinerbarkeit genügt.

Gemäß der utilitaristischen Ethik liegt der Sinn moralischer Normen darin, die Bedingungen der Möglichkeit eines erträglichen oder sogar erfreulichen Zusammenlebens unter Menschen sicherzustellen. Ausgangspunkt der Beurteilung sind in diesem Konzept die „Wahrscheinlichkeit der Wirkungen einer Handlung", die „voraussichtlichen Folgen von Handlungen", also bestimmte „Handlungstypen" oder „Handlungsweisen" (Patzig 1973, 497) und die Regeln der Beurteilung von Handlungen, „die elementare Garantien der Unversehrtheit und der im Rahmen der Gesetze möglichen freien Entscheidung des Individuums betreffen, sind die Basis jeder einträchtig-streitbaren Kooperation von Menschen. Und solches vertrauensvolle Zusammenwirken scheint der einzige Weg zu sein, den uns philosophische Besinnung zu dem Ziel zeigen kann, dem Einzelnen und der Menschheit im Ganzen ein erträgliches Dasein in der Welt zu ermöglichen, von der jedenfalls soviel festzustehen scheint: daß sie nicht so aussieht, als wäre sie zu dem Zweck geschaffen, gerade dem menschlichen Glücksstreben eine hohe Erfolgsrate zu sichern" (Patzig 1973, 500).

Der fünfte Typ normativ-ethischer Konzepte teilt sich auf in *kantisch-universalistische* und *diskursethisch-universalistische* Ethiken. Für erstere ist der Kategorische Imperativ bei Immanuel Kant zentral. Um die Ableitung des Kategorischen Imperativs und vor allem die Anzahl seiner Formeln besteht eine umfangreiche und ausgeprägte Diskussion. Seit Paton hat man sich daran gewöhnt, fünf Formeln zu unterscheiden (Paton 1962). In einer früheren Interpretation (Irrgang 1992a, 235-238) habe ich die drei Formeln expliziert, die Kant in der „Grundlegung zur Metaphysik der Sitten" selbst formuliert hat. Es handelt sich – modern formuliert – um (1) die „Transsubjektivitätsformel", der das Verallgemeinerungsargument zugrundeliegt, (2) die „Naturgesetzformel" (Wimmer 1980, 175) und (3) die „Selbstzweckformel", die die Würde des Menschen und seine Sittlichkeit begründen. In ihnen explizieren sich die obersten, kategorischen Prinzipien sittlicher Rationalität in Abgrenzung zur instrumentellen Rationalität der hypothetischen Imperative. Abgrenzungskriterium ist das Universalisierungsverfahren, mit dessen Hilfe Kant auch die Struktur sittlicher Vernunft expliziert (vgl. auch Kapitel 1.4 und 2.3).

Grundsätzlich betrachtet tritt der Kategorische Imperativ in zwei Bedeutungsvarianten auf: erstens als Form der nichtempirischen Verallgemeinerung (Höffe 1989, 206) und zweitens als Selbstzweckformel, wobei der späte Kant der letzteren Variante die Anerkennung versagt. Höffe betont die Mehrstufigkeit des Verallgemeinerungstestes bei Kant und unterscheidet (1) einen Verallgemeinerungstest zur

Begründung moralischer Pflichten von (2) einer situationsgerechten Konkretisierung einer moralischen Pflicht (Höffe 1989, 213). Dabei ist das Moralprinzip Kriterium der Lauterkeit der Gesinnung. Auch die Pflichtenkollision ist kein Einwand gegen Kants Konzeption, denn sie betrifft nicht die Verbindlichkeit des Verpflichtenden, sondern stellt eher ein handlungstheoretisches Problem dar (Höffe 1989, 218).

Kants Verallgemeinerungsverfahren ist von der empirisch-pragmatischen Deutung der Verallgemeinerung im Regel-Utilitarismus abzugrenzen (Höffe 1989, 223). Dies gilt auch dann, wenn Kant z.B. bei der Begründung des Verbots des falschen Versprechens auf einen Glaubwürdigkeitsverlust (Höffe 1989, 225) und damit auf einen Begriff rekurriert, der für eine empirisch-pragmatische Interpretation höchst offen ist (Höffe 1989, 226). Kants Ethik konzentriert sich auf das, wofür der Mensch voll verantwortlich ist (Höffe 1989, 228). Denn um z.B. die Widersprüchlichkeit der Zwecksetzungen in einem falschen Versprechen zu erfassen, bedarf es keiner Empirie (Höffe 1989, 232). Die zweite Lesart des Kategorischen Imperatives, die Selbstzweckformel hat zum Inhalt, den Menschen als sittlich handelndes Wesen zu behandeln.

Die zweite Variante universalistischer Ethik mit Letztbegründungsanspruch begreift sich als *Diskursethik.* Dabei ging es ihren Vertretern in den letzten zwanzig Jahren bevorzugt darum, wie angesichts der Probleme der modernen Zivilisation und der Schlüsseltechnologien ein solidarisches Handeln überhaupt noch möglich sei. Den philosophiegeschichtlichen Hintergrund bildet der Versuch, eine hermeneutisch ausgerichtete Dialogphilosophie mit sprachanalytischen Mitteln zu präzisieren. Die Lösung in der Frage nach der Möglichkeit solidarischen Handelns angesichts der Probleme der Industriegesellschaft sucht man in gemeinsam erarbeiteten und ausgewiesenen Konventionen. Man spricht in diesem Zusammenhang von einem kommunikativen Handeln der Subjekte (Habermas 1981) und sieht darin den letzten, nicht weiter hintergehbaren Grund vernünftigen Handelns überhaupt.

Neben der Ebene kommunikativer Apriorität ist für die argumentative Begründung konkreter Handlungsanweisungen und bewertender Urteile die kriterienorientierte Güterabwägung erforderlich. Um den Vorwurf, Argumentation sei funktionalistisch, zu entkräften, unterscheidet Habermas zwischen Zweckrationalität und Verständigungsrationalität (Habermas 1988, 67). Denn: „Die Bedingungen für die Rationalität gelingender Sprechhandlungen haben einen anderen

Zuschnitt als die Bedingungen für die Rationalität erfolgreicher Zwecktätigkeit" (Habermas 1988, 68). Konsens und Anerkennung lassen sich nicht funktional oder zweckrational herstellen.

3.5 Zur Hermeneutik fundamentaler ethischer Prinzipien: Autonomie und Gerechtigkeit

Aber nicht nur die jeweiligen Verfahren zur Begründung normativer Urteile sind von Interesse, sondern auch die inhaltliche Ausrichtung der rekonstruierten Ethiktypen. Hier lassen sich sieben Grundsätze benennen, die in einer oder in mehreren der Ethiktypen eine zentrale Rolle spielen. Die Grundsätze lauten:

(1) Das Verbot der Widernatürlichkeit oder die Verpflichtung, gemäß der Natur zu leben, wobei unter diesem Grundsatz des Naturrechtes nicht nur die biologische Natur des Menschen verstanden wurde, sondern oftmals seine Vernunftnatur.
(2) Das Verbot der Grausamkeit, von Montaigne als Grundsatz einer Mitleids- wie Vernunftmoral unter Einbezug von Tieren und Pflanzen formuliert.
(3) Der Gerechtigkeitsgrundsatz, der grundlegend ist für die Vertragstheorie und den Regelutilitarismus sowie wichtig für die Transzendentalphilosophie und die Diskursethik. Er wird unter Berücksichtigung von Nutzengesichtspunkten von Rawls auch als Fairneß-Prinzip eingeführt, kann aber auch als Grundsatz der Gleichbehandlung aller Betroffenen unter vergleichbaren Umständen verstanden werden.
(4) Die Verpflichtung zur Optimierung des Wohlergehens der Betroffenen unserer Handlungen, ein allgemeines Folgenprinzip (Berücksichtigung aller Betroffenen von Handlungen) als Grundsatz des Utilitarismus.
(5) Der Grundsatz der Berücksichtigung der Wünsche, Interessen und Präferenzen des Betroffenen in Emotivismus, Vertragstheorie und Utilitarismus.
(6) Der Grundsatz der Menschenwürde und der Autonomie des sittlich handelnden Menschen gemäß Kants Selbstzweckformel oder des ethisch Argumentierenden gemäß der Diskursethik.
(7) Die nichtempirische und die empirische Verallgemeinerung unter Einschluß der Unparteilichkeitsforderung und des Transsubjektivitätsprinzipes gemäß der Verpflichtung zur nicht-empirischen

Universalisierung der Handlungsmaximen gemäß dem Kategorischen Imperativ und zum empirischen Verallgemeinerungsverfahren im Regel-Utilitarismus.

Grundsatz (1), das Verbot der Widernatürlichkeit wurde zunächst in der Stoa als ethischer Grundsatz formuliert. Danach wurde immer wieder in der Geschichte der Ethik Natur nicht nur als moralisch relevante, sondern selbst als ethische Grenze für menschliches Handeln angesehen. Besonders wirkmächtig ist Aristoteles mit seinem Begriff der Physis, der Natur oder des Wesens, geworden, der mit diesem Begriff das Werden, das Wachstum, den Wuchs und damit den Ursprung der Bewegung bezeichnete. Natur umfaßte hier einen Prozeß teleologischen Ausgerichtetseins, so daß Ursprungs- und Zieldimension des Naturprozesses aufeinander bezogen waren.

Eine Teleologie der Evolution wäre die empirische Voraussetzung, funktional-normative Begriffe der Zweckmäßigkeit im universalen Sinne zu formulieren, die Erkennen und Handeln des Menschen berücksichtigen sollte. Dann könnte man – aufgrund eines naturalistischen Fehlschlusses (Irrgang 1992a, 103-110) – meinen, daß alles sittlich erlaubt sei, was zur Verwirklichung dieses Zieles beiträgt, unerlaubt aber das sei, was zu seiner Verhinderung führe.

Der zweite Grundsatz der traditionellen Ethik, das Verbot der Grausamkeit, zielt auf eine Tugend ab. Es ist als Grundhaltung Teil eines Ethos. Daher kann das Grausamkeitsverbot wie die Mitleidsmoral als Teil der Moral nicht unter die Prinzipien einer ethischen Argumentation gezählt werden. Hinter dieser Grundeinstellung läßt sich das Verbot identifizieren, ohne hinreichenden Grund jemandem zu schaden. Diese Überlegung rekurriert allerdings auf eine Verletzung der Fairneß. Dieses Prinzip kann also dem dritten Grundsatz zugerechnet werden.

Der dritte Grundsatz, die Gerechtigkeit, liegt in verschiedenen Interpretationen vor. Gerechtigkeit kann als das Gestellte, Festgesetzte und als Rechtssache betrachtet werden. Gerechtigkeit galt bereits in der Antike als Gesamttugend, als vollkommene Tugend, als das Maß aller anderen Tugenden untereinander. Dabei sind grundsätzlich zu unterscheiden:

(1) die austeilende Gerechtigkeit, die jedem das Seinige (suum cuique) zubilligt und dieses daher jedem entweder nach seiner Leistung oder jedem nach seinem Bedürfnis zuteilt.
(2) die ausgleichende Gerechtigkeit, die von der Gleichheit bzw. der mathematischen Proportion ausgeht und sich z.B. in der Gleich-

heit vor dem Gesetz oder gleichen Zugangschancen zu bestimmten Ämtern äußert.

Der Gerechtigkeit liegt ein wie immer begründetes Wechselverhältnis zugrunde, wobei bei beiden Varianten in jeweils spezifischer Form das Prinzip der Gleichheit zur Anwendung kommen muß. Gerechtigkeit ist auf praktische Vernunft verwiesen und zwar in ihren beiden Komponenten. Neben der empirischen Bestimmung der Relation gibt den Bewertungsmaßstab die nichtempirische Bestimmung der Unparteilichkeit ab, die auf der Universalisierungsregel beruht. Neben der Gerechtigkeit eines Ergebnisses kann auch die Gerechtigkeit eines Verfahrens zum Maßstab gemacht werden. Gerechtigkeit ist ein fundamentales Prinzip einer anwendungsorientierten Ethik und wird noch näher analysiert.

Der vierte Grundsatz, die allgemeine Verpflichtung zur Optimierung des Wohlergehens der Betroffenen unserer Handlungen als Grundsatz des Utilitarismus wird einer Kritik im Sinne des Gerechtigkeitsprinzipes unterworfen in eingeschränkter Form diesem zugeordnet werden.

Grundsatz (5) und (6) bildet die Grundlage verschiedenener Versionen des Selbstbestimmungsrechtes des Betroffenen von Handlungen. Der Begriff der Autonomie wurde in der ethischen Diskussion bislang herangezogen, um ein Set verschiedener Bedeutungen zu bezeichnen unter Einschluß von Freiheitsrechten, von Selbstbestimmung, von Privatheit, von individueller Wahl, von der Freiheit, dem eigenen Willen zu folgen, sein eigenes Verhalten hervorzubringen oder die eigene Person zu sein (Beauchamp 1989, 67f). Autonomie verlangt Schutz und Berücksichtigung, selbst wenn die Wahl einer Person nicht individuelle oder soziale Wohlfahrt fördert (Beauchamp 1989, 75).

Der siebte Grundsatz, die empirische und nichtempirische Verallgemeinerung ist in der hier vorgeschlagenen hermeneutischen Ethik ein metaethisches Kriterium.

Der Gedanke der *Autonomie* oder des Selbstbestimmungsrechtes der Betroffenen einer Handlung kann in vier unterschiedlichen Versionen im Rahmen diverser Ethik-Typen ausgelegt werden, eine fünfte Version begreift Autonomie im Sinne einer hermeneutischen Ethik als Interpretationskonstrukt.

(1) Die erste Interpretation greift im Sinne des Emotivismus auf Stimmungen und Neigungen des Handelnden wie des Betroffenen einer Handlung zurück. Diese sind mangels einer verbindlichen,

rational begründeten Ethik, die eine solche Entscheidung kritisieren könnte, zu akzeptieren, auch wenn sie irrational und nicht verständlich erscheinen. Wenn diese Einstellung auch weit verbreitet ist, den Namen Ethik verdient sie nicht.

(2) Die zweite Position legt das Selbstbestimmungsrecht im Sinne der Vertragsfreiheit aus, wobei man sich auf den alten juristischen Spruch berufen kann: „volenti non fit iniuria“ (Dem, der etwas will, kann (durch die Erfüllung seines Wunsches) kein Unrecht geschehen).

(3) Modell 3 greift auf den Präferenzutilitarismus zurück und erkennt jedes Interesse, Bedürfnis, jede Entscheidung eines einzelnen an, wenn er sie geäußert hat.

(4) Das vierte Konzept erkennt ebenfalls die Entscheidung eines jeden an, wenn sie im sittlichen Sinne autonom getroffen wurde, also frei von allen äußeren Einflüssen, auch den eigenen Interessen. Autonom in diesem Sinne ist jede sittlich verantwortbare Entscheidung, nicht aber jede Entscheidung eines einzelnen.

Die ersten drei Positionen gehen – wenn auch unterschiedlich begründet – vom faktisch bestehenden Selbstbestimmungsrecht des Handelnden oder des Betroffenen aus. Jeder Wunsch ist zu respektieren. Stellvertretend für diese Positionen möchte ich Modell (3) hier besprechen. Die utilitaristische Interpretation des Autonomiepostulates beruht auf einer präferenztheoretischen Deutung des Nutzenkalküls. Das Utilitätsprinzip besteht bei Jeremy Bentham (1) aus einer konsequentialistischen, (2) aus einer wohlfahrtstheoretischen und (3) aus einer Summations-Kernthese, wobei der Begriff des Gesamtnutzens weitgehend unbestimmt bleibt (Gähde 1992, 89). Ausgangspunkt ist die behavioristische Grundthese, das menschliche Verhalten sei vollständig gesteuert durch die Suche nach Lust und den Versuch der Vermeidung von Schmerzen (Gähde 1992, 95). Um dies zu messen, wird das Wahlverhalten kompetenter Testpersonen in bestimmten Entscheidungssituationen abgefragt (Gähde 1992, 100). Bentham nahm im Hinblick auf den Nutzenbegriff einen deskriptiven, psychologisch-hedonistischen Standpunkt ein. Bereits Mill aber wird zum Wegbereiter einer präferenztheoretischen Interpretation des Nutzenbegriffs, wie er auch der modernen Wohlfahrtsökonomie zugrunde liegt (Gähde 1992, 108).

Der Gesamtnutzen bestimmt sich daher aus dem, was die einzelnen Betroffenen einer Handlung als wünschenswert vorziehen. Das utilitaristische Nutzensummenargument in der Auslegung des Präferenzutilitarismus erhebt die Optimierung der Menge an Lust- und

Wunschbefriedigung in der Welt zum obersten Prinzip. Da die Möglichkeit einer stellvertretenden Wunschbewertung sehr skeptisch zu beurteilen sei, akzeptiert der Präferenzutilitarismus jede getroffene Entscheidung des Hauptbetroffenen einer Handlung. Damit ist eine Form der Autonomie formuliert, die jede Entscheidung akzeptiert, wenn sie halbwegs rational gefällt wird, d.h. auf ausreichender Information beruht. In diesem Sinne wird auch Autonomie im Sinne des „informed consent" in der angelsächsischen Medizin-Ethik verwendet. Dennoch genügt weder der Präferenzutilitarismus noch das utilitaristische Nutzensummenargument z.B. Gerechtigkeitsforderungen. Es darf darüber hinaus mit Recht bezweifelt werden, ob – wie es sich in der Diskussion von Peter Singers Position abzuzeichnen beginnt (etwa: Holzhey 1991, 143-161) – der Präferenz-Utilitarismus z.B. seine Argumentations-Defizite in der Begründung des Tötungsverbotes als ethische Theorie überlebt.

Das vierte Modell knüpft an das Autonomieverständnis Immanuel Kants an, wie er es in der „Grundlegung der Metaphysik der Sitten" vorgeschlagen, in späteren Schriften aber verworfen hat. Kant unterscheidet im Hinblick auf seine zweite Version des Kategorischen Imperativs, nämlich auf die sog. Selbstzweckformel, hinsichtlich des Menschen Preis und Würde. Natürlich kann es klug oder geschickt sein, einen anderen Menschen ausschließlich als ein Mittel zu gebrauchen, ihn auszunutzen, auszubeuten oder zu versklaven. Aber sittlich ist das nicht. Denn, so argumentiert Kant, eine derart ausschließliche Betrachtung des Menschen zerstört seine Freiheit und damit seine Sittlichkeit. Sie entzieht der Ethik den Boden, zerstört das Humane am Menschen und läßt sich nicht generalisieren. Damit bereitet Kant den systematisch wichtigen und für die Begründung der Menschenwürde zentralen Gedanken der „Selbstzweckformel" vor. Sie lautet: „Handle so, daß du die Menschheit, sowohl in deiner Person, als in der Person eines jeden anderen, jederzeit zugleich als Zweck, niemals bloß als Mittel brauchest" (Kant, GMS BA 66f).

Während die Ableitung der ersten Formel aus der Form des Kategorischen Imperativs erfolgt, geht die Selbstzweckformel vom Begriff des Willens aus (Ricken 1989, 235). Kant nehme Zwecke an, die zugleich Pflicht seien. Ein solcher sei der Zweck an sich selbst als Grund der Selbstbestimmung. Dieser existierende Zweck sei der Mensch als vernünftiges und sittliches Wesen (Ricken 1989, 237). Der Übergang vom Selbstzweck zum Pflichtbegriff, von dort zu den inhaltlichen Pflichten gegenüber sich selbst und gegenüber anderen, gelinge viel leichter als vom Kategorischen Imperativ aus (Ricken

1989, 241). Jede Handlung stehe unter dem Anspruch der Persönlichkeit, d.h. sie muß vor dem Sittengesetz verantwortet werden (Ricken 1989, 242).

Die Selbstzweckformel habe zum Inhalt, den Menschen – also die eigene Person wie die der anderen – so zu behandeln, als ob er tatsächlich einen guten Willen hätte, also immer sittlich handeln würde (Ricken 1989, 247). Das begründe Pflichten gegenüber anderen. Der Gedanke der gleichen Freiheit für alle impliziere, daß jeder seine Handlungsfreiheit so beschränke, daß durch diese Beschränkung die gleiche Handlungsfreiheit aller anderen möglich werde (Ricken 1989, 249). Zur Anwendung dieses Moralprinzipes bedürfe es nicht der Universalisierung, sondern anthropologischer Aussagen (Ricken 1989, 251). Diese Begründung der Selbstzweckformel rechtfertigt eine Autonomie des Menschen, die sich in einer sittlichen Entscheidung artikuliert, die auch andere berücksichtigt (siehe Kapitel 1.4). Autonomie ist mit Sittlichkeit zu identifizieren.

(5) Die fünfte Konzeption betrachtet Autonomie als Interpretationskonstrukt, unverzichtbar für Verantwortungsübernahme und Verantwortungszuschreibung. Das Selbstbestimmungsrecht impliziert in diesem Zusammenhang, daß der Mensch die Sinnbedingungen seines Daseins in der Handlungssituation selbst entwerfen muß (Czuma 1974, 17), wobei er die Beurteilungskriterien für die Sinnbedingungen selbst in eigener Verantwortung entwickeln muß. Angesichts des Pluralismus der praktischen Vernunft des Menschlichen ist nicht mehr zu leugnen, daß es unterschiedliche gruppenspezifische Humanitätsideale gibt, die sich um Universalisierung bemühen. Das Fehlen eines allgemein anerkannten Verbindlichkeitskriteriums für praktische Vernunft macht es erforderlich, Kriterien der eigenen subkulturell gedeuteten Vernunft zu entwickeln, wobei Selbsterhaltung Grund aller subkulturellen Pluralität darstellt (Czuma 1974, 74). Dabei basiert Autonomie auf der abendländischen universalen Idee des Menschlichen (Czuma 1974, 69), deren Ursprung mit dem historischen Streben des Christlichen identisch ist (Czuma 1974, 79). Christliche Universalität ist in der Gleichheit aller Menschen vor Gott begründet (Czuma 1974, 197). Diese Idee impliziert die Uneinholbarkeit des Individuums (Czuma 1974, 88).

Da der Vollzug individueller Subjektkonstitution nur als Vollzug universeller Subjektkonstitution möglich ist, ergibt sich folgende Maxime: Handle so, daß die Bestimmung deines Handelns dem Subjektsein des anderen Menschen nicht widerspricht (Czuma 1974, 346,

351). Dies entspricht einer Interpretation des „Reiches der Zwecke“ bei Immanuel Kant, wie ich sie im Kapitel 1.4 vorgeschlagen habe. So vollzieht die universale praktische Vernunft sich im Identitätsvollzug des Menschen als die historische Vermittlung ihrer gesellschaftlichen Existenzbestimmtheiten, und das bedeutet in der pluralistischen gesellschaftlichen Situation, daß die praktische Vernunft als universale ihre Existenzkonstitution als pluralistische Vernunft hat (Czuma 1974, 375).

Eine spezifische Form der Autonomie des Menschen stellt der Begriff der *Menschenwürde* dar, der in die Naturrechtstradition verweist. Als Begriff wurde er erst spät geprägt. Dennoch hat der zugrundeliegende Gedanke eine lange Tradition. Er verweist auf Cicero, der im ersten vorchristlichen Jahrhundert das Ideal der Humanitas, der Menschlichkeit, formuliert hatte. Cicero verstand unter der Würde einer Person ihren ehrenvollen Platz in der Gesellschaft und bestimmte Personwürde damit im Unterschied zu anderen Lebewesen (Horstmann 1980, 1124). Diese Auffassung verschmilzt bei Pico della Mirandola mit der biblisch-augustinischen Lehre von der Gottebenbildlichkeit des Menschen vor dem Hintergrund des Künstler-Genius der Renaissance-Philosophie (Irrgang 1986, 185-203).

Den Höhepunkt in der philosophischen Durchdringung des Themas Menschenwürde stellt Kants Bestimmung der Sittlichkeit dar. Für Kant ist die Sittlichkeit und die Menschheit allein das, was Würde hat (Horstmann 1980, 1125). Die Autonomie des Menschen als eines freien und sittlichen Wesens drückt sich im Kategorischen Imperativ aus. Friedrich Nietzsche hingegen hält den Begriff der Menschenwürde für eine Ausgeburt der Eitelkeit des Menschen. Eigentlich könne der Mensch seine unwürdige Existenz nur entschuldigen, sofern er der Vorbereitung des Übermenschen diene. Nach der Schreckensherrschaft des Dritten Reiches erfolgte eine Rückbesinnung auf die Menschenwürde. Auch verfassungsrechtlich handelt es sich um einen recht neuen Begriff, der erstmals 1937 in der Verfassung Dänemarks auftaucht (Horstmann 1980, 1126).

Menschenwürde ist von ihrer philosophischen Begründung her Ausdruck für Sittlichkeit und Freiheit des Menschen. Daher würde eine zu enge Festlegung des Begriffes die Freiheit, die sie gerade ausdrücken sollte, aufheben. Dieser Begriff eignet sich nicht dazu, axiomatisch in seinem Bedeutungsgehalt festgelegt zu werden, um aus ihm Grenzen der Behandlung von Menschen deduzieren zu können. Wer von einem inhaltlich zu eng definierten Begriff von Menschenwürde aus argumentiert, erhebt das eigene, gruppenspezifisch, kulturabhängig oder religiös interpretierte Verständnis des Menschen zu einem allgemeingültigen Begriff. Um dies zu vermeiden, ist der Begriff Menschenwürde als Voraussetzung sittlichen Handelns in gewisser Weise offen zu halten. Dann kann man zwar aus diesem Begriff keine klaren ethischen Grenzziehungen ableiten, aber es bleibt immerhin möglich, bestimmte Verletzungen oder Verstöße gegen die Menschwürde zu vermuten oder namhaft zu machen. Der Begriff der Menschenwürde hat daher eher negativ-ausgrenzenden, nicht positiv-festlegenden Charakter. Fundamentalistische Positionen mit ihren klaren Begriffsbildungen und absoluten Grenzziehungen erfreuen sich zwar in der Öffentlichkeit hoher Beliebtheit, ethischen Forderungen genügen sie jedoch nicht.

Die kantische Formulierung der Selbstzweckformel läuft darauf hinaus, daß der Mensch und seine Befähigung, den sittlichen Anspruch wahrzunehmen und eine sittlich zurechenbare Entscheidung zu treffen, Quell der Personenwürde ist. Demgegenüber wird heute eine biologistische Verkürzung vorgenommen, wenn behauptet wird, der Mensch und sein Leben stellten den höchsten Wert (Borsi 1989, 19) dar. Im Sinne Kants müßte vielmehr formuliert werden: Der Mensch und seine Autonomie stellt den höchsten Wert dar, sofern dadurch nicht andere Menschen wesentlich geschädigt werden. Die Würde des Menschen ist durch seine Personalität begründet, nicht durch die Gattungszugehörigkeit.

Die Einsicht in die Personwürde des Menschen und der damit verbundene Anspruch auf sittlich richtige Behandlung läßt von sich aus offen, worin diese jeweils besteht. Die Personwürde nivelliert nicht die Unterschiede zwischen den Menschen (Schüller 1978, 541). Nicht selten wird zudem mit Blick auf Kants Selbstzweckformel behauptet, jede Instrumentalisierung des Menschen sei sittlich nicht zu verantworten. Doch Kants Formulierung fordert zu Recht alleine, daß der Mensch nicht nur, nicht ausschließlich als Mittel zu vorgegebenen Zwecken benutzt werden dürfe. Denn was jemanden zu einem bestimmten Beruf qualifiziert, ist nicht seine Personwürde, sondern gewisse instrumentelle Fähigkeiten (Schüller 1978, 544). Und bisweilen glaube man sogar, man dürfe aus Gründen des Gemeinwohles über das Hab und Gut, unter Umständen über das Leben eines Menschen wie über bloße Mittel zu einem vorrangigen Zweck verfügen (Schüller 1978, 548). Es gibt also Formen des sittlich legitimen instrumentellen Gebrauches des Menschen, wenn die Anerkennung der freien Selbstbestimmung des anderen angesichts sittlicher Forderungen nicht angetastet wird. Die instrumentell-technische und sittlichkategoriale Dimension der praktischen Frage darf nicht auseinandergerissen werden.

Der Rückgriff auf die Personenwürde gibt kein Entscheidungskriterium an die Hand, wenn das Wohl der einen Person im Konkurrenzverhältnis zum Wohl einer anderen Person steht. Denn wenn ich z.B. angesichts einer Typhusinfektion den Infizierten isoliere, betrachte ich ihn als Instrument, falls nicht, dann die anderen, die von ihm infiziert werden (Schüller 1978, 552). Bei derartigen Konflikten greift der Instrumentalisierungsvorwurf nicht. Sittlich relevant ist vielmehr die Frage, unter welchen Bedingungen es gerechtfertigt sein könnte, zugunsten der einen Betroffenen anderen Nachteile zuzumuten (Schüller 1978, 552). Daher ist der Gedanke des Selbstbestimmungsrechtes des Handelnden durch den Gerechtigkeitsgrundsatz zu ergänzen, damit die Autonomie des Handelnden und die Autonomie des Betroffenen gemeinsam aufrecht erhalten werden können. Die Verknüpfung beider Prinzipien entspricht einem handlungstheoretischen Ansatz, wie er hier zugrunde gelegt wurde.

Im Hinblick auf *Gerechtigkeit* sind formale Gerechtigkeit und Verteilungsgerechtigkeit zu unterscheiden. Formale Gerechtigkeit basiert auf dem Gleichheitsgrundsatz. Der Grundsatz der Verteilungsgerechtigkeit verpflichtet zur Folgenabschätzung, zur Güterabwägung und zur Berücksichtigung möglichst aller Betroffener einer Handlung. Kosten, Nutzen und Risiken sind abzuschätzen und angemessen zu verteilen. Dieser Grundsatz fordert Gleichbehandlung in vergleichbaren Umständen, Fairneß gegenüber Schwächeren oder Berücksichtigung der Betroffenen nach Gesichtspunkten formaler Gerechtigkeit, nach der Art der Beteiligung, nach Bedürfnissen, nach Leistung, nach Verdienst, nach Konventionen je nachdem, ob eine egalitaristische, utilitaristische oder liberale Interpretation des Gerechtigkeitsprinzipes zugrundegelegt wird (Beauchamp 1989, 265f).

Zur inhaltlichen Ausdifferenzierung des Gerechtigkeitsgrundsatzes soll nun auf die Gerechtigkeitskonzeption von John Rawls zurückgegriffen werden. Rawls fragt nach der Nützlichkeit von bestimmten Gerechtigkeitskonzeptionen. Im Unterschied zum Utilitaristen, der Nützlichkeitsforderungen über Gerechtigkeitsforderungen stellt, ist für John Rawls aber eine Praxis nur dann gerecht, wenn die Bedingungen fair sind (Rawls 1977, 65). Für Rawls ist Gerechtigkeit dazu da, die Ungleichheiten der natürlichen Lotterie auszugleichen. Und so bemißt sich die Gerechtigkeit sozialer Institutionen daran, ob sie einen Ausgleich unvorhergesehenen Unglücks und von Schicksalsschlägen ermöglicht (Beauchamp 1989, 277).

Oftmals wird der Vorwurf erhoben, der Gerechtigkeitsgrundsatz berücksichtige Benachteiligte und Schwache nicht genügend (Beauchamp 1989, 259). Dies vermeidet die Gerechtigkeitskonzeption von John Rawls. Die erste Formulierung der beiden Grundsätze der Gerechtigkeit im Hinblick auf eine anwendungsorientierte Ethik lautet bei John Rawls:

Jedermann soll gleiches Recht auf das umfangreichste System gleicher Grundfreiheiten haben, das mit dem gleichen System für alle anderen verträglich ist.

Soziale und wirtschaftliche Ungleichheiten sind so zu gestalten, daß (a) vernünftigerweise zu erwarten ist, daß sie zu jedermanns Vorteil dienen, und (b) sie mit Positionen und Ämtern verbunden sind, die jedem offen stehen (Rawls 1979, 81).

Der zweite Grundsatz bezieht sich in erster Näherung auf die Verteilung von Einkommen und Vermögen und die Beschaffenheit von Organisationen, in denen es unterschiedliche Macht und Verantwortung gibt (Rawls 1979, 82). Alle sozialen Werte – Freiheit, Chancen, Einkommen, Vermögen und die sozialen Grundlagen der Selbstachtung – sind gleichmäßig zu verteilen, soweit nicht eine ungleiche Verteilung jedermann zum Vorteil gereicht. Ungerechtigkeit besteht demnach einfach in Ungleichheiten, die nicht jedermann Nutzen bringen (Rawls 1979, 83).

Hier führt John Rawls den Gedanken des Unterschiedsprinzips ein. Dies geschieht im Unterschied zum ökonomischen Optimalitätsprinzip, der Pareto-Optimalität (Rawls 1979, 87). Gemäß dem Prinzip der Pareto-Optimalität als einem Effizienzprinzip der Güterverteilung ist die Benachteiligung einzelner gerechtfertigt, wenn dies dem Gesamtnutzen dient. John Rawls argumentiert dagegen im Unterschied zu dieser utilitaristischen Norm folgendermaßen: Die Verteilung der Glücksgüter in der Lotterie der Natur ist unter moralischen Gesichtspunkten willkürlich (Rawls 1979, 94). Für die Bestimmung der Fairneß genügt es, wenn man die am wenigsten begünstigte Person herausfinden, ihre vernünftigen Bedürfnisse feststellen kann und sie zum Maßstab der Güterverteilung macht (Rawls 1979, 97). Dies nennt Rawls das Unterschiedsprinzip.

Unter der Maximinregel versteht man gewöhnlich eine Regel für Entscheidungen unter großer Unsicherheit, während das Unterschiedsprinzip im Gerechtigkeitsgrundsatz begründet ist. Das Unterschiedsprinzip lautet folgendermaßen: Soziale und wirtschaftliche Ungleichheiten sind so zu regeln, daß sie sowohl (a) den am wenigsten Begünstigten die bestmöglichsten Aussichten bringen als auch

(b) mit Ämtern und Positionen verbunden sind, die allen gemäß der fairen Chancengleichheit offen stehen (Rawls 1979, 104). Das Unterschiedsprinzip ist etwas sehr spezielles: Es bezieht sich in erster Linie auf die Grundstruktur der Gesellschaft und zwar vermittelt durch repräsentative Personen, deren Aussichten mittels eines Maßes der Grundgüter abzuschätzen sind. Außerdem würde der Name Maximinregel für das Unterschiedsprinzip den falschen Eindruck erwecken, das Hauptargument für dieses Prinzip stütze sich unter dem Blickwinkel des Urzustandes auf die Voraussetzung sehr großer Risikoscheu. Zwar gibt es einen Zusammenhang zwischen dem Unterschiedsprinzip einer solchen Voraussetzung, doch es werden keine extremen Einstellungen zum Risiko vorausgesetzt; und jedenfalls gibt es viele Gesichtspunkte zugunsten des Unterschiedsprinzips für die Risikoscheu keine Rolle spielt. Es ist also das Beste, den Namen Maximinregel nur für die Entscheidungsregel unter Unsicherheit zu verwenden.

Die Theorie der Gerechtigkeit als Fairneß sieht die Gesellschaft als ein Unternehmen der Zusammenarbeit zum gegenseitigen Vorteil an (Rawls 1979, 105). Der Gedanke des Urzustandes soll zu einem fairen Verfahren führen, dem gemäß eine Übereinkunft über Grundsätze nur zu gerechten Grundsätzen führen kann. Dabei soll der Begriff der reinen Verfahrensgerechtigkeit als eine Grundlage der Theorie genommen werden. Irgendwie muß man die Wirkung von Zufälligkeiten beseitigen, die die Menschen in ungleiche Situationen bringen und zu dem Versuch verführen, gesellschaftliche und natürliche Umstände zu ihrem Vorteil auszunutzen. Zu diesem Zwecke setzt Rawls voraus, daß sich die Parteien hinter einem Schleier des Nichtwissens befinden. Sie wissen nicht, wie sich die verschiedenen Möglichkeiten auf ihre Interessen auswirken würden, und müssen Grundsätze unter allgemeinen Gesichtspunkten beurteilen. Es wird also angenommen, daß den Parteien bestimmte Arten von Einzeltatsachen unbekannt sind. Vor allem kennt niemand seinen Platz in der Gesellschaft, seine Klasse oder seinen Status; ebensowenig seine natürlichen Gaben, seine Intelligenzkraft usw.. Ferner kennt niemand seine Vorstellung vom Guten, die Einzelheiten seines vernünftigen Lebensplanes, nicht einmal die Besonderheiten der Psyche wie seine Einstellung zum Risiko oder seine Neigung zum Optimismus oder Pessimismus. Darüber hinaus setzt Rawls noch voraus, daß die Parteien die besonderen Verhältnisse in ihrer eigenen Gesellschaft nicht kennen, d. h. ihre wirtschaftliche und politische Lage, den Entwicklungsstand ihrer Zivilisation und Kultur. Die Menschen im Urzustand wissen auch nicht, zu welcher Generation sie gehören. Diese ziemlich umfangreichen Beschränkungen der Kenntnisse sind teilweise deshalb angemessen, weil Fragen der sozialen Gerechtigkeit auch zwischen den Generationen entstehen, z.B. die Frage nach der richtigen Investitionsrate oder nach Erhaltung natürlicher Hilfsquellen und der Umwelt. Auch in diesen Fällen dürfen die Beteiligten die zufälligen Umstände nicht kennen, die zu Interessensgegensätzen zwischen ihnen führen würden. Sie müssen Grundsätze wählen, deren Folgen sie hinzunehmen bereit sind, welcher Generation sie auch angehören mögen (Rawls 1979, 159f).

Diese Gerechtigkeitsgrundsätze begründen zugleich die konstitutionelle Demokratie, die auf den Grundsätzen der gleichen Gewissensfreiheit, der politischen Gerechtigkeit und der politischen Gleichberechtigung basiert (Rawls 1979, 223). Um die Gerechtigkeit auf Institutionen anwenden zu können, differenziert Rawls die Anwendung der Grundsätze in einem mehrstufigen Gang (Rawls 1979, 224). Da man sich bereits auf eine Gerechtigkeitsvorstellung geeinigt hat, wird der Schleier des Nichtwissens in diesem Stufengang teilweise gelüftet (Rawls 1979, 225). Oft ist es völlig klar erkennbar, wann die Gleichberechtigung verletzt ist. Diese Verletzungen sind nicht nur ungerecht, sondern auch eindeutig als ungerecht erkennbar: Die Ungerechtigkeit zeichnet sich klar in der öffentlichen Struktur der Institutionen ab. Doch diese Sachlage ist verhältnismäßig selten bei gesellschafts- und wirtschaftspolitischen Fragen, die unter das Unterschiedsprinzip fallen (Rawls 1979, 227). Die Beschränkung der Freiheit ist nur gerechtfertigt, wenn sie um der Freiheit selbst willen nötig ist, zur Verhinderung einer noch schlimmeren Freiheitsbeschränkung. Die Freiheit unterliegt den notwendigen Bedingungen der Freiheit selbst (Rawls 1979, 244). Nur die Freiheit der Intoleranten darf beschnitten werden, und das wegen der gleichen Freiheit für alle unter einer gerechten Verfassung, deren Grundsätze die Intoleranten selbst im Urzustand anerkennen würden.

Die Aufstellung des Grundsatzes der gleichen Freiheit kann als Grenzfall betrachtet werden. Die Unterschiede zwischen den Menschen sind zwar tiefgreifend, und niemand weiß, wie man sie durch die Vernunft versöhnen könnte; doch unter den Verhältnissen des Urzustandes können sich die Menschen auf den Freiheitsgrundsatz einigen, wenn sie sich überhaupt auf irgend einen Grundsatz einigen können (Rawls 1979, 250). Die Freiheit ist ein Gefüge von Rechten und Pflichten, die durch Institutionen festgelegt werden. Die verschiedenen Freiheiten geben etwas an, was wir tun dürfen, wenn wir wollen, und woran uns, falls es dem Sinn dieser Freiheit entspricht, andere nicht hindern dürfen (Rawls 1979, 270). So wird die Theorie der Gerechtigkeit in zwei Teile gespalten. Der erste oder ideale Teil setzt vollständige Konformität voraus und erarbeitet die Grundsätze für eine wohlgeordnete Gesellschaft unter günstigen Umständen. Er entwickelt den Begriff einer vollkommenen gerechten Grundstruktur und die entsprechenden Pflichten und Verpflichtungen der Menschen unter den allgemeinen Beschränkungen des menschlichen Lebens.

Dieser Teil der Theorie ist Rawls Hauptanliegen. Der zweite Teil, die nicht-ideale Theorie oder der anwendungsorientierte Teil der Theorie der Gerechtigkeit, wird nach der Wahl einer idealen Gerechtigkeitvorstellung in Angriff genommen. Erst dann fragen sich die Beteiligten, welche Grundsätze sie unter weniger glücklichen Umständen aufstellen sollen (Rawls 1979, 277). Die Überzeugungskraft der Gerechtigkeit als Fairneß dürfte auf zwei Dingen beruhen: Auf der Forderung, daß alle Ungleichheiten vor den am wenigsten Bevorzugten gerechtfertigt werden müssen, und auf dem Vorrang der Freiheit. Durch diese beiden Bedingungen unterscheidet Rawls Konzeption sich vom Intuitionismus und teleologischen Theorien. So kann Rawls im Lichte der vorangegangenen Diskussion den ersten Gerechtigkeitsgrundsatz neu formulieren und mit der einschlägigen Vorrangregel verbinden. Die Änderungen und Hinzufügungen dürften ohne weiteres verständlich sein. Der Grundsatz lautet jetzt so:

(1) jedermann hat gleiches Recht auf das umfangreichste Gesamtsystem von gleichen Grundfreiheiten, was für alle möglich ist.

(2) Vorrangregel: die Gerechtigkeitsgrundsätze stehen in lexikalischer Ordnung; daher kann die Freiheit nur um der Freiheit willen beschränkt werden, und zwar in zwei Fällen: a) eine weniger umfangreiche Freiheit muß das Gesamtsystem der Freiheit stärken, an dem alle teilhaben; b) Ungleiche Freiheit muß für die Bürger mit weniger Freiheit annehmbar sein (Rawls 1979, 282f.).

Recht verstanden leitet sich also der Wunsch, gerecht zu handeln, von dem Wunsch her, möglichst vollständig das auszudrücken, was wir sind oder sein können, nämlich freie und gleiche vernünftige Wesen mit Wahlfreiheit. Deshalb, so scheint es Rawls, spricht Kant davon, daß die Nichtbeachtung des moralischen Gesetzes keine Schuldgefühle, sondern Scham hervorrufe. Das ist völlig richtig, denn für ihn bedeutet ungerecht zu handeln auf eine Weise zu handeln, die unserer Natur als freie und gleiche Vernunftwesen nicht ausdrückt. Solche Handlungen berühren also unsere Selbstachtung, unser Selbstwertgefühl, und dessen Verlust empfindet man als

Scham. Man hat sich verhalten, als gehöre man einer niedrigeren Gattung an, deren erste Grundsätze durch natürliche Zufälle festgelegt werden. Der Urzustand läßt sich also auffassen als eine verfahrensmäßige Deutung von Kants Begriff der Autonomie und des kategorischen Imperativs im Rahmen einer empirischen Theorie. Die Grundsätze des Reiches der Zwecke sind diejenigen, die in diesem Zustand gewählt werden würden und seine Beschreibung ermöglicht es, den Sinn zu erklären, in dem das Handeln nach diesen Grundsätzen unsere Natur als freie, gleiche und vernünftige Menschen ausdrückt (Rawls 1979, 288f.).

Das Hauptproblem der Verteilungsgerechtigkeit ist die Wahl eines Gesellschaftssystems (Rawls 1979, 308). Dies ist eine ethische Frage. Das von Rawls vertretene Konzept der Ethik basiert auf dem Durchschnittsnutzen eines vernünftigen Einzelnen (ohne Risikoscheu), der seine eigenen Interessen möglichst fördern möchte, während das klassische Prinzip die Ethik eines vollkommenen Altruismus ist. Ein merkwürdiger Zug des vollkommenen Altruisten verdient aber festgehalten zu werden. Ein vollkommener Altruist kann seine Bedürfnisse nur befriedigen, wenn eine andere Person unabhängige Bedürfnisse erster Ordnung hat. Einige Philosophen haben sich dem utilitaristischen Prinzip angeschlossen, weil sie den Begriff eines unparteiischen mitfühlenden Beobachters für die richtige Deutung der Unparteilichkeit hielten.

Gemäß der Auffassung der Gerechtigkeit als Fairneß ist ein unparteiisches Urteil ein solches, das den Grundsätzen entspricht, die im Urzustand beschlossen werden. Der Fehler des Utilitarismus ist die Verwechslung von Unparteilichkeit mit Nicht-Person-Sein (Rawls 1979, 217). Liebe und Altruismus sind Begriffe zweiter Ordnung. Sie suchen das Wohl und die Liebe der Menschen zu fördern, die bereits bestimmt sind. Gibt es Interessensgegensätze, so weiß der Altruismus nicht mehr, was er machen soll, jedenfalls solange er die Personen als Verschiedene annimmt. Die Gesinnungen höherer Ordnung enthalten keine Grundsätze für das Rechte, um diese Gegensätze zu schlichten. Menschenliebe, die die Menschen als verschiedene betrachten will und ihre Erlebnisse und Lebensläufe als getrennt ansieht, wird also die beiden Gerechtigkeitsgrundsätze heranziehen, um ihr Ziel zu bestimmen, wenn das Viele, dem sie dienen möchte, entzweit ist. Diese Liebe läßt sich von dem leiten, was Menschen in einer fairen Anfangssituation anerkennen würden, in der sie als moralische Subjekte einander gleichgestellt sind. Man erkennt jetzt, warum es gar nichts eingebracht hätte, wenn man den Parteien im Urzustand Altruismus unterstellt hätte. Man muß aber zwischen Menschenliebe und Gerechtigkeitssinn unterscheiden (Rawls 1979, 218f).

Man braucht also Grundsätze, um zwischen den verschiedenen Gesellschaftsordnungen zu entscheiden, die die Verteilung der Güter bestimmen, und um eine Übereinkunft im Hinblick auf die richtigen Anteile zustande zu bringen. Diese Forderungen bestimmten die Rolle der Gerechtigkeit. Die Rahmenbedingungen, die dazu Anlaß geben, sind die Anwendungsverhältnisse der Gerechtigkeit. Diese Bedingungen lassen sich in zwei Gruppen einteilen. Einmal sind es die objektiven Umstände, die die menschliche Zusammenarbeit möglich und notwendig machen. Die zweite Klasse sind die subjektiven Bedingungen, wie die einschlägigen Eigenschaften des Zusammenhangs der Menschen untereinander. Menschen haben verschiedene Ziele und erheben konkurrierende Ansprüche auf die verfügbaren natürlichen und gesellschaftlichen Hilfsmittel. Und die diesen Plänen entsprechenden Interessen sind zwar nicht ausschließlich auf das eigene „Ich" gerichtet, aber es sind Interessen eines Ich, für die es Beachtung verlangt, da es diese für berechtigt hält.

Die Menschen leiden unter verschiedenen Mängeln des Wissens, Denkens und Urteilens. Ihr Wissen ist notwendigerweise unvollständig, ihre Denk-, Merk- und Konzentrationsfähigkeit immer begrenzt, und ihr Urteil wird oft durch Angst, Voreingenommenheit und Eigeninteresse getrübt. Einige dieser Mängel ergeben sich aus moralischen Fehlern, aus Selbstsucht und Nachlässigkeit; doch im hohen Maße gehören sie einfach zur natürlichen Situation des Menschen. Dem gemäß haben die Menschen nicht nur verschiedene Lebenspläne, sondern auch ganz verschiedene philosophische, religiöse, politische und gesellschaftliche Anschauungen. Diesen Bedingungskomplex nennt Rawls die Anwendungsverhältnisse der Gerechtigkeit. Sie entsprechen denen, die eine hermeneutisch begründete anwendungsorientierte Ethik unterstellt.

Für eine anwendungsorientierte hermeneutische Ethik sind die Grenzen der Realisierbarkeit ethischer Verpflichtungen jedoch nicht das letzte Wort. Trotz der Interessengebundenheit unserer moralischen Wertungen können wir ethisch argumentieren. Es gilt, dem zwanglosen Zwang des besseren ethischen Argumentes Gehör zu verschaffen. Dazu ist eine Reflexion auf die Grenzen ethischer Argumentation nützlich, vor allem aber die Erarbeitung von Bewertungsvorschlägen.

4. Schluß: Bereichsethische Konkretisierungen

Eine hermeneutisch begründete anwendungsorientierte Ethik verliert sich weder in Fallgeschichten noch in prinzipienethischer Reflexion. Sie versucht, Handlungsfelder zu strukturieren und von dort aus konkrete Handlungsempfehlungen zu entwickeln und bei der Realisierung sittlicher Verpflichtungen Hilfestellungen anzubieten. Daher sieht die Konkretisierung hermeneutischer anwendungsorientierter Ethik etwas anders aus als bei herkömmlichen Anwendungsethiken insbesondere im Bereich des ärztlichen oder ingenieursmäßigen Standesethos.

Mit dem ersten Bereich möchte ich an das Kapitel 3.2 anknüpfen und die theoretische Reflexion um die Grenzen der Realisierbarkeit sittlicher Verpflichtungen in einer bereichsspezifischen Strukturierung erweitern.

4.1 Das Selbstbestimmungsrecht des Patienten in Psychiatrie und Psychotherapie

Die Grenzen des verantwortungsethischen Modells manifestieren sich auf individueller Ebene insbesondere bei psychisch bedingten Einschränkungen des Selbstbestimmungsrechtes betroffener Menschen. Da dergleichen Probleme im Rahmen anwendungsorientierter Ethik relativ selten diskutiert werden, möchte ich gerade hier bereichsspezifische ethische Überlegungen vorlegen. Dabei sollen insbesondere Konflikte zwischen dem Leitbild der Patientenautonomie und notwendigen Formen der Zwangsbehandlung in Psychiatrie und Psychotherapie untersucht werden, um herauszufinden, ob nicht Veränderungen im Konzept der Patientenautonomie zu einer realistischeren medizinischen Ethik führen, die unter dem Leitbild der Patientenzentriertheit auftreten könnte.

Entscheidend für das Modell der Patientenautonomie ist der Begriff der „Kompetenz", eine Entscheidung (Zustimmung) überhaupt vollziehen zu können, bzw. insbesondere die mangelhafte oder fehlende Fähigkeit hierzu. Folgende drei Standards haben sich in der

Diskussion um Kompetenz herausgebildet: (1) Die Fähigkeit, zu einer Entscheidung auf der Basis rationaler Überlegungen zu kommen, (2) die Fähigkeit, zu einem vernünftigen Ergebnis durch eine Entscheidung zu kommen und (3) die Fähigkeit, überhaupt eine Entscheidung fällen zu können (Beauchamp 1989, 83). Voraussetzung für Kompetenz ist (1) die Evidenz einer Wahl oder eines Vorziehens, (2) das Verständnis für eine Situation oder für relevant ähnliche Situationen, (3) Verständnis für aufklärende Information, (4) in der Lage zu sein, Gründe anzugeben, (5) vernünftige Gründe angeben zu können, (6) Risiko-Nutzen-orientierte Argumente formulieren zu können und (7) die Fähigkeit, eine vernünftige Entscheidung vollziehen zu können (Beauchamp 1989, 84f).

Für die verantwortungsethische Interpretation der Patientenautonomie ist Kompetenz die Fähigkeit, sittlich, selbständig und eigenverantwortlich handeln und entscheiden zu können. Da dies eine „Fähigkeit“ im Sinne eines Interpretationskonstruktes ist, die sich im Laufe der Entwicklung eines Menschen erst stufenweise herausbildet und krankheitsbedingt bisweilen eingeschränkt ist, müssen für inkompetente Patienten geeignete Vertreter oder Vormünder eine Entscheidung treffen. Für Embryonen, Kleinkinder, Kinder und Jugendliche dürfen wohl in erster Linie die Eltern entscheiden. Sie sind aber verpflichtet, diese Entscheidung nach Kriterien der Sittlichkeit abzuwägen und den anwachsenden Grad der Selbständigkeit ihrer Kinder bei ihrer Entscheidung zu berücksichtigen. Denn auch Kinder wollen selbst bestimmen (Buchanan 1989, 230).

Aber auch in den anderen Fällen erfordert es das Prinzip der Patientenautonomie, den Inkompetenten so weit wie möglich in die Entscheidung mit einzubeziehen, vor allem immer wieder zu überprüfen, ob die Inkompetenz überhaupt noch vorliegt. Letztlich sind Angehörige und Freunde als Vormünder zu bevorzugen, da sie Werteprofile und Lebenseinstellungen des Patienten besser kennen und berücksichtigen können als ein Krankenhausarzt, da diese gemäß der Patientenautonomie bei der stellvertretenden Entscheidung einen hohen Stellenwert haben. Da gemäß der Position der Patientenautonomie der Lebenssinn und die Idee der Qualität des eigenen Lebens nicht dem Menschen von außen aufgezwungen werden darf, hat der Vormund die Wertwelt des Patienten und allgemein ethische Überlegungen in Einklang zu bringen, um eine Entscheidung im Sinne des Lebensentwurfes des Patienten zu treffen, die er im Sinne einer Entscheidung für andere rechtfertigen kann. Analoges gilt für den Arzt, wenn er für Entscheidungsunfähige oder eingeschränkt Entscheidungsfähige entscheidet.

Zentraler Ansatzpunkt medizinethischer Fragen ist die Behandlung. Allen Weisen medizinischer Behandlung ist das Anwenden einer „Technik" gemeinsam, die kausalanalytisch begründet wird, sich auf einzelne Gegebenheiten am Menschen richtet und dabei ein funktionales Verständnis menschlicher Wirklichkeit voraussetzt (Eser 1989, 159). In diesem Zusammenhang entsteht das medizinethische Grundproblem der Vermittlung von technischem Handeln am Menschen mit dessen Anspruch auf freie Selbstbestimmung (Eser 1989, 159). Technisches Handeln am Menschen ohne personale Kommunikation im Anspruch freier Selbstbestimmung ist Gewalt, die der Kranke im Sich-ausgeliefert-Fühlen an Technik bis hin zum Ertragen sog. „aggressiver" Diagnostik und Therapie als heteronom empfindet. Medizinische Behandlung als verantwortete Praxis ist nur dann möglich, wenn der Entschluß, bestimmte technische Mittel anzuwenden, Ergebnis von Gegenseitigkeit und Gespräch ist (Eser 1989, 162).

Aufklärung darf nicht zur strategischen Manipulation des Patienten entarten. Vielmehr ist bei der Aufklärung das Modell der herrschaftsfreien Kommunikation zugrunde zu legen (Marquard 1988, 74). Die im Konzept des „informed consent" angelegte Sicherungsaufklärung über die Risiken eines ärztlichen Eingriffs ist im Sinne der Patientenautonomie zu erweitern und als Verpflichtung zur Selbstbestimmungsaufklärung zu formulieren. Hier reicht es nicht aus, bestimmte Risiken einer Therapie zu benennen, vielmehr muß der Sinn der gesamten Behandlung zur Debatte stehen sowie mögliche Alternativen aufgezeigt werden. Die Aufklärung des Patienten über die therapeutischen Absichten des Arztes geht als Aufklärungspflicht aus der Anerkennung des Patienten als selbstverantwortlicher Person hervor, die nicht nur Objekt der Behandlung, sondern Partner in der Arzt-Patienten-Beziehung ist.

In der neueren medizinethischen Diskussion hat sich für dieses Gespräch der Begriff der Begleitung eingebürgert. Begleiten bedeutet im allgemeinen, mit jemandem mitgehen oder jemandem zum Schutz Gesellschaft leisten (Eser 1989, 153). Nicht der Begleiter, sondern der, der begleitet wird, ist die Hauptperson. Begleitung fordert die Aufmerksamkeit und Sorge für einen Menschen, der seine Lebensprobleme in dieser Situation nicht alleine bewältigen kann. Unter dem Einfluß der Naturwissenschaften ist der kranke Mensch in der Medizin immer mehr in den Hintergrund gerückt, während die Krankheit und deren Bekämpfung die Aufmerksamkeit auf sich zog (Eser 1989, 154). Dieser Tendenz muß eine patientenorientierte medizinische Ethik entgegenzuwirken versuchen.

Oberstes Kriterium in der angelsächsischen medizinischen Ethik im Hinblick auf die Beratungssituation ist die Nichtfestgelegtheit des Ergebnisses (non-directiveness, non-directivity). Das Beratungsgespräch zielt wie jede andere ärztliche Aufklärung auch auf (objektive) Information, Sensibilisierung und praktische Rationalität. Dabei darf sich „non-directivity" nicht auf die bloße Vermittlung von Information beschränken, sondern muß eine eigene Entscheidung der Klienten ermöglichen, vorbereiten und zumindest die Entscheidungssituation strukturieren.

Non-directivity wird häufig mit wertneutraler Information und neutraler Indifferenz im naturwissenschaftlichen Sinne gleichgesetzt. Dies ist nicht die richtige Interpretation im Sinne der Patientenautonomie. Der Grundsatz der Unparteilichkeit sollte dem Patienten helfen und nicht ihn einschränken. Eine ethische Direktive auch bei nichtdirektiver Beratung ist die personale Selbstbestimmung und die Vermeidung von Leiden, aktuell und auch zukünftig.

In der Psychiatrie ist mehr noch als in anderen Bereichen der Medizin eindeutige Diagnose, klare Prognose und deutliche Bezeichnung der Therapieziele schwierig. Eindeutige kausale Zuordnungen zwischen organischen, d.h. neurologischen und hirnphysiologischen Defekten zu psychischen Störungen und umgekehrt lassen sich nicht vornehmen. Zudem ist über die „normale" Funktion des Zentralnervensystems und der von ihm bedingt abhängigen z.B. vegetativen Subsysteme bislang zu wenig bekannt, um Abweichungen genau feststellen zu können. Hinsichtlich ihres Krankheitsbegriffs ist daher die Psychiatrie auf dem Weg zu einer integrativen Disziplin, die Erkenntnisse unterschiedlichster Wissenschafts- und Forschungszweige in ihre Überlegungen und ihre Praxis einbeziehen muß.

Was als normal gilt, kann nicht aus einer überzeitlich gültigen menschlichen Natur abgeleitet werden, sondern ist vielmehr von der Gesellschaft und ihrer Toleranz gegenüber andersartigen Menschen abhängig. Zudem ist das, was als psychisch krank gilt, in hohem Maß abhängig vom Menschenbild des Betrachters und von der gesellschaftlichen Bestimmung dessen, was als normabweichendes Verhalten angesehen wird (vgl. die umfangreiche Materialsammlung von Panleikhoff 1983-1989). So kann es zu Vorurteilen gegenüber Patienten kommen, die bis zur Gewaltanwendung oder Zwangseinweisung durch die Polizei reichen. Dies ist insbesondere dann problematisch, wenn Krankheitssymptome nicht adäquat objektivierbar sind. Hinzu kommt, daß manche psychiatrische Patienten für den ersten und ungeübten Blick gar nicht krank aussehen, so z.B. Suizidale, obwohl sie aufgrund von Depressionen vorübergehend krank und momenthaft gefährdet sind.

Gemäß dem Modell der Patientenautonomie setzt eine Therapie entsprechend sorgfältige Aufklärung voraus. Aber die Wahl der therapeutischen Methode ist in der Psychiatrie und Psychotherapie nicht selten schwieriger zu begründen als in der somatischen Medizin. Darum ist eine vollständige Aufklärung des Patienten vor der Therapie oft unmöglich, in der Psychotherapie sogar Teil des therapeutischen Prozesses selbst und so bleibt die Diagnose auch für den Therapeuten bisweilen zunächst vage. Auch in der Psychiatrie gilt gemäß dem Ansatz der medizinischen Ethik der Grundsatz, daß der Patient einer Behandlung nach Aufklärung zustimmen muß. Tut er dies nicht, darf ihm nicht von vorne herein unterstellt werden, er habe keine Krankheitseinsicht. Eine solche Vermutung muß näher begründet werden. Der einsichtsfähige Patient hat ein Recht auf weitreichende Aufklärung, auch wenn bisweilen vermutet wird, eine solche gefährde oder schädige den Patienten. Doch dies ist nur in Ausnahmefällen zu befürchten. Aufklärung ist insbesondere erforderlich über die Nebenwirkungen von Medikamenten, nicht zuletzt um den Patienten in die Behandlung einzubeziehen und ihn dahingehend zu schulen, daß er Nebenwirkungen von Medikamenten selbst erkennen kann.

Bei Fällen suizidaler Patienten findet sich nahezu durchgehend die Argumentation, der Betroffene könne eben durch seine psychische Erkrankung und den damit verbundenen reduzierten Realitätsbezug gerade nicht autonom über sein Leben entscheiden und müsse deswegen psychiatrisch betreut, d.h. am Suizid gehindert werden. Der Umkehrschluß lautet dann, die psychische Erkrankung und die Behandlungsnotwendigkeit, auch gegen den Willen des Patienten, zeige sich gerade durch den Todeswunsch des Betroffenen. Die Psychiatrie steht hier vor einem Dilemma: Einerseits soll nach dem Modell des „informed consent“ die Legitimation des ärztlichen Handelns aus der Zustimmung des informierten Patienten abgeleitet werden, andererseits schließt die obengenannte Argumentation die autonome Selbstbestimmung für alle Fälle eines Selbsttötungswunsches aus.

Da die Gesellschaft zugleich ein Höchstmaß an Freiheit für den Einzelnen und Sicherheit für die Gesellschaft fordert, müssen Zwangsmaßnahmen legitimiert werden (Lungershausen 1991, 47f). Angesichts von Zwängen, die bestimmte psychische Erkrankungen auf Patienten ausüben, und dem damit verbundenen Freiheitsverlust, ist die weitestmögliche Wiedergewinnung der Freiheit des Patienten durch eine psychiatrisch-therapeutische Behandlung gerechtfertigt

(Lungershausen 1991, 49). Der Zwang, der durch eine Psychose oder durch eine übermächtig erscheinende Situation in einen Suizidversuch geführt hat, muß in spezifischen Situationen durch Zwangsmaßnahmen abgebaut werden. Dies ist für die Position einer sehr eng gefaßten Patientenautonomie nur schwer zu akzeptieren und führt zum Ansatz einer patientenzentrierten medizinischen Ethik, die einen Ausgleich zwischen der traditionellen Position der Perspektive des paternalistischen „Patientenwohles" und des radikalen Selbstbestimmungsrechtes des Patienten sucht. Daher ist nicht Anpassung an eine wie immer geartete Gesellschaft das medizinethische Leitbild in der Psychiatrie, sondern das Bemühen, den Patienten seinen eigenen Weg finden zu lassen.

Der zweite Fragenkomplex umfaßt ethische Probleme bei Langzeittherapie und Hospitalisierung in der Psychiatrie. Chronische oder Langzeitpatienten gibt es gerade in der Psychiatrie. Sie stellen die eigentlichen Problemfälle dar und nicht die Akut-Patienten. Bei psychotischen Erkrankungen können ein Drittel der Patienten weitgehend geheilt werden, ein weiteres Drittel weist einen phasenhaften Verlaufstyp mit zwischenzeitlicher Restitution auf. Das letzte Drittel zeigt äußerst ungünstige, schubweise prozeßhafte Verläufe mit dauerhafter Behinderung (Trenckmann 1988, 36f). Im Massenbetrieb der Anstalt verliert der Kranke seine Lebensgeschichte, seine Individualität und seine gesellschaftlichen Rollen (Trenckmann 1988, 48). Psychisch Kranke sind insgesamt nicht gefährlicher als die normale Bevölkerung (Buchanan 1989, 330). Ein allgemeiner Hinweis auf psychische Erkrankungen ist kein Rechtfertigungsgrund für Zwangsbehandlungen. Selbst- und Fremdgefährdung können zudem im Einzelfall nur sehr unexakt prognostisch eingeschätzt werden (Seier 1993, 130). Gewinnt ein kleines Risiko einer Fremdgefährdung eine erhebliche Bedeutung bei der Bewertung, so führt dies zur Verwahrpsychiatrie. Bei den Patienten sollen Restbestände an Einsicht, Motivation und Zustimmung aktiviert und die Mitarbeit der gesunden Anteile der Person angestrebt werden (Illhardt 1985, 71). Von diesem medizinethischen Standpunkt aus ist die Bevormundung jedes Patienten so weit wie möglich zu vermeiden, selbst wenn seine Befähigung zu eigenständiger Entscheidung nur eingeschränkt vorhanden ist. Andererseits ist die Fähigkeit zum sozialen Lernen ebenfalls wichtiges Erfolgskriterium einer psychischen Behandlung (Marquard 1988, 58).

Wichtig für die therapeutischen Aspekte zwischenmenschlicher Kommunikation sind die Phänomene Suggestion und Übertragung bzw. Gegenübertragung. Suggestion als Beeinflussung des Denkens, Fühlens, Wollens oder Handelns eines anderen Menschen unter Umgehung seiner rationalen Persönlichkeitsanteile, also unter Ausschaltung seiner Kritikfähigkeit (Dührssen 1972, 73) wird als extreme Form direktiver Beratung allgemein abgelehnt. Dennoch stellt sich die Frage nach dem Ausmaß, in dem der Patient zur Mitwirkung herangezogen werden sollte.

Die Behandlungsmethode soll dazu führen, daß der Patient die Lösung für sein Problem findet. Bisweilen haben Patienten vorfabrizierte Deutungen aufgrund der weiten Verbreitung psychoanalytischer Literatur. Diese Interpretationen behindern die therapeutische Arbeit sehr. Dies macht die Kunst des produktiven Zuhörens unter Berücksichtigung der Übertragungsgefühle des Patienten und der Gegenübertragung durch den Analytiker erforderlich (Dührssen 1972, 93-95). Dabei bezeichnet man mit Gegenübertragung all jene Reaktionen des Therapeuten, die aus unbewußten Einstellungen des Analytikers stammen. Dabei wird ein Leitbild umschrieben, das als Spiegelhaltung des Analytikers bezeichnet werden kann: der Arzt sollte für den Analysierten undurchsichtig sein wie eine Spiegelplatte, die nichts anderes zeigt als das, was ihr gezeigt wird (Dührssen 1972, 97).

Auch in psychotherapeutischen Behandlungsmethoden gibt es direktive und nicht-direktive Vorgehensweisen. Im therapeutischen Gespräch stellt z.B. der Analytiker (1) klärende Fragen, (2) themenbestimmende Fragen und Kommentare, er gibt (3) Kommentare zu Gefühlen, Impulsen, Trieben und Phantasien des Patienten, er bietet Deutungen im engeren Sinn an und greift (5) auf frühere Themen, Probleme und Interpretationen zurück (Dührssen 1972, 109).

Bei direktiver Vorgehensweise stellt der Therapeut sehr spezifische Fragen, deren Antworten auf ja oder nein beschränkt bleiben, gibt der Therapeut (2) Informationen oder Erklärungen, wählt der Therapeut das Thema des Gesprächs, während er dessen Entwicklung dem Patienten überläßt, empfiehlt der Therapeut (4) dem Patienten Aktivitäten, stellt der Therapeut (5) den subjektiven Inhalt dessen, was der Patient gesagt hat, heraus, überredet der Therapeut (6) den Patienten, bestimmte vorgeschlagene Aktionen zu unternehmen, und weist der Therapeut auf Probleme hin, die eine Änderung benötigen (Dührssen 1972, 112f).

Beim nicht-direktiven Verfahren bringt der Therapeut (1) in irgend einer Form sein Verständnis für die Haltung oder Gefühlslage, über die sich der Patient ausgesprochen hat, zum Ausdruck. Er interpretiert (2) Verhaltensweisen, die durch allgemeines oder spezifisches Verhalten oder durch frühere Mitteilungen zum Ausdruck gekommen sind, und wählt (3) das Thema des Gesprächs, überläßt jedoch dessen Entwicklung dem Patienten. Er erkennt (4) den subjektiven Inhalt dessen, was der Patient gerade gesagt hat, und fragt (5) sehr spezifische Fragen, bei denen die Antworten auf ja oder nein oder auf spezifische Informationen beschränkt bleiben. Er gibt (6) Informationen oder Erklärungen, die mit dem Problem der Behandlung verknüpft sind, und definiert (7) die Situationen des Behandlungsgesprächs, indem er die Verantwortlichkeit des Patienten herausstellt (Dührssen 1972, 113). Dabei ist es entscheidend, wie das vom Patienten beigebrachte Material in einen genetisch-biographischen Zusammenhang gebracht werden kann.

Sehr sympathisch aus der Sicht der patientenzentrierten medizinischen Ethik ist der Ansatz einer nicht-direktiven Beratung. Dieser betont die Bedeutung der Einsicht beim Klienten und stellt als das eigentliche Ziel des Beraters die Entwicklung einer neuen Einstellung bei dem Individuum, das er berät, heraus (Rogers 1972, 11). Die therapeutischen Wege der Wiederanpassung eines Individuums an seine Umgebung oszillieren dabei zwischen Anpassung und Freiheit des Individuums. Wichtig ist hierbei der Ansatz des Beraters zu den Einstellungen ihrer Klienten, die fehlangepaßt, gestört oder kriminell sein können (Rogers 1972, 17). Wirksame Beratung besteht aus einer eindeutig strukturierten, gewährenden Beziehung, die es dem Klienten ermöglicht, zu einem Verständnis seiner selbst in einem Ausmaß zu gelangen, das ihn dazu befähigt, aufgrund dieser neuen Orientierung positive Schritte zu unternehmen (Rogers 1972, 28).

Die älteren Methoden des Anordnens und Verbietens, der Ermahnung oder gar der Suggestion sowie die Verwendung von Ratschlägen seien unwirksam und verstärkten nur Abhängigkeiten (Rogers 1972, 30-33). Eine intellektualisierende Interpretation geht davon aus, daß man dem Klienten nur seine Situation zu erklären bräuchte, um sein Verhalten zu verändern. Aber auch richtige Interpretationen können für Klienten nicht akzeptabel sein (Rogers 1972, 35). Wie in der patientenzentrierten medizinischen Ethik steht bei Rogers die Forderung, daß im Zentrum der Beratung nicht ein Problem, sondern ein Individuum stehen sollte (Rogers 1972, 36).

Der Berater muß die Kraft des Klienten, seine Situation zu verändern, bereits am Anfang abschätzen und angesichts ungünstiger Umstände nichts Unmögliches erwarten (Rogers 1972, 64-66). Die Beratung ist als einmalige Beziehung zu konzipieren. Die therapeutische Beziehung ist keine Freund-Freund-Beziehung, aber auch kein Lehrer-Schüler-Verhältnis. Berater können verschiedene Rollen spielen. Emotionalität sollte eine gewisse Rolle spielen, muß aber zum Nutzen des Patienten streng begrenzt werden (Rogers 1972, 84f). Es ist eine strukturierte und begrenzte Situation zu schaffen, in der sich der Klient entfalten darf (Rogers 1972, 107). Dabei leitet sich das Recht der nichtdirektiven Beratung vor allem aus zwei Bereichen ab, nämlich daraus, daß der Klient das Recht hat, seine Lebensziele selbst zu wählen (Rogers 1972, 119), und daraus, daß die klient-bezogene beratende Beziehung in einer Weise dynamische Kräfte freisetzt, die von keiner anderen Beziehung erreicht wird (Rogers 1972, 214).

Das umschriebene Ideal gefällt, vertuscht aber die eigentliche Problematik der Deutungen, die im Analytiker entstehen. Wenn der Wert der psychoanalytischen Methode an den therapeutischen Veränderungen, insbesondere an Symptombesserungen, zu messen ist und nicht an theoretischer Geschlossenheit der zugrundegelegten Methodologie (Thomä 1989, 12), so sollte eine erklärende Theorie der Psychoanalyse wie bei Freud, basierend auf einem monistischen Materialismus und einer biologistischen Triebtheorie (Thomä 1989, 29f), durch eine Hermeneutik als Auflösung durch Deutungsarbeit, verbunden mit einer klinischen Theorie, ersetzt werden (Thomä 1989, 27). Psychoanalyse ist keine Theorie, keine normative Idealtechnik, sondern das, was Psychoanalytiker in iher Praxis tun (Thomä 1989, 41). Damit wird unterstellt, daß die wissenschaftliche Begründung der Psychoanalyse und therapeutische Effektivität viel enger zusammenliegen, als gemeinhin angenommen wird (Thomä 1989, 45).

Die Meinung, daß durch Nichtbeeinflussung, also durch nicht-direktive Therapie, die Selbstauslösung des befreienden Schrittes zur Lösung des therapeutischen Problems gefördert wird, basiert auf einem Konzept von Krankheit, unabhängig vom teilnehmenden Beobachter (Thomä 1989, 55). Es übersieht, daß zur Unterbrechung des neurotischen, sich selbst verstärkenden Teufelskreises, des Wiederholungszwanges, der Analytiker den Patienten zum Durcharbeiten nötigen muß, um ihn vom Wiederholen zum Erinnern zu bringen (Thomä 1989, 75-77). Damit tritt in abgemilderter Form das aus der Psychiatrie bereits bekannte Konfliktmuster auf, daß der Therapeut gegen die erklärten Intentionen des Patienten handeln muß, um die Basis für die Förderung der Kompetenz zur Selbstbestimmung des Patienten zu erarbeiten.

Damit wird auch das Verhältnis von Übertragung und Suggestion zweideutig (Thomä 1989, 57). Dazu muß der Analytiker seine eigenen Ängste bearbeiten und den Widerstand gegen die Übertragung des Klienten produktiv umformen. Damit wird die Gegenübertragung des Analytikers zum treibenden Element in der Analyse. Unter Gegenübertragung versteht man alle Gefühle, die der Analytiker seinen Patienten gegenüber erlebt (siehe S. 232). Der Analytiker muß seine Gefühle aushalten, während der Patient sie abreagieren darf, um als Spiegel für den Patienten dienen zu können (Thomä 1989, 88). Bei der Konzeption einer nicht-direktiven Beratung im Sinne der Neutralität wird der Widerstand als Störung der psychoanalytischen Arbeit angesehen, als Widerstand des Patienten gegen die Therapie (Thomä 1989, 102). Auch können Widerstände gegen die Aufdeckung der latenten Traumgedanken auftreten (Thomä 1989, 145).

Dagegen ist auf die verändernde Wirkung der Übertragungsdeutung hinzuweisen, die zu einer Unterbrechung des neurotischen Wiederholungszwanges und zur Bereitschaft des Patienten führen kann, sich auf eine therapeutische Beziehung mit dem Psychoanalytiker einzulassen (Thomä 1989, 287). Allerdings dauert es einige Zeit, bis sich unbewußte Prozesse in der Übertragung so manifestieren, daß therapeutisch wirksame Deutungen möglich sind (Thomä 1989, 295). Die gemeinsame Arbeit führt zum Höhepunkt des Widerstandes, und dort wird durch Durcharbeiten dies zu jenem Stück der Arbeit, welches die größte verändernde Wirkung auf den Patienten hat. Und dies unterscheidet die analytische Behandlung von jeder Suggestionsbeeinflussung, die den Patienten instrumentalisiert (Thomä 1989, 317).

Die Leitfrage, inwiefern sich der Ansatz der Patientenautonomie bzw. einer patientenzentrierten medizinischen Ethik auf die Psychiatrie und die Psychotherapie anwenden läßt, kommt zu einem scheinbar paradoxalen Ergebnis. Die Konflikte, die dann entstehen, wenn zur Verbesserung der Kompetenz zur Gestaltung eines selbstbestimmten Lebens, direktive Momente trotz des Leitbildes nichtdirektiver Begleitung und Beratung verwendet werden müssen, fordern ein Überdenken des Paradigmas nichtdirektiver Beratung. Zwang in der Psychiatrie und – in geringerem Maße – in der Psychotherapie scheint in gewissem Maße erforderlich zu sein, damit die Freiheit des Klienten wiederhergestellt zu werden vermag. Zwang läßt sich dann rechtfertigen. Eine zu radikale Interpretationen der Patientenautonomie im Sinne einer Willkürfreiheit oder des Vertrages im Sinne des „informed consent“ entspricht nicht der Arzt-Patienten-Beziehung, die eine hermeneutisch begründete Ethik empfiehlt.

Die therapeutische Verantwortung bleibt trotz oder gerade wegen der Patientenautonomie erhalten oder verstärkt sich sogar, weil im therapeutischen Prozeß die Interpretation des Beraters in die Selbstinterpretation des Patienten einfließt. Wenn Psychoanalyse das ist, was Psychoanalytiker in ihren Praxen tun, dann rekurrieren sie auf eine Form des Umgangswissens, des impliziten Wissens auf der Basis von Interpretationsvorgängen. Dies ist eine Art von Wissen, das heute in vielen praktisch orientierten Wissenschaften wiederentdeckt wird und insbesondere dadurch charakterisiert ist, daß es auf die Verantwortungsdimension in diesem Wissen durch seinen Sozialbezug verweist. Ein durch die Patientenzentrierung modifizierter Paternalismus scheint für die Konfliktfälle in Psychiatrie und Psychotherapie ein entsprechender Leitfaden zu sein, wobei in den Fällen nicht eingeschränkter Kompetenz das Selbstbestimmungsrecht einen höheren Stellenwert genießt. Darum stellt eine patientenzentrierte medizinische Ethik keinen Rückfall in den Paternalismus und Formen direktiver Beratung dar.

4.2 Ethische Begründung des Tierschutzes

Tierschutzpraktiken sind epochen- und kulturabhängig: In Indien sind aufgrund von Ahimsa (Nicht-Tötungs-Gebot) nicht nur die Rinder geschützt, sondern nach lokaler Tradition jeweils auch viele Wildtiere. Bis in die Gegenwart galten im Hinblick auf Wildtiere keine Schutzverpflichtungen außer solchen, die verhindern sollten, daß Tierarten, die zur Nahrungsgrundlage der Menschheit gehörten, ausgerottet werden. Viele Wildtiere waren und sind z.T. auch heute noch zur Jagd freigegeben und wurden sogar als Arten ausgerottet wie die Bisons in den USA. Häufig hat sich in Jagd und Fischfang noch nicht einmal das Grausamkeitsverbot durchgesetzt. Auch andere Wildtiere wie Schlangen, Spinnen oder Ratten gelten vielen Menschen als nicht schutzwürdig. Daher wird in den letzten Jahrzehnten über den pragmatisch begründeten Tierschutz ein umfassenderer Artenschutz gefordert, insbesondere im Hinblick auf die Verantwortung für zukünftige Generationen und deren Nutzungsinteressen an Wildtieren.

Bei gleichbleibenden Bedingungen werden weltweit am Ende dieses Jahrhunderts 20 bis 50 % aller Arten ausgestorben sein, die noch vor zweihundert Jahren lebten, darunter viele Tierarten. Ein exponentielles Anwachsen der Artenvernichtung ist seit 1970 zu verzeichnen. Nicht die direkte Nutzung von Wildtieren als Nahrungsbasis des Menschen ist nun bedrohlich, sondern die anthropogen erzeugte Umweltverschmutzung, bei bestimmten bedrohten Arten auch die Jagd.

Dabei führt das Aussterben von Schlüsselarten zu Dominoeffekten. Hinzu kommen Prozesse der Artenverdrängung. Bestimmte Arten und ihr Vorkommen sind aber Bedingungen für die Stabilität ökologischer Kreisläufe. Falls fundamentale ökologische Kreisläufe zerstört werden, hinterlassen wir unseren Nachkommen eine Welt mit wesentlich geringerer Biodiversität. Dies ist nicht nur ästhetisch unbefriedigend, sondern birgt erhebliche Risiken bei der Bekämpfung von Schädlingen und Krankheiten. Daher empfiehlt es sich, aus Vorsichtsgründen alle Arten zu erhalten, gerade auch die unbekannten Arten des tropischen Regenwaldes. Dieses Prinzip impliziert auch einen umfassenden Wildtier-Schutz, gerade auch der Tierarten, die nicht direkt dem menschlichen Nutzen dienen.

In Europa formulierte angesichts der schnellen Expansion der Tierexperimente ab dem 16. Jahrhundert Michel de Montaigne ein umfassendes Grausamkeitsverbot. William Hogarths „The four stages of cruelty" (1715-1751) und Jeremy Benthams (1748-1832) Utilitarismus erkannten die Fähigkeit der Tiere an, Schmerz zu empfinden (Reich 1995, 145). Erst seit der Aufklärung, insbesondere seit Jeremy Benthams utilitaristischem Hedonismus, der die Vergleichbarkeit von Tier und Mensch hinsichtlich des Strebens nach Lust und Vermeidung von Schmerz postulierte, läßt sich ein umfassenderer Tierschutzgedanke rechtfertigen.

Im 19. Jahrhundert wurden verschiedene Tierschutzgesetze erlassen. Verstärkt wurden theoretische Begründungen des Tierschutzes durch Darwins Evolutionstheorie, die eine Abstammung heute lebender Affenarten und des Menschen von gemeinsamen Vorfahren begründete, weil insbesondere zwischen höheren Säugetieren und dem Menschen nur graduelle Unterschiede bestehen. Der Eigenwert von Tieren bis hin zum Postulat einer Tierperson in der Tierethik als Grundlage für Tierrechte sollten den Tierschutzgedanken aufwerten und philosophisch-ethisch begründen, um den traditonell pragmatisch begründeten Tierschutz zu hinterfragen. Dieser orientiert den Schutz von Tieren nach Nutzungsinteressen von Menschen und teilt Tiere in Wild-, Nutz- und Heimtiere ein.

Ein zentrales Kapitel in der Geschichte der Behandlung der Tiere war Singers Buch „Animal liberation" („Die Befreiung der Tiere" von 1975). Hier vertrat er die These, daß gleicher Schaden gleich bewertet werden sollte und nicht im geringeren Maße für Tiere. Zusammen mit Richard Ryders Begriff des Speziesismus verlangte diese Position eine gleiche Betrachtung für gleich signifikante Interessen (Orlans 1993, 25). Die Analyse dessen, was es heißt, Interessen zu haben, verweist jedoch auf menschliche Wesen. Diese sind Anerkenner von Interessen und kompetente Verfolger von Interessen.

Die häufigste Art der Analyse des Interessen-Konzeptes verknüpft dieses mit Präferenzen bzw. Wünschen, wobei Empfindungsfähigkeit, insbesondere die Kompetenz, Schmerzen haben zu können, zu den Voraussetzungen dieses Modells gehört (Frey 1980, 55). Der Begriff der Präferenz impliziert Wahlmöglichkeiten und Entscheidungsfreiheit. Dies setzt ein mehr oder weniger individuelles Selbstbewußtsein voraus. Menschliche Bedürfnisse sind viel differenzierter als die von Tieren. Außerdem fehlt Tieren das reflexive Bewußtsein, welches Menschen dazu befähigt, Erfahrungen zu machen und eigenverantwortlich zu handeln (Frey 1980, 109). Tiere sind nicht in der Lage, Behauptungen aufzustellen oder zu urteilen (Frey 1980, 120). Auch Emotionen lassen sich nicht zur Erklärung von Wünschen bei Tieren heranziehen. Frey verweist auf die Komplexität des Emotionalen beim Menschen, die sich nicht einfach auf ein Stimulus-Antwort-Schema reduzieren läßt.

Peter Singer scheint jedoch implizit anzunehmen, daß Mensch und Tier im Grenzfallbereich so nahe beieinanderliegen (geistig schwer Behinderte, Embryonen, Menschen im Koma; höchstentwickelte Säugetiere andererseits), daß ein moralisch relevanter Unterschied nicht zu sehen ist. Dies liegt aber an Singers präferenzutilitaristischem Ansatz, der unter der Hand ethisch relevante empirische Tatsachen zu ethischen Grundsätzen erhebt. Individuelle Präferenzen und Interessen (als empirisch faßbare psychische Tatsachen) taugen nicht zur Normen- und Rechtebegründung von Tieren und für Menschen. Denn aus ethischer Perspektive kann immer gefragt werden, ob die Befriedigung bestimmter Interessen denn ethisch vertretbar ist oder nicht. Empfindungsfähigkeit, Bewußtsein und Schmerzwahrnehmungsvermögen sind ethisch relevante empirische Tatsachenfeststellungen, die in Tierschutzfragen eine wichtige Rolle spielen, ersetzen aber keinen ethischen Grundsatz (Irrgang 1997, 211f).

Einen radikal biozentrischen Standpunkt nimmt James Rachels ein, indem sie eine Moralität ohne die Idee entwickelt, daß Menschen etwas Besonderes sind (Rachels 1991, 173). Für Rachels gibt es unglückliche Menschen, die ihren Status als vernünftig Handelnde verloren haben und daher wie bloße Tiere zu behandeln sind (Rachels 1991, 186). Doch diese Forderung widerspricht bereits der moralischen Intuition der meisten Menschen. Zur Selbstbestimmung unfähige Menschen werden so behandelt, als ob sie in Zukunft einmal in der Lage sein werden, selbstbestimmte Entscheidungen treffen zu können. Die Fähigkeit, eine selbstbestimmte Entscheidung treffen zu können (Autonomie des Gewissens), ist ein moralisch relevanter Unterschied zwischen Tier und Mensch.

Gegen Versuche, Unterschiede zwischen Tier und Mensch weitgehend einzuebnen, hat Otfried Höffe zu Recht eingewandt: „Denn im Unterschied zu Kindern und Geisteskranken [...] sind Tiere nicht nur vorläufig oder aufgrund außergewöhnlicher Schäden, sondern grundsätzlich nicht mündige, nicht zurechnungsfähige Wesen. Das gilt auch für Affen, Delfine oder andere höhere Tiere, die gemäß naturwissenschaftlicher Untersuchungen über ein beachtliches Maß an Intelligenz verfügen“ (Höffe 1984, 130). Der Mensch ist Person, Tiere können dies prinzipiell nicht werden. Das Tier nämlich lebt amoralisch und wird dressiert (Höffe 1984, 131). Zudem könne man den Menschen Tierquälerei vorwerfen, nicht aber umgekehrt Tieren Menschenquälerei.

Menschen können hypothetisch den Standpunkt von Tieren einnehmen und ihre natürliche Strebungen in einer Güterabwägung berücksichtigen. Nach unserem derzeitigen Wissen kann das kein Tier. Darum ist Menschen ein moralisch höherer Wert zuzubilligen, schon weil man an sie im Unterschied zu Tieren Verpflichtungen aus Sollensansprüchen adressiert. Tieren fehlt die Fähigkeit zu moralisch zurechenbaren Handlungen, so differenziert ihr Verhalten uns auch erscheinen mag. Dies sagt nicht nur etwas über moralische Verdienste des Menschen aus, sondern impliziert einen höheren Wert dessen, der sittlich zurechenbar handeln kann, denn es ist vom moralischen Standpunkt aus wertvoller, sittlich zu handeln als sich nicht sittlich zu verhalten. Macht man diese Voraussetzung nicht, so hebt sich Ethik in ihrem Ansatz selbst auf (Irrgang 1997, 176f). Auch wenn die Anlage zu Freiheit und Sittlichkeit kein empirisch feststellbares Kriterium für den Tier-Mensch-Unterschied darstellt, kann man ohne Selbstwiderspruch dem Menschen diese Kompetenz nicht zugleich absprechen und eine Tierschutzethik fordern. Zudem unterstellt eine empirische Betrachtungsweise des Tier-Mensch-Unterschiedes eine evolutionäre Uniformitätshypothese, die unerweisbar bleibt. Der Hinweis auf die Uniformität der Natur in Beweisabsicht gebraucht kann nur als zirkulär eingestuft werden (Irrgang 1997, 179).

Daß Tiere sittlich zurechenbar handeln können behauptet ernsthaft niemand. Allenfalls wird ein moralanaloges Verhalten wie Tötungshemmungen (Brockhaus 1975, 111) von Tieren beschrieben. Eine Moralität von Tieren kennt scheinbar das Reinkarnationssystem des Hinduismus (Rollin 1981, 7), aber auch dort ist genau genommen nicht von der Moralität von Tieren die Rede, sondern gemäß dem Karma-Gesetz von den sittlichen Konsequenzen der Handlungen von auch in Tieren oder anderen Lebewesen reinkarnierten selbständigen Seelensubstanzen. In der Philosophie wurde insbesondere seit Descartes der Tier-Mensch-Unterschied, seit Darwin das Tier-Mensch-Übergangsfeld diskutiert. Die Frage des Tier-Mensch-Vergleiches (Teutsch 1985, 133-135) ist vor allem für den Status der Person wichtig, aber schwierig: Es ist bis heute nicht gelungen, den Unterschied Mensch und Tier begrifflich exakt zu fassen (Brockhaus 1975, 110).

Der Tierschutz würde hinsichtlich der Erlaubnis zur Tötung von Tieren eine erhebliche Ausweitung erfahren, wenn wir Tieren den Status einer Person mit einem individuellen Interesse, am Leben zu bleiben, zuschreiben. Peter Singer diskutiert einen solchen Personenstatus von Schimpansen, Gorillas, Delphinen und Walen. Traditionell wird der Tier-Mensch Unterschied und Personalität in der Rationalität und Moralität des Menschen gesehen. Wenn Personalität aber an Kriterien wie Lust/Unlust-Empfindungen oder an Bewußtsein oder Individualität gebunden wird, dann ist die Frage erlaubt, ob es so etwas wie eine Tier-Person geben kann. Auch bei Tieren beobachte man „selbstlose" und „geplante Hilfeleistungen", die über moralanaloges Verhalten hinausgingen. Und gelegentlich kommen psychoreaktive Verhaltensstörungen auch bei Tieren vor (Brockhaus 1975, 129).

In der Tat müssen gängige Vorstellungen über Tiere und ihr Bewußtsein korrigiert werden. Verhalten von Tieren ist als fortlaufendes Anpassungsmuster zu verstehen (Griffin 1990, 125). Tiere verändern teilweise ihre unmittelbare Umgebung und erhöhen dadurch ihre Überlebens- und Vermehrungschancen auf lange Sicht. Zu diesem Verhalten gehört die Anlage von Unterkünften, Werkzeuggebrauch (Griffin 1990, 152), das Herrichten von Werkzeugen, wobei die Tätigkeit der Biber besonders faszinierend ist. Bedeutungsvoll sind auch die Kommunikationsprozesse wildlebender Affen, wobei diese Tiere Schwierigkeiten mit der Beherrschung des stimmlichen Apparates aufweisen. Das Ehepaar Gardner lehrte Affen die amerikanische Taubstummensprache. Doch selbst bei großzügiger Auslegung bleibt ein breiter Graben zwischen der Zeichengebung dieser dressierten Affen und der Sprache von Kindern mit vergleichbarem Wortschatz (Griffin 1990, 249). Und dies ist ein ethisch relevanter Unterschied in der Bewertung von Handlungen und ihrer Moralität. Griffin spricht von der Hypothese eines Bewußtseins von Tieren (Griffin 1990, 260). Zugang zu diesem finde man vielleicht über Tierträume.

Wenn auch diese Überlegungen nicht das Konzept einer sittlich zurechenbar handelnden Tierperson begründen, so entwickeln sie doch ethisch relevante empirische Kriterien bei der Berücksichtigungswürdigkeit von Tieren: Schmerzempfindlichkeit, Verhaltensrepertoire, Kommunikationsverhalten und die Möglichkeit von Bewußtsein.

Menschen können am eigenen Leibe den Übelcharakter des Schmerzes erfahren. Aber die Zufügung von Schmerz ist nicht in jedem Falle sittlich verwerflich, etwa bei lebensrettender medizinischer Therapie. So ist der Schmerz bei Tier und Mensch kein ethisches, wohl aber ein ethisch relevantes Kriterium. Schmerz tritt über Speziesgrenzen hinweg auf. Distreß, Ängstlichkeit, Furcht und Mißbehagen sind Verhaltensweisen, die man auch bei Tieren ablesen kann. All diese Kriterien können unter dem Oberbegriff des Leidens zusammengefaßt werden, wobei menschliches Leiden hier noch ganz andere Dimensionen aufweist. Es gibt Verhalten, das Schmerz anzeigt. Die Fähigkeit, Schmerz empfinden zu können, ist bei Tieren ganz unterschiedlich. Z.B. kann der Oktopus Schmerz empfinden, obwohl er nicht über ein zentrales Nervensystem verfügt. Kopffüßler haben insgesamt ein relativ komplexes Nervensystem. Über Schmerzempfindungen bei Insekten besteht Dissens (Orlans 1993, 141-151).

Ob eine Ausweitung in der Anwendung des Gleichheitsgrundsatzes auf Tiere möglich ist, wie sie biozentrische Positionen fordern, hängt methodisch gesehen von der Bewertung des Gerechtigkeitsgrundsatzes ab. Klaus-Michael Meyer-Abich schlägt eine naturgeschichtliche Begründung des Gleichheitsprinzipes als Gerechtigkeitsgrundsatz aus dem naturgeschichtlichen Verwandtschaftszusammenhang heraus vor (Meyer-Abich 1984a, 175). Meyer-Abich formuliert das Gerechtigkeitsprinzip folgendermaßen: „Das Gleichheitsprinzip, daß zweierlei gemäß seiner Gleichheit gleich und gemäß seiner Verschiedenheit verschieden behandelt werden soll, ist wohl der elementarste Grundsatz der Gerechtigkeit“ (Meyer-Abich 1984b, 27). Meyer-Abich glaubt, daß Menschen im Lebenswillen oder in der Schmerzempfindlichkeit weiten Bereichen der Natur gleich seien. Zwar ist nicht zu leugnen, daß im Lebenswillen oder in der Schmerzempfindung Ähnlichkeiten zwischen Menschen und zumindest Säugetieren vorliegen können. Zu bestreiten ist jedoch die behauptete Gleichheit. Zudem wäre sie empirischer und nicht ethischer Natur.

Um dem Problem des naturalistischen Fehlschlusses aus evolutionär begründeten „Ähnlichkeiten“ auf sittliche Verpflichtungen zu entgehen (Irrgang 1997, 163-182), wurde ein Gradualismus auf der Basis einer ökologisch gewendeten Gerechtigkeitskonzeption entwickelt. Zunächst ist Höffes Idee einer „abgestuften Solidarität" (Höffe 1984, 135) zwischen Mensch und Tier zu erwähnen: „Tiere, bei denen aufgrund ihrer Organisationsstruktur (Haut- und Gehirnstruktur) ein qualitativ höherer Grad von Schmerz- und Angstfähigkeit zu erwarten ist, verdienen eine größere Rücksicht als Tiere mit einem qualitativ geringeren Grad von Schmerzfähigkeit" (Höffe 1984, 136). Diese abgestufte Solidarität erlaubt Güterabwägungen zwischen Tier und Mensch. Dennoch besteht nach Höffe keine Notwendigkeit, ein Tötungsverbot anzuerkennen, denn Tiere haben als Gegenwartswesen kein spezifisches Verhältnis zu ihrem Tod.

Der Begriff der Solidarität ist in diesem Zusammenhang fragwürdig, setzt er doch Hilfeleistung unter gleichberechtigten Personen voraus. Daß ein solches Verhältnis vorliegt, ist im Fall der Tier-Mensch-Beziehung sehr zu bezweifeln. Gemäß der sittlichen Verpflichtung zu einem verallgemeinerbaren, möglichst interessefreien und unparteilichen Standpunkt im Hinblick auf alle Lebewesen jedoch ist unser menschliches Eingriffsrecht nach der Grundmaxime der Fairneß gegenüber der Natur abzustufen. Das abgestufte Dringlichkeitskriterium der Berücksichtigungswürdigkeit von Handlungsbetroffenen (Irrgang 1997, 204-212) berücksichtigt als Gebot der Fairneß bzw. der Gerechtigkeit mit anwachsendem Dringlichkeitsgrad Gleichgewichte und Kreisläufe der Natur, die konstitutiv für übergreifende Lebenszusammenhänge sind, Belange des Artenschutzes nicht nur bei Wirbeltieren, nimmt Rücksicht auf Empfindungsfähigkeit und Schmerzfähigkeit von Organismen, nimmt Rücksicht auf Versuche von höher entwickelten Tieren, ein möglichst leidfreies Leben zu führen, gerade wenn wir für sie als Nutztiere eine besondere Verantwortung haben, und zwar nicht nur als Gattungen, sondern auch als Individuen, und erkennt höchstentwickelten Säugetieren wie Affen oder bestimmten Meeressäugern eine sehr hohe Berücksichtigungswürdigkeit zu (Irrgang 1997, 205).

So läßt sich eine differenzierte Ethik des Tierschutzes auf der Basis einer ökologisch reflektierten Anthropozentrik begründen. Tiere sind zu schützen mit anwachsendem Grad ihrer Fähigkeiten und Kompetenzen zu Kommunikation, Schmerzempfindung und Form des Bewußtseins. Unbegründet Schaden Teilen der Natur und insbesondere höher organisierten Tieren zuzufügen, widerspricht dem ethischen Grundsatz der Gerechtigkeit. Um feststellen zu können, ob wir Tieren Schaden zufügen, bedarf es ethisch relevanter empirischer Kriterien. Dabei lassen sich Verpflichtungen gegenüber Tieren oder gegenüber der Natur nicht apodiktisch aufweisen, sondern bedürfen einer Konvergenzargumentation, die möglichst viele der genannten Kriterien berücksichtigt. In der Regel handelt es sich um ethisch relevante empirische Kriterien, die beurteilen helfen, wann Schutzverpflichtungen gegenüber Tieren vorliegen und wann nicht.

4.3 Bevölkerungswachstum als globales Umweltproblem

Ein entscheidender Faktor für den wachsenden Energie-, Ressourcen- und Umweltverbrauch ist das Bevölkerungswachstum. Die beachtliche Reduzierung der Sterberate infolge importierter medizinischer und hygienischer Fortschritte ohne Reduzierung der Geburtenrate führte in das unkontrollierte Wachstum. Die Geburtenrate ist eine Funktion vielfältiger Faktoren, vor allem der Netto-Kosten der Kinder, der herrschenden Normen und Präferenzen, erwarteter Überlebenschancen von Kindern und nicht zuletzt des verfügbaren bzw. erwarteten Einkommens (El Shagi 1989, 34). Die Kosten der Kinder sind gegen die Beiträge zum Familieneinkommen abzuwägen. Zu berücksichtigen ist ferner das Fehlen der Sozialversicherung. Eine kostenlose Ausbildung reduziert zudem die Kosten der Kinder, vor allem aber reduziert Kinderarbeit die Kosten der Kinder für die Eltern.

Niedriges Heiratsalter in breiten Schichten vieler Entwicklungsländer führt ebenfalls zum Anwachsen der Bevölkerung. Dies ist eine Folge strenger Sitten, die vorehelichen Verkehr verhindern sollen, durch den entsprechende Familienschande entsteht. Auch hohe Kosten des Junggesellendaseins in solchen Gesellschaften erhöhen die Anzahl der Heiraten in frühem Alter und sorgen für schnellen Nachwuchs. Eine hohe Anzahl von Kindern gilt in diesen Gesellschaften als Zeichen von Männlichkeit. Insbesondere der Koran fördert derartige Vorstellungen. Außerdem müssen Ehepaare, die bislang Mädchen geboren haben, weitere Kinder zeugen, bis der Stammhalter endlich geboren wird. Die noch relativ hohe Säuglings- bzw. Kindersterblichkeit in vielen Entwicklungsländern wirkt ebenso auf die Zunahme der Geburtenrate hin (El Shagi 1989, 35).

Höhere Einkommensgruppen denken weniger traditionell. Dies führt zu einer Heraufsetzung des Heiratsalters. Die Kosten des Großziehens von Kindern sind in höheren Einkommensgruppen höher. Außerdem kommt bei mittleren Einkommen häufig eine Erwerbstätigkeit der Frauen hinzu. All dies reduziert die Anzahl der Kinder

(El Shagi 1989, 38). Die Unterbevölkerung in vielen ländlichen Gebieten Amerikas und Afrikas wird zum Anlaß genommen, über den Nutzen bzw. die positiven Wirkungen des Bevölkerungswachstums auf wirtschaftliche Entwicklung zu reflektieren und einen positiven Zusammenhang zu postulieren. Man unterstellt oder behauptet, Bevölkerungswachstum sei die Voraussetzung für die Industrialisierung (El Shagi 1989, 40). Die allerdings entscheidende Frage ist, ob mit dem Bevölkerungswachstum ein Nachfragewachstum im wirtschaftlichen Sinne verbunden ist (El Shagi 1989, 41). Dies ist bei starkem Bevölkerungswachstum nicht der Fall, denn wachsende Arbeitslosigkeit verhindert dies. Bei wachsendem Bevölkerungsdruck vermehren sich die Agglomerationsnachteile, die ab einer bestimmten Ballungskonzentration die positiven Allokationswirkungen übersteigen.

Vor der Überschätzung der mobilisierenden Wirkung von Druck- und Sachzwängen muß gewarnt werden (El Shagi 1989, 42). Die hohen Bevölkerungswachstumsraten bewirken einen Zwang zur Ausdehnung des Konsums. Oft fehlt es nicht an Nachfrage, sondern an Ressourcen für die Produktion. Die Nachfrage wird sich daher nicht in Arbeitsplätzen und Einkommen im gewünschten Maße umsetzen (El Shagi 1989, 43). Agglomerationsnachteile in den Ballungszentren führen zur Beeinträchtigung der Rentabilität von Investitionen und zu weiter steigender Umweltbelastung. Auch die extreme Ungleichheit der Einkommensverteilung in einer Reihe von Ländern dürfte dazu beigetragen haben, daß der Zusammenhang zwischen Bevölkerungswachstum und wirtschaftlichem Wachstum verdeckt wurde. In vielen Ländern Lateinamerikas führte die überdurchschnittliche Einkommenskonzentration zu wirtschaftlichem Wachstum trotz Bevölkerungsexplosion. Die reiche Gruppe erarbeitete wirtschaftliches Wachstum, die Armen trugen zur Bevölkerungsexplosion bei (El Shagi 1989, 44). Ein hoher Kinderanteil an der Bevölkerung fördert nicht die Produktivität, es sei denn, generell würde Kinderarbeit erlaubt (El Shagi 1989, 45). Wirksame Instrumentarien gegen die Bevölkerungsexplosion sind ein Verbot der Kinderarbeit und die Kontrolle dieses Verbotes. Erforderlich ist auch die strenge Einhaltung der Schulpflicht und eine bessere Berufsausbildung. Es handelt sich dabei um Maßnahmen zur Verteuerung des Großziehens von Kindern (El Shagi 1989, 46).

Es gibt aber auch andere, radikalere Strategien der Bekämpfung des Bevölkerungswachstums. Um einer allgemeinen Katastrophe zu entgehen, wird daher zunehmend eine Bevölkerungsverminderung propagiert. So fordert Gerolf Steiner eine Gleichgewichtswirtschaft mit 1/100 bis 1/1000stel der bisherigen Weltbevölkerung. Die angestrebten Gleichgewichte ließen sich dabei nur durch vollendete Planung erreichen. Daher sieht Steiner nur den Ausweg einer drastischen Verminderung der Bevölkerung mittels des Ein-Kind-Systems. Hierzu müsse auf Empfängnisverhütung und auf Abtreibung zurückgegriffen werden (Steiner 1992, 27, 69, 102).

Steiner spricht von einer grausamen Humanität, da Humanität gegen den Einzelnen sich in Grausamkeit gegen die Allgemeinheit verkehre. Abtreibung der zuviel Gezeugten sei Notwehr. Das Ein-Kind-System müsse für 200 bis 300 Jahre radikal praktiziert werden. Danach könne zu einem Zwei-Kind-System übergegangen werden (Steiner 1992, 115-124, 152). Die Zahl 1/100 oder 1/1000 der geforderten Reduktion ist völlig willkürlich und wird von Steiner auch nicht andeutungsweise gerechtfertigt. Hier wird die Dialektik einer inhumanen Rettung der Humanität, einem Kernstück totalitärer Utopie, exemplarisch vorgeführt. Zudem offenbart das Werk in aller Deutlichkeit die Schwierigkeit, über die „Bevölkerungsexplosion" konkret, sittlich verantwortbar und zukunftsweisend nachzudenken.

Dazu ist zunächst eine entsprechende Ursachenanalyse erforderlich. Diese steht vor der Schwierigkeit, die Bevölkerungsentwicklung der Industrienationen in den letzten 250 Jahren nicht einfach heute auf die Schwellen- und Entwicklungsländer übertragen zu können. Dort traten aufgrund medizinisch-hygienischer Verbesserungen etwa um 1750 einschneidende Veränderungen auf: die großen Seuchen und Volkskrankheiten wurden besiegt, die Bevölkerung wuchs schlagartig und wurde zu einem nicht unerheblichen Teil in andere Kontinente exportiert, ein Modell, das heute nicht mehr so ohne weiteres funktioniert und das – historisch gesehen – zu unermeßlichem Leid und ungezählten Ungerechtigkeiten geführt hat. Dabei entstand das Problem dadurch, daß medizinisch die Mortalität der europäischen Bevölkerung drastisch gesenkt wurde, ohne daß die damals existierende Gesellschaft sozioökonomisch darauf vorbereitet war.

In den 60er Jahren war die Wachstumsrate der Bevölkerungsexplosion am größten. Seither ist eine Abschwächung der Bevölkerungszunahme (Höhn 1994, 3) mit Ausnahme von Afrika (Höhn 1994, 6) zu beobachten. Am dramatischsten ist die Entwicklung in Afrika, am wichtigsten für die Bevölkerungsentwicklung in China. Aber trotz sinkender Zuwachsraten wird die Weltbevölkerung noch vier Jahrzehnte zunehmen (Schmid 1994, 13). Die demographische Lage fast aller Entwicklungsländer stellt sich heute anders dar als die Europas am Beginn seiner Industrialisierung (Schmid 1994, 14). Die

Probleme sind vielfältig. Die Einschulung anschwellender Jugendjahrgänge bereitet Schwierigkeiten. Dazu kommt die Aufgabe, jedes Jahr 38 Millionen Arbeitsplätze für Jugendliche bereitzustellen und nicht nur in unproduktiven Arbeitsbereichen wie in der Verwaltung und im Militär (Schmid 1994, 16). Hinzu kommt die Landflucht, die Verstädterung und die Agglomerationen zu Slums. Hier sind insbesondere Indien und die Anrainerstaaten, Brasilien und Mexiko zu nennen (Schmid 1994, 19). Auch die Grüne Revolution, der industrielle Nahrungsmittelanbau mithilfe chemischer Mittel, hat hinsichtlich der Welternährung nur eine Atempause gebracht.

Der moralische Imperativ verpflichtet, das Bevölkerungsproblem über die Einschränkung des Fertilitätsfaktors zu bewältigen, nicht etwa daran zu denken, die Mortalitätsrate zu erhöhen. Hinsichtlich der Kernfrage, welche Mittel und Wege ethisch vertretbar erscheinen, die Fertilitätsrate zu senken steht in neuzeitlichen Ethiken der Gedanke der Menschenwürde im Vordergrund. Eine solche Ethik lehnt politische Druck- und Zwangsmittel zur Familienplanung ab. Eine direkte Steuerung des Kinderwunsches ist in ethisch vertretbarem Maße daher kaum möglich (Höhn 1994, 10). Dennoch muß auch hier anerkannt werden, daß das Eigenwohl und Selbstinteresse der Eltern (Kinder als Arbeitskräfte, als Ersatz der Sozialversicherung, Familien oder Clan-Prestige) je nach Herkunftsland dem Gemeinwohlinteresse widersprechen kann.

Daher sollte alles gefördert werden, was die Kleinfamilie stärkt. Dies setzt auch eine veränderte Entwicklungspolitik voraus. Da das Bevölkerungswachstum als Symptom der Armut zu sehen ist, muß eine verantwortbare Bevölkerungspolitik hier ansetzen und nicht bei staatlicher Steuerung der Fortpflanzung. Familienplanung und Aufklärung, also Sozialpolitik und Bildungspolitik, gehören in den Entwicklungsländern zusammen. Nicht Zwangssterilisationen sind das Mittel zur Wahl, sondern Bildung und die Schaffung von Arbeitsplätzen insbesondere für Frauen. Geburtenregelung sollte auch in der Dritten Welt in die Verantwortung von Frauen gelegt werden, die – vor allem wenn sie finanziell von ihren Männern unabhängig sind – Empfängnisverhütung auch gegenüber ihren Männern durchsetzen können. Weder Abtreibung noch Verhütungsmittel lösen das Problem der „Bevölkerungsexplosion“, sondern letztlich nur eine Entwicklungs- und Bevölkerungspolitik, die sich an einer ökologisch vertretbaren Grundbedürfnisbefriedigung der Menschen in der Dritten Welt orientiert. Das Problem dieser Strategie besteht allerdings darin, daß sie kurzfristig keine Entlastung für die Energienachfrage bringt (Weizsäcker 1990, 114).

Gemäß dem Differenzprinzip von John Rawls ist ein System weltweit zu schaffen, das es Entwicklungsländern erlaubt, mit internationaler Hilfe eigene soziale Sicherungssysteme aufzubauen. Aus eigener Kraft werden sie dazu nicht in der Lage sein. Eine Energieverbrauchssteuer z.B., erhoben in einigen Industrieländern, könnte eine finanzielle Grundlage für die Etablierung solcher Institutionen in Ländern darstellen, die gerade aufgrund ihres Bevölkerungswachstums nicht in der Lage sind, insbesondere ein Rentenversicherungssystem aufzubauen. Dieses wird allerdings erst allmählich und langfristig das Bevölkerungswachstum bremsen. Zusätzliche Maßnahmen zur Kompensierung ökologischer Schäden sind erforderlich.

Totalitäre Zwangsmaßnahmen scheinen beim Bevölkerungswachstum kurzfristigen Erfolg zu versprechen, sind langfristig gesehen aber sehr oft kontraproduktiv, da ihnen die Zustimmung der Betroffenen fehlt. Sie werden bei Industrienationen gerne gesehen, da sie den Vollzug der Gegenmaßnahmen in die Entwicklungsländer verlegen. Jedoch wird kein Weg daran vorbeiführen, daß auch die Industrienationen über die Art und Weise ihrer bisherigen Entwicklungshilfe nachdenken und erheblich höhere Mittel dafür bereitstellen müssen, neue weltweite Formen einer sozialen Infrastruktur bereitzustellen, die Armut und Not bekämpft, wenn sie Umwelt weltweit schützen möchte. Neue, ethisch kreative Problemlösungen und Wege sind gefragt.

***

Praktische Ethik ist nicht sittliche Praxis, aber sie kann helfen, sittliche von nicht-sittlicher Praxis zu unterscheiden. Sie kann zum sittlichen Handeln durch den zwanglosen Zwang des besseren ethischen Argumentes motivieren, muß aber die Grenzen einer solchen Motivationsstrategie ganz klar sehen. Zusätzliche Motivationsanreize bietet der ökonomische Nutzen, die Einhaltung von Rechtsnormen und vor allem die Anerkennung durch andere. Eine hermeneutische praktische Ethik vertritt einen nüchternen Realismus, der kritisch und selbstkritisch sittliche Normen aus konkreten Situationen, in denen sie angewandt werden sollen, heraus interpretiert und näher bestimmt. Die Möglichkeiten praktischer Ethik erzeugen keine Euphorie. Zu machtlos erscheint der zwanglose Zwang praktisch-sittlicher Vernunft in der Alltagspraxis. Allerdings wird praktisch-sittliche Vernunft ohne methodische Anleitung nicht an Macht gewinnen. Daher wird eine hermeneutisch begründete anwendungsorientierte Ethik ihren Beitrag dazu leisten können, daß eine Verständigung über Ethik gelingt, die erforderlich ist, damit Ethik praktisch werden kann.

So könnnen Ethiker im interdisziplinären Gespräch Bewertungsprobleme strukturieren. Bei allem Respekt gegenüber dem individualethischen Ideal, jeden seinen eigenen Weg finden zu lassen, hat der Ethiker die Aufgabe, sich einzumischen, wenn es um gemeinschaftliche Zielsetzungen geht. Dazu muß er die jeweils üblichen Wege nutzen: Information der Öffentlichkeit, Verbesserung des Gerichtswesens bzw. Hilfe bei der Strukturierung der Gesetze, Ausbildung von Standesethiken und Mobilisierung des politischen Systems.

Abkürzungsverzeichnis

Aquin, Thomas von: Summa theologiae, abgekürzt als Sth mit Band, z.B. Primae Secundae als I-II, Übersetzung von B.I.

Aristoteles: Sämtliche Werke; zitiert mit Titel und Nummerierung nach Bekker (Standardzählweise); Übersetzung von B. I.

Kant, Immanuel: „Grundlegung zur Metaphysik der Sitten"; abgekürzt mit GMS; A für dic erste Auflage von 1785, B für die zweite Auflage von 1786; BA bedeutet, daß die Stelle in beiden Auflagen identisch ist)

Nietzsche, Friedrich: Sämtliche Werke. Kritische Studienausgabe in 15 Bänden, hrsg von Giorgo Colli und Mazzino Montinari; Berlin 1980; abgekürzt als WW.

Platon: Werke in acht Bänden; hrsg. von Gunther Eigler; Darmstadt 1977; zitiert mit Titel und Nummerierung nach Stephanus (Standardzählweise); Übersetzung von B. I.

Literatur

Abaelard, Peter 1979: Ethics, ed. by. D. E. Luscombe, Oxford [1]1971, [2]1979
Albert, Hans 1979: (Ernst Topitsch; Hg.) Werturteilsstreit; Darmstadt [2]1979
Alzheimer, Christian 1986: Nichtambulante Krisenintervention und Notfallpsychiatrie. Versuch einer Bestandsaufnahme der Lage in Westeuropa; Berlin, Heidelberg, Tokyo
Anton, H. 1976: Art. Interpretation; in: Joachim Ritter (Hg): Historisches Wörterbuch der Philosophie Bd. 2, 514-517
Apel, Karl-Otto 1984: Das Problem einer philosophischen Theorie der Rationalitätstypen; in: H. Schnädelbach (Hg.); Rationalität. Philosophische Beiträge, Frankfurt, 15-31
Aristoteles 1975: Ethica Nicomachea; ed. I. Bywater; Oxford [16]1975 ([1]1894)
Armbruster, Jürgen 1983: (Hg.) Gegen die Logik der Aussonderung; München
Axelrod, Robert 1986: Die Evolution der Kooperation; Berlin
Barocka, Arnd 1993: Psychiatrie vom Zeitgeist bedrängt? Altes und Neues zur Euthanasiefrage; Forum für interdisziplinäre Forschung 10, 73-83
Bayertz, Kurt 1995: (Hrsg.) Verantwortung. Prinzip oder Problem?; Darmstadt
Bayertz, Kurt 1996: (Hg.) Moralischer Konsens. Technische Eingriffe in die menschliche Fortpflanzung als Modellfall; Frankfurt
Beauchamp, Tom L. 1989: (James F. Childress) Principles of Biomedical Ethics ([1]1979); New York, Oxford
Bentham, Jeremy 1988: The Principles of Morals an Legislation ([1]1781); New York
Birnbacher, Dieter 1993: Welche Ethik ist als Bioethik brauchbar?; in: J. S. Ach, A. Gaidt (Hg.); Herausforderung der Bioethik; Stuttgart, Bad Cannstatt
Böhler, Dietrich 1978: Konstituierung des Handlungsbegriffs. Teleologisches und quasiteleologisches Rekonstruktionsmodell; in: H. Lenk (Hg.): Handlungstheorien interdisziplinär II/1; Handlungserklärungen und philosophische Handlungsinterpretation; München, 161-197
Borsi, Gabriele M. 1989: (Hg.) Die Würde des Menschen im psychiatrischen Alltag; Göttingen
Brockhaus, Wilhelm 1975: (Hg.) Das Recht der Tiere in der Zivilisation. Eine Einführung in Naturwissenschaft, Philosophie und Einzelfragen des Vegetarismus; München
Bubner, Rüdiger 1982: Handlung, Sprache, Vernunft. Grundbegriffe praktischer Philosophie ([1]1976); Frankfurt/M.
Benkert, Otto 1986: Psychiatrische Pharmakologie; Berlin 1986
Buchanan, Allen E., Dan W. Brock 1989: Deciding for others. The Ethics of surrogate Decision Making; Cambridge u.a.

Bühler, Axel 1994: (Hg) Unzeitgemäße Hermeneutik: Verstehen und Interpretation im Zeitalter der Aufklärung; Frankfurt

Chisholm, Roderick M. 1979: Der Handelnde als Ursache; in: H. Lenk (Hg.): Handlungstheorien interdisziplinär II/2; Handlungserklärungen und philosophische Handlungsinterpretation; München, 399-415

Dawkins, Richard 1987: Der blinde Uhrmacher. Ein neues Plädoyer für den Darwinismus; übers. von K. de Sousa Ferreira; München

Dierkes, Meinolf 1989: Was ist und wozu betreibt man Technikfolgen-Abschätzung? Berlin

Dierkes, Meinolf, Ute Hoffmann, Lutz Marz 1992: Leitbild und Technik. Zur Entstehung und Steuerung technischer Innovation; Berlin

Dörner, Dietrich 1989: Die Logik des Mißlingens; Reinbek bei Hamburg

Dorneich-Herder, Philipp 1993: (Karl-Ernst Schenk, Dieter Schmidtchen; Hgs.) Neue Politische Ökonomie von Normen und Institutionen; in: Jahrbuch für Neue Politische Ökonomie Bd. 12; Tübingen

Dührsen, Annemarie 1972: Analytische Psychotherapie in Theorie, Praxis und Ergebnissen; Göttingen

Eckensberger, Lutz H., Ulrich Gähde 1993: Ethische Norm und Empirische Hypothese; Frankfurt

Edelmann, Walter 1993: Lernpsychologie [3]1993, Weinheim

Edelstein, Wolfgang 1986: (G. Nunner-Winkler; Hgs.) Zur Bestimmung der Moral. Philosophische und sozialwissenschaftliche Beiträge zur Moralforschung; Frankfurt

Eger, Thomas 1990: (Peter Weise) Normen als gesellschaftliche Ordner; in: Ökonomie und Gesellschaft Bd 8; Frankfurt, 65-110

El Shagi, El Shagi 1989: Bevölkerungsproblem und wirtschaftliche Entwicklung in der Dritten Welt; in: Aus Politik und Zeitgeschichte B35 (1989) vom 25.8.1989, 34-46

Eser, Albin 1989: (Markus von Lutteroni, Paul Sporken; Hrgs.) Lexikon Medizin, Ethik, Recht; Freiburg, Basel, Wien

Evers, Adalbert 1987: (Helga Nowotny) Über den Umgang mit Unsicherheit. Die Entdeckung der Gestaltbarkeit von Gesellschaft; Frankfurt/M.

Ferguson, Eugene S. 1993: Das innere Auge von der Kunst des Ingenieurs. Aus dem amerikanischen von Anita Ehlers; Basel, Boston, Berlin ([1]1992)

Follesdal, Dagfinn 1979: Handlungen, ihre Gründe und Ursachen; in: H. Lenk (Hg.): Handlungstheorien interdisziplinär II/2; Handlungserklärungen und philosophische Handlungsinterpretation; München, 431-444

Fonk, Peter 1995: Glauben, handeln und begründen. Theologische und anthropologische Bedingungen ethischer Argumentationen; Freiburg i.Ue, Freiburg i. Br.

Frey, R. G. 1980: Interests and Rights. The Case Against Animals; Oxford

Fuchs, Rainer 1991: Einführung in die Lernpsychologie; Darmstadt [2]1991

Funke, G. 1972: Art. Ethos; in: J. Ritter, K. Gründer (Hgs.): Historisches Wörterbuch der Philosophie; Bd. 2 Basel, 812-815

Gadamer, Hans-Georg 1970: Wahrheit und Methode; Tübingen [3]1970

Gadamer, H. G. 1974: Art. Hermeneutik; in: Joachim Ritter (Hg): Historisches Wörterbuch der Philosophie Bd. 3, 1061-1073

Gähde, Ulrich 1992: (Wolfgang H. Schrader, Hgs.) Der klassische Utilitarismus; Berlin

Geiger, Theodor 1979: Das Werturteil, eine ideologische Aussage; in: H. Albert, E.Topitsch (Hgs.) Werturteilsstreit; Darmstadt [2]1979, 33-43

Gert, Bernard 1983: Die moralischen Regeln. Eine neue rationale Begründung der Moral; übes. v. W. Rosenthal ([1]1966); Frankfurt/M.

Glance, Natalie S. 1994: (Bernardo A. Hubermann) Das Schmarotzer-Dilemma; in: Spektrum der Wissenschaft 5/1994, 36-41

Griffin, Donald R. 1990: Wie Tiere denken. Ein Vorstoß ins Bewußtsein der Tiere; übersetzt von Elisabeth M. Walther ([1]1984); München

Gründel, Johannes 1963: Die Lehre von den Umständen der menschlichen Handlung im Mittelalter; Münster

Gründel, Johannes 1967: Die Bedeutung einer Konvergenzargumentation für die Gewißheitsbildung und für die Zustimmung zur absoluten Geltung einzelner sittlicher Normen; in: L. Scheffzyk et al. (Hg.); Wahrheit und Verkündigung. Fschr. f. Michael Schmaus; München et al., 1607-1630

Güth, Werner 1995: (Hartmut Klimt) Elementare spieltheoretische Modelle sozialer Kooperation; in: Ökonomie und Gesellschaft Bd. 12 Soziale Kooperation; Frankfurt, 12-62

Habermas, Jürgen 1978: Technik und Wissenschaft als ‚Ideologie'; [1]1968; 91978; Frankfurt/M.

Habermas, Jürgen 1981: Theorie des kommunikativen Handelns; 2 Bde. Frankfurt/M.

Habermas, Jürgen 1985: Der philosophische Begriff der Moderne, Frankfurt/M. [2]1985

Habermas, Jürgen 1988: Nachmetaphysisches Denken. Philosophische Aufsätze; Frankfurt/M.

Habermas, Jürgen 1991: Erläuterungen zur Diskursethik; Frankfurt/M.

Hammerstein, Peter 1985: Spieltheorie und Kampfverhalten von Tieren; in: Verhandlungen der Deutschen Zoologischen Gesellschaft 78, 83-99

Hare, Richard M. 1992: Moralisches Denken: seine Ebenen, seine Methode, sein Witz; übersetzt von Christoph Fehige und Georg Meggle (Moral Thinking: Its Levels, Method and Point 1981); Frankfurt

Hare, Richard M. 1993: Essays on Bioethics; Oxford

Heidegger, Martin 1972: Sein und Zeit; [12]1972; Tübingen

Hinske, Norbert 1989: Ratschläge der Klugheit im Ganzen der Grundlegung; in: Otfried Höffe (Hg.): Grundlegung zur Metaphysik der Sitten. Ein kooperativer Kommentar, Frankfurt, 131-147

Hoche, Hans-Ulrich 1992: Elemente einer Anatomie der Verpflichtung. Pragmatisch-wollenslogische Grundlegung einer Theorie des moralischen Argumentierens; Freiburg

Höffe, Otfried 1981: Sittlich-politische Diskurse. Philosophische Grundlagen. Politische Ethik. Biomedizinische Ethik; Frankfurt/M.

Höffe, Otfried 1984: Der wissenschaftliche Tierversuch. Eine bioethische Fallstudie; in: Ethik der Wissenschaften? Philosophische Fragen; ed. v. Elisabeth Ströker; Paderborn, München, Wien, Zürich, 117-150

Höffe, Otfried 1985: Strategien der Humanität. Zur Ethik öffentlicher Entscheidungsprozesse; Frankfurt/M.

Höffe 1986: Autonomie und Verallgemeinerung als Moralprinzipien. Eine Auseinandersetzung mit Kohlberg, dem Utilitarismus und der Diskursethik; in: F. Oser, R. Fatke u. O. Höffe (Hgs.): Transformation und Entwicklung. Grundlagen der Moralerziehung; Frankfurt, 56-86

Höffe, Otfried 1989: Politische Gerechtigkeit. Grundlegung einer kritischen Philosophie von Recht und Staat; Frankfurt/M.

Höffe, Otfried 1990: Kategorische Rechtsprinzipien. Ein Kontrapunkt der Moderne; Frankfurt/M.

Höffe, Otfried 1991: Plädoyer für eine judikativ-kritische Forschungsethik; in: H. Lenk (Hg.): Wissenschaft und Ethik; Stuttgart, 233-247

Höffe, Otfried 1993: Moral als Preis der Moderne. Ein Versuch über Wissenschaft, Technik und Umwelt; Frankfurt

Höhn, Charlotte 1994: Weltbevölkerung – Wachstum ohne Ende?; in: Aus Politik und Zeitgeschichte B35/36 (1994) vom 2.9.1994, 3-10

Hoerster, Norbert 1971: Utilitaristische Ethik und Verallgemeinerung; Freiburg, München (^{1}1971) ^{2}1977

Hoff, Paul 1993: (Martin Krupinski) Zwischen Autonomie und Zwang. Zivilrecht und öffentliches Recht in der Psychiatrie; Forum für interdisziplinäre Forschung 10, 85-102

Hofstadter, Douglas R. 1983a: Metamagikum. Kann sich in einer Welt voller Egoisten kooperatives Verhalten entwickeln?; in: Spektrum der Wissenschaft 8(1983), 8-14

Hofstadter, Douglas R. 1983b: Metamagikum. Ist Kooperation ein Lotteriespiel? Oder wie weit reicht die Macht der Vernunft?; in: Spektrum der Wissenschaft 9(1983), 8-14

Holzheu, Franz 1993: (Peter M. Wiedemann) Perspektiven der Risikowahrnehmung; in: Münchener Rück (Hg.): Risiko ist ein Konstrukt, München, 9-19

Holzhey, Helmut 1991: (Jean Pierre Leyvraz; Hg.) Der Wert des Lebens (studia philosophica 50); Bern, Stuttgart

Homann, Karl 1994: (Pies, Ingo) Wirtschaftsethik der Moderne: Zur ökonomischen Theorie der Moral: in: Ethik und Sozialwissenschaften 5 (1994) 1, 3-12

Honnefelder, Ludger 1983: Conscientia sive ratio. Thomas von Aquin und die Entwicklung des Gewissensbegriffs; in: Joseph Szöverffy (Hg.); Mittelalterliche Komponenten des europäischen Bewußtseins; Berlin, 8-19

Honnefelder, Ludger 1987: Wahrheit und Sittlichkeit. Zur Bedeutung der Wahrheit in der Ethik; in: Emerich Coreth (Hg.); Wahrheit in Einheit und Vielheit. Beiträge zur Theologie und Religionswissenschaft; Düsseldorf, 147-169

Honnefelder, Ludger 1988: Die ethische Rationalität des mittelalterlichen Naturrechts. Max Webers und Ernst Troeltschs Deutung des mittelalterlichen Naturrechts und die Bedeutung der Lehre vom natürlichen Gesetz bei Thomas von Aquin; in: Wolfgang Schluchter (Hg.); Max Webers Sicht des okzidentalen Christentums; Frankfurt, 254-27

Horstmann R. P. (1980): Art. „Menschenwürde" in: Historisches Wörterbuch der Philosophie, hrsg. J. Ritter und K. Gründer, Bd.5 (1980), 1119-1125

Hume, David 1973: Ein Traktat über die menschliche Natur; übers. v. Th. Lipps u. ed. v. R. Brandt; 2 Bde. Hamburg

Huning, A. 1978; Art. Technologie; in: Edmund Braun, Hans Radermacher (Hg.); Wissenschaftstheoretisches Lexikon; Graz, Wien, Köln 1978, 585

Husserl, Edmund 1976: Die Krisis der europäischen Wissenschaften und die transzendentale Phänomenologie; ed. W. Biemel, Husserliana Bd. VI; Den Haag ²1976

Illhard, F. J. 1985: Medizinische Ethik. Ein Arbeitsbuch; Berlin

Irrgang, Bernhard 1986: Zur Problemgeschichte des Topos „christliche Anthropozentrik" und seine Bedeutung für eine Umweltethik; Münchener Theologische Zeitschrift 37, 185-203

Irrgang, Bernhard 1990a: Naturrecht als Entscheidungshilfe? Am Beispiel der Bewertung gentechnologischer Verfahren aus ethisch-theologischer Perspektive; in: Marianne Heimbach-Steins (Hg.); Naturrecht im ethischen Diskurs; Münster 1990, 67-98

Irrgang, Bernhard 1990b: Stichwort: Ethik; in: Arzt und Christ 36 (1990), 136-138

Irrgang, Bernhard 1990c: (Matthias Lutz-Bachmann, Hg.) Begründung von Ethik. Beiträge zur philosophischen Ethik-Diskussion heute; Würzburg

Irrgang, Bernhard 1991a: Zum Ansatz einer Forschungs- und Standesethik für die Gentechnik; in: Hans Lenk, Matthias Maring (Hg.); Technikverantwortung. Güterabwägung, Risikobewertung, Verhaltenskodizes; Frankfurt/M., New York, 263-284

Irrgang, Bernhard 1991b: Sittliche Bewertungs-Kriterien der Human-Gentechnik; Stimmen der Zeit 209, 239-253

Irrgang, Bernhard 1991c: Transgene Tiermodelle im biomedizinischen Experiment. Forschungsethische Überlegungen; Forum für interdisziplinäre Forschung 4/1, 54-66

Irrgang, Bernhard 1992: Christliche Umweltethik. Eine Einführung; München, Basel

Irrgang, Bernhard 1993a: (Matthias Kunz) Krankenhauspsychiatrie und Ethik; Forum für interdisziplinäre Forschung 10, 103-120

Irrgang, Bernhard 1993b: Lehrbuch der evolutionären Erkenntnistheorie; München, Basel

Irrgang, Bernhard 1995: Grundriß der medizinischen Ethik; München, Basel

Irrgang, Bernhard 1997: Forschungsethik Gentechnik und neue Biotechnologie. Entwurf einer anwendungsorientierten Wissenschaftsethik unter besonderer Berücksichtigung von gentechnologischen Projekten an Pflanzen, Tieren und Mikroorganismen; Stuttgart

Jonas, Hans 1984: Das Prinzip Verantwortung. Versuch einer Ethik für die technologische Zivilisation ([1]1979), [2]1984 Frankfurt/M.

Jungermann, Helmut 1988: (Roger E. Kasperson, Peter M. Wiedemann; Hgs.) Themes and Tasks of Risk Communication; Jülich

Jungermann, Helmut 1990: (Bernd Rohrmann, Peter M. Wiedemann; Hgs.) Risiko-Konzepte, Risiko-Konflikte, Risiko-Kommunikation; Jülich

Jungermann, Helmut 1993: (Paul Slovic) Charakteristika individueller Risikowahrnehmung; in: Münchener Rück (Hg.): Risiko ist ein Konstrukt, München, 89-107

Kible, B. 1992: Art. Regel; in: J. Ritter, K. Gründer (Hgs.): Historisches Wörterbuch der Philosophie; Bd. 8 Basel, 427-434

Kluxen, Wolfgang 1980: Philosophische Ethik bei Thomas von Aquin; Hamburg [2]1980

Kohlberg, Lawrence 1986: Der „Just-Community"-Ansatz der Moralerziehung in Theorie und Praxis; in: F. Oser, R. Fatke u. O. Höffe (Hgs.): Transformation und Entwicklung. Grundlagen der Moralerziehung; Frankfurt, 21-55

Kohlberg, Lawrence 1995: Die Psychologie der Moralentwicklung, hrsg. v. W. Althof u. Mitarbeit v. G. Noam u. F. Oser; Frankfurt/M.

Kohler, Georg 1988: Handeln und Rechtfertigen. Untersuchungen zur Struktur der praktischen Rationalität; Frankfurt/M.

Kraft, Viktor 1979: Wertbegriffe und Werturteile; in: H. Albert, E. Topitsch (Hgs.) Werturteilsstreit; Darmstadt [2]1979, 44-63

Kutschera, Franz von 1982: Grundlagen der Ethik; Berlin, New York

Lenk, Hans 1978: Handlungstheorien interdisziplinär II/1; Handlungserklärungen und philosophische Handlungsinterpretation; München

Lenk, Hans (Hg.) 1985: Humane Experimente? Genbiologie und Psychologie; München, Paderborn

Lenk, Hans 1992: Zwischen Wissenschaft und Ethik; Frankfurt/M.

Lenk, Hans 1993: Philosophie und Interpretation. Vorlesungen zur Entwicklung konstruktionistischer Interpretationsansätze; Frankfurt/M.

Lenk, Hans 1995: Interpretation und Realität. Vorlesungen über Realismus in der Philosophie der Interpretationskonstrukte; Frankfurt/M.

Less, Steven 1989: Die Unterbringung von Geisteskranken. Eine rechtsvergleichende Kritik der Zwangseinweisung in psychiatrische Krankenhäuser in den USA und der Bundesrepublik Deutschland; Freiburg

Lorenz, Konrad 1977: Das sogenannte Böse; [3]1977; München

Luhmann, Niklas 1986: Ökologische Kommunikation. Kann die moderne Gesellschaft sich auf ökologische Gefährdungen einstellen?; Opladen

Lumsden, Charles S. 1985: (Ann C. Gushurst) Gene-Culture Coevolution: Humankind in the Making, in: J. H. Fetzer (Hg.), Sociobiology and Epistemology, Dordrecht, Boston, Lancaster, 3-28

Lungershausen, E. 1991: Der Begriff der Freiheit in der Psychiatrie; in: Fundamenta Psychiatrica 1991, 5, 47-51

Lungershausen, Eberhard 1993: Freiheit und Psychiatrie; Forum für interdisziplinäre Forschung 10, 49-58

MacIntyre, Alasdair 1987: Der Verlust der Tugend. Zur moralischen Krise der Gegenwart; Frankfurt/New York 1987 (Originalausgabe: ‚After Virtue' 1981)

Malcolm, J.G. 1988: Treatment choices and informed consent; Springfield Ill.

Maring, Matthias 1985: Märkte und Handlungssysteme. Zur wissenschaftstheoretischen Analyse eines systemtheoretisch-kybernetischen Handlungsansatzes im Rahmen von idealtypischen Strukturen; Frankfurt/M., Bern, New York

Maring, Matthias 1989: Modelle korporativer Verantwortung; Conceptus 23 Nr. 58, 25-41

Marquard, Odo, Eduard Seidler, Hansjürgen Staudinger (Hg.) 1988: Ethische Probleme des ärztlichen Alltags; München, Paderborn

Meyer-Abich, Klaus 1984a: Wege zum Frieden mit der Natur. Praktische Naturphilosophie für die Umweltpolitik; München, Wien

Meyer-Abich, Klaus Michael 1984b: Das Recht der Tiere. Grundlage für ein neues Verhältnis zur natürlichen Mitwelt; in: U. Händel (Hg.); Tierschutz. Testfall unserer Menschlichkeit; Frankfurt/M., 22-35

Mittelstraß, Jürgen 1989: Auf dem Weg zu einer Reparaturethik?; in: J. P. Wils, D. Mieth (Hgs.): Ethik ohne Chance? Erkundungen im technologischen Zeitalter; Tübingen, 89-108

Mittelstraß, Jürgen 1992: Leonardo-Welt. Über Wissenschaft, Forschung und Verantwortung; Frankfurt/M.

Montaigne, Michel de 1985: Essais. Auswahl und Übersetzung von H. Lüthy; Zürich ^{6}1985

Moore, George Edward 1903: Principia Ethica, übers. von B. Wisser; Stuttgart ^{2}1984

Müller, Anselm W. 1982: Praktisches Folgern und Selbstgestaltung nach Aristoteles; Freiburg, München

Nagel, Thomas 1986: The view from nowhere; New York, Oxford

Newman, John Henry Kardinal 1961; Entwurf einer Zustimmungslehre; übers. v. Th. Haecker; Mainz

Nida-Rümelin, Julian 1996: (Hg.) Angewandte Ethik. Die Bereichsethiken und ihre theoretische Fundierung; Stuttgart

Nowak, Martin A. 1995: (Robert A. May, Karl Sigmund) Das Einmaleins des Miteinander. Computerexperimente zeigen, wie sich unter den äußerst harten Bedingungen des Darwinschen Daseinskampfes Zusammenarbeit gegen Ausbeutung durchsetzen kann; in: Spektrum der Wissenschaft 8/1995, 46-53

Orlans, F. Barbara 1993: In the name of science. Issues in Responsible Animal Experimentation; New York, Oxford7

Oser, Fritz 1986: (R. Fatke u. O. Höffe; Hgs.): Transformation und Entwicklung. Grundlagen der Moralerziehung; Frankfurt

Osswald, K. D. 1976; Art. Korporation, Korporativismus; in: J. Ritter, K. Gründer (Hgs.): Historisches Wörterbuch der Philosophie; Bd. 4 Basel, 1136-1138

Panleikhoff, Bernhard 1983-1989: Das Menschenbild im Wandel der Zeit. Ideengeschichte der Psychiatrie und der Klinischen Psychologie; 4 Bde.; Hürtgenwald

Paton, H. J. 1962: Der Kategorische Imperativ. Eine Untersuchung über Kants Moralphilosophie; Berlin

Patzig, Günther 1973: Ein Plädoyer für utilitaristische Grundsätze in der Ethik; Neue Sammlung. Göttinger Zeitschrift für Erziehung und Gesellschaft 13, 488-500

Piaget, Jean 1981: Das moralische Urteil beim Kinde ([1]1954); Frankfurt/M.

Pieper, Annemarie 1985: Ethik und Moral. Eine Einführung in die praktische Philosophie; München; neu erschienen als: Einführung in die Ethik; Tübingen [2]1991

Pieper, Annemarie 1992: (B. Hofmann-Riedinger) Art. Regel; in: J. Ritter, K. Gründer (Hgs.): Historisches Wörterbuch der Philosophie; Bd. 8 Basel, 434-444

Polanyi, Michael 1985: Implizites Wissen; Frankfurt/M.

Pospisil, Leopold 1982: Anthropologie des Rechts. Recht und Gesellschaft in archaischen und modernen Kulturen; dt. Fassung von Chr. Schäfer; München

Rachels, James 1991: Created from Animals. The moral implications of Darwinism; Oxford, New York

Rammstedt, O. 1992: Art. Risiko; in: J. Ritter, K. Gründer (Hgs.): Historisches Wörterbuch der Philosophie; Bd. 8 Basel, 1045-1050

Rawls, John 1975: Eine Theorie der Gerechtigkeit; Frankfurt/M.

Rawls, John 1977: Gerechtigkeit als Fairneß; übers. v. J. Schulte; Freiburg, München

Reich, Warran T. 1995: (Hg.) Encyclopedia of Bioethics; New York

Reiser, Stanley, Joel 1987: (Harold J. Bursztajn, Paul S. Appelbaum, Thomas G. Gutheil) Divides staffs, divided selves. A case approach to mental health ethics; Cambridge, New York

Rentsch, Thomas 1990: Die Konstitution der Moralität. Transzendentale Anthropologie und praktische Philosophie, Frankfurt/M

Rescher, Nicholas 1983: Risk. A Philosophical Introduction to the Theory of Risk Evaluation an Management; Washington

Ricken, Friedo 1983: Allgemeine Ethik; Stuttgart

Ricken, Friedo 1988: Die Menschheit als Zweck an sich selbst. Kants Begründung einer materialen Ethik; in: Hochschule für Philosophie München. Philosophische Fakultät SJ Jahresbericht 1987/88; München, 1-11

Ricken, Friedo 1989: Homo noumenon und homo phainomenon; in: Otfried Höffe (Hg.): Grundlegung zur Metaphysik der Sitten. Ein kooperativer Kommentar, Frankfurt, 234-252

Ricoeur, Paul 1974: Die Interpretation. Ein Versuch über Freud ([1]1965); Frankfurt

Ricoeur, Paul 1990: Soi-même comme un autre; Paris

Rogers, Carl R. 1972: Die nicht-direktive Beratung; München ([1]1942)

Rollin, Bernard E. 1981: Animal Rights and Human Morality; Buffalo, New York

Sass, Hans Martin 1987: Methoden ethischer Güterabwägung in der Biotechnologie; in: V. Braun, D. Mieth, K. Steigleder, (Hg.) Ethische und rechtliche Fragen der Gentechnologie und der Reproduktionsmedizin, Gentechnologie 13, München, 89-110

Sass, Hans Martin 1989: (Hg.) Medizin und Ethik; Stuttgart

Sass, Hans Martin 1991: (H. Viefhues; Hgs.) Güterabwägung in der Medizin. Ethische und ärztliche Probleme; Berlin, Heidelberg, New York

Schaber, Peter 1997: Moralischer Realismus; Freiburg, München

Schauer, Frederick 1991: Playing by the Rules. A Philosophical Examination of Rule-Based Decision-Making in Law and in Life; Oxford

Schmid, Josef 1994: Die wachsende Weltbevölkerung. Ursachen, Folgen, Bewältigung; in: Aus Politik und Zeitgeschichte B35/36 (1994) vom 2.9.1994, 11-20

Schmidt, Reiner 1989: (Helmut Müller) Einführung in das Umweltrecht

Schönpflug, U. 1971: Art. Bedürfnis; in: Joachim Ritter (Hg): Historisches Wörterbuch der Philosophie Bd. 1, 767-771

Schönwiese, Christian, B. Diekmann 1989: Der Treibhauseffekt. Der Mensch ändert das Klima; Reinbek bei Hamburg

Schöpf, Alfred 1982: Sigmund Freud; München

Schöpf, Alfred 1987: In welcher Hinsicht ist die psychoanalytische Erfahrung eine Interpretation der Lebenswelt? in: Fundamenta Psychiatrica 1987 I, 243-249

Schöpf, Alfred 1993: Das Unbewußte; in: Wolfgang Mertens (Hg.) Schlüsselbegriffe der Psychoanalyse; Stuttgart, 159-168

Schöpf, Alfred 1995: Psychologische Ethik; in: Annemarie Pieper (Hg.) Geschichte der neueren Ethik Bd. 2 Gegenwart; Tübingen, 210-234

Schopenhauer, Arthur 1974: Die beiden Grundprobleme der Ethik. Behandelt in zwei Akademischen Preisschriften; Sämtliche Werke, textkritisch bearbeitet von W. von Löhneysen Bd. 3, 481-815; Darmstadt ^{3}1974

Schröer, Christian 1988: Naturbegriff und Moralbegründung. Die Grundlegung der Ethik bei Christian Wolff und deren Kritik durch Immanuel Kant; Stuttgart

Schröer, Christian 1995: Praktische Vernunft bei Thomas von Aquin; Stuttgart

Schüller, Bruno 1980: Die Begründung sittlicher Urteile, Düsseldorf

Schütz, Alfred, Thomas Luckmann 1979: Strukturen der Lebenswelt Bd. 1; Frankfurt/M.

Schütz, Alfred 1982: Das Problem der Relevanz; Frankfurt/M.

Schütz, Alfred, Thomas Luckmann 1984: Strukturen der Lebenswelt Bd. 2; Frankfurt/M.

Schwemmer, Oswald 1979: Praktische Begründung, rationale Rekonstruktion und methodische Überprüfung; in: H. Lenk (Hg.): Handlungstheorien interdisziplinär II/2; Handlungserklärungen und philosophische Handlungsinterpretation; München, 535-580

Schwemmer, Oswald 1986: Ethische Untersuchungen. Rückfragen zu einigen Grundbegriffen; Frankfurt/M.

Searle, John 1971: Sprechakte. Ein sprachphilosophischer Essay; Frankfurt/M.
Seier, Fritz-Eckhart 1993: Patientenautonomie und Zwangseinweisung; Forum für interdisziplinäre Forschung 10, 121-143
Sidgwick, Henry 1907: The Methods of Ethics; Indianapolis/Cambridge [7]1907 ([1]1884)
Singer, Marcus George 1961: Verallgemeinerung in der Ethik. Zur Logik moralischen Argumentierens; Frankfurt/M. 1975
Singer, Peter 1975: Befreiung der Tiere. Eine neue Ethik zur Behandlung der Tiere; München [2]1984
Singer, Peter 1990: (Kuhse, Stephen Buckle, Karen Dawson, Pascal Kasimba;Hgs.) Embryo Experimentation, Cambridge u.a.
Sommer, Gerlinde 1997: Institutionelle Verantwortung. Grundlagen einer Theorie politischer Institutionen; München, Wien
Spaemann, Robert 1987: Das Natürliche und das Vernünftige. Aufsätze zur Anthropologie, München, Zürich
Spaemann, Robert 1989: Sind ‚natürlich' und ‚unnatürlich' moralisch relevante Begriffe?; in: Venanz Schubert (Hg.); Was lehrt uns die Natur? Die Natur in den Künsten und Wissenschaften; St. Ottilien, 253-279
Sperry, Roger 1985: Naturwissenschaft und Wertentscheidung; München, Zürich
Singer, Peter 1987: Praktische Ethik; übers. v. J. C. Wolf; Stuttgart
Spinner, Helmut 1987: Vereinzeln, verbinden, begründen, widerlegen. Zur philosophischen Stellung von Begründungs- und Kritikpositionen im Rahmen einer Systematik der Erkenntnisstile und Typologie der Rationalitätsformen; in: Forum für Philosophie Bad Homburg (Hg.); Philosophie und Begründung; Frankfurt/M., 13-83
Steiner, G. 1992: Wir sind zu viele – was tun?; Berlin und Hamburg
Teutsch, Gotthard M. 1985: Lexikon der Umweltethik; Göttingen
Thomä, Helmut 1989: (Horst Kächele) Lehrbuch der psychoanalytischen Therapie Bd.2; Berlin et al. ([1]1985)
Tolba, M. K. u.a. 1989: Die Umwelt bewohnen. Texte der Stiftung Entwicklung und Friede; (z.B. die Ergebnisse der 14. Weltenergiekonferenz in Montreal); Bonn, Bad Godesberg 1989, 111-130
Toulmin, Stephen 1958: The Uses of Argument ([7]1983); Cambridge, London, New York
Toulmin, Stephen 1960: An Examination of the Place of Reason in Ethics; Cambridge, London, New York
Trenckmann, Ulrich 1988: Mit Leib und Seele. Ein Wegweiser durch die Konzepte der Psychiatrie; Bonn
Tugendhat, Ernst 1984: Probleme der Ethik; Stuttgart
Udehn, Lars 1993: Twenty-five Years with The Logic of Collective Action; Scandinavian Acta Sociologica Nr 36, 239-261
Weimann, Joachim 1995: Freifahrer im Test: – Ein Überblick über 20 Jahre Freifahrerexperimente;; in: Ökonomie und Gesellschaft Bd. 12 Soziale Kooperation; Frankfurt, 168-241

Weise. Peter 1994: Wirtschaftswissenschaften als Sozialwissenschaften von Entscheidungen: in: Ethik und Sozialwissenschaften 5 (1994) 2, 281-293

Weizsäcker, Ernst Ulrich von 1990: Erdpolitik. Ökologische Realpolitik an der Schwelle zum Jahrhundert der Umwelt; Darmstadt

Wellmer, Albrecht 1986: Ethik und Dialog; Frankfurt/M.

Wiedemann, Peter M. 1993: Tabu, Sünde, Risiko: Veränderungen der gesellschaftlichen Wahrnehmung von Gefährdungen; in: Münchener Rück (Hg.): Risiko ist ein Konstrukt; München, 43-67

Wilson, Edward O. 1980: Biologie als Schicksal. Die soziobiologischen Grundlagen des menschlichen Verhaltens; Frankfurt, Berlin, Wien

Wimmer, Reiner 1980: Universalisierung in der Ethik. Analyse, Kritik und Rekonstruktion ethischer Rationalitätsansprüche; Frankfurt/M.

Wittgenstein, Ludwig 1970: Über Gewißheit; ed. von G. E. Anscombe u. G. H. von Wright; Frankfurt/M.

Wittgenstein, Ludwig 1971: Philosophische Untersuchungen; ed. von G. E. Anscombe u. G. H. von Wright; R. Rhees; Frankfurt/M.

Wright, Georg Henrik von 1974: Erklären und Verstehen ([1]1971); übers. v. G. Grewendorf u. G. Meggle; Frankfurt/M.

Wright, Georg Henrik von 1979: Das menschliche Handeln im Lichte seiner Ursachen und Gründe; in: H. Lenk (Hg.): Handlungstheorien interdisziplinär II/2; Handlungserklärungen und philosophische Handlungsinterpretation; München, 417-430

Wright, Georg Hendrik von 1994: Normen, Werte, Handlungen; Frankfurt

Zimmerli, Walther Ch. 1985: Dürfen wir, was wir können? Zum Verhältnis von Recht und Moral in der Gentechnologie, Schriftenreihe der Juristischen Studiengesellschaft Hannover, Heft 13, Hannover

Zimmerli, Walther Ch. 1987: Krise der Krisenethiken. Moralphilosophische Engpässe im technologischen Zeitalter und das Konzept einer problemorientierten Ethik; in: W. Kluxen (Hg.): Tradition und Innovation, XIII. Deutscher Kongreß für Philosophie 1984; Hamburg

Zimmerli, Walther Ch. 1990a: Wieviel Akzeptanz erträgt der Mensch? Bemerkungen zu den Hintergründen der Technikfolgenabschätzung; in. E. Kistler, D. Jaufmann (Hg.): Mensch – Gesellschaft – Technik. Orientierungspunkte in der Technikakzeptanzdebatte; Opladen

Zimmerli, Walther Ch. 1990b: Wandel des Wissenschaftsverständnisses: Technikfolgen und Ethik; in: Universität Lüneburg (Hg.): Zukunft durch Naturwissenschaft; Lüneburg, 3-16

Zimmerli, Walther Ch. 1990c: Hat die Natur eine Zukunft? Das wissenschaftstheoretisch-technologische Prognoseproblem und die Biowissenschaften; Presse und Informationsstelle der Rheinisch-Westfälischen Technischen Hochschule Aachen (Hg.): Evolution und Prognose; Aachen 169-184

Zimmerli, Walther Ch. 1990d: Prognosen als Orientierungshilfe für technisch-naturwissenschaftliche Entscheidungen; DTV-Schriften 24, 6-20

Zimmerli, Walther Ch. 1991a: Ethische Probleme der Technologiefolgenabschätzung; in: H. Albach, D. Schade, H. Sinn (Hg.): Technik und Technikfolgenabschätzung; Berlin, Heidelberg, New York, 411-425

Zimmerli, Walther Ch. 1991b: Verantwortung in der Technik-Kultur – Überforderung des Individuums; Glastechnische Berichte 64, Nr. 9. N36-N40

Zimmerli, Walther Ch. 1991c: Die Wiederkehr des Individuums – Basis einer Ethik von Technik und Wissenschaft; Forschung aktuell TU Berlin 8, Nr. 36-38, 16-20

Zimmerli, Walther Ch. 1992a: Technikfolgenabschätzung – Wissenschaft oder Politik; Mitteilungen der TU Braunschweig 27, H. 1, 12-20

Zimmerli, Walther Ch. 1993: Die Bedeutung der empirischen Wissenschaften und der Technologie für die Ethik; in: Anselm Hertz, Wilhelm Korff, Trutz Rendtorff, Hermann Ringeling (Hg.) Handbuch der christlichen Ethik; Freiburg, Basel, Wien, Aktualisierte Neuausgabe Bd. I, 297-316

Personenverzeichnis

Sachverzeichnis